KB265353

함께 크는 우리 아이

함께 크는 우리 아이

공동육아 - ❶

함께 크는 우리 아이

공동육아 연구회 펴냄

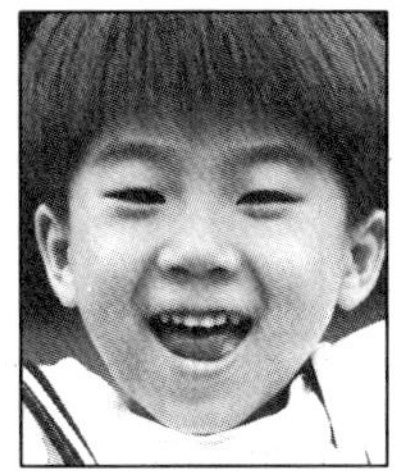

도서출판
또 하나의 문화

함께 크는 우리 아이 : 공동육아의 출발점

우리 사회에서 아이들을 잘 키우겠다고 어른들이 쏟아 붓고 있는 시간과 노력과 돈은 엄청나다. 그러면 아이들은 과연 그만큼 행복하게 크고 있는가? 그들은 우리가 살고 싶은 그런 세상을 이루어갈 사람들로 자라나고 있는가?

육아에 쏟아 붓는 지금의 노력은 잘못된 방향으로 가고 있다. 가면 갈수록 미궁에 봉착할 뿐이다. 잘못된 방향이라는 것을 대부분의 사람들이 인정하지만, "세상이 그런데 내 아이만 뒤처지게 할 수는 없으니까"라고 스스로에게 이유를 대면서 남들보다 한발이라도 앞서 가려고 안간힘을 쓰고 있다.

지배적 가치관의 틀에서 보면 육아를 통해 행복을 느껴야 마땅한 전업주부, 종일 엄마들도 실제로는 육아에 자신감도 없으며 행복해 하지도 않는다. 아버지들은 육아의 책임을 면제받는 바로 그만큼 아이들과 가정으로부터 소외된다. 일하는 어머니들은 가족 관계나 돈으로 개별적 해결 방식을 찾기도 하고 놀이방, 어린이집에 의지해 보기도 하지만, 그 어느 쪽도 만족스런 대안이 되지 못한다. 자신 없고 불안한 젊은 부모들은 더욱더 조기 교육과 영재 교육의 신화에 매달리지만, 이는 아이들에게 앵무새 같은 기술을 가르치고 모든 이와의 경쟁심을 내면화시킬 뿐이다.

지금의 육아 현실이 이렇게 어두운 것은 우리 사회에 그나마 부족한 공공성과 공동체 의식이 아이를 키우는 일에서는 더욱 희박해지기 때문이다.

이 시대의 모든 젊은 부모들이 겪고 있는 자녀 양육의 문제를 우리 사회는 정말 남의 사정으로 돌려서, 각자가 알아서 그때 그때를 넘겨가도록 강요하고 있다. 더욱이 우리의 생각과 행동은 이미 내 아이, 남의 아이를 매사에 구별하며, 경쟁의 논리를 쫓아 어른들을 대신하는 싸움꾼으로 키우는데 열중하고 있다.

이 책은 우리가 아이들을 잘 키우기 위해서 정말 무엇을 해야 할 것인지를 다시 생각해 보고자 쓴 글들을 모은 것이다. 육아를 누가 담당해야 할지에서부터, 아이들은 무엇을 하며 어떻게 살아야 할지 굳어진 머리를 풀고 처음부터 다시 생각해본 글들이다. 걱정스러운 현재의 육아 문화를 여러 측면에서 점검해 보고, 대안을 모색하는 과정에서 이루어진 시도들을 소개하고, 공동육아의 이념과 철학, 방법론을 정리해 보았다.

이 책에 참여한 필자들은 다양한 분야의 전문가들과 70년대의 야학 운동에서 출발하여 가난한 지역의 아이들을 위한 유아원과 종일 보육의 터전을 만들고 지키는 일을 해온 사람들이다. 이들은 1990년에 함께 '탁아 제도와 미래의 어린이 양육을 걱정하는 모임'을 결성하여 새롭게 만들어지는 영유아 보육법에 대한 '걱정'을 알리는 토론회를 열었고, 《우리 아이들의 육아 현실과 미래》(한울, 1991)란 책도 발간한 바 있다. 그러나, 졸속 처리된 법안이 계층 차별적인 보육 정책을 낳고, 이러한 정책이 제도화되어 사회적 육아의 영리화와 관료화가 가속화되는 현실을 보고 더이상 걱정만 할 것이 아니라 실천적 대안을 마련하자는 '공동육아 연구회'로 이름을 바꾸었다.

연구회에서는 기존의 사회적 육아 시설 안에서의 생활 연구, 보육 교사들을 위해 발간된 교재의 분석, 그리고 행정 쇄신 위원회가 의뢰한 보육 정책 개선안 마련 등의 연구 활동을 하였다. 이 과정에서 더욱 선명하게 드러난 사실은 대부분의 육아 시설에서 아이들이 기계적인 삶을 살고 있다는 것, 부모 참여의 길은 사실상 막혀 있다는 것, 교사들도 본인의 지식이나 신념과 관계없이 스스로 소외된 교육 현장에서 직장 생활을 하고 있을 뿐이라는 것, 표준적인 프로그램이 일방적으로 공급되고 있고 그 내용도 상호 모순되거나 권위주의적이라는 것이다. 한마디로 우리 모두가 문제로 느끼고 있는 제도 교육의 모든 모순이 더 낮은 연령의 아이들을 더욱 극심하게 억누르기 시작했다는 것이다.

우리 사회의 절실한 보육의 필요성은 도시 빈민층(즉, 계급의 문제)에서 먼저 가시화되었지만, 그 해결 방식은 계급 통합적인 보편적이고 포괄적인 보육 제도의 마련을 통해 찾아야 한다. 산업화에 따른 가족 구조와 기능의 변화, 차별적 성역할의 문제가 결합되어 발생하는 이미 보편적인 보육의 문제를 특수한 계급의 문제로 국한시켜 대응할 때, 이는 오히려 계급 차별적인 육아 환경을 제도화하고, 계급 재생산의 가능성을 강화한다. 보육을 우리 중 극히 일부 계층의 일시적인 문제로 여겨, 대부분의 사람들은 남의 일로 간주하고, 따라서 우리 사회가 가장 값싼 대응 방법만을 찾도록 관료적으로 합리화된 제도가 이미 굳어져 가고 있다.

공동육아 연구회는 더이상 법, 정책, 제도가 먼저 변화되기만 기다리고 있지는 않기로 했다. 법과 정책의 큰 변화를 요구하는 겉도는 목소리의 허무함을 알았고, 현장이 없는 연구, 사회 운동으로 뒷받침되지 않은 연구가 대부분 관료적 요식 행위의 한 절차에 지나지 않는다는 사실도 경험하였다. 이제는 진정한 변화를 이끌어낼 수 있는 실질적 힘과 내용을 갖춘 변화의 조건을 만드는 작업이 필요함을 알았다. 부모들이 스스로의 힘으로 공동육아의 터전을 만들고 서로의 기대와 가치관을 나누고 절충하며 함께 주도적으로 운영할 수 있는 협동 조합 방식이 고안되었다. 이곳에서 사회적 육아 환경의 기준을 높여 대안적인 삶의 방식을 프로그램화하고, 또한 이러한 자발적 실험을 폭넓게 조직화하면 스스로 내용과 재정적 기반을 갖춘 압력 집단이 만들어질 것이다.

공동육아 협동 조합은 아이들뿐만 아니라, 이 일에 참여한 젊은 부모들까지 육아를 통해 공동체적 가치관과 삶의 방식을 익힐 수 있는, 아이들의 사회화와 어른들의 재사회화를 동시에 추구하는 일이다. 육아를 가정이나 가족 관계 안에 매몰시키지 말고 사회화하여 공적인 영역에서 대안적으로 재구성할 수 있을 때 육아에 대한 보수적 성역할 고정 관념에서 벗어날 가능성이 생긴다. 나아가서, 이러한 사회적 공동육아의 경험을 통해 부부간, 부모와 자녀간의 역할과 관계를 새롭게 내면화한 대안적 가정이 자라날 수 있는 것이다.

육아의 특성상, 공동육아 운동은 지역에 기반을 둔 지속적이고 일상적인 인간 관계의 연계망을 통해 자란다. 지역 문화와 지역성의 토양이 엷어 인구의 유동성이 높은 우리 사회에서 공동육아란 그만큼 시작하기 어려운 일이다. 그러나, 그 때문에 더욱 필요한 일이다. 공동육아를 통해 지금까지 지역 사회와 유리된 곳에서 진행되어 왔던 다양한 사회 운동을 지역 사회의 일상적 삶 속에 뿌리 내리게 할 수도 있다. 이 운동의 성공은 지역 사회와 주민 자치의 필요성을 새롭게 가시화하고 이 사회에 공동체와 공공의 영역을 넓히는 일이 될 것이다.

공동육아는 공식적 교육이라기보다는 함께 하는 매일의 생활이라는 개념으로 출발한 것이다. 즉, 매순간 삶의 즐거움을 느끼는 생활을 아이들과 함께 하고자 한다. 즐거운 마음에서 호기심이 자라고, 자발적 호기심으로 주변을 깊이 있게 관찰하며, 관찰과 체험을 통해 주체적으로 생각할 수 있는 사람이 된다고 믿는다. 아이들은 자연과 살아 있는 사람과의 만남, 그리고 그들과의 상호 작용을 통해 배우고 자라나게 된다. 유토피아나 꿈나라를 만들겠다는 것이 아니라, 우리 아이들이 사람과 자연 속에서 자연스레 살아갈 수 있는 일상적 삶의 공간을 만들고자 하는 것이다. 공동육아는 우리 아이들 한명, 한명이 고유한 개성을 가진 생명이라고 본다. 이러한 생명이 스스로 자라나는 것을 참고 기다릴 줄 아는 어른들이 되고자 노력할 것이나.

이 책은 육아에 대한 새로운 꿈을 실현해 나가는 출발점으로서 꾸렸다. 육아가 여성에게나 그 누구에게도 억압이 되지 않고 여럿이 힘을 합해 즐겁게 참여하는 일이 되며, 아이들이 판에 찍혀 나온 복제물이 되지 않고 자유롭고 행복하게 자라나며, 그 어른들과 아이들이 함께 이 세상을 살리는 새로운 문화를 만들어 가는 곳. 그런 곳을 우리는 준비하고 있다. ■

함께 크는 우리 아이

아이와 엄마,
그리고 선생님

고립된 엄마
중산층 전업 주부의 육아 상황과 정신 건강

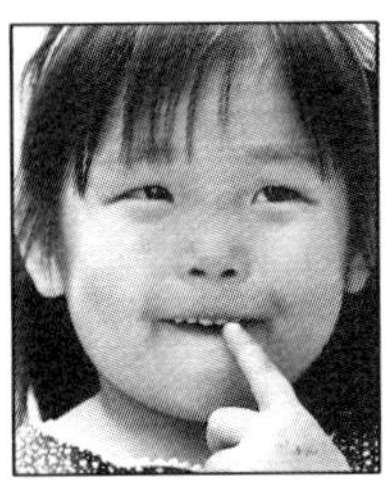

정진경

머리말

현재 우리 사회의 대표적 가족 형태는 부부와 아이 하나나 둘로 이루어진 핵가족이다. 불과 한두 세대 전과 비교해도 가족 성원의 평균 수가 반도 안될 터인데, 그나마도 자녀의 수가 계속 줄어들고 있어 (1992년에 한 집에 평균 1.4명) 앞으로도 더 줄어들 전망이다. 가족 형태가 변화함에 따라 아이를 키우는

어머니가 자기 생활에 만족하고 정신 건강이 좋아야 좋은 어머니 노릇을 할 수 있다. 어머니와 아이가 둘이서 하루 종일을 집에서 같이 보낼 때, 어머니는 아이에게 가장 중요한 인간 관계일 뿐 아니라 때로는 거의 유일한 인간 관계이며 아이의 환경의 거의 전부를 만든다. 만약 그 어머니가 불만이 많거나 정신 건강이 좋지 않다면 이는 심각한 문제가 될 수 있다. 정신 건강과 인간 관계의 측면에서 정상과 병리의 아슬아슬한 경계선을 넘나드는 어머니와 아이들이 점점 늘어나고 있다. 이제부터는 지금까지 공적으로 인정하지 않았던 현실들을 인정하고 문제의 사회적인 해결책을 찾아야 한다.

상황도 자연히 달라졌는데, 대부분의 사람들이 가장 바람직하다고 생각하는 것이 현재 우리 사회 중산층의 모델로서, 아버지는 직장에 나가고 전업 주부인 어머니가 집에서 아이를 키우는 것이다. 실제로는 우리나라 경제 활동 인구의 40% 이상이 여성이고 일하는 어머니들의 비율도 상당하지만, 이들은 단순 노동에 종사하거나 전문직에 종사하거나 간에 아이를 자기가

집에서 키우지 못한다는 것에 대해서 끊임없이 스트레스를 받고 있다.

"아이는 어머니가 키워야"만 하는 것일까? 어머니가 키운다는 것은 하루 24시간을 꼬박 붙어 있는 것을 의미하는 것일까? 몇 살까지? 만약 어떤 이유로 그것이 불가능하다면 그 다음으로는 할머니가 키워 주는 것이 좋을까? 어린이집 종일반(탁아소)에 보내는 것은 어떻게든 피해야 하는 것일까? 이런 등등의 문제들에 대해서는 유아 교육학, 발달 심리학, 가족 인류학 등의 분야에서 많은 논의가 이루어져 왔다(이영, 1989 ; 정진경, 1990 ; 조혜정, 1990). 이를 좀 무리하더라도 두어 마디로 요약해 보자면, 전통적, 보수적 관점에서는 아이는 어머니가 키우는 것이 가장 바람직하며 사회적인 육아 '시설'에서 키운 아이들은 여러 가지 문제를 가질 가능성이 높다고 주장하였고, 이를 이론적, 방법론적으로 비판하며 나온 최근의 진보적 논의에서는 이 문제를 이렇게 이분법적으로 보지 않고 어머니가 키우는 상황이라도 항상 바람직하기만 한 것이 아니며 사회적인 육아 시설도 그 질적인 수준에 따라서는 오히려 적극 권장할 만한 것이라는 주장을 펴고 있다(스카, 1993).

이 글에서는 지금 우리 사회의 중산층에서 어머니가 아이를 키우는 상황을 심층 면접 결과의 내용을 통하여 살펴본 후 이와 관련하여 몇 가지의 제언을 하고자 한다.

논의의 전개에서 한가지 기본 가정을 깔고자 하는데 이는 어머니가 자기 생활에 만족하고 정신 건강이 좋아야 좋은 어머니 노릇을 할 수 있다는 것이다. 일반론으로도 자기 생활에 어느 정도 만족하고 정신 건강이 좋은 사람이 인간 관계에서도 남들에게 잘하며, 자기 생활에 불만족이 심하고 좌절, 소외, 우울, 불안감이 많은 사람은 남들에게 잘하기가 어렵다. 어머니와 아이가 둘이서 하루 종일을 집에서 같이 보낼 때, 어머니는 아이에게 가장 중요한 인간 관계일 뿐 아니라 때로는 거의 유일한 인간 관계이며 아이의 환경의 거의 전부를 만든다. 만약 그 어머니가 불만이 많거나 정신 건강이 좋지 않다면 이는 심각한 문제가 될 수 있다.

다음은 인구 50만 정도의 지방 도시에 거주하는 중산층 전업 주부 6명을 심층 면접한 결과이다. 응답자들의 나이는 20대 후반에서 30대 중반, 결혼 기간은 2년에서 6년이었고, 학력은 대부분이 대졸이었다. 취학 전의 어린 자녀를 둔 경우만을 선택하였는데, 자녀의 수는 한 명이나 두 명이었다.

이들은 모두 우리 사회의 기준으로 볼 때 유복하다고 말할 수 있는 사람들이다. 고등 교육을 받고 결혼하여 남편은 안정된 직장에 다니고 대부분 현대식 아파트에서 아기자기 살림을 꾸리며 귀여운 자녀를 키우고 남부럽지 않게 살고 있는 행복한 가정 주부의 전형들이다. 심층 면접에서는 이들자신이 스스로의 삶을 주관적으로 어떻게 느끼고 어떤 생각을 하며 살고있는지, 이들의 현실은 행복한 가정 주부, 자상한 종일 엄마의 이미지에 그대로 부합하는지를 알아보고자 하였다.

전업 주부의 육아 상황

어머니 이외에도 아이를 돌보는 사람이 있는가 하는 물음에는 6명 중 4명이 전혀 없다고 대답하였고, 1명은 친정 어머니가 가끔씩 보아 주시고 1명은 시부모님과 시동생, 조카와 같이 살아서 이들이 같이 보아 준다고 하였다. 응답자들의 거주지는 최근 인구 유입이 많은 지방 도시로서 직장을 따라 연고지가 아닌 곳으로 이사를 와서 친족들과 멀리 떨어져 살고 있는 경우가 많다. 이는 현재 우리나라의 대부분의 도시들에서도 마찬가지일 것으로 보이는데, 본인 외에는 아이를 보아줄 사람이 없어서 정말 힘들다고 호소하는 주부들이 많으며 이들은 아이와 같이 집에 '간혀' 있다고 느끼고있다. 아이와 함께 하나의 단위로 움직여야 하기 때문에 은행일 등의 간단한 일상사도 힘든 일이 되고 웬만큼 긴요한 일이 아니면 집에서 나오기가어렵게 되어 저절로 고립되었다는 느낌을 갖는다. 특히 아이가 어린 경우, 이 고립과 감금의 느낌은 대부분의 주부들이 경험하는데 심할 때는 병리적증상에 가까운 반응을 보이기도 한다.

"없어요. 시댁이고 친정이고 모두 서울이라. 애 아빠는 직장일 아니면 술 먹고 매일 늦게 들어오구요. 재작년에는 악몽 같았어요. 어떨 때는 소리치고 뛰어 나가고 싶었어요. 애들한테서 두 시간만이라도 벗어나고 싶었어요. 지금은 애들이 크니까 조금 나아졌지요."

아이와 같이 하는 시간은 하루에 얼마나 되는가 하는 물음에는 세 살 미만의 어린 아이를 둔 어머니들은 거의가 온종일이라고 답하였고, 아이가유치원 등에 다니는 경우는 5시간에서 10시간까지의 답이 나왔다. 그 시간

엄마와 아이가 종일을 같이 지낸다고 해도 그 시간 전부가
두 사람의 긴밀한 상호 작용으로 채워져 있지는 않다.

동안 아이들과 무엇을 하며 지내는가는 아이들끼리 놀게 내버려 둔다는 경우부터 어머니가 많은 시간을 들여 조기 교육을 시키는 경우까지 사람마다 달랐다.

"어른은 어른대로 놀고, 애들은 저희들끼리 놀게 내버려 둬요. 남자애들이라 소리지르고 쌈박질도 하고."

"유치원 다닌 후로는 같이 하는 게 거의 없어요. 간호, 공작 놀이 정도. 어렸을 때는 책을 많이 읽어 주었어요. 지금은 작은애 때문에 어려운데, 그러나 핑계고 엄마 편하려고 그러죠. 첫애 어릴 때는 열심이었는데 이제는 마음이 느슨해졌어요."

"큰애(6세)는 같이 책을 보고, 학교 입학 때문에 한글, 숫자 공부시켜요. 작은애 (4세)는 같이 퍼즐 맞추기, 블럭, 색칠하기 그런 걸 하지요. 문자 공부는 시키지 않아요."

이를 보면 어머니와 아이가 종일을 같이 지낸다고 해도 그 시간 전부가 두 사람의 긴밀한 상호 작용으로 채워져 있지는 않다는 것을 알 수 있다. 어머니와 아이가 종일을 같이 지내도 두 사람이 의미있는 상호 작용을 하는 시간은 하루 평균 40여 분에 지나지 않는다는 한 미국 아동학자의 연구 결과(Elkind, 1987)가 우리에게도 비슷하게 나타날지도 모르겠다.

아버지들은 아이를 거의 안 보는 경우도 있었고, 대개는 퇴근하고 1시간 정도를 아이와 놀아 주었다. 아버지들은 아이들과 자전거 태우기, 목마 태우기, 말 태우기, 씨름 등의 신체적인 활동을 주로 하는데, 아이들은 잠시 동안이나마 적극적으로 놀아 주는 아버지를 매우 좋아하였다.

"토요일, 일요일에나 잠깐 볼까. 그때도 엄마랑 있는 시간이 많으니까 아빠에게 맡기면 애가 엄마를 찾으니까 힘들어요."

"하루에 한두 시간 정도 봐줘요. 저녁 먹으면서부터 아이들 잘 때까지. 같이 노래 부르고, 신체적인 활동을 같이 하는데 엄마보다 더 좋아해요. 아빠는 잘 놀아 주고 얘기를 잘해 주어서 좋은데 엄마는 '애 빨리해. 뭐하는 거야'라고 소리만 지른다고 하는 얘기를 애들에게서 들어요."

주부들이 집밖에 볼일이 있을 때는 마음 편히 남편에게 아이를 맡기고 외출할 수 있는 사람도 있고, 맡기되 미안해서 얼른 들어오는 사람도 있었다. 두어 시간 이상 아이를 잘 보는 아버지는 별로 없는 것 같다.

"그럼요. 잘봐 줘요. 애 울 때와 찡찡거릴 때는 미안하지요. 왜 안 미안해요. 애 맡겨 놓고 늦었으니깐."

"일요일에 성당 갈 때 재워 놓고 가면 애가 깨면 데리고 성당 근처로 와요. 평소에는 저녁에 늦게 들어오니까 할 수 없지요. 작년 휴가 때 맡기고 갔다 왔는데 오래간만에 자기가 보니까 짜증은 못내고 다른 걸 트집 잡아서 더럽고 치사했어요. 작은애는 주로 힘들어도 데리고 다녀요. 볼 걸 보는 거지 생각하면서도 불안하고, 시간이 오버하면 아빠가 화를 내는데 나는 속으로 '나는 매일 그 일을 하는데' 하지요."

아버지들이 출근하고 낮에 아이를 볼 수 없을 때, 주부들은 병원, 은행,

시장, 미장원, 유치원 자모회 등의 일을 보기 위해서 이웃의 친한 집과 한두 시간 정도씩 서로 바꿔 보는 경우가 많았다. 만 한 살이 안된 어린아이는 거의 맡기지 않으나, 아이가 두어 살이 넘어 이웃집 아이와 같이 놀만 하면 이웃집에 자주 맡겼다. 주부들끼리 이웃 사촌이 되어 서로 품앗이를 하는 것이다.

대부분의 주부들은 아이를 보느라고 집에 묶여 있는 것에 스트레스를 받으면서도 아이는 어머니가 집에서 키워야 한다고 생각하고 있었다. 그런데 몇 살까지 어머니가 키우는 것이 바람직한가에 대해서는 사람마다 생각이 매우 달랐다.

"그럼요. 남의 손에 키우면 애 꼬라지가 안되요. 국민학교 졸업 때까지는 엄마가 키워야죠."

"어릴 때는 엄마가 키워야 사랑을 듬뿍 받고 자라서 안정감과 신뢰감을 가질 수 있다고 생각해요. 친정 어머니 18번이 '잠시라도 애들 다른 집에 맡기지 말라'이시고, 나도 다른 집에 맡겨 애 기죽이는 것 싫어요. 애들이 스스로 밥 챙겨 먹을 때까지(국민학교)는 혼자 내버려 두기 어려울 것 같아요."

"세 살 때까지는 엄마가 필요해요. 제가 이렇게 힘들면서도 3년은 엄마가 키워야 엄마 그늘에서 아이가 자신감이 붙는다고 생각해요. 네 살만 되어도 대화가 통하니까 엄마가 자기일을 해도 된다고 생각해요."

위의 내용을 보면 어머니가 키워야 아이가 자신감, 신뢰감, 안정감이 생긴다는 심리학적 이유를 주로 중요하게 여기는 것을 볼 수 있다. 이는 거의 상식화되어 있는 것으로 보이는데, 그러나 언제까지 어머니가 키워야 하는가 하는, 자신의 인생 설계와도 관련되는, 중요한 문제에 대해서는 응답자마다 큰 차이를 보임으로써 상식의 허점이 드러난다. 응답자 중의 한 명은 이와는 약간 다른 의견을 제시하기도 하였다.

"꼭 그렇게(엄마가 집에서 키워야 한다고) 생각 안하니까 나가려고 하지요. 엄마가 키우는 것이 바람직하지만, 개성 있게 키울려니 하루 종일 같이 있기보다는 한 시간이라도 즐겁게 해주는 것이 중요해요. 애기가 자기 의사 표시할 때까지 엄마가 돌보는 것이 좋은데 돌만 지나면 괜찮다고 생각해요."

　아이를 어린이집 종일반(탁아소, 놀이방 등)에 보내는 것에 대해서는 응답자 모두가 바람직하지 않다고 답하였다. 다른 대안이 전혀 없어서 어쩔 수 없는 경우에나 보내는 곳으로 인식하고 있었다. 어린이집의 육아 환경, 육아 방식, 교육의 질 등을 고려하여 내린 결론이 아니고, 아이를 종일 집 아닌 다른 곳에서 지내게 할 수는 없다는 생각이 강했다.

　"돌봐줄 사람이 없으면 보내야 한다고 생각해요. 아이들을 이런 곳에 보내는 경우 비슷한 환경에 내둘린다는 것이 진저리쳐져요. 가정부에게 맡겨서 발육 부진되는 경우가 있다는 소리도 들었는데, 필요한 시기에 못 돌봐 주어서 평생 후회하는 경우도 있다고 해요."

　"할머니나 친척에게 맡기는 것이 좋은 것 같고 안되면 마지막으로 보내야 될 것 같아요."

자녀 교육에 대한 생각

어머니가 종일 집에서 아이를 본다고 하지만 실제로는 만 세살 이상의 아이들은 예외 없이 모두 유치원이나 주산, 암산 학원 등에 반나절씩은 다니고 있었다. 서너살 먹은 아이들이 반나절씩 이런 곳에 다니는 것은 바람직하고 당연한 일이며 그보다 좀더 긴 시간 종일반에 다니는 것은 매우 딱한 일이라는 생각 사이에서 어머니들은 아무런 괴리도 느끼지 않는다. 유치원이나 학원에 보내는 이유로는 또래들과 같이 지내게 하기 위해서가 제일 많았고, 그 다음으로는 조기 교육을 집에서 다 감당할 수 없기 때문이라는 것이었다.

　"유치원에 안 보내면 친구가 거의 없어요. 내년에 학교 가야 할 거니까 질서, 공동체 생활 배워 줄 필요가 있어서요."

　어머니들이 공식적으로 발표하지는 않으나 아이들을 유치원에 보내는 또 하나의 이유는 어머니의 자유 시간을 확보하는 것이다. 아이가 어려서 종일을 같이 지낼 수밖에 없는 어머니들이 아이가 어서 커서 유치원에 가고 서너 시간만이라도 아이로부터 자유로워지기를 학수 고대하는 것을 보면 이를 짐작할 수 있으며, 이러한 여러 가지 요인들을 해결할 수 있는 제도적 장치의 필요성을 절감하게 된다.

조기 교육에 대하여 어떻게 생각하는가를 물어본 결과, 찬성과 반대가 각각 반반씩이었다. 조기 교육에 적극적인 어머니들은 그 시작 연령은 어릴수록 좋다고(예: 태내에서부터) 보고 그 목표는 일류 대학 합격으로 두고 있다. 이들은 중산층 고학력의 어머니들을 겨냥한 수많은 교육 상품 중에서 가장 좋은 것을 선택하기 위하여 고심한다.

> "필요하다고 생각해요. '시찌다 교육'에 대해서 들어 본 적이 있어요. 태중에서부터 대화하고 크면서 자극을 많이 주면 이 담에 고액 과외 하는 것보다 낫대요. 공부할 수 있는 태도를 어려서 개발해 주어야 되니까. 그런데 굉장히 비싸더라구요. 교재비만도 몇십만 원이예요. 일반 사람들은 집근도 못해요. 새로운 경험 등을 주고 싶어서 혼자 시도는 많이 하는데 애가 어느 정도 크니까 이론과 실제가 달라요."

조기 교육에 반대라고 한 경우에도 지식 교육, 영재 교육에 반대라는 의미이고, 어렸을 때에 다양한 자극, 다양한 경험을 주는 것이 필요하다는 생각은 모두가 가지고 있었다. 어릴 때의 경험이 중요하다는 심리학적 지식은 보편적인 상식이 되어 있으나 그 해석은 사람마다 매우 다르다.

> "반대예요. 그렇게 안해도 될 것 같아. 자기가 하고 싶을 때 시켜야죠. 동기 부여를 위해 새로운 자극과 반응들이 필요하다고 생각해요. 밖에 나가 꽃, 새도 보여 주고 친구들도 보여 주는 것이 성격 형성, 사회성을 길러 주는 데 좋은 것 같아요. 단지 업고 돌아다녀야 하니까 엄마가 힘들어."

아이들이 현재 다니고 있는 학원이나 유치원 이외에 더 가르치고 싶은 것으로는 피아노, 미술 등의 예능 교육이 가장 많았고, 그 다음으로는 수영 등을 들었다. 아이를 잘 가르치겠다는 생각과 더불어, 남의 집 아이들이 다 하니까 우리 아이도 떨어지면 안되겠다는 생각, 그리고 자기가 해보고 싶었던 것의 투사도 있는 것으로 보인다.

"제가 몸이 약해서 애는 수영 같은 것 시킬까 해요."

상업적 조기 교육의 열풍에 휘말리거나 않거나 간에 어머니들은 아이가 성공해야 자신의 육아가 그리고 자신이 성공하는 것으로 여기고, 아이들의 인지를 발달시키는 교육에 대해서 끝없는 정열과 경쟁 의식을 가지고 신경을 곤두세우고 있다.

젊은 주부들은 대체로 아이 키우는 것에 대하여 남편과 상의를 많이 하고 부부간에 의견 일치가 잘되는 것으로 보인다. 아버지가 아이를 잘 보아 주거나 아이와 많이 놀아 주지는 않는 경우에도, 교육에 대한 관심은 상당히 높았다. 그러나 응답자 중에 한 명은 남편이 아이 키우는 것은 여자일로 생각하고 별로 관심이 없다고 답하기도 하였다.

"상의를 많이 해요. 아이를 잘 봐주지는 않아도 교육적인 면에 관심이 많아서 대화는 많이 하지요. 내가 습관화되어서 발견하지 못하는 것을 발견하기도 해요."

"잘 들어 주고 상의를 받아 주는 편이예요. 아빠와 엄마의 가치가 다를 때, 예를 들면 매를 들 때, 나는 주로 감정적으로 되어 고함을 지르거나 화가 나면 매부터 때리는데, 아빠의 의견은 애들의 얘기를 들어서 이유를 알아보아야 한다고 생각하지요. 그렇지만 아빠가 엄마가 야단치면 제지하지 않고 엄마의 권위를 세워 주는 등의 자녀 교육의 일치감이나 일관성을 중요시해요."

어머니로서의 심리적 경험

어머니 역할에는 다양한 심리적 경험이 따른다. 아이를 키우면서 더할 수 없는 보람과 행복을 느끼기도 하고, 불안과 좌절을 겪기도 하며, 때로는 '자식이 웬수' 같기도 하다. 어머니와 아이의 관계의 내용은 두 사람이 서로 만들어 가는 것이기는 하지만 주로 어머니가 주도하므로, 어머니가 자기의 역할에 대하여 가지고 있는 느낌은 아이에게 직접적인 영향을 미친다. 그런데 유아 교육, 발달 심리와 관련된 수많은 연구 문헌에서조차 어린이를 양육하는 과정에서의 어머니의 심리적 경험은 외면 당하고 있다. 어머니의 '양육 태도'나 '양육 방식' 또는 어머니의 기타 다른 특성들이 아이에게 어떤 영향을 미치는지에 관한 연구는 많으나, 막상 어머니 본인은 그 관계에서 무엇을 경험하는지에 대해서는 연구된 것이 거의 없다.

사회적으로는 모성의 다양한 심리적 경험 중에서 한 측면만이 강조되고 있다. 어버이날에 흔히 하는 얘기처럼 어머니는 한없는 사랑으로 자식을 감싸며 어떤 희생이라도 감수하고 자식을 통하여 가장 큰 기쁨을 느낀다는 것이다.

최근 여성학자와 심리학자들은 모성의 경험에 또 하나의 측면이 있다는 것을 지적해 내고 있다. 쉬임 없이 아이를 돌보아야 하는 데서 오는 피곤과 짜증, 바깥 세계와의 단절과 사회적 일에 지장이 오는 데서 느끼는 소외감, 무능감, 초조와 좌절감, 아이와 남편에 대한 원망과 그에 따르는 죄의식 등이다. 이러한 문제는 사회적 관계로부터 고립되어 집에서 종일 살림하고 아이 보는 어머니에게서 더 심각하게 나타나기 쉽다. 아래에서는 전업 주부들이 종일 어머니 역할을 하면서 느끼는 심리적 경험들을 여러 가지 측면에서 알아보았다. 우선 아이들을 키우면서 재미를 느끼거나 보람이 있을 때는 언제인지 물어 보았다. 응답은 의외로 별로 다양하지 않았고 대개 세 종류로 나누어 볼 수 있었는데, 첫째는 가정을 이루고 부모를 닮은 아이를 낳아 대를 잇는 것, 둘째는 아이가 엄마를 사랑한다고 표현할 때, 셋째는 아이가 크면서 새로운 것을 성취하고 우수성을 보일 때였다.

> "대를 잇는다는 생각이 있어요. 남편이 덤덤하고 담백해서 애가 있는 것이 생활의 활력이 되구요. 애가 건강하게 자랄 때 보람 있어요."

> "재미는 애들 재롱이지요. '엄마가 제일 좋아요' 말할 때, 사생 대회에서 ○○이가 은상 탔을 때, 애 아빠가 어렵게 밥을 했을 때 '우리 아빠가 최고 요리사야, 아빠 요리가 맛있어' 하고 즐거워할 때."

> "큰애가 작은애를 걱정하는 모습을 보았을 때. 시험 봐서 백점 맞을 때. 옷 입혔을 때 갑자기 커 보였을 때."

아이들을 키우면서 힘들거나 짜증날 때는 언제인지에 대해서는 의외로 많은 하소연이 쏟아져 나왔다. 육체적으로는 아이나 엄마가 아플 때 힘들다는 대답이 제일 많았고, 어린 아기가 있는 어머니들은 종일 치다꺼리 하는 것이 힘들다는 대답도 많았다. 그런가 하면 심리적으로 지치고 짜증날 때도 있는데, 아이의 모든 것을 24시간 같이 하면서 책임져야 한다는 부담감과 남편의 비협조적인 태도에 대한 불만 등이 주요 요인으로 보인다. '우울증'이 있었다고 스스로 진단하고 있는 경우도 꽤 있었다.

"솔직히 좋을 때보다 힘든 게 더 많죠. 애가 아프거나, 내가 아플 때 특히요. 애가 같은 잘못을 반복할 때도 저질 깡패 엄마가 되요. 내가 심리적으로 두 아이를 책임져야 된다는 생각에 힘들어요. 우울증도 있었어요. 지금은 이웃과 친해지니까 좀 나아졌지요. 이러면 안되는 줄 알면서 내가 왜 반복하나 하지요."

"애가 어려서 늘 24시간 함께 있어야 하는 것이 짜증나요. 항상 함께 해야 된다는 게 부담스러워요. 나는 뭔가 싶은 생각이 들 때 속상해요."

"둘째 낳았을 때 큰애가 자기도 봐달라고 할 때 힘들었어요. 몇 달 밖에도 못나가고 집에만 있어야 할 때 우울증까지도 걸릴 것 같았어요. 문 밖에도 못 나갔어요. 애하고의 문제도 있고 아빠하고의 문제도 있는데 아빠에게 화나면 애에게도 화내게 되요."

어머니가 힘들거나 짜증날 때 또는 아이들이 말을 안 들을 때는 아이들을 어떻게 대하게 되는지 하는 질문에는 조사자가 다소 놀랄 정도로 숨김 없이 대답하였다. 어머니들은 대개 소리를 지르고 때리고 위협한다고 하면서, 자기의 반응이 지나치게 감정적이라는 것을 시인하였다. 응답자 중 몇 명은 이에 대한 자성 또는 반성이 있는 경우도 있었으나 다른 몇 명은 뭐 그런 거 아니냐는 견해를 보이기도 하였다. 매를 때리는 것 자체가 교육적으로 필요한가에 대해서는 사람마다 의견 차이가 있을 수 있으나, 교육적 효과를 고려한 매가 아니고 자기 자식이니까 화가 날 때 무심코 손이 나갈 수도 있다는 태도는 문제가 있다. 종일 엄마들의 경우, '좌절감이 커지면 공격성이 증가한다'는 심리학의 유명한 이론을 불행히도 그대로 증명해 주는 사례가 상당히 있어 보인다.

혼자 자란 아이들의
사회성 부족과 경쟁심,
이기주의를 걱정하는
소리가 높다.

"소리 빽 지르고, 때릴 때도 있고, 손으로 위협하기도 해요."

"화내고 때리고, 짜증내죠. 큰아이는 말귀를 알아 들어서 이유를 물어 보는데, 작은애는 고집스럽고 자기 위주라 나무라는 편이예요. 애들 클수록 매 들기가 어렵더라고요. 지들 나름대로 다들 이유가 있으니깐."

"매를 안 들을 수 없다고 합리화하지만 나중에는 반성해요. 그런데도 아이가 한 두번만 잘못하면 벌써 소리가 나오고 강도가 세져요."

"큰애 때는 많이 자제했는데 요즘엔 화나면 막 가요."

아이를 키우면서 자신 없거나 걱정되는 것으로는 자신의 양육 태도와 관련된 대답이 가장 많았고, 그 이외에 아이의 건강, 경제적 뒷받침 등이 있었다. 아이는 어머니가 키워야 한다는 명제의 바탕에는 어머니는 육아를 두루 제일 잘할 수 있다는 전제가 성립되어야 한다. 그러나 어머니는 최선의 의도가 있을지라도 전문가는 아니며, 자신이 잘하고 있는 것인지 불안한 마음들을 가지고 있다.

> "내가 애를 잘 키우고 있는지 늘 생각해 보고, 내가 어렸을 때 부모에게 상처 받았던 일을 배운 나도 그대로 내 아이에게 할까봐 걱정이 돼요. 우리 애가 괜찮은 애가 될 수 있을까 늘 걱정해요."

> "책에서 본 바람직한 엄마의 모습에 비추어 내가 하는 것이 다를 때요. 내 성격과 다른데 고쳐야 할 때 힘들어요. 아닌데 하니까 짜증나고 싫고 책대로 해보고 싶은데 안되거든요. 돈도 안드는 일이고 내 마음만 바꾸면 되는데."

> "내가 자제하지 못할 때, 내가 생각했던 것과 반대 현상이 일어날 때 걱정되지요."

일에 관한 생각

집에서 살림하고 아이 키우는 중산층 여성에 대한 우리 사회의 일반적 관념은 가정의 행복에 흠뻑 젖어 있는 만족스러운 주부의 모습이고, 직장에 다니는 여성들에 대한 관념은 직장일과 집안일의 과도한 부담에 시달려서, 경제적 이유로 일하지 않을 수 없는 저소득층 여성은 나도 언제나 여유 있는 전업 주부가 되어볼까 하는 소망을 가지고 있고, 경제적으로 여유 있고 직업에 긍지도 있는 전문직 여성이라도 살림 잘하는 전업 주부에게 최소한 기죽는 데가 있다는 것이다. 그러나 최근 주부의 재취업이 날로 늘어가고 있는 사회적 추세를 보면 '행복한 가정 주부'의 신화가 깨어지고 있는 듯도 하다. 전업 주부들은 자기의 일에 만족하고 있는지, 기회가 있다면 취업할 생각이 있는지 등 일에 관한 그들의 생각을 알아 보았다. 응답자 6명 중 4명은 결혼 전에 직장에 다닌 경험이 있었다. 이들은 결혼하면서 결혼 퇴직 제도 때문에 할 수 없이 혹은 그럭저럭 직장을 그만두었는데, 개인차는 있으나 그만둘 수밖에 없었던 것을 매우 억울하게 여기고 있었고, 직장인지 결혼인지 아이인지 모를 모호한 대상에 대해서 원망을 느끼고 있었다.

“예. 있지요. 간호사였는데 결혼하면 누가 받아 주나요. 그때 당시 약혼한 것도 속이고 다녔지. 원망스러워. 지금은 안 그렇다고 하는데 만약 그때도 그랬다면 지금까지 다녔지요.”

“있어요. 비서직 3년. 결혼하면서 그만두었어요. 회사 들어가면서 결혼 퇴직 각서를 쓰고 들어갔거든요. 각서 없었다면 다녔을 거예요. 요즘엔 없어요. 그때도 약간의 융통성은 있었는데 너무 고지식했어요. 많이 섭섭해요. 그때 참 보수가 좋았거든요. 큰 회사라 프라이드도 있었고 아쉬웠어요.”

현재 집안에서 일하는 주부로서 만족하는가 하는 질문에는 의외로 적극적인 만족을 표명하는 사람은 하나도 없었고, 그냥 괜찮다는 응답이 반 정도, 만족하지 않는다는 응답이 반 정도로 나왔다.

“애도 돌보고 신랑 밥 먹게 하고 살림도 하고 괜찮아요.”

“애가 엄마를 집안에서 살림하는 사람으로서만 인식해서 나중에 커서 자기 아이를 키워 달랠까봐 벌써 걱정되요. 그래서 뭔가 자그마한 일이라도 해야겠다는 생각이 늘 있지요.”

“매우 만족은 아니나 그냥 적응하면서 살아요. 매일 같은 일이라 성취 의욕이 없고 나는 뭔가 싶고 나도 뭔가 하고 싶다는 생각이 들어요. 엄마들 거의가 그렇죠. 어떤 엄마는 애들 옷이라도 만들어서 뭔가를 했다는 느낌을 가지려 해요.”

“만족하지 않아요. 직장 생활을 안해 봐서 사회 생활에 대한 갈망이 있어요. 애들 크면 직장 생활하고 싶은데 남편이 잘 안 도와주는 편이예요.”

위에서 보듯이 무언가 사회적인 일을 하고 싶다는 생각을 하는 사람이 많아서 만약 기회가 닿는다면 직업을 가질 생각이 있는지, 언제쯤 무슨 일을 하고 싶은지를 물어 보았더니, 6명 모두가 언젠가 직업을 가질 생각이라고 대답하였다. 이들은 주부가 취업하려 할 때 현실적으로 벽이 높고 좋은 자리가 별로 없다는 것을 다 인식하고 있으면서도 어떤 조건에서라도 꼭 일을 하고 경제력을 가져 보겠다는 의지를 키우고 있었고, 직장이 영구해지지 않으면 사회 봉사라도 하겠다고 스스로 다짐을 하고 있었다. 이런 응답 내용과 더불어 다른 어떤 질문에보다도 가장 자세하고 길게 열심히 대답을 한 응답 자세로 미루어 요즘 주부들이 취업에 대한 욕구가 상당히 높음을 알 수 있었다.

"둘째애가 유치원 가면 살림도 풍족하지 못하고 해서 우선은 경제적 도움이 되는 일을 하고 싶어요. 세일직 아니면 주부가 취직하기 어렵고 돈도 벌고 만족도 느끼는 직장을 구하기 어려워요. 체질적으로 세일즈는 못하고 애들 옷에 관심이 많아 애들 옷 대리점을 해보고 싶어요. 아빠는 탁아방 같은 것을 해보라는데 옛날 처녀 때는 애들을 이뻐했는데 지금은 애들 키우는 데 질려서 그럴 생각은 없어요."

"직업을 갖고 싶은데 사실상 지금으로서는 전문 직종은 불가능해요. 많이 찾아보았는데 별반 일할 자리가 마땅하지 않아요. 대부분 영업직만이 가능한데 그것도 애들 가르치는 학습지 회사 같은 데도 벌써 나이 제한이 있어요. 삶의 충족과 경제적인 대가가 동시에 주어지는 직장이 마땅하지가 않아요. 그래도 경제적인 도움이 되는 적당한 판매직이나 영업도 할 수 있다고 생각해요. 그런 일을 찾지 못하더라도 야학 교사 같은 사회 봉사라도 앞으로 할 생각이예요."

"그럴 생각이 있어요. 지금으로서는 아이가 자기 관리를 할 수 있는 국민학교 고학년이 되면 가능하리라 생각해요. 현재로선 실현할 수 없으니까 구체적인 대안은 없는데 애들이 국민학교 들어가면 조금씩 보이겠지요. 지금 운동 다니는 것도 밖으로 나가기 위한 기초 마련 같은 기분이예요. 40대 이후 남는 시간을 관리하기가 어렵다는 얘기를 많이 듣고 나도 멀지 않았는데 하는 자각도 하게 되고 운동이 별거 아니지만 나태해지지 않으니까요. 아빠가 남의 말을 잘 듣는 소질이 있다고 얘기해 주고, 사회 봉사 같은 것을 권하는데 집 마련 같은 경제적인 측면을 생각하면 저는 장사를 하고 싶어요. 그러나 잘된다는 보장이 없으니까 겁이 나요."

인터뷰를 마치면서 무엇에 대해서든지 더 하고 싶은 이야기가 있으면 자유롭게 해보라고 하였더니, 주부들은 자신의 존재 의미에 대하여 진지하게 고민하고 있는 모습을 보였다. 아이를 보기 위해서 집에 있는 자신의 현재의 상황이 아이에게는 좋다고 생각하면서 한편으로는 자신의 삶이 희생되는 것 같은 불안감을 느끼고 있었으며, 그 중 몇 명은 직장에 다니는 어머니들에 대해서 오히려 지지를 해주면서 남자들의 의식과 사회 제도가 바뀌어야 한다는 진보적인 견해를 표명하기도 하였다.

"아이가 크고 나면 이 많은 시간을 무엇을 할까 하는 고민을 늘 하고 이것이 내 삶의 전부인가 하는 생각이 들어요."

"애가 어려서 시간적인 여유가 없는데, 애들이 더 크면 내 존재가 무엇인지 위치 같은 게 걱정되요. 실제로는 사회에 나가는 것도 겁이 나죠. 내가 준비해 두지 못하였으니까. 짬짬이 책이라도 보아 두지만. 애 때문에 희생하는 건 사실인데 이것을 보람으로 여겨야지 그렇지 않으면 자존심이 상해요."

"직장 생활하는 엄마들은 애를 다루는 게 다르더라구요. 사랑하는 마음은 똑같아도 표현 방법이 다르잖아요. 초콜릿 묻은 손으로 애가 달려들 때 덜 익숙해요. 그런데 우리나라 사회 제도가 바뀌었으면 좋겠어요. 2개월 육아 휴가밖에 없으니까 방학에 애를 낳으려고 그래요. 아는 엄마가 계속 직장 생활하면서 시어머니가 애들을 키워 줬는데 이제 그만두려 해서 내가 극구 말렸어요. 우리 같은 사람은 이제 뭐를 하려 하는데 그만두다니요. 나는 대학 나온 게 오히려 후회되더라고요. 우체국에서 무게를 달아도 그 사람 없으면 그 일이 안되잖아요. 그런 사람은 소속감이 있잖아요. 아이들도 하찮은 일이라도 자기가 보람을 느끼고 사회에 꼭 필요한 사람이 되었으면 좋겠어요."

분석 내용의 요약

이 조사의 응답자들은 어린 아이를 둔 중산층 전업 주부들로서 대부분 고학력이고 직장 경험이 있으며 핵가족을 이루고 있는 사람들이었다. 이들은 집안 살림하고 아이 보는 현재의 생활에서 보람을 찾고 적응하고자 노력하고 있으나 대체로 생활에 대한 만족도가 높은 편은 아닌데, 가장 주된 문제는 사회적으로 고립된 상황에서 지낸다는 점이다. 도움을 줄 사람이 거의 없는 상태에서 육아의 책임을 전적으로 혼자 지고 있고, 그 때문에 잠시 동안의 외출도 어려운 상황에서 아이와 함께 몇 년간을 집안에서 고립되어 지내야 한다는 것이 이들에게 가장 큰 스트레스 요인이다. 특히 어린

아기가 있는 경우 이 고립 상태는 심각해서 우울증을 유발하기도 한다.

아이를 키우면서 크고 작은 일들에서 행복과 재미를 느끼는 한편, 아이의 모든 것을 항상 책임져야 한다는 데 대한 부담감을 가지고 있으며, 24시간 반복되는 끊임없는 시중에 짜증이 나서 화를 내고 이를 반성하기도 한다.

이렇게 고립된 상황에서 가사와 육아의 책임을 나눌 수 있는 유일한 상대인 남편의 협조 여부는 생활에 대한 만족도에 상당한 영향을 미치는 것으로 나타났다. 남편이 퇴근 후에 집안일을 덜어 주고 육아에 대하여 적극적인 관심을 나누는 경우에는 대개 부인의 만족도가 높다. 남편 다음으로 육아에 도움을 주는 사람은 이웃들이다. 친족들이 가까이 사는 경우가 많지 않으므로 주부들은 이웃과 상부 상조하면서 고립 상황에서의 육아의 어려움을 넘기고 있다. 그러나 육아의 부담을 남들과 나누는 범위를 매우 제한적으로 보고, 이것이 제도화된 어린이집 종일반(탁아소)은 매우 부정적으로 보고 있다.

이는 육아에 대한 일종의 독점 의식과도 연결되는데, 아이는 역시 엄마가 키워야 한다는 상식에 적극 동조하며 아이의 성장과 관련된 모든 것이 (경쟁에서 뒤떨어지지 않도록 교육시키는 것도 포함하여) 어머니의 몫이라고 여긴다. 이러한 육아의 책임을 잘 수행해 내는 것이 자신의 사회 생활을 희생한 데 대한 위안이 된다.

그러나 이들 주부들은 자신의 사회 생활을 완전히 포기한 것이 아니고 아이가 어린 동안 유보하고 있는 것이라고 생각하고 있다. 이들은 모두 아이가 어느 정도 크면(적합한 나이가 몇 살 정도인가에 대해서는 의견의 차이가 크지만) 사회적인 일을 하고 경제력을 가지고 싶다는 소망을 가지고 있다. 주부의 취업에 대한 현실의 벽을 인식하여 대부분이 결혼 전과 같은 전문성 있고 보수 많은 직장은 체념하고 주부에게 가능한 대안을 모색하면서도 꼭 일을 하겠다는 의지가 상당히 굳다.

대안을 찾아서

이 조사의 응답자들은 정신 건강에 기본적으로 큰 문제가 없는 정상적인 사람들이었다. 그러나 조사 결과는 이들이 때로는 우울증에 빠지고, 때로는

어머니와 아이의 고립은 어떻게 해소할 수 있을까?

잘못인 줄 알면서도 화가 나서 아이를 때리는 것을 자제하지 못하며, 때로는 아이를 통해서 자신의 삶을 살려고 아이에게 지나친 부담을 지우기도 하고, 때로는 무엇인지 억울하고 원망스러운 느낌에서 벗어나지 못하기도 한다는 것을 보여 주었다. 이러한 증상들은 이들이 처한 불건강한 상황을 볼 때 어쩌면 자연스러운 것들이다. 성숙한 한 인간이 몇 년간 거의 모든 사회적 관계와 활동을 포기하고 고립된 상태에서 오로지 자기 아이를 키우는 일에만 매달려야 하는 상황은 발생한 지 몇십 년 안되는 사회적 현상으로서 여성들에게, 그들의 아이들에게, 그리고 사회에 여러 가지 부작용을 낳고 있다.

전업 주부들의 이러한 심리적 경험들은 지금과 같은 육아 상황에서 모든 어머니들이 자연스럽게 겪는 것이지만, 행복한 주부, 헌신적 모성에 대한 사회의 고정 관념과 어긋나기 때문에 공인되지 않고 어머니 개개인이 알아서 처리해야 할 사적인 문제로 남아 있다. 그러나 이제 가족 구조와 여성 의식을 포함한 사회 변화는 고립된 어머니와 아이의 문제를 더 이상 사적인 해결 방안에만 미루어 둘 수 없는 상태에 이르렀다. 정신 건강과 인간 관계의 측면에서 정상과 병리의 아슬아슬한 경계선을 넘나드는 어머니와 아이들도 점점 늘어나고 있다. 이제부터는 지금까지 공적으로 인정하지 않았던 현실들을 인정하고 문제의 사회적인 해결책을 찾아야 한다.

어머니와 아이의 고립은 어떻게 해소할 수 있을까? 주부가 직업을 가진 경우 대개 할머니가 아이를 보아 주는 것을 제일 좋은 대안으로 여기고 그것이 불가능하면 자기 집에서 파출부가 보아 주는 것을 그 다음 정도로 생각하나, 이런 경우들도 한 어른과 아이가 고립된 상황이기는 마찬가지고 고립된 상황에서 발생할 수 있는 문제점을 안고 있기도 마찬가지다.

그렇다고 대가족 제도로 돌아갈 전망도 아니고 자녀의 수는 점점 줄고 있으며 여성의 취업은 증가 일로에 있다. 스카(1993)는 그간 이루어진 논의들이 많은 부모와 아이들의 현실을 고려하지 않은 채 무엇이 가족 성원들에게 좋으며 무엇이 나쁜지를 가려 내려는 것이 얼마나 이상한 일인가를 지적하였다.

최근 들어 심리학자들은 어머니가 키우는 것과 타인이 키우는 것, 또는 전업 주부인 어머니와 직업을 가진 어머니 중에서 어느 쪽이 더 바람직한가 하는 식의 이분법적인 질문 방식은 잘못된 것이며, 아이가 잘 자라나는 냐의 문제는 위의 어느 상황이든지간에 양육의 질을 꼼꼼히 따져본 후에야 답할 수 있는 것이라고 결론 내리고 있다. 부모가 키워도 그 양육의 질은 성실한 최선의 양육으로부터 방관과 학대에 이르기까지 다양하며 어린이 집 상황도 마찬가지다.

공동육아는 이제 고립의 해소를 위해 필수적인 제도가 되었다. 여성들의 취업은 증가하고 있고, 이들이 결혼과 육아로 인해 직장을 그만두고 고립되어 지내다가 몇 년 후 비전문적이고 소득이 적은 직장에 재취업하는 경향도 증가하고 있다. 이러한 모순을 없애고 여성들이 사회적인 일터에서 정당한 직업인으로서의 대우를 받으며 일할 수 있게 하기 위해서는 공동육아의 터전을 늘려가야 한다.

이는 또한 고립된 어머니를 위해서만이 아니고 고립된 아이를 위해서도 필수적인 제도다. 종일을 어머니하고만 아파트에서 간혀 지내다시피하며 혼자 자란 아이들의 사회성 부족과 경쟁심, 이기주의를 걱정하는 소리가 높은 현실에서 공동육아는 아이들이 또래들과 마음껏 어울리고 다양한 어른들과 만날 수 있는 장이 된다. 공동육아는 이제 어머니가 일하기 위해서 바람직하지는 않지만 할 수 없이 아이를 맡기는 데가 아니라, 고립되지 않은 새로운 공동체적 삶의 장으로서의 적극적인 의미를 갖는 것이다. 공동육아를 할 것이냐 말 것이냐의 논의는 그만 하고 이제 공동육아를 어떻게 잘할 것이냐에 대한 논의를 발전시켜 가야 하겠다. ■

＊ 도움받은 글

스카, 1993, 《어머니의 양육과 타인의 양육》, 현은자 역, 서원.

이영, 1990, 〈탁아와 유아 발달〉, 탁아와 유아 교육 세미나, 덕성여대 유아 교육 연구소.

정진경, 1990, 〈어머니가 키우는 아이와 탁아소에 다니는 아이: 고정 관념과 그의 극복〉 《우리 아이들의 육아 현실과 미래: 공동육아 제도의 전망》, 탁아 제도와 미래의 어린이 양육을 걱정하는 모임 편, 한울.

조혜정, 1990, 〈우리의 가정 환경, 과연 자녀 양육에 바람직한가〉, 《우리 아이들의 육아 현실과 미래: 공동육아 제도의 전망》, 탁아 제도와 미래의 어린이 양육을 걱정하는 모임 편, 한울.

Elkind, D., 1987, *Miseducation: Preschoolers at risk*, N.Y.: Alfred Knopf.

일하는 엄마

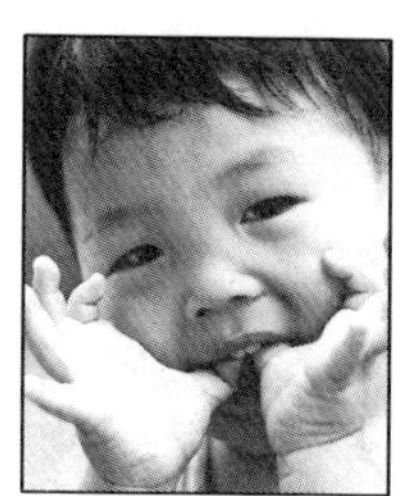

한림화

유아원은 어디에?

선배이면서 친구로, 때로는 동료나 다름없이 내 삶에 적잖은 힘이 되어 주는 인류학자 한분은 자신의 육아 기에 유아원이 왜 있어야 하는가를 이렇게 써놨다. '원칙적으로 유아원 은 아이들의 성장을 위해서 필요한 것이지 여성들의 사회 활동을 가능

어쩌면 이론가들이 주장하는 바 그대로 한 세상을 살면서 배울 것, 알 것을 유아기에 몽땅 습득하는지도 모른다. 그런데 어째서 유아 양육 대행 기관까지 덩달아 지적 습득 에만 국한되는 '조기 영재 교육'에 그렇게 도 목매다는지? 유아 교육 기관은 어째서 아이의 인성의 형성에는 무관심한 채 오직 상업적인 목적만을 내세워 이 세상의 미래 를 짊어질 어린이를 지식의 벼랑 끝으로만 몰아세우는지. 회의가 차고 넘쳐 아이를 아 무 데도 보내지 말았으면 좋을 걸 절망하기 도 했다.

하게 하기 위한 양육 대행 기관으로만 인식되어져서는 안될 줄 안다'고. 전적으로 그의 지적에 동의하면서도 이율 배반적이게도 나는 양육 대행 기 관으로서 더 큰 비중을 두고 유아원을 이용하려 한 '활동하는 어머니'의 전형에 속한다. 이는 우리 사회에 비치된 양육 대행 기관, 이를테면 사설이 나 공설이나를 막론하고 제대로 된 육아를 해주지 않은 데서 온 결과이다.

나는 사설 '놀이방'에 첫돌을 막 지낸 아이를 1년 4개월 남짓 맡긴 경험 이 있다. 어느 날 아이를 데리고 길을 가는데 차도와 인도가 구분 안된 도

34

로였다. 아이한테 뒤에서 차가 온다고 조심하라고 했더니 아이는 무턱대고 앞으로 있는 힘을 다해 달렸다. 아슬아슬하게 차를 피해 아이를 길 옆으로 밀어 세워 놓고 어이가 없었다. 아이는 놀이방에 다니는 내내 거기 차로 오갔음에도 사회 생활의 한가지인 길 문화를 구체적으로 생활화할 기회가 없어 가장 기본적이고도 기초적인 것, 이를테면 교통 신호를 익힌다든지, 횡단 보도를 지나는 현장 교육이 전혀 안되었던 것이다. 아침에 가서 저녁 에 집에 올 때까지 아이는 실내 공간에 '갇혀' 지내다 보니 차가 뒤에서 온다면 옆으로 피하기보다 차보다 먼저 안전한 어딘가로 달려갈 '어리석은 판단'을 하게도 된다는 게 현실이다. 이건 하나의 단적인 예에 불과할지도 모르겠다.

나는 어리석기 짝이 없는 아이의 위험 상황에 대한 대처 방안을 보면서 외부의 일을 다 걷어치우고 한 달여 동안 아이를 돌봤다. 그러나 언제까지 그렇게 아이만을 보듬고 앉아 있게 나의 모든 여건이 허락하지 않았다. 보 다 근본적이고도 기초적인 사회 교육을 아이는 받고, 더불어 어머니한테는 일할 수 있는 시간을 확보할 수 있는 기관, 거기가 유아원이다!라고 억지 결론을 내렸다. 수요자의 조건보다 공급자의 일방적인 편의에 맞추어 양육 대행 기관이 운영되는 여건 아래서는 유아원에 대한 인식은 원칙이 우선일 수가 없다. 이게 이론보다도 현실이라고 스스로 위로하기를 벌써 두 해 동 안 해오고 있다.

대안은 있으되 대책은 없는 ……

아이 이름은 고한밝. 이름보다는 똘이라는 별명으로 불리워지는 사내아이. 네 살이지만 만 두 살하고 오 개월짜리. 건강한 편. 성격은 내성적이고 고 집이 세다. 몸으로 하는 운동을 좋아한다.

한집에 사는 가족 구성원이 부모 외에는 다른 누가 없어 매우 단조로와 집에서는 폭넓은 인간 관계라든지 대인 접촉의 기회가 상대적으로 적어 또 래 집단 혹은 다양한 연령 집단과 의도적으로 생활할 필요가 있는 아이. 사는 곳은 제주도. 바다 가운데 물 막은 섬이라는 폐쇄된 공간 구조가 아 이에게 다양한 실제적 경험을 할 기회를 좁히다 보니 볼 눈의 폭이 그만큼 협소하고 생각의 영역은 단조로울 수밖에 없는 여건이다.

아이는 기차가 탈 것의 하나라는 사실을 마치 우주선이나처럼 추상화해서 받아들이는 환경에 있다. 기차 하면 으레 '아, 아기 코끼리 덤보가 타고 서커스하러 다니는 차 말이지'라고 단정해 버린다. 기차가 보편적인 장거리 대중 교통 수단으로 이용되고 있음을 무슨 수로 설득시킨단 말인가. 제주도는 기차도 없고 전철도 없으니까. 그뿐이 아니다. 벼는 논에서 자란다면 아이는 공상 과학 세계로 당장 달려간다. 어떻게 물에서 쌀나무가 자라나, 신기하다 등등. 만화 영화에 등장하는 인물들이 아무것도 먹지 않고 무궁무진 무용담을 펼치는 것과 벼가 물에서 자라지만 쌀을 낳는 것과 아이에게는 똑같은 비중으로 느껴지는 '공상의 세상'이다. 육지에는 흔한 일상이 제주섬에서는 아주 예외적으로 존재하게 마련인 것이, 환경의 영향이란 상대적이긴 해도 상당히 인간의 삶을 지배한다.

이 아이가 다닐 유아원을 찾아 나섰다. 아이 손을 잡고. 이건 일종의 유아원 순례였다. 생각했던 것보다 훨씬 많은 유아원이 주변에 있었다. 대부분의 유치원이 만 세 살부터 입원이 가능한 덕분에 유아반을 운영한다고 했다. 나는 유아원을 살피되 우선 시설과 프로그램에 중점을 두었다. 워낙 좁은 지역이니 거리는 그렇게 문제가 될 것 같지 않았다. 시설은 아이들이 맘껏 놀 수 있는 공간, 그것도 야외 공간이 있어야 한다는 걸 전제로 했다. 유아원이 자체 설비를 구비하지 못하더라도 가까운 거리에 놀이터가 있어 그거라도 사용 가능한 곳이면 무방했다.

상당수의 유아원이 좁은 실내, 교실 겸 식당 겸 놀이터로 쓰이는 교실 두어 칸이 전부였다. 한창 자라고 활발하게 사지를 움직임으로 넓고 트인 공간을 어느 정도 확보하고 있어야 함은 유아 양육 기관이든 유아 교육 기관이든 필수 조건이라고 생각했는데, 현실로 드러난 거긴 아이들에게 지나치게 좁을 뿐 아니라 폐쇄되어 있어 한숨이 절로 나왔다. 놀이 기구도 충분히 갖추어진 곳은 드물었다. 벽장엔 유아용 책이 몇 권, 프뢰벨 혹은 몬테소리의 학습 도구 세트 중에서 일부가 진열되어 있고, 야외 놀이 시설과 실내 놀이 시설을 막론하고 천편일률적으로 그네와 미끄럼틀 그리고 시이소오 정도가 전부이다시피 했다. 그런데도 교육 시행 프로그램은 조기 교육이 어떻고, 영재 교육이 어떻다고 관계자들은 늘어놓기 일쑤였다.

하도 조기 교육 붐이 일어 소문에 듣기로는 대다수의 유아원에서들 '영재 교육'을 실시한다고 했음으로 놀라지는 않았다. 하긴 '영재로 자녀를 키우려면' 유아원 과정부터 시작하면 이미 늦었다고 하던가. 첫돌 전부터 어쩌고 저쩌고 하는 것도 옛말이란다. 이젠 아예 임신 전서부터 시작해서 뱃속에 애가 들어앉으면 그땐 본격적인 태교를 해야 한다고 했다. 실제로도 주변 어머니들은 '영재 교육 프로그램'이란 것들을 많이 애용하고 있음을 봐오긴 했다. 무슨무슨 클래식 음악곡은 아이 머리를 좋게 하고 무슨 색깔은 아이의 감각을 어떻게 하고 등등. 자식을 천재로 만들려고 혈안이 된 어머니들을 보면 무섭고 끔찍하다고 생각은 하면서도 남의 일이려니 여긴 게 고작이었다.

유아원을 찾아보면서 그런 어머니들의 욕망은 어쩌면 조장되어진 당연한 결과일지도 모른다는 생각에 빠졌다. 유아원 혹은 유치원이, 그리고 사설 유아 조기 교육 학원들이 아예 발벗고 나서 그 방면으로 끌어 가고 있는 거나 다를 바 없는 것이, 그들이 자랑스레 제시하는 교과 과정에 따른 도구를 설명하면서 또는 커리큘럼을 이야기하면서 꼭 조기 교육의 효과와 그 교육을 받은 아이가 미래에 보장 받게 될 청사진을 화려하고도 장황하게 펼치며 신기루처럼 떠들기를 주저하지 않았다.

나의 육아관은 이렇다.

아이는 그 누구도 '키워 주는 게' 아니다. 아이가 스스로 커나가는 데 돌보고 도와줄 뿐이다. 그럼으로 '돌보고 도와주는 입장에 놓인 사람'으로서, 아이가 무엇보다 우선하여 육체적으로 정신적으로 건강하도록 배려할 것. 정신과 몸이 건강하다면 적어도 세상을 살아갈 튼튼한 대들보를 확보한 거나 다름없고 견고한 주춧돌을 놓은 것과 한가지니 그것만으로도 얼마나 고마운 일이랴. 건강한 정신과 육체를 갖는 건 아이에게는 물론이고 아이가 속하는 온세상 사람에게도 이루 다 표현할 길 없는 아름다운 삶의 전조라고 여긴다.

나는 육체가 부실하여 살고픈 대로 몸이 못 따라 주는 경우를 수많이 경험했고 그에 따라 정신적으로도 위축되면서 무게를 가늠할 길 없는 고통을 일상 생활 중에 맛보았으며 때문에 주위의 사람들도 직간접으로 내 고통의 강도를 전혀 타의에 의해서 맞닥뜨려야 했을 거고 그 때문에 삶에 좋지 않은 영향도 미쳤음을 짐작한다. 건강하다는 건 가장 큰 삶의 축복임을 나는 아이의 삶에 강조하지 않을 수가 없다.

아이를 어떠한 상황 아래서도 어른의 기호에 맞추려 들지 말 것. 이는

상업 문화 속에서 일방적 소비자로
자라며, 많은 장난감에 싸여
혼자 노는 아이.
세상은 어차피 혼자서는 살 수도 없고
그렇게 살아서도 안되는 곳임을
어른들은 아이들에게 알려줄
의무가 있다.

아이도 완벽한 인격체인 까닭이다. 이 점을 모르지 않으면서 본의든 아니
든 상당수의 부모나 어른들은 자신과 동등한 인간인 아이의 존재를 있는
그대로 인정하기를 거부하는 경우가 종종 있다. 세상 경험이 어른만 못하
니 가끔 어른의 충고와 돌봐줄 손길이 필요한 것이지 아이에게 인격체로서
결함이 있어 어른이 아이의 삶에 개입하는 게 아니란 사실을 명심하지 않
은 때문이다.

세상이 어차피 혼자서는 살 수도 없고 그렇게 살아서도 안되는 곳임으
로 최선을 다하여 남에게 피해를 주지 않도록 아이가 사회를 익히는 과정
에서 잘 도와줄 의무가 어른에게는 있다. 예를 들면 남에 대한 차별 의식
을 부당하게 갖는 조건이나 상황을 만들지 말며 아이가 그런 환경에 놓이
게 되었을 때는 적극적인 계도가 있어야 한다는 생각이다. 남과 더불어 똑
같이 자신도 개개인의 개성과 인격을 있는 그대로 인정하고 받아 주는 삶
을 살되 내가 그러하기를 바라듯이 남의 삶을 간섭하거나 구속하지 말며
강제하지 않는, 다시 말해 자유인의 삶을 스스로 살기 위해서는 유아기에

38

차근차근 학습할 세상살이가 참말로 하고많다.

어쩌면 이론가들이 주장하는 바 그대로 한 세상을 살면서 배울 것, 알 것을 유아기에 몽땅 습득하는지도 모른다. 그런데 어째서 유아 양육 대행 기관까지 덩달아 지적 습득에만 국한되는 '조기 영재 교육'에 그렇게도 목매다는지? 유아 교육 기관은 어째서 아이의 인성의 형성에는 무관심한 채 오직 상업적인 목적만을 내세워 이 세상의 미래를 짊어질 어린이를 지식의 벼랑 끝으로만 몰아세우는지. 회의가 차고 넘쳐 아이를 아무 데도 보내지 말았으면 좋을 걸 절망하기도 했다.

대안은 있으되 대책은 없는 현실을 그렇다고 무시할 자신이 내겐 없었고 지금도 역시 마찬가지다. 아이를 보듬어 안고만 있는다고 더 잘 돌봐줄 수 있다고는 보지 않기 때문이다. 현실이 그러하다는 걸 직시하고 그 안에서 그나마 좀 나은 쪽을 고르면 되는 것이다.

이상을 접어 두고 현실로 무장하고는 유아원을 돌아보면서 내가 육아의 기본틀로 잡고 있는 한두 가지 것들은 끝내 유념했다. 그 중의 하나가 원아들의 유니폼이었다. 남녀 아이에게 모양이 다른 유니폼을 입히지는 않는지, 모양은 같지만 색깔로 구분 짓고 있지는 않는지를. 사회가 남녀를 외모에서부터 아예 구분해 버림으로써 나아가 성 차별이 있게 되고 그에 따라 관습과 전통이란 미명 아래 바람직하지 못한 굴레가 들씌워져 지울 수 없는 각인이 동반되는 남녀 성역할을 도식화시키는 결과를 낳는다는 생각을 평소 하던 터였다. 어쩌면 그렇게도 유아 교육 기관마다 하나같이 유니폼을 유아들에게 입히는지, 내가 내심 걱정한대로 남자애는 바지, 여자애는 치마가 정해져 있었는데 더구나 치마는 허리에 대님을 대어 A라인 아니면 빳빳하게 위에서부터 치마단까지 세로 주름을 잡은 것이었고 간혹 폭 좁은 플레어 스커트도 눈에 띄었는데 모두가 활동하기에는 그지없이 불편한 것들이었다. 그저 깜찍하고 '여자답게' 보이면 그게 전부인 양.

유아원을 고르기 전에 우리 쪽에 근본적인 문제가 한가지 있었다. 아직 똘이 나이가 만 세 살이 되지 않았다는 게 큰 걸림돌이 되었다. '놀이방'은 이제 더는 안된다는 획을 긋고 나니 운신의 폭은 더욱 좁아져 아이의 연령이 몇 달 모자라도 융통성을 보여 입원을 허락해줄 유아원이라야만 했으니.

일 관계로 만났던 한 종교 단체의 실무자가 퍼뜩 머리에 떠올랐다. 거기서 운영하는 유아 교육 기관이 있었는데 내가 지방 방송국에서 일할 때, 조기 교육 문제를 다룬 적이 있었고 그가 연사의 한 사람으로 초청된 적이 있었다. 유치원 과정에 만 세 살부터 입원을 시키자는 새로운 교육 입법이 논의될 때였다.

그는 자신의 유아 교육관을 이렇게 주장했다. 아이는 우선 건강하게 그리고 사회 질서를 기본적으로 지킬 줄 알도록 도와주며 아울러 예절 교육에 중점을 둔다고.

나는 그를 찾아가 아이의 연령이 조금 미달됨을 미리 밝히고 등록 여부를 물었다. 천만 다행히도 거기에는 '아기반'이 따로 있었다. 나를 안심하게 했던 또 다른 한가지는 원아들의 유니폼에 남녀 구별이 없을 뿐 아니라 활동하기 편한 '트레이닝' 스타일로, 춘추복과 하복으로 나뉘어 있는 바로 그것이었다.

똘이의 유아원 생활

1992년 3월 8일. 똘이는 유아원에 입원했다. 그 유아원은 교육 과정이 둘로 나뉘어져 있다. 만 네 살부터 입원이 가능한 유아반 코스와 만 세 살부터 다닐 수 있는 '아기 스포츠단'이 그것이다. 만 네 살에 입원하는 유아반은 오후 세시에 일과를 마친다. (똘이는 아기 스포츠단을 일 년 동안 다녔고 올해에는 유아반 코스에 들어가 그 유아원을 두 해째 다니고 있다.) 똘이는 아기 스포츠단 원아가 된 것이다.

아기 스포츠단 코스는 커리큘럼이 주로 신체 단련과 예절 교육에 중점을 두고 있었고 문자 학습은 거의 안하는 반면 인지 학습 위주였고 교과 과정은 오전에 끝나며 거기서 제공하는 점심 식사를 한 다음 귀가하게 되어 있었다.(41쪽, 유아원 아기 스포츠단의 커리큘럼의 예 참조)

아이의 귀가 시간이 너무 이르다 보니 나는 작업을 거의 하지 못했다. 일하는 습관이, 아이를 아침에 보내고 나면 한 시간쯤 그냥 누워 쉰 다음 집안일을 대강 해놓고 정오에 식사를 하고 나서 또 조금 쉬었다가 오후 1시를 전후하여 작업에 들어가서 네다섯시에서 예닐곱시 경에 작업을 끝내곤 하는 일상이 1989년 장편을 쓰면서부터 버릇이 되고 말았다. 그 당시는 아이가 '놀이방'에서 곧장 집으로 오지 않고 막내 동생네 집에 가서 내가

주 간 교 육 계 획 안

3월 2째주   제주 YMCA 유아원 ☎ 22－4405

단 원	즐거운 유아원	목표	유아원에서 지켜야 할 바른 생활 규칙을 알려주며 공동 생활을 즐기도록 돕는다.	기본 생활 습관 지도	바르게 인사하기 교통 규칙 지키기

영역 요일		월 (8)	화 (9)	수 (10)	목 (11)	금 (12)
언어	이야기나누기	입학식	• 소개하기 • 바르게 인사할 수 있어요.	• 소지품 정리 • 차를 탈 때 질서 지키기	• 유아원의 일과 • 화장실 바르게 이용하기	• 유아원의 놀이감 바르게 사용하기
신체	체능	• 몸 움직여 보기 • 손 혼들어 보기				
정서	음악 미술 동시 동화	• 인사 • 줄 긋기 • 여러 모양 그리기 • 자유화 그리기 • 아침 저녁 • 아기 코끼리 유치원				
인지	수 과학	• 실내 물체의 촉감				
식 단		• 유아원 적응 기간 관계로 오전 수업만 합니다.				

동시	〈아 침 저 녁〉
	
	엄마 보고 안녕, 아빠 보고 안녕.
	아침 일찍 깨어 햇님 보고 안녕.
	나팔꽃도 일어나 우리 보고 안녕.
	
	엄마 보고 안녕, 아빠 보고 안녕.
	잠자리에 들 때 달님 보고 안녕.
	분꽃들도 졸면서 우리 보고 안녕.
		새 노 래	〈인 사〉
			
			1. 길에서 길에서 선생님을 만나면
			   앞으로 달려가 인사하지요.
			   두－발을 모으고 두－손을 붙이고
			   머－리를 숙여서 인사하지요.
			2. 우리들끼리도 만날 때나 헤어질 때
			   서로들 웃으며 인사하지요.
			   손을 들어 저으며 빙글빙글 정답게
			   마주보고 웃으며 인사하지요.

가정통신문

안녕하세요.

귀 자녀들이 제주 YMCA 유아원에 입학하게 된 것을 진심으로 축하 드립니다. 이번 주부터 원아들의 유아원 생활이 시작됩니다. 첫주는 적응하는 시기이므로 부모님들의 많은 관심을 부탁드립니다.

1） 3월달 교육비 고지서를 보내드립니다. 3월 12일까지 원아편에 보내 주시기 바랍니다.
   ＊ 차량 이용하는 원아: 61,200원   ＊ 차량 이용하지 않는 원아: 49,200원
   ＊ 오후만 차량 이용하는 원아: 55,200원

2） 원아들의 안전 사고 대비를 위한 1년분 보험료를 수혜자 부담으로 납부하게 됩니다.
   1인당 2,840원을 3월 12일까지 원아편으로 보내 주시기 바랍니다. 〈보험료를 넣은 봉투에는 원아 이름을 기입해 주세요.〉

3） 차량을 이용하는 원아들은 예정 시간보다 5분 전에 나와서 차를 기다릴 수 있도록 도와 주시고, 두 명 이상이 되면 반드시 줄을 서서 탈 수 있도록 지도해 주시기 바랍니다.

4） 3월 9일(화)－12일(금)까지는 원아들이 유아원에 적응하는 기간이므로 오전 수업만 실시 합니다. (귀가 시간은 11시입니다.)   ＊ 나누어 드린 차량 귀가 시간표 참고 바랍니다.

작업을 마치고 데려가는 밤 아홉시 경까지 지내곤 했다.

나는 야행성인 편이다. 그래서 오전보다는 오후에 작업에 속도가 붙고 밤 그것도 초저녁에 능률이 배가한다. 그러나 아이를 낳고 나서 작업 시간대를 바꾸려고 무던히 애를 써봤다. 조금 앞당길 수는 있었어도 능률 자체가 오전 중으로 옮아 오지는 않았다. 하는 수 없이 똘이를 오후 다섯시 반까지 아기 보는 이한테 맡겼다. 오후에 똘이를 아기 보는 이에게 맡긴 이유가 전적으로 내 작업 시간을 확보하자는 데만 있는 건 아니었다.

글쓰는 작업은 한치의 여유도 없는 팽팽한 긴장 가운데 예민하게 곤두선 신경을 유지해야만 가능하다. 해서 쓰기에 들어가면 그때부터는 모든 오락과 위안이 될 만한 '꺼리'들이 철저히 차단된다. 그러니까 음악을 듣는다든지 영화를 보는 따위 여가나 취미 생활이 '절대 허용되지 않는 고립된 생활' 속으로 들어갈 수밖에 없다는 말이다. 작업을 하는 동안은 낙이란 없다. 아니 있어서는 안된다. 왜냐하면 쓰고자 하는 바를 명쾌하게 기록하기 위해서는 본질을 훼손당하지 않아야 함으로. 주로 긴 글 위주의 작업을 하는 때문에 하루의 작업 시간대도 자연히 서너 시간 이상이 소요되기 마련이다. 그래서 여유 그 자체를 스스로 거부해야 하는 시간이 비교적 긴 편이다. 바늘로 찌를 틈도 없이 신경을 올올이 곤두세우고 바짝 긴장한 상태에서 작업을 하다 보면 가끔씩 내 자신에게 내가 놀라곤 한다. 어떻게 그토록 삭막한 경지에서 견뎌낼 수 있을까 하고.

이런 상황이고 보니 작업을 마치고 일상으로 돌아오기 위해서는 약간의 여유분의 시간이 항상 필요하다. 그렇지 않고 작업 도중이거나 작업을 막 마쳤을 때 아이가 오면 나는 미처 작업 환경에서 놓여나지 못해 허둥댄다. 정신뿐만 아니라 육체도 제대로 말을 안 듣기는 마찬가지다. 팔다리가 뻣뻣한 건 늘상 있는 현상이고 숨을 제대로 쉬지 못할 때도 있다. 이는 일할 때의 리듬과 일상 생활할 때의 리듬이 다르기 때문이다. 자연히 아이에게 짜증을 낸다든지, 요구하는 대로 잘 들어주지 못해 죄책감까지 느낀다. 또 미리 맘먹은 양만큼 작업이 되지 않았을 때는 괜히 시간이 아까워 대충 아이를 봐주고 나서 일할 틈을 노린다.

아이는 잘 보호받고 돌봄을 받을 권리가 있다. 쓰는 게 직업인 이상, 또 작업을 하고 있는 한은 아이를 잘 돌봐주지 못하는 것은 불을 보듯 뻔한 노릇. 누군가는 아이를 자상하게 돌봐 줘야 하는데 …… 막내 이모는 자신의 아이 둘과 똘이를 첫돌까지 돌봐 주고는 이제 그만 밖에 나가 일을 해야겠다고 손을 털고 말았다. 나는 나보다 똘이를 잘 돌봐줄 시간제 엄마를 구할 도리밖에 다른 방법이 없었다. 시간제 엄마를 고르는 데도 나름대로 신경을 썼다. 시간제 엄마의 집은 될 수 있으면 마당이나 주변에 산책길이든 귤밭이든 시원한 녹색 공간이 있을 것, 그리고 나보다 나이가 많지 않을 것, 이 점은 똘이와 함께 몸으로 놀아줄 때 아이의 몸짓을 부담스러워하지 않을 만큼의 젊음이 있지 않고서는 곤란하다는 의미이다. 나는 아이가 원하는 만큼 놀아줄 기초 체력조차 모자란데다 이미 사십 줄에 들어선 늙은 엄마이다. 이 점을 고려해서, 또 아이를 둘 이상 둔 엄마일 것, 외아이만을 가졌거나 전혀 아이를 돌본 경험이 없는 이는 너무 이론적이고 관념에 치우칠 우려가 있지 않을까 하는 노파심에서.

내가 제시한 조건을 갖춘, 그런데다가 덤으로, 똘이가 갓난이였을 때부터 잘 아는 분이 시간제로 엄마 노릇을 해주겠다고 선선히 나섰다. 그분은 우리와 같은 아파트 단지에서 살다가 그리 멀지 않고 한가한 동네에 살 때도 보면, 똘이보다 어린 아기를 돌보곤 해서 얼마 동안은 그 아주머니가 좀 늦게 아이를 났구나 생각한 적이 있을 정도로 애들을 귀여워해서 남의 아기들을 봐주는 일을 했던 경험이 풍부한 분이었다.

똘이를 맡기기 전에 아이가 적응하는지 여부를 알아보려고 그의 집에 며칠 다니는 동안 아이도 어느 새 그 아주머니를 좋아했다.

그런데 아이는 일주일을 넘기지 못하고 아기 보는 이에게 가는 걸 싫어했다. 이유가 뭐냐고 물으면 엄마는 이해 못해 하며 길게 설명하려 들지 않았다. 저녁 내내 아이를 달래어 물어본 결과, 이모 집에는 장난감도 없고 내 방처럼 뛰어 놀지도 못하고 책도 없어서 심심해라는 대답을 얻었다. 다음 날 아이를 데리러 갈 때 장난감 몇 점과 책 몇 권을 가지고 갔다. 가끔 목욕탕에서 놀게 해달라고 아기 비누와 로션 따위도 챙기고 수건도 몇 장 넣었다. 그래도 또 며칠을 못 가 다시 안 간다고 버텼다. 이모는 왜 점심을 라면만 주냐, 밥도 먹어야지, 이모는 왜 나랑 산보도 안 가나 매일 날 꼭 안고 낮잠만 잔다. 내가 식탁 밑에 들어가서 노는 게 뭐가 위험하냐. 이모는 왜 동네 아줌마들이랑 내 이야길 수군대냐, 내가 뭐 놀림감이냐. 아기들은 다 고추 만진다 그게 뭐 그렇게 나쁘냐 등등 아이는 아기 보는 이에게 불만이 이만저만이 아니었다. 그분은 그저 똘이에게 잘해 주려는데 아이는 자신과 맞추지 않고 어른 기준에 자기를 맞추려는 것이 그리도 참기 힘들었던 모양이다. 네모난 물건만 가지고 놀아도 남의 애 다칠까봐 똘이야 똘이야, 그거 위험하다라면서 과잉 보호를 하는 데 아이는 질려 버린 것 같았다. 또 그분의 조카 중에 여자애 한명이 똘이와 동갑이었는데 가끔 그 집에 가서 놀곤 한다고 그랬다. 하루는 똘이와 그애가 방에 들어가 문을 닫더란다. 한참 인기척이 없어서 문을 열어 보니 팬티를 둘 다 벗고 있더라고 눈이 휘둥그래져서 내게 하소연하는 말, 똘이 엄마, 똘이는 애가 너무 조숙해요, 다신 그런 짓 말라고 따끔하게 일렀어요, 순결 교육을 시켜야 할까 봐요.

나는 아기 보는 이의 보고를 들으면서 똘이보다 더 놀랐다. 어머나 이걸 어쩌면 좋아. 내가 사람 잘못 봤네. 너무 착하고 종교적인 것도 탈이라니까. 하지만 그분만큼 알뜰살뜰 아이를 보살펴줄 다른 누구를 찾는다는 게 쉽지 않다는 걸 아는 나는 무턱대고 포기할 수는 없었다. 어떻든 아이와 그분이 서로를 존중하고 이해하기를 바라면서 아이를 정해진 시간보다 일찍 데리러 가서 그분과 차도 마셔 가면서 슬슬 아이를 아이 그대로 봐주기를 풀어 놓곤 했다.

사실 나도 어느 면에서는 아이에게 간섭을 많이 하는 편이다. 언젠가는 서울에 아이를 데리고 가서 선배네 집에 있었는데 내가 아이에게 하는 행동을 지켜보던 선배가, 림화씨 그냥 놔둬, 애가 뭐 어떻다고 그래?라고 지적하는 것으로 미뤄 봐도. 그 이후 나는 애가 일부러 하지 말아야 될 행동을 할 경우가 아니면 제동을 거의 걸지 않는다. 물론 아이도 내게 자신을 지켜봐 줄 것을 노골적으로 원하고 나섰는데, 그냥 보고 참아 주면 더 이상 그런 짓 안하게 돼. 그런데 왜 엄마는 참지 못하고 야단치고 때려? 그러면 애들은 더 못되게 구는 거 엄만 몰라?

똘이 말에 의하면 엄마는 이모에 비하면 간섭하는 것도 아니라고 했다. 정말 꼼짝 못하겠어. 나는, 차츰차츰 똘이도 이모를 이해하고 이모도 똘이를 알면 잘될 거라고밖에는 다른 중재가 생각나지 않았다. 아이를 그냥 아기 보는 이에게 보냈다. 그 집엔 형과 누나도 있으니 단조로운 집보다는 훨씬 배울 것도 많지 않겠나 싶은 점도 있었고 아무래도 자신이 스스로 알아서 생활을 꾸려가게 될 일고여덟 살 전까지는 아이에게는 시간제 엄마가 꼭 필요했다. 일에 지쳐 신경질적이지 않고 느긋한 손길을 가진 이가. 나의 바람과는 달리 그 이후로 똘이는 아침에 집을 나서면서 매일 다짐을 했다. 엄마 아기 스포츠단 끝나면 바로 집에 올 거야. 그때마다 나는 핑계를 댔다. 방송국에 가 일을 할 거라느니, 자료 취재하러 먼 데 갔다올 거라느니. 집에 와도 엄마가 없을 거라고 구체적으로 일러주는 데야 뭐 제가 별 수 있나, 아직은 집 열쇠도 가지지 못한데다 빈집에서 혼자 있을 자신이 없으니 자신을 봐주는 '이모'한테 가는 수밖에. 아이는 쉽게 체념하면서도 그게 또 서러워 아기 보는 이가 기다리는 정거장에서 차를 내릴 때마다 운다고 했다. 그걸 두고 유아원 선생님들도 아기 보는 이도 안쓰러워 했다.

어느 날 무심코 전화를 받고 깜짝 놀랐다. 똘이였다. 엄마? 나 똘이. 엄마 집에 있어?

다음 날부터는 아이는 내가 밖에 가서 일한다는 사실을 믿지 못하겠다고 노골적으로 의심했다. 엄마, 방송국에서 라디오할 거야 텔레비전할 거야? 나는 아이가 설치한 덫에 걸려들고 말았다. 아차 방심하다가. 아이 질문에 함정이 있는 것도 모르고 되는 대로 둘러댄다는 것이, 전에 매일 라디오 생방송한 걸 아이가 아는 터여서, 응 라디오 할 거야라고 대답하고 말았다. 아이는 알았어라고만 간단하게 대답했다.

그날 다섯시쯤 막 작업을 끝내려는데 아이한테서 전화가 왔다. 엄마, 분명히 엄마는 집에 있어. 난 그걸 알아. 너무 단호한 아이의 목소리에 어안이 벙벙했다.

똘이를 데리러 가서 아기 보는 이에게 들은 이야기. 아이는 유아원에서 오자마자 라디오 좀 켜주실래요?부터 시작해서 여기저기 방송 싸이클을 맞춰 보면서 목소리를 잠시 듣곤, 우리 엄마가 아냐라고 확인하기를 진종일 했단다. 아마 텔레비전 녹화를 하고 있을 거라고 했더니, 아침에 엄마가 분명히 라디오한다고 말하더라면서 라디오에서 귀를 떼지 않다가 어린이 방송이 시작되자 전화를 한 것이라고 했다. 우리 엄마는 어린이 프로그램은 안해요.

다음날부터는 숫제 전쟁이었다. 똘이는 녹음기처럼 유아원에 가면서는 꼭, 나 오늘은 그냥 집에 올 거예요를 읊어 댔다. 내가 글을 써야 한다는 둥 이유를 대면서 똘이가 집에 있으면 도저히 엄마 작업이 불가능하다고 하소연을 해봐도 별로 효과가 없었다. 내가 뭐라고 하면 할수록 아이는 한 술 더 떠, 엄만 날 사랑하지 않아요? 엄만 왜 남한테 날 맡겨요? 엄만 왜

그림 — 김인선

매일 일해? 따위 질문을 퍼부어 나를 곤혹스럽게 했다.

　아이를 상대로 솔직하고도 진지하게 말하지 않으면 안될 때가 되었음을 깨달았다. 엄마는 똘이를 물론 사랑한다. 매일 너와 같이 있고 싶지만 그건 너에게도 엄마에게도 별로 좋은 것 같지 않아. 항상 같이 있으면 엄마는 집안일이며 글쓰는 일이며 너를 돌보는 일에 짓눌려 네게 짜증을 부리고 화를 낼지도 모른다. 너도 매일 엄마와만 같이 있으면 정말 좋을 것 같지? 그래도 며칠 못가 심심할 걸. 엄마가 일을 하는 이유는 참 많다. 엄마가 일 하지 않으면 우리는 뭘 먹고 사니? 무슨 돈으로 너랑 극장엘 가지? 누가 너랑 엄마랑 수영장 가라고 거저 돈을 주겠니? 엄마가 일하는 게 그래 꼭 돈 때문만은 아냐. 나는 똘이 엄마이기도 하고 또 작품을 쓰는 작가이기도 하다. 그러니까 엄마는 작업을 해야 하고 너는 엄마를 도와줘야 하지. 네가 엄마를 가장 잘 도와주는 건 유아원 끝나고 '이모'한테 가서 엄마가 데리러 갈 때까지 잘 노는 거야. 이런 모든 건 엄마 입장이고 똘이 입장에서 한번 생각해 볼까? 유아원 마치고 집에 오자마자 일하던 엄마가 막 신경질적으로 똘이를 대한다. 그뿐인가 아이고 팔다리 허리야 손가락 한개도 까딱하지 못하겠네 어쩌고 하면서 똘이가 라면을 끓여 달래도 조금만 기다려 엄마 정신 좀 차리고 해봐. 네가 살맛 나겠나 말야. 우리 집엔 똘이와 엄마뿐이니 엄마가 같이 놀아 주지 않으면 심심하지만 이모 집에는 형하고 누나가 학교서 오면 똘이랑 같이 놀아주고 형은 가끔 씨름도 해주지. 어때 네가 조금 더 클 때까지만 유아원 마치고 이모 집에 가는 거야.

나의 긴 설득을 몹시 진지하게 듣고 있던 아이는 나를 끌어안았다. 그리곤 가만히 속삭였다. 그럼 엄마 나 엄마 글쓰는 거 방해하지 않을께 이모 집에 가지 말고 곧장 와도 되지? 맙소사! 나는 아이를 설득하는 데 완전히 실패하고 강제로 아기 보는 이에게 계속 보낼 수밖에는 없었다.

저녁에 아이를 데려오는 길은 아늑하고 전원 풍경이 감도는 좁은 오솔길이 있어 우린 그 길을 샛길로 삼았다. 우린 손을 잡고 이십여 분 가량 걸리는 길을 걸어오면서 옛날 이야기도 하고 노래도 부르고 그날 유아원에서 배운 새로운 것들에 대해서도 토론했다.

"엄마, 인사할 때 왜 꼭 머리가 무릎에 닿도록 절을 해야 해? 그냥 사과 같은 예쁜 얼굴로 안녕하세요? 하면 안되는 거야?"
"왜?"
"오늘 머리가 무릎에 닿도록 절하면서 인사하지 않았다고 혼났단 말야."
"선생님이 그렇게 인사하라면 그렇게 하는 게 좋을 것 같은데."
"내 생각엔 예쁜 얼굴로 인사하면 될 거 같은데."
"어른한테는 존경심을 나타내는 게 좋거든. 선생님께선 머리가 무릎까지 닿도록 절을 하는 게 젤 공손하게 인사하는 거라고 생각하시나 보다."
"엄마도 그렇게 생각해?"

아이는 허점을 잘도 찔렀다. 인사를 할 때 머리를 깊숙이 숙여야만 제대로인 건지 나는 확신이 안 선다. 인사란 불경스럽게만 하지 않으면 되는 거 아닐까. 어른이라고 누구나 존경받을 만한 존재는 아니다. 예전의 인식이 그렇다 하더라도 그걸 마냥 고수하기엔 가치 기준과 삶의 표준이 바뀐 것이다. 누구나 남에게서 존경을 받고 싶으면 그에 걸맞는 모습을 평소에 보여야만 한다. 세상을 상대적으로 오래 산 것만으로는 부족하다. 그러니 더 이상은 강제적으로 혹은 억압하여 존경을 표하기를 강요하는 건 예절 교육에서도 그만둬야 된다는 생각이다. 그러나 아이에게 내 생각 그대로를 도무지 말해줄 수가 없었다. 왜냐하면 이제 막 가치 기준이 세워지는 아이에게 사회의 현실을 무시해 버리라고 할 용기와 가르침이 내게는 부족함을 스스로 안 때문이었다. 서로 안다고 혹은 관심을 갖고 있다는 표시면 인사로서 충분하다고 생각했던 나는 아이가 정곡을 찌를 때 말문이 막히곤 했다.

똘이는 유아원의 정해진 시간표 수행과 미리 틀이 짜여진 일상의 과업을 행동하는 데 적잖은 거부감을 나타내곤 했다. 예를 들어, 체육 수업 시간에 줄 맞추어 서서 선생님의 지시하는 대로만 달려야 하고 줄을 넘어야 하고 덤블링을 해야 하고 …… 일률적인 적용에 도통 이해가 가지 않은 모양이었다. 엄마 왜 꼭 선생님이 하라고 해야만 뭐든지 해야 해? 왜 숨이 차도 선생님이 그만 하라고 할 때까지 계속 뛰어야 해? 왜 수영 시간에 맘대로 물장구 치면 안돼? 왜 종이 가득 그림을 그려 채워야만 해? 왜 왜 왜 ……

아이가 적응을 못하는 그만큼 유아원에서 걸려 오는 선생님의 전화 횟수도 비례했다. 똘이는 어느 날 내 손을 잡아 끌면서 앉아 자기 말을 들어 달라고 간청했다. 아이 표정이 사뭇 진지하여 나는 그에 짓눌려 아이와 마주앉았다. 엄마 난 이제부터 아무 데도 안 갈 거야 알았지?

일방적인 통고였다. 이제까지는 의논하고 애원했지만 더는 참을 수 없다는 투였다. 아무 데도 안 가고 싶은 아이 심정을 헤아려 알고도 남았다. 그러나 나는 아이한테 아무 데도 가고 싶지 않더라도 사람으로 태어난 이상 사회와 고립되어 살 수 없는 게 실제의 상황임으로 갈 수밖에 없다고 우격다짐을 두지 않으면 안됐다. 세상은 절대 너에게 맞춰 주지 않는다. 그러니 네가 맞추어 나갈 수밖에 없다. 너무 따지지 말라.

내게는 아이와 세상을 융화시킬 숨겨둔 카드가 따로 없었다.

질서, 줄 서라. 그것만이 최선의 미덕이다!

동네에서 똘이와 같은 유아원에 다니는 어린이는 넷. 아침에 아이를 차에 태우러 지정된 장소에 나가면 매일 만나는데도 그렇게도 반가워 서로 웃고 짓까불면서 장난을 치곤 했다. 그러다가도 저만치 유아원 차가 나타나면 아이들은 병정들처럼 일사 불란하게 줄을 서는데, 표정이 딱딱하게 굳어지는 것이었다. 어쩌다 누가 줄을 제대로 서지 않으면 운전을 하는 유아원 관계자는 꼭 그것을 바로 잡았다. 그뿐이 아니라 예의 그 무릎까지 닿도록 한 사람씩 절을 시키고서야 자리에 앉히곤 했다.

어렸을 때 질서 의식을 몸에 배도록 교육하는 건 바람직한 일이다. 하지만 그게 지나치면 소위 선(善)을 앞세운 '파쇼'로 전락한다는 것도 사실이다. 어떤 좋은 것에도 융통성, 그러니까 옛사람들은 이걸 중용이라고 했는데, 막힘이 없어야 하고 운용이 미가 깃들 때 제 가치를 발휘하는 게 아닐까.

질서는 새끼줄 같은 늘어섬에만 있지 않다. 줄을 서는 건 질서를 지키는 여러 가지 방법 중의 하나이다. 차근차근 혹은 서로 양보하고 다소 앞장서면서 정연하게 자신의 위치를 지키는 데 있으며 어떻게 그 위치를 지켜 나갈 것인가 하는 과정에서 '줄 서기'도 한 방법으로 제시된다는 말이다.

나는 똘이네 유아원에서 질서 교육의 한 수단으로 '줄 서기'를 강요하는 데 대해서 거부감을 갖다 못해 이젠 질려 버렸다.

똘이는 어렸을 때부터 이가 별로 좋은 편이 못되어 비정기적이기는 하지만 수시로 치과 병원엘 가야 한다. 그러니 똘이가 치과에 가는 날은 유아원이 끝나는 시간에 맞추어 내가 그리로 가곤 하는데, 가서 보면 일과가 끝난 원아들이 차를 기다리며 복도에 반별로 길게 줄을 서서 앉아 있거나 서 있는 경우를 종종 본다. 그런데, 선생님들이 호루라기를 목에 걸고 있는가 하면 가느다란 회초리를 갖고 있는 분도 눈에 띈다.

어린 사람들은 건강한 아이라면 재잘대고 짓까부는 게 정상이다. 아이들은 줄을 지어 있으면서도 친구를 집적거리고 놀이성 싸움도 한다. 선생님들은 그러는 아이들을 그냥 봐주지 못하고 호루라기를 획획 불면서 누가 까부나, 누가 줄을 흐트러뜨리나, 누가 친구를 못살게구나, 같은 말을 함과 동시에 적극적으로 장난을 벌인 원아들을 체벌하기 일쑤였다. 그 광경을 볼 때마다 매번에 똑바로 보지 못하고 외면한다. 느낌 그대로를 말하라면 섬뜩하다고나 할까.

줄 서기에 따른 두 가지의 예를 더 들겠다. 똘이네 유아원에서는 일 년에 두 번, 1박 2일 코스의 캠프를 실시하고 가을에는 부자 캠프를 별도로 갖는다. 캠프 마지막 날은 대개 원아의 부모들을 초청하여 함께 소풍 행사를 가짐으로써 가족 구성원과 원아 집단이 만나는 기회를 마련한다.

학부모가 캠프장에 도착하면 원아들은 부모들에게 자신들이 그 동안 익힌 것들을 보여 주는 순서가 있는데, 이때도 아이들을 반을 나누어 일렬로 앉혀 놓고 학예회가 끝날 때까지 옴쭉달싹 못하게 한다.

앞에 나가 발표하지 않는 원아들은 지루함에 몸을 비틀고 옆의 친구와 장난을 치게 마련 아닌가. 똘이는 첫 캠프 때 학예회가 진행되는 동안 내내 꾸벅꾸벅 졸아서 웃음거리가 됐다.

지난 봄소풍 때였다. 널찍한 공원의 드넓은 광장에서 소풍 프로그램은 시작되었다. 원아들은 물론 줄줄이 일렬로 줄 선 다음 제자리에 앉게 했고 학부모도 원아 반별로 원아와 마찬가지로 줄지어 앉으라고 지시했다. 그러면서 덧붙이기를, 원아들이 학부모의 행동을 주시하고 있다. 그러니 행동을 지시하는 데에 따라 모범적으로 해주길 바란다고.

줄지어 앉았다. 무르익은 봄볕은 한여름보다도 더한 강도로 쨍쨍 내리쬐고, 아이들도 학부모들도 더위에 볼이 벌겋게 익어 갔다. 그런데도 점심 시간까지 세 시간을 꼬박 줄지어 앉아서 차례가 오면 프로그램을 따라 하게 했다.

점심 식사가 끝나니 햇살은 더욱 뜨거워졌다. 다시 줄을 지어 앉으라는 지시가 내렸다. 더는 그냥 넘길 수 없어, 소풍은 자유로운 가운데서 즐겁게 놀면서 심신을 단련하고 현장 학습을 하는 것인데 이게 무슨 곤욕이냐 싶은 맘도 없지 않아서, 똘이반 선생님께 조용히 말씀 드렸다. 소풍 와서까지 이렇게 줄 서기를 꼭 해야 되겠느냐고. 선생님은 들은 체도 하지 않았다. 자신은 결정권자가 아니라는 태도였다. 나도 더 이상 건의하지도 못했고 항의할 생각은 아예 하지 못했다. 눈치가 보여서. 내가 '잘난 체'했다가 우리 아이가 혹시라도 미움 받을까봐 땡볕에서 치러진 봄소풍을 그저 참고 견디는 수밖에. 봐라 다른 학부모들은 다소곳하잖은가. 아이구, 저 똘이가 학교에 다니는 한 나는 오늘처럼 꿀먹은 벙어리가 되어 할말도 제대로 못하고 말겠지.

소풍 다음날이 휴일이었으니 망정이지 아이와 나는 봄더위를 먹어 그만 아파 버리고 말았다. 그 이후 야외 학습이 있다면 공연히 걱정이 되어 아이를 결석시키고만 싶었다. 그만큼 그 봄소풍의 줄 서기는 좀 지나치게 표현한다면 나를 공포에 떨게 했다. 좋은 것이 지나치면 안 좋은 것만 못하다더니 ……

남자와 여자

똘이를 내가 아닌 다른 이가 맨처음 돌봐준 게 막내 이모와 외숙모이다. 둘은 다 젊었고 덕분에 똘이는 곱게 화장한 어른들을 어려서부터 봐왔다. 게다가 막내 이모는 화장은 그저 수수하게 하는 편이지만 손톱에 메니큐어는 짙은 색깔을 칠하곤 했다. 집안 살림을 하느라고 손이 거칠어지고 손톱은 윤기를 잃은 채 더러워지게 마련이다. 그래서 주부들은 은연중에 메니큐어를 짙게 바르는지도 모르겠다. 어쨌든 똘이는 막내 이모의 메니큐어한 손톱을 그리도 좋아했다. 어떤 때는 새끼 손가락에 얻어 바르기도 할 정도로.

아이가 막 말을 배워 자기 의사를 표현하기 시작하자 발음도 제대로 안되는 어조로, 엄만 바보, 손토이 지지한 바~보라는 말로 메니큐어하지 않는 내 손톱을 가리키곤 해서 웃기곤 했다.

외국에서 친지가 놀러 온다는 전화가 와서 아이 안부를 물었을 때 나는 메니큐어를 좋아한다는 말을 무심코 했는데, 거긴 무독성 어린이용 화장품이 있다면서 메니큐어 한 병을 사다 주었다. 똘이는 새끼 손가락 두 개에만 발라 주는 데 만족하지 못하고 열 손가락을 쫘악 펴보이며 다 발라 달라고 떼를 썼다. 정말로 메니큐어 바르길 좋아했다. 그런데다 본의 아니게 백일을 막 지내고 나서 급성 폐렴으로 병원에 입원한 적이 있는데 그때 링게르를 이마에 꽂아야 했다. 그 후유증으로 머리를 만지지 못하게 했고 그게 너무 심해 이발을 전혀 하지 못할 정도로 지나치게 손 대는 걸 싫어했다. 그런저런 이유가 겹쳐 똘이는 손에 메니큐어를 칠하고 긴 머리칼을 어떤 때는 핀을 꽂아 가다듬기도 하고 고무줄로 묶기도 했기에 겉으로 얼핏 보면 여자애였다. 어려서부터 가게에 가서 둘리가 새겨진 핀이라든지 예쁜 핀을 사고 귀걸이 따위도 심심찮게 사 모았다.

하루는 외할머니한테 갔는데 손주 손을 잡고 동네에 나들이를 한 모양이다. 동네 사람들은 아이를 보곤, 림화 딸이구나 참 예쁘네라고 인사말을 했다고 한다. 외할머니는 왜 아이를 여자애처럼 꾸며서 혼동하게 하느냐고,

멀쩡한 사내애를 계집애 만들지 말라고 당장 이발시키고 메니큐어를 지우라고 야단쳤다. 그래도 나는 그냥 웃어 넘겼는데 그 말을 전해 들은 막내 이모가 아이를 달래어 머리칼을 잘랐다. 그러면서 아이에게 덧붙여 다짐 두기를, 똘이야 너는 아빠 같은 남자야 그러니 머릴 기르면 엄마 같은 여자라고 사람들이 놀려.

아이는 자기가 남자이니 머리칼을 짧게 해야 한다라는 말보다는 사람들이 놀린다는 말에 수긍이 갔던 모양이다. 나를 찾아오는 남자들 중에는 머리칼이 긴 사람도 더러 봐온 터였으므로. 다음부터 아이는 울며 겨자 먹기로 이발은 했지만 메니큐어 바르는 재미는 버리지 못해 유아원에 들어간 후에도 띄엄띄엄 바르곤 했다.

어느 날, 남자 선생님이 똘이를 불러 세우고, 너 여자야 남자야? 질문을 했고 똘이는 남자요라고 당연한 대답을 했다. 남자애가 여자애처럼 거 손톱에 칠한 게 뭐냐고 선생님은 호통을 쳤고 똘이는 왜 남자는 메니큐어를 바르면 안되는지 그걸 이해하지 못해 퉁명스런 표정으로 눈을 꿈벅꿈벅한 모양이었다.

그건 일종의 전조에 불과했다. 다음부터 선생님은 똘이의 모든 악세사리들을 보고, 남자가라고 '비웃었다.' 머리칼이 눈을 덮어도 이제 더 이상 핀을 하지 않았다. 그렇다고 이발을 자주 하는 것은 물론 아니고. 똘이 말에 의하면 이발하는 건 '이 세상에서 제일 싫은 거'라고 한다.

똘이는 서서히 외모로 드러나는 남녀의 성비에 관심을 가지기 시작했다. 나는 고작해야 아이가 남자와 여자의 차이를 물었을 때, 신체 구조적으로 그리고 생물학적으로 확연하게 구분되는 두 가지, 그러니까 남자는 고추가 뾰족하게 나오고 불알이 달렸으며 여자는 납작한 고추에다 어른이 되면 젖이 불룩하게 나온다. 그리고 남자는 불알에 사람씨를 간직하고 여자는 뱃속에 아기집이 숨겨져 있는 게 다르다고 했을 뿐이다.

사람이 어떤 스타일의 치장을 하건 어떤 장식을 하건 그건 하등 성(性) 구분에는 영향을 미치지 말아야 한다. 그런 겉꾸미기는 개개인의 취향에 따른 것일 뿐 그외의 아무것도 아니다. 그런데도 우리는 성 구분을 너무 외모에 치우쳐 보려는 의도가 강한 편이다. 특히 한국 사회가 그러하다고 본다. 남자는 메니큐어 같은 건 안하는 성으로 규정짓는 기준은 무엇인가. 한번 진지하게 생각해볼 문제라고 본다.

결국, 똘이는 메니큐어를 하고 싶지만 남자는 그런 걸 해서는 안된다는
걸로 선생님의 지적을 받아들였다. 나는 유아원에 가지 않는 날 메니큐어
를 하고 싶으면 해도 될 거라고 말해 줬다. 그래도 아이는 사람들이 놀리
는 걸 내가 이제까지 몰랐던 거 아냐?라고 회의를 드러냈고 그 이후 전혀
메니큐어를 하지 않는다.

그 남자 선생님으로서는 작은 혹은 하찮게 여기고 했을 지적일 수도 있
다. 하지만 그 지적으로 인해 똘이가 인식하게 되는 성, 그에 따른 성 구별
과 성 차별 과정이 어떻게 발전할지 궁금하기도 하고 지레 우려되기도 한
다.

왕자와 공주

지금도 아이들 사이에 특별한 신분 구별의 기준으로 인용되는 게 왕자와
공주이다. 이는 전적으로 교육의 결과이다. 어려서 가장 먼저 손에 잡히는
읽을 거리, 볼 거리인 동화가 상당 부분 외래 동화이고 그 가운데서도 환
상적인 그림이 깃들여진 '백설 공주,' '신데렐라,' '인어 공주' 류이다. 이
러한 동화들은 잘생기고 씩씩한 왕자와 섬약하면서도 예쁘고 희생적인 공
주의 이야기가 주류를 이루고 있음을 모르는 이는 없을 것이다. 그것도 일
반 시민과는 사는 곳, 입는 옷, 먹는 음식상이 확연하게 구별되어서. 물론
우리의 전래 동화도 많이 왕자와 공주의 이야기가 차지한다. '호동 왕자와
낙랑 공주,' '바보 온달과 평강 공주' 교과서에까지 실린 신라의 선덕 여
왕이며가 그것이다.

외국 동화가 우리 정서에 맞지 않다고, 우리의 동화가 있어야 한다는 주
장이 대두되면서 마치 왕자와 공주의 이야기가 어린이가 꼭 익혀야 할 필
수 정서 품목처럼 우리의 왕족 이야기를 해대기 시작했던 것이다. 그나마
텔레비전 이전의 시대엔 옛이야기 정도로나 이야기 되었지만. 그러므로 어
른 아이 할 것 없이 현시대를 사는 우리들은 왕자와 공주 이야기 서너 꼭
지 모르는 이가 없다 싶다. 유아기의 교육 과정에서 이 왕자와 공주 이야
기는 매우 신중하게 다룰 필요가 있다고 본다. 왜냐하면 사람 위에 사람
있고 사람 아래 사람 있다는 의식을 심어줄 가장 알맞은 교재이기 때문이
다. 사람은 평등하다고 가르치면서 왕자와 공주 이야기를 교육 과정에서

무차별 인용하거나 도입 내지 이입했다가는 인간 평등 실현을 교육을 통해 구현하기란 어렵다. 이 점은 대중 매체도 반성할 점이다.

똘이는 나와 나들이를 하고 돌아오는 버스 안에서 나직나직이 노래를 불렀다.

엄마는 날보고 꽃이라고 했지
아빠는 날보고 왕자라고 했지
그래 나는 꽃이야
나는 왕자야
꽃처럼 왕자처럼 아름답고 씩씩하게, 야!

"엄마, 왜 아빠하고 엄만 나한테 왕자라고 안해?"
노래를 마친 아이가 갑자기 질문했다.
"왕자가 어떤 앤데?"
나는 우선 아이가 인식하고 있는 왕자라는 개념을 알고 싶었다.
"왕자는 씩씩하고 용감한 남자 어린이지 뭐야."
나는 왕자라는 사람을 설명했다. 옛날 왕이 대통령이던 시절이 있고 지금도 어떤 나라는 왕이 있지만 대통령 노릇은 더이상 하지 않는다. 그래도 왕은 대통령과 같은 대접을 받는다. 왕의 아들과 딸을 혹은 왕의 형제들 그리고 그 자녀들을 왕자와 공주라고 한다. 이 세상을 통틀어 왕자와 공주는 몇 명 되지 않는다. 그건 옛날도 매한가지였다. 그들이라고 다 꽃처럼 예쁘거나 씩씩하지도 않다. 씩씩한 왕자도 있고 비겁한 왕자도 있고 미운 공주도 있고 예쁜 공주도 있고 착한 이 나쁜 이 다 있다. 그런데 어째서 공주와 왕자는 다 아름답고 씩씩하다고 할 수 있겠는가?

똘이야 난 똘이한테 용감이나 착한 이라고 부르고 싶다. 왕자란 단지 왕의 아들이나 친족 가운데 핏줄을 이은 남자를 부르는 말이지, 용감하고 착하고 곱고 씩씩한 남자를 부르는 말은 아니거든.

여기에서 구체적으로 신분 제도가 인간 사회를 얼마나 뒤죽박죽으로 운용되게 했는지를 말해 주고 싶었으나 대충 넘길 수밖에 없었던 건 아이가 아직은 사회의 구조를 세밀하게 이해하기엔 너무 어리다는 생각에서다. 아이는 그러면 노래말을 바꾸자고 했다. 꽃 대신에 착한 이, 왕자 대신에 용감이로.

엄마 여자애들도 마찬가지야? 라고 물어보길 잊지 않았다. 나는 물론이라고 딱 잘라 대답했다. 그런데 문제는 유아원에서 있었다. 똘이는 그 노래를 부를 때, 착한 이와 용감이 대목에서 입을 다물 수밖에 없다고 했다. 엄마 노래를 나만 다르게 부르면 내가 바본 줄 알잖아 선생님이랑 친구들이.

그것도 말이 된다. 나는 선생님께 말하고 싶어 입이 근질거렸다. 가사를 바꿔 그 노랠 부르면 어떻겠느냐고. 그런데 용기가 나지 않았다. 나는 우유부단하고 이중적인 어머니로 전락하고만 자신을 수없이 혼자서 나무라는 외에 다른 방도가 없었다.

아이를 가진 부모들은 대다수가 귀여운 자식을 두고, 우리 왕자님 혹은 귀여운 공주님 따위의 비유를 들어 부른 적이 있을 것이다. 아니면 아이들이 왕자와 공주의 흉내를 내거나 그런 이야기를 할 때 무심코 흘려 버리거나, 어느 것도 자라나는 아이에게는 득이 되지 않으리라고 본다. 그리고 상당히 많은 부모나 선생님들이 어린이를 상대로 왕자와 공주 이야기에 대한 기본 대책을 세우고 있다고 본다. 사람의 신분에 관해서 선입견을 심어줄 예는 우리 사는 세상에 수없이 많다. 그러기에 유아기 어린 사람을 대하는 데 정말 신중해야 함을 새삼 깨닫는다.

저 쓰레기 주워야 돼

나는 생활 쓰레기를 최대한으로 만들지 말자는 쪽으로 살림을 꾸려 나간다. 집에 있는 어른 둘이 다 글을 쓰는 게 직업이다 보니 폐지를 양산할 위험이 항상 도사리고 있어, 작업 시에는 컴퓨터를 사용하든 타자기를 쓰든 아니면 원고지를 이용하더라도 가장 기본적으로, 백지는 양면을 다 사용할 것, 마지막 탈고가 아니라면. 그리고 신문에 끼워 배달되는 광고 삽지는 한쪽 면에만 인쇄가 된 것은 연습장으로 쓰고 버릴 때는 폐지 묶음에 넣어 재활용 품목으로 처리할 것. 라면이나 과자 봉지는 모아뒀다가 냉장고에 음식을 저장할 경우 재사용할 것 등등 몇 가지 꼭 지킬 원칙 사항을 마련해 두고 있다.

아이는 유아원에서 철저하게 환경 보존 교육을 받고 있다. 덕분에 집에서 근본적으로 지켜야 할 것들을 두 번 다시 말하지 않아도 될 정도이다.

쓰레기 매립장에 견학을 갔다 와서 아이는 충격을 받은 것 같았다. 그 다음부터 아이에게 과잉 행동이 나타나기 시작했는데, 차를 타고 가다가도 길바닥에 쓰레기가 떨어져 있으면 저 쓰레길 주워야 돼. 누가 저걸 저렇게 버렸을까? 누군지 모르지만 그 사람 정말 나빠 하며 걱정이 말이 아니다. 저희 아버지의 차에 탔을 때는 차를 세우라고 성화를 부리기도 한다. 밖에 나가 놀다가 라면 봉지가 보이면 집에 가지고 와 씻어서 말렸다가 음식 냉동할 때 쓰라고까지 한다. 그러다 보니 집안에 들이는 쓰레기가 날이 갈수록 많아져만 갔다.

이대로는 안되겠다 싶어 하루는 길바닥에 떨어진 과자 봉지를 주워 집에 가져오려는 걸 못하게 말렸다. 쓰레기를 주우면 집에 가져오지 말고 쓰레기통에 버리라고 했더니 아이는, 안돼, 재활용할 수 있는 거잖아. 그렇잖음 엄마, 지구는 쓰레기 더미 속에 묻혀 버려. 재활용해도 결국은 쓰레기로 처분된다고, 그러기에 아예 쓰레기를 만들지 않는 것이 가장 좋은 방법이라고 설명을 했지만 아이에게 잘 이해되지 않았다. 아이는 무턱대고 버리는 그 사체가 나쁜 것일 뿐 그저 뭐든지 다시 쓰면 괜찮다는 생각인 것 같았다. 플라스틱 용기에 담긴 요구르트류는 아무리 사먹어도 괜찮다는 주장 같은 것이 아이에게 스민 원인은, 그 빈 용기로 만들기를 한다는 데 있다. 그러나 만들어 가지고 놀거나 두고 보다가 어느 땐가는 그것도 폐기 처분하면 곧바로 쓰레기가 된다. 재활용한다는 건 단지 다시 쓰는 시간만큼 쓰레기가 되는 기간이 다소 연장되는 것일 뿐 결국은 쓰레기로 처분하는 길밖에 없음을 부엌 쓰레기통을 보이며 설득할 수밖에 없었다.

환경 교육은 어릴수록 효과가 확연하게 나타난다고들 한다. 그러기에 이즈음 어느 유아원에서건 교육 커리큘럼으로 상정하고 있다. 생각 따로 행동 따로 할 수밖에 없다고 요즘 아이들은 자신들의 이중성을 한탄하기도 한단다. 이는 스스로 감당하기에는 너무 벅찬 과제를 받는 데서부터 비롯된 반작용이라고 본다. 자신들이 쓰고 버리는 것들이 환경을 파괴하는 물질임을 모르지 않으면서도 어쩔 수 없이 쓰고 보는 게 현시대를 사는 우리들이며 그에 따른 고민도 적잖다.

나는 똘이를 통하여 이 점을 너무나 극명하게 실감한다. 라면을 먹고 싶은데 '일백 년이 흘러도 썩지 않고 지구의 환경을 오염시킬 뿐'인 껍질을 어쩌지 못해 그걸 먹어야 할지 말아야 할지, 설사 먹는다 해도 뭔가 양심의 가책을 느끼지 않으면 안되는 그 점을 심각하게 고민하는 똘이의 모습은 바로 나의 모습이기도 하다. 내가 고등학교 일학년 땐가 최초로 상점에 놓인 라면을 사다가 끼니를 때우면서 얼마나 편하다고 좋아했던가 말이다. 껍질은 쓰레기로 아무 생각 없이 팍팍 버리면서.

의도된 교육 효과를 기대하는 것일수록 백지장처럼 맑은 영혼을 소유하고 있는 아이들에게 가르칠 때의 교재라든지 방법, 혹은 대처 방안에 융통성을 보였으면 기대를 한다.

덧붙여 텔레비전의 유아 프로그램도 일선 교육 현장과 좀 손발을 맞추었으면 하는 게 있다. 한 가지 예를 들어, 가정과 유아원에서는 환경 교육을 할 때, 다 쓴 건전지(수은 건전지든 망간 건전지든 구분하는 건 또 다른 문제이고 우선)는 한데 모아 버리자고 교육한다. 이는 땅을 오염시킬 뿐 아니라 사람 몸에 직접 해롭기 때문이라고. 그래서 유아원에다 건전지를 모을 그릇을 비치해놔 언제든지 다 쓴 것은 거기에다 버릴 수 있도록 배려를 했고, 집 주변의 약국이라든지 슈퍼마켓 등에서도 수집 그릇을 놓고 있다. 나도 주둥이가 넓은 유리병을 아이의 책상 위에 놨다. 그런데 텔레비전의 유아 프로그램에서는 번번이 만들기 재료로 수은 건전지와 망간 건전지가 등장한다. 이 모순된 교육 현장이여! 아이들은 혼란에 빠지고 마력 같은 강력한 흡인력을 가진 텔레비전의 시범에 빨려들어가 건전지를 가지고 놀고 빨아먹고 장난감 정리 그릇에 함께 담아 놓고 …… 엄마, 방금 'TV 유치원'에서 '김용만 선생님'이 건전지 가지고 이렇게 만들어 보여 줬어라고 아이는 나의 지적이 전적으로 옳지 않음을 본보기를 들어 가면서 반박한 적이 있다. 아마 모르긴 몰라도 왜 유아원에서는 건전지를 가지고 놀아서는 몸에 해로우며 일반 쓰레기와 버리면 환경을 파괴하는 거라고 가르칠까고 골똘하게 생각을 했을 것이다. 놀이감도 될 수 있는데. 글쎄 건전지가 놀이감으로 적당한가? 똘이가 너무 예민한 아이라 그런 반응을 보이는 거라고 한다면 더 할 말이 없지만.

저축상

지난 아기 스포츠단 수료식장에서 나는 깜짝 놀랐다. '다음은 지난 한해 동안 가장 저축을 많이 한 원아에게 주어지는 상입니다'라는 멘트가 나왔을 때 말이다. 학교에서 저축 액수에 따라 상을 주는 게 부당하다는 지적은 교육 일선에 종사하는 교사에게서 맨먼저 나왔다는 말을 들은 적이 있고 그건 당연하다고 여겨왔다.

똘이가 다니는 유아원은 스파르타식의 교육을 할망정 저축 액수가 많고 적음에 따라 상을 줄만큼 구시대적인 교육관을 가진 곳은 아니라고 알고 있었기에 내 놀라움은 더 컸다.

저축을 권장하는 교육은 절약 정신을 습관화하고 보다 나은 미래를 대비하고 곤경한 처지에 놓이게 됐을 때를 예비한 상비 수단으로 비축하는 자세를 갖게 하자는 데 목적이 있다고 알고 있다. 그러므로 유아원이든 학교에서든 더 나아가 사회에서도 저축상이 누군가를 뽑아 주어진다는 건 말이 안된다. 어떤 이들은 최저 생활을 영위하면서도 꾸준하게 저축을 하지만 그 액수는 보잘 것 없는 경우가 수두룩하다. 그렇게 저축해둔 것이 어느 순간 불의의 사건이 발생하면 하루 아침에 통장은 비고 만다. 이런 경우 그는 저축을 하지 않았다고 할 수 있겠는가 말이다.

똘이는 돈을 아껴 쓰는 편이다. 구태여 단도리를 따로 하지 않아도 될 정도로. 그러기에 저축하는 날 나는 그애가 모은 동전푼에 일천 원 정도를 보태어 준다. 때에 따라서는 일만 원권이 보태어지기도 하는데, 그 경우는 누군가에게서 똘이가 돈을 선물로 받은 때 그 돈을 자신의 통장에 저금하겠다고 주장해서이다. 그러나 나는 저금 액수를 불리려고 가외의 돈을 그애의 저금 봉투에 넣어 주지 않는다. 그렇게 했다가는 저금조차 부모가 하는 걸로 알아 버리면 큰일이니까.

나는 이런 점도 명심한다. 아이가 절약 정신을 생활화하는 건 좋으나 그게 지나쳐 인색해지거나 강도가 더 심해 수전노의 기질로 잘못 발전하지 않도록 관심을 갖고 지켜보는 것이다. 예를 들어, 얼음과자를 사먹으러 갔는데 친구를 가게 앞에서 만났다고 하자. 여분의 돈이 있으면 나는 서슴잖고 친구에게도 하나 사주기를 권한다. 만일 친구를 만났는데도 돈이 아까워 혹은 엄마 허락을 받지 않았다는 이유를 달아 저 혼자 사먹었다면 가볍게 야단을 친다. 이는 돈 쓰는 방법을 익히게 하기 위해서이다. 돈은 어쩌면 쓰라고 있는 것인지도 모른다. 마냥 쌓아 두는 재화가 사람살이에 무슨 대수란 말이가. 쓸 때, 쓸 데에 제대로 쓸 수 있는 사람으로 똘이가 커주기를 바라는 맘이 나는 늘 있다.

지금도 유아원에서의 저축상 제도는 뭔가 잘못됐다는 생각에 변함이 없다. 그리고 이 점은 원장을 통해 항의하기도 했다. 그가 나의 항의를 그 자리에서 묵살했지만 ……

내가 뿌린 씨앗이 싹텄어

씨 씨 씨를 뿌렸죠
꼭 꼭 물을 주었죠
하루 밤 이틀 밤
쉿 쉿 쉿 ……
뽀드득 뽀드득
싹이 났어요
싹 싹 싹이 났어요
꼭 꼭 물을 주었죠
뽀드득 뽀드득
꽃이 폈어요
……

유아원에서는 정기적으로 농장 견학을 통한 자연 학습을 실시하고 있다. 한 해에 두 번 씨를 뿌리고 한 학기에 한두 번은 직접 잡초를 뽑아 주고 북을 돋아 주며 농사를 원아들이 짓는다. 어떤 때는 농장에 갔다 와서 기뻐하고 어떤 때는 슬퍼하고 속상해 하고 흐뭇해 하고 또 신기해 하기도 한다. 아무리 식물이 자라는 과정을 예쁜 노래말에 담아 부르게 해도 직접 자신이 해보는 것보다 확실하게 알아 익히는 효과는 없을 것이다. 그에다 자연을 몸소 체험한다는 것은 일생을 살아가는 데 더할 나위 없는 크낙한 자산으로 작용한다. 성품은 넉넉해지고 기다릴 줄 알며 겸허하게 자신을 낮출 줄 아는 기본을 자연에서 터득함을 우리는 예로부터 익히 알고 있다. 그러나 현대 사회가 과다한 건물숲과 포장길로 이루어져 평소에 흙 한줌 구경하지 못하고 살아간다. 이에 비춰볼 때 농장 견학에 따른 제반 학습을 받을 수 있는 똘이는 얼마나 다행인가.

현장 학습은 농장 견학 외에도 박물관이며 쓰레기 매립장이며 바다며를 두루 다닌다. 똘이는 외삼촌과 큰이모가 낙농장을 하고 있고 그곳이 우리가 사는 도시 교외에 그것도 버스로 이십 여분 거리에 있어 농촌 풍경에 그리 낯선 아이는 아니다. 그래도 손수 농사를 지어 본다든지 바다에 가 짠 바닷물을 몸에 적셔 보고 육지와는 사뭇 다른 환경을 체험한다는 건 대단한 행운이다. 유아원에서 여기저기 견학을 다니는 횟수가 늘어가는 만큼 아이는 일상의 추상성에서 조금씩 벗어나기 시작했다.

인간꼴을 가다듬어 가는 똘이를 지켜보면서 교육의 지대한 역할을 절감한다. 교육은 가정과 학교와 사회가 함께 하는 것이다. 이 중에 어느 몫이 더 비중이 있느냐고 저울질할 필요는 없다. 다 중요하니까. 단지 학교는 교육만을 전담하는 교육 기관이란 점이 가정과 사회와는 다른 전문성을 갖는다. 구체적으로 사람이 살아가는 데 필수적인 것들을 체계를 갖추어 교육이란 이름 아래 차근차근 익히게 하는 역할에 중점을 둔 것이다.

유아원이 전문 교육 기관은 아니다. 가정이라는 지극히 개인적이고 좁은 사회에서 막 전문 교육 기관으로 나가려는 유아들의 중간 거점이란 개념으로 나는 받아들인다. 그런데도 나는 유아원이 교육도 맡고 아이도 돌봐 주기를 바라는 욕심꾸러기와 다를 바 없는 기대를 하고 있다.

실제로 똘이를 유아원에 보낼 때의 나는 어머니로서 아이를 보다 교육적으로 맡아줄 양육 대행 기관으로 인식하고 있었다. 지금 그 개념에서 벗어났느냐 하면 그건 아니다. 올해는 작년의 경험을 거울 삼아 아이의 나이도 찼으니 아예 오후 세 시까지 하는 유아반에 보냈다.

물론 유아원이 교육을 앞세워 너무 경직되게 운용되고 있음을 보노라면 이게 아닌데 하고 고개를 내젓는다. 그러나 나는 매사에 '아이를 보낼 다른 마땅한 곳'이 없음으로 용납하기 어려운 것까지도 그냥 눈감고 마는 경우가 있음을 고백하지 않을 수 없다.

글 말미에 덧붙여

똘이가 다니는 유아원은 사회의 지탄의 대상 가운데 하나인 '치맛바람'을 없애는 방법으로 학부모와 유아원 간에 거리를 유지하는 것 같다. 소풍 때와 캠프 때, 그리고 학습 참관일 정도만 학부모가 원아와 동참하게 된다. 이 점은 시간의 여유가 없는 나 같은 학부모에게는 더할나위 없이 좋은 조건이다. 대부분의 유아원이나 유치원은 지나치게 학부모를 끌어들여 학부모들이 비명을 지른다. 더구나 직장에 나가는 어머니들인 경우, 아이와 선생님들의 눈치를 보지 않으면 안된다고도 했다. 아이는 자기 혼자만 어머니가 오지 않아 기가 죽고 선생님은 자식한테 무성의한 학부모라고 몰아세우고 …… 이런 상황에서는 약이 있어야 한다. 그게 소위 '봉투'라는 형태를 띠는 게 보편적인 사례이기도 하다. 그러니 유아원에 학부모가 드나드는 걸 그리 달가와하지 않는다는 사실은 얼마나 반가운지. 그러나 유아원 교육 프로그램 시행 과정에서 학부모를 철저하게 배제하는 건 그리 좋지 않다고 본다.

똘이가 다니는 유아원에서는 학부모를 전천후 편의점까지는 아니더라도 그런 쪽으로만 '이용하려 든다'는 느낌을 받는다. 운동회와 소풍, 견학시에 선생님 도시락을 마련하게 한다든지 생일 잔치를 한다고 상차림을 하는 등 '돈 드는 소비성 일'에만 학부모를 쓴다. 이를테면 캠프를 갈 것인지 말 것인지, 간다면 어디로 갈 것인지, 날짜를 언제로 얼마나 잡을 것인지, 소요 경비는 어느 정도인지, 교통비를 어떤 기준으로 책정하고 있는지, 점심 식사는 어느 선에서, 또는 메뉴를 어떻게 정할 것인지, 교육 시행 과정에서 부수적으로 따르게 마련인 부교재의 선택은? 값은? 등등. 이런 것들은 필히 학부모와 유아원이 함께 의논할 사항이라고 본다. 하지만 단 한번도 이런 것들을 의논하기 위해서 학부모를 소집하는 경우가 없었다. 그저 모든 걸 정한 후에 일방적이고도 강압적인 통보를 해올 뿐이다. 언제까지 어떻게 하라는 등. 만일 아이를 캠프에 보내지 않으면 결석 처리하겠다는 등. 사실 캠프가 교육 현장의 연장에 불과하다면 캠프에 보내지 않으면 결석 처리하겠다고 통고할 필요가 없는 것이다. 당연히 참석하지 않는 원아는 결석한 거니까.

전인 교육에 중점을 두어 문자 교육은 지양하겠다는 당초 약속도 지키지 않는 사례가 있다. 느닷없이 방학책 값을 어느 날까지 보내라는 통보를 받고 나는 아이한테 그걸 사주지 않겠다고 했다. 그랬더니 원아의 과제물임으로 다 사야 한다는 거였다. 유아원 과정에서 방학 과제란 과연 필요한 것인지. 황당하기만 했다. 그렇다고 유아원과 맞서 학부모 입장에서 부딪칠 수만도 없는 노릇. 이런 경우 무척 속상하다. 더구나 한글을 어느 정도 깨우쳐야만 방학책은 할 수 있는 과정으로 채워져 있었다. 더욱 화나게 했던 것은 지난 겨울 방학책의 한 가지로 있었던 '색칠하기' 노트가 이번 여름 방학에도 똑같은 것이라는 사실이다.

지난 해에 유럽의 오스트리아와 항가리를 방문할 기회가 있었다. 이왕 간 김에 나는 유아원을 두루 살폈다. 항가리에서는 자신들이 넉넉한 나라가 아닐망정 교육에만은 최대한 투자하여 효과적으로 운영한다는 그들의 교육 철학을 접하면서 상당히 부끄러웠다. 그 나라에서 가장 깨끗하고 밝고 능률적으로 지어진 건물은 하나같이 학교였다는 사실이 더욱 그랬다.

오스트리아는 이미 교육 제도의 개혁을 이루어 완성 단계에 있었다. 유아원만 하더라도 공공 기관인 '킨더가르텐'과 전후 세대로부터 시작해서 열린 교육을 유아 양육 단계에서 실현한 '킨더 그룹'으로 이분화되어 보다 나은 환경에서 아이들이 자라도록 배려되고 있음을 봤다. 이에다 '킨더 그룹'은 인간 신체 조건에 따른 분리 수용이나 분리 양육, 분리 교육을 용납하지 않아, 유아원에서부터 함께 삶을 익히게 하고 있음도 보았다. 사람은 신체에 장애가 있다거나 지능이 상대적으로 좀 모자라다고 같이 못살 하등의 이유가 되지 않는다는 것이다. 정상인도 장애인에게 배울 것이 있고 장애인은 정상인의 도움을 받아 더 잘살 수 있다. 이 점을 어릴 때부터 알게 하자는 것이 분리를 용납하지 않고 함께 하도록 하는 근본 취지라고 했다. 얼마 전에 우리나라도 이 점이 고려된 교육법 개정이 있었다. 대환영, 환영!

또 학부모가 교육 기관의 운용에 적극적으로 참여하고 있었다. '킨더 그룹'은 선생님을 채용하는 문제며 면접에까지 교육자와 같은 비중으로 참여하며 경영 전반에 관여한다. 돈이 없어 양육 대행 기관이든 유아 교육 기관에 다니지 못하는 유아가 없도록 세심한 배려를 하되, 학부모는 어떠한 방법으로든 직접 참여하는 길을 여러 모로 열어 놓고 있었다. 건물을 수리하는 데서부터 청소를 하는 일까지. 교육 커리큘럼을 짜는 데서부터 그걸 중간 점검하고 평가하는 과정에까지 학부모가 주체가 되고 있었다. 뿐 아니라 '봉사자' 제도가 사회적으로 정착되어 있어 매우 유용하고도 일사 불란하게 이용되고 있음도 부러웠다. 그러니까 유아원에서 야외 학습을 간다면 미리 신청한 봉사자들에게 개별적으로 그날 시간이 있는지를 우선 알아보고 교통 수단을 점검하고 현장을 재확인한다. 봉사자들은 정해진 날에 정해진 시간에 유아원에 나가 대개는 아동 다섯 명당 한 사람의 봉사자가 정해진 현장까지 보통은 대중 교통 수단을 이용하여 인솔한다. 그리고 현장을 견학하고 귀원하기까지 봉사자는 다섯 명의 선생님 겸 보호자가 되어 점심을 먹이고 간식을 챙겨 주고 화장실에 데려가는 세세한 것 모두를 맡아서 처리한다.

그걸 보고 와서 나는 우리도 학부모가 시간이 있는 경우, 유아원에서 필요한 일손에 보태자고 제의했다.

수영 교육이 있는 날 교사 한 사람으로서는 삼십 명이 넘는 원아들 옷 갈아 입는 걸 돌봐줄 수가 없는 것. 이미 당번이 일방적으로 유아원에서 정해져 학부모들은 정해진 날 손을 돕고 있었다. 그러나 학부모의 형편을 전혀 고려하지 않고 강제된 봉사의 시간이기에 상당한 불평이 터져 나왔다. 나는 그 점을 염두에 두어 이번에는 자발적으로 원하는 학부모에 한해서 일손을 부르는 게 어떠냐고 했는데, 원장은 내 제의에 관심을 보였다. 왜냐하면 점심 식사 후의 설거지가 일손이 딸려 문제가 되고 있던 터였다. 그러나 학부모들은 거부했다. 이미 일방적이고도 강제적인 통보에 진력을 내고 있던 터라 자발적이든 타발적이든 아예 유아원 일이 싫다는 태도였다. 그건 지금까지 유아원 측이 보인 학부모 대하는 태도에서 예견된 바라고 해도 지나치지 않다고 생각했다. 전천후 편의점 이용하듯 학부모를 이용하고 다룬 당연한 결과가 아닌가. 그러나 나는 아쉽다. 우리 학부모는 양육 대행 기관이든 교육 기관이든 남이 알아서 해주는 곳이고 우린 그저 아이만 맡기면 그만이라는 사고 방식에서 벗어날 좋은 기회였는데. 만일 자발적으로 그릇을 닦고 청소를 맡아 하기 시작했다면 차츰 다른 것에로 우리의 의견을 반영해 나갈 여지가 있는 발판을 마련했을 거고 그랬다면 일방적으로 통보 받고 덜되게 훈계(소풍 때나 학습 참관 때, 혹은 운동회 때에 학부모를 모아 놓고는 원장이나 선생이나 할것없이 어린 아이 다루듯 근거 없이 나무라기나 하고 이래서는 안된다 저래야만 된다 식의 연설을 넘어선 잔소리조의 훈계를 곧잘 한다)나 당하는 학부모의 위치에서 벗어나 내 자녀를 위해 주체의 일부가 됐을 것을.

똘이는 유별나게 고집이 세다. 우린 그 점이 그애의 개성이라고 생각한다. 그러나 유아원 선생님은 똘이가 유아원을 마치기 전에 그 고집을 꼭 꺾어 놓겠다고 통고한 바 있다. 나는 이 점을 두고 보되 아이의 심성이 다치지 않기만을 간절히 바랄 뿐이다. 처음 그 통고를 받았을 때는 너무 두려워 아이 아버지한테 그 주임 선생님을 한번 찾아가 보라고 사정을 했다.

엄마가 뭐라면 너무 주관적이라고 할지도 모르잖느냐. 그러니 아빠가 가서 터놓고 얘기를 해봐라. 고집이 세다는 게 나쁜 건 아니잖느냐고. 그냥 의논에 그치고 말았다. 일단 더 두고 보자는 쪽으로 결론을 내리고.

결국 아이가 나날이 성장해 나가는 걸 보면서 유아원의 역할을 인정하고 고마와하면서도 한편으론 또 열리지 못한 유아원을 은근히 원망도 한다. 더불어 나는 어머니로서 아이에게 유아원에게 어떤가를 점검해 보며 가슴을 조이기도 한다. 별로 제대로 된 역할을 하지 않는 것만 같은 강박감이 앞서는 건 왜일까. 나의 선배가 앞서 지적했듯이 아이가 자라는 데 필요한 곳, 그러니까 아이가 중심이 되고 아이 입장에서 배려되는 그런 기관으로 나도 인식하기를. ■

* 글쓴이 한림화는 1950년에 태어난 육이오 동이다. 딸 부잣집의 다섯째딸로 태어났으나 전쟁통에 위로 줄줄이 언니 셋을 잃어 본의 아니게 둘째딸이 되었다. 중학교 국어 신생을 조금 했으며, 비교 문학을 공부하다가 중간에 그만두었고, 그 후 창작을 본업으로 하는 작가 생활을 하며 민생고를 해결하기 위해 방송 사회자, 리포터 등 닥치는 대로 일하지만 진정한 페미니스트로 살기 위하여 아름다운 생을 창출하느라 나름으로 심혈을 기울인다. 가족 제도와 사회 제도에 드러나는 가부장제 아래서의 여성의 삶을 객관적인 입장에서 보되 긍정적으로 서술하는 글을 쓴다. 아들과 아이 아버지인 남자 친구와 더불어 제주도에서 산다.

그때, 해송 아기 둥지

이말순

한번은 짓궂은 후배가 이런 질문을 한 적이 있다. "누나 애 하고 둥지 애들 하고 누가 더 사랑스럽냐"는 것이다. 장난삼아 물어본 얘기였겠지만 지금 그 말을 곰곰 생각해 보면 남의 아이를 내 아이 돌보듯 따뜻하게 대하고 내 아이 돌볼 때도 남의 아이 보듯 객관성을 가지라는 뜻으로 받아들여진다. 그렇게 한다면 어린이집에서 자라든 종일을 제 엄마와 지내든 별 문제가 없으리라고 본다. 아이들이야 어차피 바르게 자라고픈 욕구가 있다고 믿으니 말이다.

1. 엄마 그러면 감옥 가

"엄마 나 쌀 가지고 놀아도 돼?"

"쌀은 안돼!"

"왜?"

"쌀은 밥해 먹는 건데 갖고 놀면 어떡해?"

파랑이는 내 설명이 부족했는지 어느새 쌀통의 숫자를 꾹꾹 눌러서 쌀을 빼다가 온 집안에 흘리고 주무르며 놀고 있었다. 사실 난 이럴 때, 쌀 가지고 노는 것을 허용하고 싶은 갈등을 느낀다. 모래 놀이도 실컷 하기 힘든 환경에 큰 대야에 쌀을 잔뜩 넣어 주고 마음껏 놀라고 하면 얼마나 신날까. 그러나 먹는 것을 가지고 논다는 것이 어쩐지 교육적이지 못한 일 같아 금지시키기로 작정했다.

"너 이리 와 이게 뭐냐! 몽둥이 가져와!"

몽둥이 생각이 난 것은 이미 내 손이 아이의 등짝을 한대 후려친 후였다. 파랑이가 의자를 놓고 올라가 주방벽에 걸린 죽비를 내려왔다(굵은 죽비는 엄포용이고 사용한 적은 없다).

"엄마가 쌀 가지고 놀지 말랬지! 몇 대나 맞고 싶어!"

"한 대."

"어디 맞을 건데?"

내딴엔 뜸을 들이며 자제하고 있는데 아이는 몹시 위협을 느꼈는지 느닷없이 외쳤다.

"엄마는 감옥에 가고 싶어! 왜 맨날 나를 때려!"

요즈음 엄마들은 별로 안 그러지만, 예전에 대중탕 같은 데서 보면 애들 씻기다가 '철썩' 소리가 나게 때리는 엄마들을 볼 때마다 난 저런 엄마는 되지 말아야지 했었다. 또 모 탁아소 어느 선생님이 습관적으로 매를 든다고 얼마나 비판을 했었던가, 그런데 지금 내 모습을 보면 별반 다른 게 없다.

내가 생각해도 걸핏하면 애들에게 손이 먼저 나간다. 전업 주부 삼 년에 어린이 교육은 나와는 상관없는 일이 되어 버린 거지, 아니면 무언가가 가슴 밑바닥에 쌓여 가고 있는 건지, 아무튼 '감옥' 안 가려면 자제 좀 해야겠다. 근데 이 녀석이 그 말을 어디서 들은 걸까.

한번은 친구와 그림책을 보며 파랑이가 '엄마' 역을 하며 설명을 한다.

우표: 엄마, 지렁이는 어디서 살아?

파랑: 응, 이렇게 이렇게 기어 다닌다 그랬지, 응. 뱀 밑에서 살아.

우표: 이 물고기는 어디서 살아?

파랑: 응, 큰 물고기가 있으면 잡아먹히고, 작은 물고기가 있으면 잡아먹어.

아이들 노는 모습을 관찰하는 습관이 '해송 아기 둥지' 때부터 배어 있어 그런지 파랑이 친구들 놀이 광경도 유난히 눈여겨 본다. 그들의 대화도 재미있어 적어 둔다.

다른 남자 아이들은 놀면서 대장 노릇도 잘하던데, 우리 애는 늘 엄마나 선생님이다. 선생님은 그렇다 치고라도 "엄마가 뭐냐 넌 남자니까 아빠를 해야지" 하고 보다 못해 한번 거들었더니 자기는 커서 엄마가 되고 싶다나. 까딱 잘못 이해하면 심각한 해석이 나오기도 하여 고민이 되기도 했다. 그런데 또 녀석들 노는 모습을 보니 소꿉놀이 땐 서로 먼저 엄마를 하겠다고 하는 게 아닌가. 그러면 주도권 다툼이었던가. 엄마야말로 맹활약을 하는 것이 바로 소꿉놀이이니 말이다. 아니면 파랑이 표현대로 '엄마를 너무 좋아해서' 엄마역을 해보고 싶은 건지.

바로 얼마 전 일이다.

"엄마 새가 너무 예쁘지?"

"그래, 네가 잡아왔으니 더 예쁘지."

병아리 절반만한 노란새를 들여다보며 즐거워 죽을 지경이다. 며칠 전 파랑이는 놀랍게도 큰길가에서 푸드덕거리는 새를 붙잡아 왔다는 것이다.

"집 나온 새로구나. 우선 여기 넣어 두었다가 찾는 사람이 있으면 줘야지."

"안돼. 내가 잡은 건데."

내가 어릴 땐 참새 잡는 것 정도야 흔한 일이었지만 요즘에 그것도 조그만 서울 아이가 새를 잡았다니 이건 사건이 아닐 수 없다.

"얘, 우리집에 놀러 와, 우리집엔 새로운 게 많아, 새도 있고."

친구 왈, "야! 대단한 파랑이네, 어떻게 잡았어?"

아빠 왈, "진짜 샌데! 장난감 새가 아니고!"

당장 새장이 없어 시장 바구니에 모기망을 꿰매 씌우고, 정성스레 모이를 주었다. 그러기를 삼일째, 주인이 나타난 것이다.

당장 돌려달라는 아저씨, 아줌마에게 임자가 나타났으니 돌려드려야 마땅하지만 도시 아이가 평생에 한번 겪을까 말까 하는 '제가 잡은 새'를 '제 손으로 키울 수 있게' 저희에게 팔아 준다면 고맙겠다고 얘기를 해보았다. 그 집 아저씨는 새도 비싼 새이고, 키우던 정이 있어 어렵다고 했다. 그러나 사오신 가격에 쳐드릴테니 아이의 심정을 헤아려 달라는 간곡한 부탁에 암컷을 내주었다. 이름은 '카나리아'고 몇몇 주의 사항을 일러주었다.

이렇게 하기까지에는 파랑이에 대한 생각에서이기도 하지만 '아기 둥지'에서 아이들과 동물을 키우면서 느끼던 애틋한 관계를 경험한 때문이기도 하다. 언젠가 '아기 둥지'에서 십자매 한 쌍을 키운 적이 있다. 애기 하나 키우는 것처럼 보살피고 정성 들여서 드디어 알도 낳고 애들도 너무너무 기뻐했었는데, 구정 연휴든가 며칠 비운 사이 빈 물통에 고개를 콕 처박고 둘 다 죽어 있었다. 내 잘못으로 그리 되었다 생각하니 어찌나 가슴이 미어지던지.

또 한번은 새끼 고양이를 데려다 키웠는데 아이들은 고양이를 너무도 좋아한 반면 다른 교사들이 몹시도 싫어하여 어렵게 키우고 있었다. 그러던 어느 추운 날 내가 잠시 외출한 사이 고양이를 냉방에 던져 놓았던지 얼어죽어 있었다. 성벽 아래 흙더미 속에 죽은 고양이를 묻으며 내일 아침 아이들이 찾으면 뭐라 하지, 생각하니 눈물이 더 나왔다.

'아기 둥지'에서 키우다 집 나가버린 돌돌이, 까미 등 아이들의 마음을 따뜻하게 해주고 포근함을 주었던 강아지들을 아이들은 내내 못잊어 했다. 그 다음부터는 생명이 있는 것들을 돌보려면 여간한 정성과 사랑이 필요한 것이 아닌데 나같이 애들 속에서 동분 서주하는 사람이 할 일이 못된다 여기고 말았다. 그런데 이렇게 또 새와 인연을 맺었으니 잘 키울 수 있을지 벌써부터 걱정이 앞선다.

이제부터 하고자 하는 이야기는 내가 '해송 아기 둥지'에서 일하며 지낸 때의 일들이다.

나는 '해송'이라는 모임이 난곡에서 활동하던 시절을 빼고도 육 년 가까이 '아기 둥지'에서 일했다. 결혼 후 첫애를 낳고, 아이가 갓난아이였을 땐 그래도 다닐 만했다. 돌이 지나고 아이가 뛰어다니기 시작할 무렵부터 보육 활동에 제동이 걸리기 시작했다. 아기 둥지 일이란 것이 워낙 장시간 근무인데다가 아이들 돌보는 일 외에도 무슨 회의다 모임이다 하여 밤늦은 시간까지 못들어가는 것은 예사이고 아예 밤을 새는 일(수련회 등)도 더러 있었으므로 시어머님 뵙기가 말이 아니었다. 그런데다가 몸이 조금 불편하신 어머님께서 아이가 이제는 달음질을 치니 따라다닐 수가 없으시다는 것이다. 나는 제 아이와 함께 같은 보육 현장에서 일한다는 것이 얼마나 부작용이 많은지 여러 번 경험한 바 있다. 그렇다고 마땅히 선택할 다른 곳도 없었다.

또 한 가지 나를 재촉한 것은 이 현장이 어느 개인의 것(물론 모르는 바 아니었으나)이 아니라는 것이다. 즉 한 사람이 오랫동안 일한다는 것은 일하고픈 다른 회원의 기회를 뺏는 결과가 되는 것이다. 여기에 생각이 미치자 일을 정리하는 데 속도가 붙었다. 결국 큰애는 소원대로 종일을 엄마와 보내게 되었고 그것이 벌써 세 해를 넘겼다.

한번은 짓궂은 후배가 이런 질문을 한 적이 있다. "누나 애하고 둥지애들 하고 누가 더 사랑스럽냐?"는 것이다. 장난삼아 물어본 얘기였겠지만 지금 그 말을 곰곰 생각해 보면 남의 아이를 내 아이 돌보듯 따뜻하게 대하고 내 아이 돌볼 때도 남의 아이 보듯 객관성을 가지라는 뜻으로 받아들여진다. 그렇게 하기를 지금껏 노력해 왔고 앞으로도 그럴 것이다. 이렇게 한다면 아기 둥지에서 자라든 종일을 제 엄마와 지내든 별 문제가 없으리라고 본다. 아이들이야 어차피 바르게 자라고픈 욕구가 있다고 믿으니 말이다.

2. 둥지 터 잡기

해송 모임이 서울의 여러 지역을 조사한 후 우여 곡절 끝에 첫번째 현장으로 자리잡은 곳은 신림 7동의 난곡이다. 이곳 천막 유아원은 암울했던 팔십년 시대 상황 속에서도 백육십여 명의 유아들을 오전, 오후로 교육할 수 있는 지역의 터전으로 자리잡았고, 삼년여에 걸친 운영고 끝에 타의에 의해 새마을 유아원으로 지금까지 위탁 운영되고 있다.

난곡의 해송 유아원이 유치원 연령의 아동 교육을 담당했던 것과는 달리 아기 둥지 설립 때는 유치원 이전 단계 어린이를 대상으로 보육 기능을 강화하는 프로그램을 하게 되었다. 이는 교육의 효과는 연령이 어릴수록 높아진다는 요즈음 유행하는 조기 교육이 아니라 찹쌀떡에도 비유하는 말랑말랑할 때 매만져야 모양 좋은 떡이 되는 것처럼 인성 바른 인간됨을 의미한다.

현 아기 둥지 가옥을 공동육아의 터전으로 결정한 것은 1984년 여름이었다. 몇 회원들과 중앙 시장의 한 곳을 먼저 가보았다. 이는 그곳의 어린이 보호 실태가 엄마가 아기를 등에 업고 장사를 하는 등 더 시급하다고 여겼기 때문이다. 그곳은 상가 주변 도로에 접한 이층이었는데 방안은 꽤 넓이가 있었으나 한뼘의 마당도 없는 것이어서 적합하지 않다고 여겨졌다.

다음으로 창신동 성벽을 다 올라가서 성벽에서 두번째 집에 들어서니 우선 아이들이 뛰어 놀 만한 마당이 꽤 있었고, 마당과 대문 밖에 꽃밭이 두 개나 있으며 얕으막한 담장 아래로 서울 시내가 한눈에 들어오는 것이 마치 전망대에 오른 느낌이었다. 더군다나 성벽 위의 빈터나 군데군데 낮은 야산과 언덕, 나중에 발견했지만 작은 숲도 있어서 아이들의 바깥 놀이터로서도 한몫 할 수 있겠다 싶어 결정하기에 주저치 않았다.

통나무에 삼줄로 엮어 맨 타이어 그네.

　마침 비어 있는 집이어서 바로 수리에 들어갔다. 자그마한 방이 세 칸, 두 방을 이어주는 마루가 하나였는데 여기에 널직한 덧마루를 내고 선나이트로 지붕을 이어 내려 채광에도 신경을 쓰며, 마루 밑 공간도 아이들이 들어가 놀 수 있게 모래밭으로 꾸몄다.

　라일락이 있는 바깥 마당의 꽃밭은 그대로 보존하고 마당 안의 꽃밭 자리엔 모래를 깔고, 그 위에 통나무에 삼줄로 엮어 맨 타이어 그네를 매달았다. 타이어는 페인트로 색칠을 하여 '구멍 통과하기'에 하나, 그네에 하나 두 개를 달았다. 그 이후 많은 어른들의 갈채와 아이들의 사랑을 한몸에 받던 이 그네는 삼 년쯤 아이들을 태워 주고, 삼줄이 낡고 통나무가 썩기도 하여 명을 다했다.

3. 놀이감 만들기

집이 어느 정도 어린이집 모양을 갖춰 가면서 한편에선 뒤늦은 지역 조사를 하고, 나는 아이들 옷장으로 쓸 단단한 박스와 놀이감이 될 만한 것들

70

을 모아 회원들과 교구 제작에 들어갔다. 그때 만든 놀이감으로는 종이 상자에 앞뒤로 창호지를 물 적셔 열 번쯤 덧붙여서 만든 제법 소리가 둥둥 울리는 큰 북과 병뚜껑 탬버린, 빈 깡통 소리 상자, 우유곽 블럭 등 폐품을 활용한 것이 많았다.

그러나 이런 재활용품 놀이감들은 흥미로움과 생활의 지혜 등 교육적 효과는 있으나 견고하지 못해서 기대만큼 오래 가지 못했다. 아이들이 망가뜨리면 계속 공급을 해야 하므로 낮잠 시간을 이용하여 우유곽 블럭들을 만들어 대기도 했다.

특히 밥상겸 작업대로 사용한 상이 말썽을 부렸다. 사인용 정도의 상에 창호지를 붙이고 크레파스로 그림을 그려서 니스칠한 걸 판을 얹고 사용했는데 번번이 떨어져서 아이들의 발등을 찧곤 했던 것이다. 그 이후로 특별 주문 제작한 튼튼하고 낮으막한 긴 상은 지금까지 십 년 가까이 탈없이 쓰고 있다.

이렇게 아이들을 맞이할 준비를 안팎으로 하고 드디어 개원을 하였는데 뜻밖에도 첫날은 단 한 명의 아이가 왔다. 낯선 환경에 엄마와 안 떨어지려고 우는 아이에게 엄마가 말했다.

"희정아, 우리 화장실 물 쏴아! 하는 데 가서 쉬 ~ 하자, 응?"

(아뿔사, 우리도 희정이네랑 똑같은 푸세식인데 ……) 이 재래식 화장실은 팔십구년 개축 때 드디어 수세식으로 바뀌었다.

아이들이 적게 온 이유는 몇 가지로 분석되었다. 첫째는 온종일 아이를 맡아 돌봐준다는 것에 대한 인식 부족과 실제로 필요한 가정의 부모와는 지역 조사 때 '일 나가고 없어서' 면담을 하지 못한 점, 그리고 입학 조건을 연령 제한, 세입자(월세) 우선, 취업모의 자녀 등으로 엄격히 적용했던 것이 문제였다.

다시 벽보 홍보와 간식 품평회 등 재홍보를 하고 두 달쯤 지나자 둥지에는 아이들이 넘치고(25명 상한선), 대기 아동의 원서가 쌓였다.

4. 실내 놀이

아이들은 둥지 방안에서 노는 시간이 제일 많다. 오전에는 이야기 나누기, 율동, 동화, 미술 작업 등 대그룹 활동을 하고 오후 낮잠 후엔 대체로 자유롭게 논다.

아기 둥지 실내는 블럭놀이 영역, 독서 영역, 소꿉놀이 영역 등 몇 가지 코너가 있어서 자유놀이 때 각자 제 원하는 곳에 가서 논다. 또한 그림 그리기, 밀가루 점토 등 작업거리가 자유놀이의 소재로 채택되기도 한다.

특히 공동육아 프로그램에는 자유놀이 시간이 많은데 이때에 아이들의 개인적인 특성을 파악하기도 하고, 개별적인 대화도 나눌 수 있다.

자유놀이 중에 자주 부르던 전래 동요를 한 가지 소개하면,

이거리 저거리 각거리
천사 만사 다만사
조리 김치 장독간
총채비 파리 딱

이 노래는 서로 마주 보고 앉아서 다리를 엇갈려 뻗고 하나씩 짚어 가며 노래가 끝날 때 짚이면, 벌칙을 빚는 놀이이다.

이 노래를 파랑이 어릴 때 가르쳐 주었더니 시어머님께서 당신이 아시는 것과 다르니 어머님은 부르지 말아야겠다고 하셨다.

이나라 저나라 애국대국
심자 노자 말바 토끼
왜래 팽팽 다다리 꽁

구전요이므로 지방마다 노랫말이 다르고 곡도 조금씩 다르나 놀이는 똑같다. 나는 애들이니 두 가지 다 금방 배울 것이라고 말씀드렸다.

지금은 물론 두 가지 다 부르고 있다. 작은 녀석도 노랫말이 재미있게 들리는지 '이거리 저거리' 하자 그러면 울다가도 얼른 다가와 붙어 앉는다.

5. 생일 잔치

"애들아, '생일'이 뭘까?"

얘들아, '생일'이 뭘까? 케익이 아닌 수수팥떡을 차려 놓고 ……

"케익이요."

"생일 축하(케익)요."

"으음, 선생님이 가르쳐 줄께요. 생일은 엄마, 아빠가 사랑을 해서 음, 그러면 엄마 뱃속에 쪼그만 애기가 생기거든, 그러면 엄마 배가 이렇게 불러져서 '아야 아야' 엄마 배가 아파서 조그만 애기가 쏙 나오게 되었어, 그러니까 생일은 자기가 태어난 날이에요."

"네에─ 요 배꼽에서 쪽 나왔지요?"

지혜 질문이다.

"음─, 배꼽은 아니고 엄마들은 애기 나오는 문이 있어요. 그럼 애기 낳느라고 '배 아야 아야' 고생한 사람은 누굴까?"

"엄마요!"

"그럼, 오늘 생일 맞은 민주는 '엄마, 고맙습니다' 해야 되겠지요."

"네에!"

"자, 그러면 카드 그린 것 민주 갖다 줄까?"

아이들은 한 명씩 호명되어 약간 긴장된 표정으로 '생일 축하해' 조그만 목소리로 말하며 그림 그린 종이를 내밀었고 민주는 두 볼이 발갛게 상기되어 열심히 그림을 모았다. 마침 아빠가 안 계신 민주에게 회원 중에 양아빠가 있어서 그가 초대되었고(둥지에는 결손 가정의 어린이가 30% 정도 있다. 모자 가정, 모녀 가정 등 사람 많은 모임인 만큼 다소나마 아이들의 '아빠라고 불러 보고 싶은 욕구'와 부족한 정을 채워 줄 수 있는 든든한 어른이 되어 준다면 좋은 일일 것이다) 그가 마련한 선물(신발)은 아이들에게 선망이 되지 않을까 우려했던 대로 지애가 나서서 '아빠, 나도 사줘'라고 매달렸다.

"그래, 우리 지애는 아빠가 열심히 일하시니까 사주실꺼야, 우리 이제 축하 노래 부르자."

"오늘 기쁜 생일 / 오늘 기쁜 생일 / 우리 친구 이민주 / 생일 축하하오"

생일상에는 수수팥떡, 귤, 사과, 사탕 한 알씩 등 먹을 것이 그득하다. 생일 잔치는 간식 시간에 그림 그려서 만든 카드를 선물로 주고 축하 노래 불러 주는 정도로 간소하게 치른다.

아이들에게 생일이 뭐냐고 물어 보면 '케익'이라고 답하여 촛불 밝힌 생일 케익의 환상을 짐작케 한다. 예전에 우리 어머니들은 아이들의 생일 때 수수팥떡을 만드셨다. 수수나 팥의 붉은 기운이 귀신을 쫓아 병을 막아 준다고 믿으셨기 때문이다.

아기 둥지에서는 엄마들이 일하느라고 바빠서 잘 만들어 주지도 못하는 수수팥떡을 매월 선생님들이 만들어 준다. 갈수록 케익에게 밀려나는 수수팥떡을 한 볼탱이 입에 물고 오물오물 먹는 우리 아이들이 예쁘기만 하다.

6. 바깥놀이, 나들이

아기 둥지 아이들의 집안 환경은 대개 3평 정도의 방 한칸에서 식구(3−4명) 모두 기거하는 경우가 대부분이다. 여기에 장롱, 텔리비전, 냉장고까지 들어와 있는 경우가 많아서 편하게 발 뻗고 자는 집이 몇 안된다. 예전에 어느 책(아마도 《샘이 깊은 물》)에서 조사한 내용을 보면 창신동 인구 밀도는 서울시 인구 밀도의 열 배나 된다고 했다.

'사람의 마음 넓이는 물리적 공간에 비례한다'고 한다. 이런저런 이유로 나들이를 자주 하였다. 부모님과 함께 가는 큰 나들이는 봄에 한 번이고,

토요일마다 나가는 소그룹 나들이, 매일 나가는 바깥놀이가 있다.

바깥놀이는 오후 낮잠 이후를 많이 이용했다. 둥지 근처에는 아이들 걸음으로 10분쯤 걸리는 곳에 놀이터를 낀 야산이 있다. 놀이터에는 그네도 망가지고, 담장도 무너져서 동네 아이들이 잘 찾지도 않는데 우리 아이들에겐 단골 놀이터였다. 그곳에서 '훌랄라' 춤을 추면 멀리서 바라보던 동네 아이들도 꼬이곤 했다. 이 놀이터는 동숭 아파트 놀이터이고, 창신 2동엔 동네 놀이터가 낙산 아파트 안의 한 곳밖에 없다. 동네 아이들은 굳이 놀려고 놀이터가 있는 꼭대기까지 가지는 않는 것 같다. 그냥 집 가까운 골목에서 놀고 있다.

84년 해송에서 지역 조사한 창신 2동의 인구는 6만이 넘는다고 했다. 그렇다면 어린이는 적어도 일만은 될 것이다. 놀이터의 태부족이 아닐 수 없다.

너무 더운 여름날엔 낮 바깥놀이를 하지 않고 저녁 해거름에 동네 산책을 나간다. 성벽을 끼고 돌면서 한 집, 두 집 불이 켜지는 빽빽한 아랫동네를 내려다보며 아이들은 늘 무슨 생각을 하였을까.

날씨가 좋은 봄, 가을엔 매주 토요일 나들이를 했다. 굳이 복잡한 토요일로 정한 것은 학부생 언니, 오빠들을 봉사자로 구할 수 있기 때문이다. 한꺼번에 스무 명 가량의 어린이와 어른 여러 명이 움직이려면 걸어가던지, 버스를 빌려야 하는 어려움이 있다. 이러한 교통난의 해결과 좀더 밀착된 인간 관계를 가질 수 있게 생각해 낸 것이 소그룹 나들이다.

한 그룹에 어른 둘과 아이 네 명이면 큰 부담없이 어디든지 다녀올 수 있다. 작은 아이들은 교사들이 맡고 조금 큰 아이들은 삼촌이나 이모처럼 손을 잡고 나들이를 갔다. 북한산 등반도 하고, 한탄강에 놀러가서 얼굴이 붉게 익어 돌아오기도 하고, 때로 기차 여행도 다녀왔다.

부모님들과 함께 가는 큰나들이 때는 마을 버스를 얻어타기도 했으나 워낙 자주 나들이를 하니 그때마다 빌려 탈 수도 없는 일이다.

마침 동대문에서 출발하는 55번 버스가 밤섬 근처 '벼락소'까지 가는 것이어서 자주 이용을 했다. 교사 3-4명 아이들 20명이 올라타면 전세낸 버스마냥 출발한다. 50분 정도 걸려서 '벼락소'에 도착하여 입장료 받는 유원지는 가지 않고, 밭둑길 따라 한참 걸어가다가 다리 아랫께 냇가 둑에 자리를 잡는다. 그곳엔 물도 맑고, 깊지도 않아서 송사리도 잡고, 조그만

나들이 ― 물, 돌,
나무, 흙, 바람,
사람, 그 다양한
만남.
위: 벼락소 물놀이.
가운데: 성벽으로
 바깥놀이를 갔다.
아래: 올림픽 공원
나들이.

청개구리들이 풀잎 사이로 뛰어다니는 것을 붙잡아 병에 넣어 오기도 했다. 그리곤 김밥들을 먹고 쉰다. 돌아오는 버스에선 두 명씩 한 의자에 앉혀 놓으면 자다 의자에서 굴러 떨어질까봐 가슴 졸인다. 그러나 최근엔 이 '벼락소' 냇가가 물이 너무도 많이 오염되어서 도저히 아이들이 놀 수 없게 되었다.

걸어서 자주 갔던 곳으로는 아기 둥지에서 30−40분 걸어가면 되는 창경궁, 마로니에 공원, 성균관대 정도이다. 걸어서 나들이할 때는 교사가 앞에 서고 뒤에 서고 짝끼리 손 잡고 오고가기 때문에 안전에는 문제가 없다. 그러나 마로니에 공원같이 사람이 많은 곳에서 아이들을 풀어 놓으면 사고가 발생하기도 한다. 눈 깜짝할 사이 한 아이가 없어져 한 시간이나 넘게 헤맨 후에 근처 파출소에서 찾아온 일이 있다.

한번은 창경궁에 가서 잔디에서 사진도 찍고 실컷 뛰어다니며 놀다가 돌아오는데 몇 녀석이 졸려서 못걸어 가는 것이었다. 즉석에서 서울의대 남학생들에게 부탁을 하니 고맙게도 기꺼이 아이들을 둥지까지 업어다 주었다. 내 기억에도 그땐 참 배짱 두둑하게 일한 것 같다.

7. 물놀이

가만히 앉아 있어도 땀이 줄줄 흐르는 여름엔 물놀이를 자주 한다. 물놀이를 할 때는 으레 아침 일찍부터 커다란 고무 물통에 물을 그득 받아 태양열에 데운다. 물에 들어가기 전에는 겉옷을 벗어 잘 개어 놓고, 팬티 차림으로 모래놀이 등을 하고 땀나게 놀다가 준비 운동 후 물속으로 들어간다. 깊고 넓은 타원형의 물통을 몇 개만 준비하면 통 하나에 서너 명씩 들어가 놀 수 있다.

아이들은 물만 보면 다른 무엇이 없어도 그저 즐겁다. 그래도 무얼 빨아 보겠다고 애쓰는 녀석들에겐 인형 목욕을 시키라고 한다. 플라스틱 샴프통이나 중성 세제 빈통들을 모았다가 물놀이 때 주면 물총이 된다.

물놀이는 30분 정도를 물 속에서 있게 하는데 못내 아쉬워하는 녀석들은 좀더 있는 수도 있다. 옆에서 수도 호스로 계속 물을 공급해 주는 교사도 아이들이 뿌린 물에 옷이 다 젖는다. 실컷 놀고 샤워 후 옷을 갈아 입으면 그날 점심은 꿀맛이다.

물통 몇 개만 준비하면 마냥 즐거운 물놀이.

이렇게 아기 둥지의 여름은 모래놀이, 물놀이로 지나간다.

8. 낮잠 시간

"밥 다 먹은 사람 이 닦으러 나오세요!"
"선생님, 딸기 치약 줄 거예요?"
"아니, 물양치만 할 거예요."
작년까지 치약을 사용해 오다가 잘 헹구지도 못하는 애들에게 달콤한 치약은 오히려 해롭다는 설에 따라 사용을 안하고 있는데 아이들은 그 딸기 치약을 자꾸 떠올리는 것이다.
"아이! 난 치약으로 하고 싶은데 ……"
아쉬운 명규 표정.
싸악 싹 닦아라 웃니 아랫니
싹— 싹— 닦아라 앞니 어금니

78

아이들은 올망졸망 벽에 기대어 앉아 이를 닦는다.

"다 닦은 사람은 쉬— 하고 옷 벗으세요."

"선생님, 옷 몇 개 벗어요?"

"양말하고 밑에 바지, 위에 하나씩만 벗으세요."

"난 한 개만 입었어요."

기덕이가 배꼽을 내보이며 웃음 짓는다. 입꼬리가 올라가서 인상이 선한 기덕이는 언제나 배가 볼록하다.

"으응, 그럼 그냥 자."

"자, 옷 벗어서 반듯하게 개어 놓고 양말은 두 짝 붙여서 요렇게 해놓는 거."

요를 깔고 커튼을 내리니 방안은 제법 깜깜한 밤이 되었다.

아이들은 이불 위를 뒹굴며 요로 제 몸을 도르륵 말아서 굴러다닌다.

"쉬하고 와야지. 누가 쉬를 잘하고 올까요?"

"내가요!"

"내가요!"

"나는 했어요."

"선생님, 오늘은 무슨 이야기 해줄 거예요?"

"글쎄— 무슨 이야기가 듣고 싶어?"

"도깨비!"

"호랑이!"

"토끼, 토끼!"

"아니요, 귀신, 귀신!"

"음, 그래. 다들 눈 꼭 감고 들으세요."

"선생님, 귀신, 귀신! 귀신 이야기요!"

아이들은 눈을 얼른 감았다 이내 뜬다.

"그래, 응—. 옛날에 옛날에 망태 할아버지가 살았는데 ……"

"호랑이요!"

"망태가 뭔가 하면 이렇게 얼멍얼멍한 커다란 바구닌데 할아버지가 어깨에 걸머지고 다니셨어요. 너희들 망태 할아버지 이야기 들어봤니?"

"아니요!"

"네!"

"선생님이 어렸을 때 너희만할 때 사신 할아버진데 그 할아버지는 수염도 길고, 머리는 하얗고, 아주 무섭게 생겼어. 그래 가지고 커다란 집게를 가지고 다니면서 쓸데없이 우는 애, 밥 안 먹는 애, 싸우는 애, 말 안 듣는 애들만 보면 크—은 집게로 꾸—욱 집어가지고 망태 속에 쑥 넣고 가시는 거야. 아이구! 큰일났지? 그런데 말이야, 그 할아버지가 그만 돌아가셨어."

"왜요? 왜 돌아가셨어요?"

"음, 깊은 산 속에 호랑이를 잡으러 가셨는데 호랑이가 커다란 이만한 호랑이가 '어흥' 하고 덤벼든 거야, 그래서 망태 할아버지는 죽어서 귀신이 되었어. 그런데 말이야, 망태 할아버지가 땅 속에 누워서 가만히 들어보니까 맨날맨날 창신동 성벽 있는 데서 애들 우는 소리가 들린데. 싸우는 소리, 우는 소리, '아이구 시끄러워, 잠도 못자겠네.' 그러면서 망태 할아버지 귀신이 벌떡 일어났어요.

'끼익—'

어, 이게 무슨 소리야 바람도 안 부는데 대문이 열리네, 아휴 무서워. 문을 조금 열고, '누구세요?' 그랬더니, '이히히힉— 나는 망태 할아버지 귀신이다! 시끄러워서 우는 애 잡으러 왔다.' 그러시잖아."

"아이고, 안돼요. 할아버지, 우리 애들은 모두 말 잘 들어요. 울지도 않구요, 밥도 잘 먹고, 잠도 잘 자요. 낮잠도 얼마나 금방 잔다구요, 보세요. 주나랑, 상미랑, 민수랑. 벌써 자잖아요?"

"그래애, 그런데 왜 이렇게 시끄러웠지? 그럼 갈테니까 애들 울면 전화해요."

"네, 안녕히 가세요."

승호가 눈을 반짝 뜨고는

"선생님, 망태 할아버지 갔어요?"

"쉬잇— 저기 대문 밖에 미끄럼틀 있는 데 계셔서, 얼른 자."

벌써 코를 고는 녀석도 있고, 몸은 꼼틀거리지만 조용하다.

"선생님, 망태 할아버지 와요?"

잠이 제일 안 오는 미정이.

"그래, 얼른 자고 나면 안 와."

"선생님 이야기 내일 또 해주세요!"

"그래, 내일 또 해줄께."

“에이 재미도 없네!”

아직도 꼼지락거리는 민주, 미정이를 토닥거려 주길 한참, 드디어 모두들 잠이 들고, 잠든 아이들 몸을 바로잡아 주고, 얇은 이불을 꺼내어 덮어 준다.

소리없이 문을 밀고 나오니 신발장 위엔 우편물이 수북- 빙그레 웃음이 번진다. (망태 할아버지가 다녀가시긴 다녀가셨구나.)

낮잠은 집단 생활의 긴장감 속에서 어린이가 잠시 쉴 수 있는 휴식의 시간이다. 특히 아이들은 작은 놀이에도 전심 전력을 다하여 놀기 때문에 체력 조절과 오후 놀이를 위한 재충전을 위해 한숨 자는 것이 반드시 필요하다.

이때에 교사들도 잠시 휴식을 취하고 교사 회의나 가정 통신문 쓰기 등 다른 일을 할 수 있다.

처음 집단 생활을 하는 어린이는 불안한지 잘 자려 들지 않는다. 이럴 때는 집에서 쓰던 베개나 이불을 가져와서 안정감을 찾기도 한다. 오륙 세가 되어 싫어하는 어린이는 재우지 않아도 된다. 다만 자는 아이들에게 방해가 되지 않도록 조용히 누워서 쉬고 있도록 요구한다. 아이들을 재울 땐 이야기를 들려 주며 토닥토닥 두들겨 주면 이내 잠이 든다. 아이들을 재우려다 어른도 함께 잠들곤 한다.

낮잠 시간이 끝나면 먼저 일어나는 아이들은 한쪽에서 그림책을 보거나 조용한 놀이를 하며 놀게 한다. 마지막 잠꾸러기가 깰 때쯤이면 이미 한쪽에선 오후 간식을 먹고 있기 일쑤다.

9. 부모회

아기 둥지 부모회는 한 달에 한 번 열린다. 일년으로 볼 때 봄소풍, 둥지 개원 잔치, 망년 모임 등 ‘잔치’를 빼면 둥지 안건 토의나 놀이감 세척 및 청소, 도배 등에 서너 차례, 강사님 모시고 ‘유아 교육에 있어 부모의 역할’ 등 공부하는 데 몇 번. 이렇게 일년 프로그램을 갖고 있다.

회비는 사람이 모이면 먹어야 하는 고로 다과비조로 천 원씩 걷고, 이와는 별도로 친목계를 하자는 얘기가 나왔다. 계는 안전하게 작은 것부터 하기로 하여 일년에 50만 원짜리를 회장 엄마가 짜왔다. 이것을 다른 엄마가

쭉 계산을 뽑아 보더니,

"오야한테 매달 만 원이 떨어지니 떼어 내자"고 제안했다.

그리하여 계주 이익금이 한 푼도 없는 진짜 친목계가 시작되었다. 이 계 조직은 이후 계승되어 졸업생 부모들을 엮는 구실을 하였다.

부모회를 하자고 하면 엄마들은 만사를 젖히고 오는 데 비하여 아버지들의 참여가 늘 부족하다. 아버지들 모임에 대한 프로그램도 빈곤했던 것이 사실이다. 그래도 봄소풍 때면 아버지들이 서너 집은 모이고, 등원과 귀가를 엄마, 아빠가 나누어서 하는 집이 많다.

부모회가 일 년 이상 진행되면서 네 쪽의 부모 회보가 발간되었다. 회보는 첫회만 제외하고 원고 청탁부터 편집까지를 부모회에 맡겼다. 그랬더니 김지혜네는 원고 청탁은 엄마가 하고, 글쓰기와 편집은 아빠가 하셨다. 지혜 아버지는 학교 때 이런 일을 해보고 싶었는데 못해 보아서 지금이라도 해보니 즐겁다고 하셨다.

부모회 임원에는 부모회장, 부회장, 편집부장이 1년 임기로 선출되었다. 회의는 부모회장이 진행하는데 처음에는 모두 얘기들을 안하고 있다가 조금 지나면 주제와는 상관없이 삼천포로 빠져 버려서 오늘은 '누구 누구 엄마 얘기 듣기'로 시간이 다 지나가 버린다. 옆에서 가만히 참고 듣고 있다가 "오늘 이런 얘기 해야 되는데요" 귀띔해 주면 그때부터 안건 토의가 다시 시작된다. 한 엄마가 "이렇게 하지 뭐" 하면, 실컷 얘기하고 웃던 엄마들이 "그래, 그래" 하며 토의고 뭐고 넘어간다.

부모회 토의 안건은 삼년쯤에 한 번씩 인상하는 보육비나 14시간 보육 시간을 12시간으로 줄일 때, 또는 세탁기 장만 등 여러 예가 있다. 집집마다 세탁기가 없을 때이므로 빨래가 늘 밀려서 짐인 엄마들에게 부모회비에 천 원씩을 보태어 월부로 세탁기를 장만하였다. 그래서 아침에 애들 데리러 오면서 빨래 보따리를 갖다 놓으면 귀가 때는 다 빨아진 빨래를 들고 가면 되는 것이다. 단지 세탁기가 한 대였으므로 하루에 여러 집은 하지 못하였다.

아이가 졸업한 후에도 졸업생 어머니들이 부모회에 옵서버로 참석하여 분위기를 돋우어 주기도 하였다. 특히 개원 잔치 때는 그간 다녔던 아이들과 부모들도 초대하는데 집에서 음식을 한 가지씩 해가지고 와서 시장놀이를 하면서 식사를 하였다.

84년에 입학했던 이번에 중학생이 된 아이들을 만났더니 이 개원 잔치를 아직도 못잊고 있었다. 요즘도 몇몇 엄마들은 잊지 않고 연락을 해온다.

"이선생님, 우리 차 샀어요, 축하해 주세요."

"그래요, 축하해요. 그 차 타고 한번 놀러오세요. 그리고 다음엔 집도 장만하세요."

10. 글을 맺으며

내가 아기 둥지 일을 해보겠다고 나섰을 때 심정은 '엄마가 필요한 아이들에게 낮 동안 엄마가 되어 주는 일은 얼마나 보람된 일인가. 아이들을 올바르게 키우는 일이야말로 정말 값진 일이다' 하는 정도의 다분히 낭만적인 생각이었다.

그러나 일을 해오면서 단순히 대리 양육자로서만이 아닌 육아의 초기 사회화를 담당한 보육 교사로서, 또는 장의 책임자로서 공동육아에 대한 철학이나 자기 확신이 있어야 함을 느꼈다. 그래서 아기 둥지의 보육 방침이랄까 몇 가지 큰 줄기로 삼은 것은, 기본적인 생활 습관은 마땅히 그 무렵에 길러 줘야 하는 것이고, 함께 나누며, 함께 사는 공동체 의식, 여자는 혹은 남자는 이래야 한다는 식의 성차별적 교육의 지양, 나들이나 바깥놀이를 통한 자연과 친밀해지기 등을 주로 강조해 왔다.

한가지 아쉬운 점은 이를 문자화하는 일도 공동육아 인식의 확산을 위하여 필요한 일인데 못한 일 중의 하나이다. 아기 둥지가 지역 탁아소 중에서는 선두 주자에 속했으므로 처음 일하려는 분들이 많이 방문하여 '프로그램'을 원하였는데 이때마다 해송 회보로 대처하곤 했다.

교사들이 자꾸 교체되는 것은 아이들에게 혼란스러움을 안겨 준다. 아기 둥지 교사들은 지역 탁아소 연합회의 다른 탁아소들과 비교해 보면 조금 긴 편으로 평균 수명이 이 년 정도 되지만 모처럼 소신을 가지고 올라왔을 둥지에서 자신의 교육관을 다 펼치지 못하고 병이 나거나 저임금에 장시간 근무에 시달리다가 그만두는 것을 보면 무언가 획기적인 처우나 근무 조건의 개선이 있어야 할 것이다.

아기 둥지가 그럭저럭 십 년이 되었다. 이제는 벽보 따위는 붙이지 않아도 알음알음해서 찾아오는 아이들만으로도 둥지가 넘친다고 한다. 십 년

세월 동안 창신동 지역에 탄탄하게 뿌리를 내린 것이다. 그러나 명성만큼 내실도 튼튼한지 한번쯤 더 관심을 기울여 보아야겠다.

　이제 몇 년 들어앉아 있으니 바깥일이 궁금하기도 하고 언제 내 아이 다 키우고 다시 일을 할 수 있을까 막연하지만, 다시 아이들과 만날 기회가 주어진다면 예전의 경험과 실수를 바탕으로 정말 잘해낼 수 있을 것 같기도 하다. ■

＊ 글쓴이 이말순은 1980년부터 난곡의 해송 유아원에서 교사로 일했고, 84년에는 창신동 해송 아기 둥지의 설립에 참여하여 오랫동안 교사와 둥지장으로 일했다. 현재 전업 주부로 두 아이를 키우고 있다.

엄마보다 더 많이 부르는 선생님

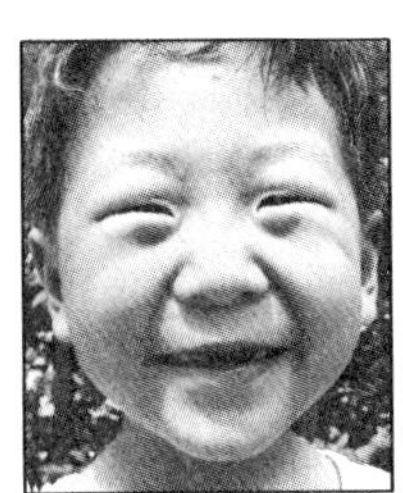

변미양

1. 아기들처럼 살고 싶은 어른

사대문 성곽 주변에서 그나마 하늘 빛이 맑게 보이고 밤이면 둥근 달 속 토끼의 방아공이를 아이들에게 가리킬 수 있는 산동네. 그곳의 스무평이 못되는 슬레이트 지붕 아래

하루 중 잠자는 시간을 빼면 엄마보다 더 긴 시간을 선생님과 보내며, 엄마보다 선생님을 더 많이 부르는 아이들 …… 아직은 너무 이르다 싶지만 벌써 가을맞이 준비를 하고 있는 아이들을 보며 어른들의 손길에 부족한 것이 많았을 텐데 더위에 탈없이 건강하게들 지내 주어 선생님은 고맙고 흐뭇하기만 하다. 일거리 많고 준비해야 할 것도 많은 선생님들의 가을맞이기는 하지만.

방 두칸짜리 집에서, 스무 명이 넘기도 하고 남기도 하는, 막내 20개월 기저귀 차는 아기부터 선생님을 충분히 이해하고 앞서서 아기 선생님 노릇도 하는 5살 언니까지. 이들과 더불어 아이들처럼 지낼 수 있었던 한 사람의 어른은 다른 많은 어른들에게 더 이상은 높은 곳에서의 꿈과 동화일 수만은 없는 그 어른이 겪었던 이야기들을 하려 한다.

아이들에게서 배운 찌들리지 않은 화창한 얼굴로, 우리는 밝은 내일을 향해 함께 생각하려 하고, 우리 서로의 어려움을 나누려 이 이야기를 시작하니까 ……

2. 아이들과의 여름나기

(1) 땀질하기 ─ 부풀지만 이내 꺼져 버리네

"자, 조금만 기다리세요. 선생님이 무얼하는지 잘 봐, 아마 신기할 걸."

열 평이 좀 넘는 널찍한 방에 둘러앉은 스무 명 남짓의 똘망똘망한 아이들은 방 가운데 서서 한쪽 발로 무언가 열심히 밟고 있는 선생님의 동작에 온통 눈빛이 쏠려 있다. 양손을 허리에 받친 채 의기 양양한 낯빛으로 깜짝 놀랄 만한 신기한 것을 연출하려는 선생님, 곧이어 무언가 점점 부풀어 방안에 차올라 오는데 선생님 이마에 땀방울이 송글송글 맺히다 이윽고 줄줄 흘러내리게 되어서는 그 형체를 명확히 드러내었다.

"야아 ……"

왁자한 함성과 함께 아이들은 누가 시키지 않았지만 차례도 없이 폭이 한 3미터나 될까한 비닐 풀장 안으로 뛰어들었다. 십분 넘게 바람을 넣느라 펌프를 밟아 댔던 선생님은 그제서야 숨을 돌리며 건너편 부엌에 있는 다른 선생님께 눈을 주고 웃는다. 지금은 맛뵈기지만 여름 무더위에 맞서기 위한 묘안으로 교사 회의 때 큰마음 먹고 가계부를 쪼개 실내 수영장을 만들기로 했고, 남대문을 한바퀴 돌아 그 중에서도 물건 실하고 값싸다는 것으로 한살림 장만해 지금 선을 뵌 것이다. 아이 어른 할것없이 모두의 소박한 기쁨은 이대로 여름의 짜증 나는 더위가 수영장의 물놀이와 흥겨움으로 바꾸어지는 듯싶다. 조금은 예상 밖의 지출이었지만 이런 반응과 효과라면 괜찮은 일이지 ……

오늘도 선생님은 아이들 앞에서 무언가 깜짝 쇼를 보여 줘야 하는데 표정이 영 자신이 없는 것 같다. 지난 해 여름 부실하긴 하지만 그런대로 시원한 물놀이를 즐긴 바 있던 형아들은 곧 나타날 커다란 물체에 대한 기대감과 선생님의 요술이 뭔지 알고 있다는 자신감에 당장 물 속으로 뛰어들 기세이고, 처음인 아기들은 조금씩 길어지고 있는 시간에 지루해 하면서도 눈길을 거두지 못하고 있다. 이번 여름 들어 처음 시도하는 즉석 풀장은 해가 내려쬐는 조그만 앞마당에 미리 꺼내어 펼쳐 놓고 펌프질을 해대는데도 생각만큼 기미가 보이지 않는다. 관리 소홀인가, 아이들 앞에 내어 놓기 전에 시험을 해볼 걸, 때늦은 후회를 하지만 소용이 없다. 오랜 시간 수고 끝에 한 귀퉁이가 찌그러진 수영장이 완성되자 아이들은 여전히 전과 다름

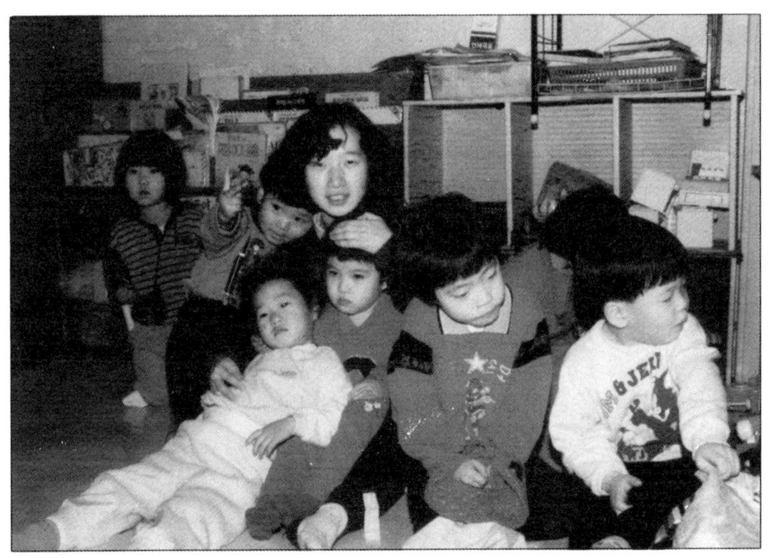

아이들에게서 배운 찌들리지 않은 화창한 얼굴로 ……

없는 함성을 내지르며 좋아하고, 데워 놓은 물을 붓고 찬물을 받으니 옷을 벗고 들어가 소꿉에 공 등의 놀이감을 가지고 따가운 볕도 아랑곳 않고 물놀이에 여념이 없다. 그 사이에 선생님은 스카치 테이프를 들고 다니며 바람 새는 곳을 찾아 붙이고 다시 펌프로 바람을 넣고, 아이들이 노는 것을 보기보다는 언제 물컹물컹 바람이 빠질지 모르는 불안한 즉석 풀장에서 한시도 눈을 떼지 못한다. 원래 이렇게 수명이 짧은 건가 엉거주춤한 마당 한켠 광에 넣어 놓아 보관이 제대로 되지 못한 건가 속상하다.

"은혜야, 여기 와 봐라. 여기 한번 앉아 봐, 여기는 다른 데보다 물렁물렁하고 폭신폭신하다."

장난감이며 공놀이보다는 새로 발견한 수영장의 견고하지 못한 모양이 더 재미있는지 이제 5살이 된 형아 정회는 또래의 은혜를 불러 같이 놀자 한다. 다른 곳보다 바람이 적어 더 말랑말랑하게 느껴지는 거고 그렇다고 자꾸 올라앉아 타고 그러면 바람이 많이 빠져 선생님이 스카치 테이프를 붙이나마나일 거라고, 결국 다 망가져 다른 친구들도 놀 수 없게 된다고. 궁색하고 긴 설명을 해야 하겠지만 아이들이 그것을 이해하기에는 부당하다고 느껴질 것이고 변변치 못한 것을 마련한데다 관리도 부실하게 한 죄가 있는지라 선생님은 이미 새로운 놀이가 다른 많은 아이들에게 알려져 대부분의 아이들이 둥그런 풀장 원 테두리 위에 올라앉아 너울너울 말타기를 하는데도 별말을 하지 못하고 연속 더 열심히 펌프질만 하게 될 뿐이다.

(2) 물 퍼내기 — 달동네의 물난리
　"비가 꽤 많이 오네!"
　비 예보가 있었지만 거의 끝물인 7월 말의 장마비가 오면 얼마나 오겠나 싶었는데 장마 끝나면 잇달아 오는 태풍 기미인가 내리는 빗줄기가 여간내기가 아닌 듯싶다. 흐린 날이라 원체 해 얼굴 보기가 어려웠지만 일찌감치 저문 하늘에 장대비만 주루룩거리니 어둠을 밝히려 하나둘씩 켜지는 산 아래 동네 번화가에는 잿빛 하늘에 귤빛을 누렇게 발하는 나트륨 가로등, 오색이 찬란한 네온 사인, 잇대어 줄을 서 가만히 멈춰 있는 것 같은 달리는 퇴근길의 자동차 불빛 등 갖가지 빛이 빗줄기에 흐려져 뿌옇게 흘러가고 있다. 바깥을 나가지 못하고 유리문에 얼굴만 들이대고 있는 아이들과 함께 이래저래 심란한데 덩치도 크고 몸놀림이 큰 형아들은 밖에서 뛰지 못한 몫을 안에서 겅중거리느라 보육실 안은 빗소리 따라 소리가 퍼져서 더 확대되어 울린다. 그런데 진짜 걱정거리는 이 세찬 빗줄기에 마음이 울적해지는 것도, 나가지 못해 답답해 하는 아이들의 성화도, 아이들이 집에 돌아가는 비 오는 밤길의 앞선 걱정 때문도 아닌 더 절박한 염려였다. 장마철에 앞서 으레 한 번씩은 비 피해를 대비해 손을 보지만 집 자체가 워낙 허술하기도 하거니와 비용도 엄두가 안나 근본적이고 본격적인 공사는 못하고 대강 흉내만 내고 때우는 터이어서 마음을 졸이게 되는 것이다.
　"선생님, 여기 물 떨어져요."
　방 귀퉁이 놀이방(아이들의 놀이 기구를 놓아둔 곳)에서 놀고 있던 잔디와 민애가 쪼르륵 달려 온다. 기어코 염려가 현실이 된듯, 일단은 물걸레와 세수 대야로 응급 대처를 하려고 하는데 '물 떨어져요' 하는 소리는 이중창도 되고 삼중창도 되어 여기저기를 가리키고 있다. 이윽고 누런 양동이에, 주황색 바가지에, 파란색 물통에, 널찍한 방안은 얼마 안 있어 가지가지 색과 가지가지 모양으로 알록달록하게 되었다. 아이들은 천정에서 물 떨어지는 게 재미있는 듯 그릇 주변에 둘러앉아 손바닥을 받쳐 보기도 하고 고인 물에 손을 담는 등 장난을 치더니, 조금 있다가는 아예 소꿉까지 동원하여 그들만이 즐길 수 있는 새로운 놀이감에 열중해 뛰며 놀 공간이 좁아졌으니 한쪽으로만 있으라는 선생님의 말은 아랑곳하지 않는다. 저녁도 이미 먹은 뒤고 시간도 집에 돌아갈 때가 되어 오는지라 그나마 다행이지만, 천정에서 떨어지는 비와 받쳐 놓은 그릇에 아이들이 장난하느라 쏟아 내는 물이랑 해서 이 물난리를 어쩌나 싶은 게 앉지도 못하고 서 있는 선생님은 화났다기보다는 어처구니 없고 걱정스런 얼굴이다. 그런저런 소란 속에 엄마들이 한분 두분 오시고, 서로 할말 없는 상황을 보고는 딱한 표정을 지으며 아이들의 손을 잡고 돌아간다. 헤어지며 하는 인사는 모두 서로를 걱정하는 안녕의 말이다.

"우리 선생님들 고생 많아 어쩌시나 ……"

"아니예요, 아이들이 고생이지요 뭐. 때아닌 물장난들을 많이 했는데 따뜻하게 재우셔야겠어요. 걱정하시게 해서 죄송하네요."

"달동네 집들이 다 이 모양이지 뭐, 나도 집에 들어가 봐야 알겠지만 우리 집은 어떤지 모르겠네 ……"

하루 종일 일하며 잊고 있었던 집걱정에 그늘진 엄마의 얼굴도 편치는 않다.

아이들이 모두 집으로 돌아간 후 비는 계속 내리다가 좀 잦아졌지만 남은 3명의 선생님은 교사 방으로 쓰고 있는 작은 방의 바닥으로 물이 차올라 오는 기막힌 형편을 보며 서로 어쩔 줄을 모른다. 그렇지만 결국 바가지나 쓰레받기로 물을 퍼낼 도리밖에 없기에 허리가 아프도록 물을 퍼내며 이 걱정스러운 비가 어서 그쳐 주기만 바란다. 꽤 늦은 시간이 되어서야 비도 멎고 물 퍼내기도 거지반 마무리가 되었다. 물기 척척한 자리를 걸레질치며 하는 얘기 끝에 선생님들은 다음날 하루는 이 집의 문을 닫기로 의견을 모았다. 아무리 엄마들과 아이들에게 필요한 집이라지만, 다음날 날이 개 맑은 날씨가 되더라도 이렇게 눅눅해진 상태에서 정돈을 하지 않고 아이들을 받았다가는 더 큰 불상사를 불러 오기가 눈에 보듯 뻔하고 물이 든 방의 대비를 간단히라도 해야 한다는 생각에서였다. 그러자면 아직 10시가 못된 시간이니 더 늦기 전에 비상 연락망을 통해 아이들 집에 알리고 내일 하루 아이 맡길 곳을 찾아 보거나 대비하라는 말을 전해야 한다. 방에까지

한잠 푹 자고 나야 또 신나게 놀지.

물이 올라온 건 아마도 산비탈인 이 집이 윗집보다 지반이 낮아 그런 걸 거라고 분석을 해가며 웬지 더 어수선하고 초라해 보이는 집을 나와 늦은 퇴근을 한다.

"다른 게 물난리인가, 이게 다 물난리지, 그러고 보니 다름아닌 우리가 수재민이네."

되지 않는 말로 우스개를 하며 내려오는 길, 내일부터는 날이 개어야 할 텐데. 음성으로 담아 내지는 않지만 모두의 마음이고 바람이다.

(3) 그래도 아기들은 튼튼한 여름을 보내네

"기덕이가 한번 불러 볼래."

아기들 키에 맞춰 짠 기다란 상에 아이들을 둘러앉히고 선생님은 주의를 집중시키느라 이리저리 궁리를 해 노래며 율동을 시켜 본다. 곧 가지고 온다고는 했지만 부엌 선반에서 자원 봉사하러 올라온 언니와 다른 선생님이 준비하고 있는 빨갛고, 까만 점이 톡톡 박힌 먹음직한 수박이 여간 탐스럽게 보이는 게 아닌 모양이다. 아이들이 입으론 노래를 따라하고 있지

90

만 조바심낼 게 뻔하다. 그러나 제일 큰 형이고 덩치도 듬직하니 복스러운 기덕이는 선생님의 부탁에 따라 그의 애창곡인 ‘수박’이라는 동요를 아주 우렁찬 소리로 불러젖힌다.

“커다란 수박 하나, 잘 익었나 통통통.

단숨에 쪼개니 속이 보이네.

몇 번 더 쪼개어서 너도 나도 들고서 ……”

여기서부터는 시키지 않아도 합창이 된다. 선생님에게 배운 몸동작으로 고개와 손을 움직여 흥을 돋우기도 한다.

“우리 모두 다 함께 하모니카 붑시다.

쓱쓱 쓱싹싹 쓱쓱 쓱싹싹

쓱쓱 쓱싹싹 쓱쓱 쓱싹싸~악.”

모두 기운차게 노래로 수박을 한통 나눠 먹고 농부 아저씨 감사합니다 는 간단한 인사 후 사이좋게 이번엔 진짜 수박을 나눠 먹는다. 어디에서 배웠는지 씨 뱉으라는 것은 한번 가르쳐 주면 조그만 아기들도 자신의 몫 을 먹는 데 별 어려움이 없다. 흠이라면 씨와 수박물이 사방에 떨어지는 거지만. 누구는 그 먹는 사이에도 옮겨 다니고 싶어해 그럴 때면 선생님의 저지를 받고 자리를 지키게 된다. 선생님은 그 짬을 빌어 오늘은 ‘중복’이 라는 날이고 더위를 이기기 위해 옛날 할머니 할아버지 때부터 닭으로 만 든 ‘삼계탕’이라는 음식도 먹어 왔는데 오늘 저녁 때 함께 먹을 거라는 이 해하기 어려운 이야기를 하고, 수박 먹기에 바쁜 아이들은 별달리 그게 무 슨 소리냐고 물어 보지 않는다. 선생님도 아이들이 다 알아 듣기를 바라 한 말이 아니니까 더 먹겠다는 아이에게 수박을 덜어 주고 어려운 말은 더 이상 하지 않는다.

저녁으로는 삼계탕의 형식을 빈 찹쌀에 대추와 밤을 넣고 끓인 닭죽을 먹고, 햇살이 사위어진 저녁 마당에 돗자리를 깔고 앉아 아이들도 선생님 도 나른한 하루를 편안하게 마무리하고자 한다. 아기들도 덥고 선생님도 더운 하루, 에어콘도 없고 몇 대의 선풍기가 고작이지만 이 더위를 식히는 것이 얼음과 에어콘 바람만이 아님을 아이들이 느끼고, 배울 수 있도록 가 르쳐야 한다는 생각은 선생님의 일방적인 생각일까. 아무튼 아직도 시골 동네의 모기불이라도 피워 주면 좋겠다는 생각이 선생님의 욕심이다. 어디 선가 시작되는 목소리.

“나는 콩, 나는 콩, 동글동글 동그래서 떼구르르르르.. 떼구르르르르..
커다란 냉장고에 들어 갔어요, 들어 갔어요, 아이 추워, 아이 추워.”

3. 어른들과 여름나기

(1) 매월 넷째주 늦은 밤 — 힘들고 바쁘지만 할 얘기가 많아요
“어머니들, 회의를 시작하기 전에 몸 좀 풀리라고 노래 하나 하실까요?”

미싱하기 고달퍼, 조립하기 고달퍼.
어깨를 쭉 펴고 목을 돌리고, 우리 모두 안마합시다.
통통 치자 가볍게, 통통 치자 가볍게,
통통통통 살살살살, 통통통통 살살살살,
아이 시원해!

이른바 안마 노래, 토요일 지녁 그래도 다른 때보나 일찍 끝나고 내일에
대한 부담이 없다는 퇴근 후 8시. 매월 넷째주 토요일이라는 공고가 되어
있고 미리 부모 회지나 구두로 알려도 사정상 한두 분 빠지기가 쉽지만 그
래도 거의 성원이 되게 모인 엄마들과 함께 그달 아이들과의 생활이며 대
소사, 기본적으로는 교육에 관계되는 이야기부터 함께 운영하고 있는 우리
모두가 주인인 이 집의 살림살이에 대해 이런저런 이야기들을 나누는 시간
이다. 그러나 시작이 너무 늦은 시간이기도 하고 할 이야기들이 많아 조금
도 허비할 수 없는 귀한 자리이다. 먼저 안팎 살림살이나 크고 작은 소식
들은 회지를 통해 전달되었으므로 오늘의 주요 안건으로는 그 중 여름 방
학을 맞이하여 집안팎의 부실한 부분의 보수와 교육적 설비를 확충하고 환
경을 개선하기 위한 여름 공사, 엄마들간의 친목을 다지기 위한 제안을 받
는 것 등 두 가지로 축약했다.
“장마비에 지저분해지기도 해서 우선 실내는 도배, 페인트칠, 장판 갈기
등을 하고 장난감이나 교구들도 보충 구입하여 다시 자리 배치하려고 합니
다 ……”
아직 결혼도 하지 않았고 시장 물정이 어두운 선생님을 대신하여 경험
많은 엄마들이 공사에 필요한 물품과 싸게 구입할 수 있는 곳, 요령 등을

알려 주었고, 공사하는 날 함께 도와줄 수 있는 분들이 나서기로 하였다. 도배지나 장판은 을지로 쪽이 전문이라며 많은 가게가 몰려 있으니 여러 집에서 비교해 보고 사자고 함께 장을 보자는 몇 분이 계셨다.

"그럼, 이 정도로 공사 이야기는 마치고요, 아이들은 언니, 오빠 하면서 식구처럼 생활하고 있지만 우리 어머님들은 너무 바쁘시다 보니 서로 부모 회의 시간이 아니면 뵙기도 어려운 것 같은데, 이 시간을 통해서라도 더 친목을 다질 수 있는 방법을 도모해 보면 좋겠는데요 ……"

이야기가 오가자 한 엄마가 작은 '뽑기 계'를 하나 하는 게 어떻겠냐는 제안을 내었고 모두들 거기에 찬동해 매월 만 원씩을 불입하고 즉석에서 두 사람씩 추첨해 차례대로 돈을 타가는 십만 원짜리 계를 하기로 낙찰을 보았다. 이야기를 나눌수록 재미있는 의견들이 많이 나와 곗돈을 먼저 타 게 된 엄마는 다음 달 부모회 때 다과를 준비해 오자고도 했다. 엄마들 중 에 뽑힌 부모회 회장의 사회로 간단한 음료가 차려진 아이들 상에 둘러앉 아 한 시간 남짓 진행된 회의를 끝내자 작은 방에서 선생님과 있던 아이들 은 너도나도 엄마를 찾아 나왔다. 이야기를 더 나눌 엄마들과 부모 회장 등 몇 분이 남아 이야기들이 오가는 동안 시간은 벌써 10시가 가까워 오 고, 그래도 다음 날 출근을 안한다는 생각에 부담이 없다는 토요일 밤의 엄마들. 밀린 집안일이며 하루 종일 아이 돌보기며 어쩌면 더 고달플지도 모를 쉴 수 없는 일요일을 지내러 선생님도, 엄마들도 집으로의 길을 재촉 해 간다.

(2) 고치고 꾸밀 건 많지만 품앗이 하니 얼추 눈가림은 되네

자원 봉사를 해주러 올라오는 언니, 오빠들 덕에 공사하는 품은 훨씬 줄었 다. 방수제를 덧바르거나 보온과 안전을 위한 스티로폴 덧대기, 크고 작은 물품을 사고 나르는 일 등에 다들 품앗이를 해 '손이 무섭다'는 말이 실감 나는데, 거기다가 우유 배달을 하시는 우진이네 내외께서 벽지며 장판을 사러 오토바이를 타고 을지로로 함께 가주시겠다고 하여 큰 공사답게 여러 명의 어른들은 을지로통을 누비게 되었다. 가게 여럿을 돌다 마지막 선택 을 하는 과정에서 예상 경비가 맞지 않아 망설였지만 이왕이면 좋은 것으 로 하자는 데 뜻을 모아 장판은 고전 장판이라나 개중 고급품인 밝은 노란 색의 것으로 하고, 도배지는 입체 문양이 든 흰빛의 것으로 결정을 보았다.

가파른 계단의 꼭대기까지의 운반이며 여러 가지가 염려되었지만 이웃 아저씨들의 오토바이와 큰 형아들의 도움으로 해결되고, 다른 작업들도 모두의 힘으로 나눠할 수 있었다. 미장일을 전문으로 하시는 석진이 아빠의 페인트칠과 도배하기, 늦게까지 일하는 사람들을 위해 엄마들이 준비해 오신 김치찌게와 식사로 공사는 얼추되어 가는데 ……

　누가 먼저랄 것도 없이 일할 수 있는 만큼들 나서서 차지하고 드니 하는 사람도 시키는 사람도 따로 없이 큰일을 무사히 치뤄낼 수 있었는데, 끝나는 마당에 덧붙여지는 말들은 부분적인 수리나 공사가 아닌 근본적인 건물 개량과 확장, 기반 공사 등을 꼼꼼히 계획해야겠다는 것이었다. 그러기 위해서는 여기 모인 정도가 아닌 더 전문적인 일꾼이며 준비물들이 있어야 될 것이고 무엇보다도 중요한 것은 경비의 마련이었으므로 이쯤에 와선 서서히 말꼬리가 돌려졌다. 그러나 얼마 전 물이 드는 사고도 있었으니 조만간 방수 공사만은 확실히 하자는 이야기로 땀과 피곤함으로 뒤범벅된 이 날의 공사는 일단락을 지었다.

(3) 얼마나 이문 남기려고 이 일을 하지?
말복이자 입추가 지나니 아직 기승을 부릴 늦더위는 남아 있으련만 마음은 벌써부터 건건한 바람 깃든 초가을의 건강한 햇살이 느껴지는 듯하다. 이런 때 좋은 날씨와 아울러 진작부터 마련하기로 한, 마을 잔치 겸 개원 잔치를 준비중이다. 욕심과 생각들은 많아 모처럼 마련하는 자리에 보다 많은 내용을 채우고 보여 주고자 일정표에는 다양한 것들이 짜여 있다. 이 잔치는 가난한 이 동네에서 삶의 기반을 다지려는 사람들이 만나며, 아이들이 커가는 이 집이 새로 한살 더 크는 날, 성장과 모두의 수고를 자축하자는 뜻과 우리의 일을 널리 알려 함께 어울리고 찾아올 수 있게 하자는 뜻, 그리고 직접 이용할 형편의 사람들이 아닐지라도 한동네의 일을 서로 알고 관심을 갖도록 기회를 마련하자는 크고 작은 뜻이 고여 있다. 그래서 계획된 거리들은 몇 개월간 사방에 알려 모은 옷가지와 잡화 등을 파는 '헌옷 바자회', 잔치흥을 돋우기 위한 학생들의 풍물패, 잔치에는 빠질 수 없는 '먹거리 장터' 등이 준비되었다. 또, 주변 눈에 띌 만한 곳이면 홍보지며, 아이들 솜씨 자랑(그림이나 그간 함께 만들었던 작품(?)들), 엄마들 솜씨 자랑(공장에서 만드는 제품이나 뽐내고 싶은 솜씨들), 그간 아이들과 지내온 사진들이며 소개할 만한 이러저러한 것들을 보기좋게 진열해 놓았다. 그밖에도 함께 즐길 수 있는 놀이와 모이신 여러분께 선 보일 아이들의 재롱도 챙겨 놓은 순서이다. 이 날을 준비하기 위해 선생님들은 계획에서부터 준비까지 꽤나 바빴다. 행사를 준비하고 함께 해나갈 식구들 섭외, 준비물 마련, 마을에 알리기, 그 외 따로 공문 보내고 초대장 띄워야 할 곳을 분류해 작업했다. 정해진 차례에 따라 맡은 역할도 쉬운 일이 아닌데 진행 과정을 일일이 점검하기도 해야 돼 연중 가장 큰 행사답게 그만큼 많은 수고가 따르는 것이다. 행사를 마련하기 위해 동원된 인원도 자원 봉사자들로부터 행사 순서마다 섭외된 진행 요원, 헌옷을 판매할 사람, 음식을 장만하고 팔 사람, 기타 전체 진행 사항을 조정할 사람 등 조촐하게 시작한다고 했지만 벌여 놓은 일이 이만저만 많은 게 아니다. 이 뒷감당을 다 누가 할까 싶지만 잔치를 한다는 신명을 갖고 자발적으로 치뤄 내기로 한다. 아무튼 전체야 큰일이지만 여기에도 많은 사람들의 공이 나눠져 있어 헌옷을 모으는 데서부터 관심을 갖고 참여해 준 많은 분에, 누구는 음식 마련할 장을 함께 나서서 봐주고, 누구는 짐이 많다고 집의 차를 잠시 빌려와 옮겨주고, 엄마들은 먹거리 장터를 나서서 하겠다고 해 든든했다. 부실한 초대장이지만 평소에도 많은 도움을 주던 후원인들이나 단체 등에서도 많은 손님들이 찾아오셔서 인사하기를 잊지 않았다.

"덩더쿵 덩더쿵—"

상쇠의 꽹과리 소리에 맞춰 풍물패가 먼저 길을 터 아랫동네 윗동네로 잔치를 여는 길놀이를 시작한다. 아이며 어른이며 북과 장구 소리 따라 발을 맞춰 가며 풍물패의 뒤를 이어 쫓아간다. 뭔지는 잘 모르지만 모처럼 듣는 풍물 장단에 그저 흥을 돋우며 마을 아이들이 따라오고 비탈길로 죽 줄이어 있는 조그만 가내 수공업 공장이며, 하청업체의 일하던 어른들이 문앞에 서 내다 보기도 한다. 간단한 잔치 소개와 취지가 쓰인 전단을 나누어 주니 읽고 나서 한번씩은 더 쳐다보는 것 같다. 떠들썩한 풍물로 동네를 한번 들썩하게 해놓으니 소란하거나 불편하다는 인상은 없었을까 우려가 안되는 것도 아니지만 함께 사는 사람들의 관심과 참여로 훈훈한 마음을 나눈다 하니 그리 욕될 것도 없으리라. 어르신네 한 분은 소시적에 북채 꽤나 잡아 보신 듯 아직 덜 여문 솜씨의 젊은 학생 상쇠에게서 꽹과리와 채를 받아 한바탕 시원하게 솜씨 자랑을 하여 모인 이들의 박수를 받

연중 가장 큰
행사인
마을 잔치에서는
헌옷 바자회,
풍물놀이,
먹거리 장터 ,
아이들과
엄마들의
솜씨 자랑,
사진 전시 등이
펼쳐진다.

기도 했다.

길놀이가 끝난 다음의 순서는 고사인데 큰 맘 먹고 마련한 돼지 머리를 앞에 놓고

"유ー세ー차ー …… 서로에게 화해하는 마음과 함께 나누는 마음을 주옵시고, 모두의 건강과 평안, 발전을 비옵니다. 사아앙햐아앙 ……"

걸쭉이 읊는 제문 낭독에 이어 큰절을 아이부터 어른까지 한번씩 올리고, 풍물에 맞춰 구경 온 사람, 멀리서 초대받아 온 손님, 애 어른 할것없이 마련된 떡과 음식들을 나눠 먹으며 잔치의 맛을 즐겼다. 이럴 때면 으레껏 나이 좀 드신 남자 어른들은 알던 사람이나 처음 보는 사람이나 함께 어울려 돗자리 위에 상 하나 끼고 앉아 막걸리라도 걸치게 되고 그러다 보면 오늘 모인 자리 이야기에서부터 나중엔 그냥 서로 사는 이야기, 아침 출근길에 기분 나빴던 이야기까지 시간 저무는 줄 모르고 나누게 되니 그런 편안함 속에 잔치는 무르익게 마련이다. 이건 어른들 이야기라고 하지만 아이들과 선생님은 다른 볼거리 일거리에 여념이 없다. 다른 한편의 장터에 얼마나 손님이 모이는지 장사는 수지가 맞아 가는지, 음식은 누가 장만한 것이 가장 맛있고 인기가 있는지, 그나마 그늘도 제대로 없는 한녘에서 애쓴 풍물패 형아들과 뒤치다꺼리에 땀 흘리는 봉사자 언니, 오빠들은 떡이라도 한 덩어리 맛을 봤는지, 그리고 보니 허구헌날 아이들 노는 소리, 사람들 들락거리는 소리, 사방 뜯어고치는 소리 등 불편한 점이 한두 가지가 아니였을 이웃들에게 떡 접시라도 제대로 돌려지고 인사가 되었는지 미처 확인하지 못했다. 아이들 집이지만 오늘만은 아이보다 어른이 더 많은 날이라 아이들은 잔치라니 좋기도 하지만 피곤하기도 할 거다. 그렇게 날이 저물어 가자 남은 사람은 자리를 더 계속하고 선생님과 엄마들, 언니 오빠들은 뒷정리를 시작한다. 원체 큰 잔치상에 먹을 것 없다고 정작 수고한 주인들은 손님들 접대에 힘들여 장만한 음식도 제대로 맛보지 못했고, 이문 남는 것 없는 장사들 하느라 손에 안 익은 일에 온몸이 늘씬하게 두들겨 맞기라도 한 것처럼 무겁고 힘겹다.

"이 헌옷들 준비하느라고 모으고 정리한 시간만도 얼만데, 도대체 실속이 없네요."

몇 꾸러미나 되는 옷들을 보관하고 정리해 팔다가 파장에는 떨이라도 한다고 재래 옷시장에 가 펴놓고 "한가지 오백 원, 천 원" 하던 것을 "집히

는 대로 오백 원, 천 원"을 부르며 팔고 온 언니, 오빠들의 이야기다. 품삯도 안 나오는 이런 장사는 앞으로 하지 말자는 평가까지 덧붙이면서. 그러나 오늘 우리가 어떤 이문을 남기는 하루를 만들려고 했던 것일까? 구태여 말로 하지 않아도 모두들 짐작하는 바일 테고 …… 힘들고 지쳐 뒤풀이도 뒤로 미루고 돌아가는 아이네 가족들과, 언니 오빠들과, 손님네와, 선생님들은 수고했다는 말과 크지 않은 웃음으로 서로의 애씀과 피로를 보상해 줄 뿐이다.

(4) 이제는 제대로 된 법을 만들어서 '고통 분담'을 해야잖는가?
이날 교사 회의의 주요 안건은 지난 해 국회에서 통과된 영유아 보육법과 그 시행에 따른 우리네 실정의 시설들이 대처해야 할 바에 관한 것이었다. 복지법으로서 바른 테두리를 갖고 마련되어야 할 것이 복지법의 구실을 담지 못하는 행정 규제법으로 제정된 터라 뜻을 같이하는 많은 사람들은 속상해 하고 걱정하고 말이 많았다. 그간 보이지 않는 것에서 노력해 온 것이 조금도 인정받지 못했다는 불만도 나온다. 어느 정도 서로의 고통을 분배할 수 있는 여유가 생기기 시작했는데 고통받는 사람만의 고통 나누기식의 어처구니 없는 처사라는 반발이다. 어떤 것이든 법이 제 모습을 갖추려면 행정 처리적 편의나 전시적 명분이 아닌, 현장에 있는 사람들의 걸름을 통한 당사자들의 의견과 바람이 무엇보다도 기본이 되어 만들어져야 당연하겠다. 물론 말처럼 여건이며 상황이 좋은 건 아니겠지만, 그러나 늘 현재의 모순을 답보하기만 할 거라면 우리의 나아갈 바는 무엇이며 아이들에게는 무엇을 보여줄 수 있을까. 선생님들은 정리되지 않은 생각이지만 우선은 마음에 담긴 불만들을 한두 마디씩 쏟아 놓기 시작한다. 특히 당황스러운 문제는 시설과 종사자의 자격, 숫자 등을 얼마 되지 않는 기한까지 구비하지 않으면 이곳의 사정이야 어찌되었든 폐쇄시키겠다는 강제 조치였다. 어떻게든 장시간 박봉의 어려운 여건 속에서도 지금까지 일해 온 사람들의 의지와 이런 열악한 시설이라도 절실하게 필요한 사람들의 입장이 얼마나 담겨진 법인가에 현장에 있는 활동가들은 부당함을 느끼는 것이다. 보다 적극적으로 양성화해 낼 수 있는 재교육이라든가 지원 방안들은 제대로 제시되지 않았으니 이대로라면 기본 단가의 보육비와 후원금으로 그달 그달을 현상 유지해 나가기도 어려운 우리는 규정된 시설 조항과 시간을 지키지 못할 것이 뻔하고 최악의 상태에는 본의 아니게 문을 닫게 되는 결과밖에 없겠기에 볼멘 소리로 기막혀들 한다. 그러나 이대로 주저앉을 수는 없지, 외부 공동 대책 모임에서도 나온 이야기지만 일단 주민들의 의견을 수렴하려는 새로 구성된 구의회나 구청을 통해 의견을 올려 보자, 청원서를 내든지. 아이들을 돌보는 시설의 필요성이 절실하다는 점은 이미 인지되었으니 그 중에서도 특히 저소득층 지역의 정부 지원 시설의 확대와 기존 시설의 양성을 위한 지원, 이용 가정의 경제 상황에 따른 보육비 차등 지원 등 우리의 정당한 요구가 올바로 전달되어 담아질 수 있도록 하자는 주장을 알리고 서명도 받자. 그에 따라 선생님들은 구의원과의 면담을 추진하고 우리들의 입장을 알리는 전단과 서명지를 만들어 거리에 나가기로 한다. 그러나 아직 더위가 채 가시지 않았고 아이들을 두고 무작정 거리로만 나갈 수는 없으니 역할을 분담하기로 하고 언니, 오빠들에게 도움을 청하기로 한다. 다행히 지업사에서 일하는 유리 엄마가 저렴한 가격으로 문건들을 인쇄할 수 있도록 주선해 주겠다고 하여 한시름 놓았다.

만나는 모든 사람이 지역의 이익을 함께 나누는 주민이고 보니 하루에 두세 번도 가는 시장의 장사하시는 분들에게부터 말씀드리기로 한다. 이번 장보기에는 언니인 민애와 안 데려 간다고 떼쓰는 민석이와 민규 등 서너 명을 데리고 나선다. 손에는 장 볼거리를 적은 종이와 함께 서명지며 문건들도 들려 있는데 먼저 널찍한 슈퍼마켓부터 들른다. 물건은 몇 가지 안 사면서도 온통 슈퍼마켓 안을 헤집고 소란을 피우는 아이들에게 이미 익숙해진 판매원 언니와 관리 아저씨들은 길지 않은 설명으로 협조를 구하니 선뜻 서명들을 해주는데,

"예전에는 이런 거 쓰면 큰일날 줄 알고 안 쓴 적이 많지요 ……"

라며 무관심해서라기보다는 찾아야 할 것을 찾는데 서툴렀던 이야기를 쑥스러운듯 하고,

"아직 결혼을 하지 않아 자세한 건 모르겠지만 요즘은 남자들도 결혼하고 집에 있는 여자보다 맞벌이를 더 원한다고 하니 남의 일이 아닌 것 같아요."

아가씨의 지지 발언이다.

야채 가게, 과일 가게, 건어물 파는 가게, 생선 가게, 정육점에까지도 들러서 아주머니 아저씨에게 멋있는 서명을 받았는데 나올 때 하신 아주머니

의 말씀은,

"집에 있는 우리 식구 많은데 아들이랑, 딸이랑도 내가 대리로 다 서명할까?"

그래서는 안되는 것이지만 수고가 싹 가시게 기운 나는 응원이었다. 이래저래 다른 날보다는 훨씬 길어진 장보기 시간이었는데도 저희끼리 놀기에 짜증내지 않고 선생님을 도와, 나눠준 작은 비닐 봉투 하나씩을 작은 손에 들고는 성벽 비탈길을 조금조금 뛰어 내려가는 아이들과 시장분들의 서명을 받으면서 기운을 얻어 의기 양양해져 돌아가는 선생님이다.

(5) 여름 더위, 장마비 걱정 끝나니까
가을에는 운영비 마련할 돈벌이 걱정이네

여름 더위도 한풀 꺾이고, 서늘해진 저녁 바람을 맞으며 올라와 모인 사람들은 선생님들과 이 집을 운영하는 데 한몫씩 맡고 있는 회원들이다. 이른바 운영 위원회라고 일컫는 이 자리를 갖기 위해 직장을 마치고 올라온 사람, 학교에서 온 사람 등이 모였다. 아이들은 다 집으로 돌아갔고 회의를 시작하기엔 조금 늦은 시간, 몇 가지의 주요 안건들을 놓고 서둘러 이야기를 나눈다. 먼저 지난 달 행사 보고와 평가, 회계 결산 보고 등을 전달하고 지난 달에도 역시 적자 운영이었으므로 그 동안의 부채나 적자 금액을 채우기 위한 기금 사업에 대한 논의가 주요 안건이었다. 해마다 이 시기면 곧 맞이할 추석을 겨냥하고 기금 사업이 제기되기 일쑤여서 짐작되던 일이지만 무언가 짜내야 한다는 부담과 수지를 맞춰야 하는 사업이라 그리 홀가분한 마음일 수는 없다. 가장 유력하게 나온 제안은 추석 선물로 지리산 토종꿀을 생산지와 직거래해 판매하자는 것과 연례 행사로 해오던 일일 찻집을 하자는 것이었다. 별다른 대안이 없기도 하고 어느 정도 타산이 맞겠다 싶어 통과시키고 곧 세부 사항을 의논해 나갔다. 먼저 꿀장사를 한다면 어느 정도의 수량을 소화할 수 있을지 판매 경로에 대한 파악, 신용 있는 상품을 제대로 공급받을 수 있는지 유통 경로에 대한 정보, 상품 보관과 이미지를 잘 살릴 수 있는 포장법은 별달리 없는지, 운반과 주문, 배달은 어떻게 할 것인지 …… 이 모든 것이 백여만 원 정도의 수익을 올리기 위한 꿀 판매의 기본 전략이 된다. 다음으로 일일 찻집은 장소(이왕이면 가깝고 목이 좋은 곳으로) 섭외, 티켓 발매, 당일 판매 물품 결정, 주방이나 계산

100

대, 손님 접대 등의 일을 볼 일꾼, 사전 홍보와 장보기 등이 짜여져야 하는 데, 정작 티켓을 발매해서도 백만 원 정도로 잡은 수익 예상 금액에 따른 판매 전략이 있어야 하고 이게 성공하지 못하면 그야말로 물에 물탄 하나마나한 장사가 되기 십상이다. 요즘은 이것도 너무 흔해진 수익 사업이어서 큰 호응이 없고 자주 하는 일이라 말하기에도 미안한 경우가 허다하다. 대강 이 정도의 이야기가 돌아간 후 회원들에게 이중 과세가 되지 않도록 좀 값이 나간다 싶은 꿀은 직장 생활을 하고 있는 선배 회원들 위주로 판매 경로를 뚫고, 일일 찻집 티켓은 학생들 중심으로 소화해 내기로 전체 작전을 세웠다. 어려운 아이들 가정의 부담을 최소화하며 뜻을 갖고 사업에 함께 참여하고자 하는 사람들의 공동 부담으로 우리 아이들을 건강하게 키워 내자는 뜻을 가지고 운영하기에 보육비 이외의 경상 유지비, 교사 인건비 등의 재원 마련은 후원이나 기타 기금 사업으로 충당해야 하고 그러다 보니 거기서 적체되는 재정난이 계속 악순환되는 것이다. 예상 외의 경비가 지출될 일이 생기면 언제나 다급하게 선생님들, 자원 봉사자들, 회원들 할것없이 모두 총동원되기가 일쑤이다. 어디서부터 틀어막아야 새지 않고 막히지 않을지, 어떤 것부터가 근본적인 해결책인지 단시일에 풀릴 것 같지는 않지만 이것이 아이들의 가정에서만 부담하라 해서 되는 단순한 문제가 아닐진대 더욱이 어느 특정 개인, 단체의 기부나 출혈로 계속 충당될 것은 더욱 아닐 것이다. 제도적 차원의 적극적인 구상과 추진이 따라야 되겠다는 바람은 늦은 시간까지 결론 없는 논의를 계속한 사람들의 입속을 맴돌고 있는 말이지만 그것을 관철시키려는 의사와 노력이 말만으로는 어림도 없는 것이기에 그저 장사를 잘해 보자는 근시안적 결론으로 이날의 회의를 끝맺는다.

여름은 다 지나고 있지만 '배짱이와 개미'의 이야기처럼 풍요로운 가을과 넉넉한 겨울 지내는 법을 아이들에게 올바로 가르쳐 주려면 선생님들은 부지런함과 아울러 뭔가 더 슬기롭고 근본적 해결을 모색하는 방안들도 먼저들 깨우치고 있어야 할 것 같다.

"가을은 가을은 파란 색 높은 하늘 보세요,
그래그래 가을은 파란 색 아주 예쁜 파란 색.
가을은 가을은 노란 색 은행잎을 보아요,

그래그래 가을은 노란 색 아주 예쁜 노란 색.
가을은 가을은 ……………………………”

아직은 너무 이르다 싶지만 벌써 가을맞이 준비를 하고 있는 아이들을
보며 어른들의 손길에 부족한 것이 많았을 텐데 더위에 탈없이 건강하게들
지내 주어 선생님은 고맙고 흐뭇하기만 하다. 일거리 많고 준비해야 할 것
도 많은 선생님들의 가을맞이기는 하지만.

4. 선생님을 제대로 하려니 ……

(1) 선생님이 가장 많이 해야 할일은 아기하고 공부하는 거야
“민수 오빠, 안녕. 선생님, 안녕히 계세요.”
“오늘은 현주가 더 먼저 가네, 민수야 곧 아빠가 오실 거야, 잘 놀고 있
어. 선생님, 수고하셨어요, 안녕히 계세요.”
매일 누가 더 늦게 가는지 내기라도 하듯 다른 아이들이 모두 집으로 돌
아가는 8시가 임박한 시간에도 방안을 차지하고 있는 민수와 현주. 오늘은
현주 엄마가 발걸음을 재게 놀렸는지 먼저 오고 민수만이 남게 되었다. 새
로 온 아이이거나 웬만한 아이 같으면 혼자 남게 될 때 곧 침울해 하고,
말을 하지는 않아도 기껏 놀던 장난감도 아랑곳없이 문가로 자꾸 눈이 가
게 마련이지만 이 집의 형아 민수는 전혀 아무렇지도 않은 기색이다. 5살
아이가 벌써 철이 들어서일까 그보단 아마 오랫동안 익숙해져서 그렇겠지.
오히려 어른인 선생님이 씩씩하게 있는 걸 보기가 안쓰럽고 미안해 보통
땐 이 썩는다고 잘 주지 않다가 가끔 ‘달래기용’으로나 내놓곤 하는 사탕
을 과자와 챙겨 슬그머니 놀고 있는 장난감 곁으로 밀어놔 준다. 이건 감
사 기도 안하고 먹어도 돼. 구미가 당길 접시가 옆에 있는데도 아이는 장
난감 놀이에 열중하고 있다. 선생니임 있잖아요오오- 사탕을 입에 무니
발음이 끌리고 새어 나간다. 그러나 반년 전만 비교해 보아도 이제는 말을
얼마나 잘하는지, 전날 집에서 보고 온 텔레비전 만화 영화 이야기에 엄마
가 사준 장난감 자랑에 말을 시키면 정말 열심히 종알종알 종다리가 된다.
다른 아이들보다 말이 늦되다고 엄마가 걱정을 많이 했는데. 그런 말을 들
을 때면 아이에게 보다 체계적인 공부를 시켜야 하는데 하는 아쉬움이 많

았고, 아이들 교육에 대한 공부 말고도 해야 할 다른 일이 많은 선생님은 충분히 신경을 써주지 못하는 것 같아 엄마에게도 아이에게도 미안한 마음이 너무 많았다. 하루 종일 엄마가 아이를 돌보고 가르쳐야 하는데 그러지 못해 우리 아이는 다른 아이보다 뒤떨어지지 않는지, 말로 표현하지는 않아도 누구보다 씩씩하고 똑똑한 아이로 자라 주기만 바라며 열심히 일하고 있는 엄마들에게 더욱이 …… 하루 중 잠자는 시간을 빼면 엄마보다 더 긴 시간을 선생님과 보내며, 엄마보다 선생님을 더 많이 부르는 아이들에게 엄마 노릇을 반의반 만큼이라도 해야 하는데 선생님이 너무 부실한 건 아닌가, 아이들에게 가르치는 만큼 그보다 더 많은 공부를 하고 노력해야 하는 선생님 본연의 임무에 소홀한 듯해 속상하기도 했다. 아이의 재롱을 보고 있자니 시간 가는 줄 모르지만 오늘은 아빠가 많이 늦으시나 본데, 어차피 내려가야 할 길이고 다른 갈래 길도 없으니 …… 선생님은 아이의 소지품을 챙기고 뒷정리를 서둘러 나갈 준비를 한다. 민수야 선생님이랑 집에 같이 가니까 좋지? 아이는 아빠가 아닌 선생님 손을 잡고 집으로 가는 길을 나서지만 조금도 주저하는 기색은 없다. 장난기가 생긴 선생님은

"오늘은 아빠가 안 오신데, 그래서 선생님 집으로 가야 한다."

"아니예요, 우리 아빠 올 거에요."

"어어, 민수 선생님이랑 선생님 집에 가는 거 싫어?"

"아니(타이르듯이). 선생님이 아빠랑 나랑 우리 집에 가요."

너무도 똑부러진 아이의 말에 선생님은 더는 장난을 못하고 웃어버리고 만다. 민수는 벌써 3년째 이 집에 다니고 있다. 그러니 여기서 다 큰 거나 다름없다. 막 결혼을 하고 자리가 잡히지 않은 젊은 엄마, 아빠가 그래도 좀더 열심히 일해 보겠다고 마음은 먹었지만 사랑하는 아들을 어쩔거나가 큰 고민이었다. 고향인 목포 할머니에게로 보낼 수도 없고, 결혼 전부터 미싱 기술이 있던 엄마가 일을 하는 게 여러 모로 많은 보탬이 될텐데 일을 안할 수도 없고, 단칸방에 도둑이 들어 그나마 없는 살림살이도 집어가고 보니 사정은 더 급박해져 조금 걱정스럽기는 했으나 시집 안간 처녀 선생님들을 믿고 아이를 맡긴 것이다. 몇 년 일을 하다 보니 집도 좀 넓혀 전세로 옮기게 되기는 했는데 좀 떨어진 동네로 이사를 가야 했다. 그러나 그곳에서 보육 시간이나 보육비로 보아 마땅히 아이를 맡길 만한 곳을 찾지 못했고, 결국은 아이도 어른도 고생이 되겠지만 일터가 이 동네인 엄마

가 아침 출근 길에 아이를 데리고 오고 저녁에는 먼저 일 끝나는 아빠가 퇴근을 하자마자 데려가기로 했다. 그래서 아빠들이 그리 많이 오지는 않는 아이들의 집에 민수 아빠는 야간조 출근부 도장 찍듯이 성실하게 아이를 데리러 오고 선생님과도 자주 이야기 나누는 멋쟁이 아빠가 되었다. 하지만 부모와 함께 전철로 산행(아이들의 집이 높은 동네에 있으므로)으로 아침, 저녁을 다녀야 하는 민수야말로 정말 어린 효자 노릇을 단단히 하고 있는 것이다.

"아이고 선생님, 이거 죄송합니다. 많이 늦었지요."

얼마 안 내려가 땀을 뻘뻘 흘리며 올라오고 있는 아빠를 만났고 선생님과 두 부자는 보기 좋은 그림자 세 개를 늘어뜨리며 아랫동네로 내려 갔다.

"선생님, 우리 민수 통닭 좋아하는데 함께 드시고 가시죠. 제가 늦은 벌로 내겠습니다."

"아버님, 정말 힘드시겠어요?"

"다 잘살려고 하는 고생이니까 참아야죠. 다 이 녀석 때문 아닙니까."

어른들의 이야기보단 닭다리 뜯기에 열중하고 있는 민수가 제 머리를 툭툭 치는 아빠에게 사이다도 마시고 싶다고 말한다.

"다른 면에선 오히려 더 알뜰해져서 좋아요. 아무래도 퇴근 후 쏜살같이 와야 하니 술자리 안 가게 되지요. 그러니 자연히 술값 안 들고 지출이 줄죠. 사실 남자들 술값 이만저만한 씀씀이가 아니거든요. 그렇지만 그런 자리가 줄게 되니 사람이 너무 쪼잔해지는 것 같고 남자 노릇을 못하는 것 같은 자격지심이 들기도 합니다."

하지만 결혼하고 얼마까지는 주먹깨나 쓰고 돈깨나 쓰는 체해봐 이제는 민수 엄마 속 썩이지 않고 말 잘 듣기로 마음먹었다고 한다. 어쨌든 가정에 충실하고 약속을 잘 지키는 아빠가 얼마나 보기 좋은지 이 말 저 말 아부 아닌 아부도 덧붙여 잔뜩 치켜올렸다.

"그나저나 선생님들도 고생이 이만저만 아닙니다. 끝나는 시간이 대중없죠? 일도 힘들테고, 이렇게 늦게 끝나시면 집에는 언제 가고 또 데이트는 언제 하세요? 그러다 시집 못가시면 어쩝니까? 보람도 좋지만 저희가 다 책임져 드릴 수도 없고 …… 참, 지난 번 그 양반은 누굽니까? 전철역 매표구에서 누굴 기다리다가 만나셨잖아요. 그날 민수 엄마 월급날이라고 함께 만나 들어가기로 해서 저랑 민수도 전철역에서 기다리고 있었지요. 그래 본의 아니게 지켜보게 되었는데 사귀시는 분이예요?"

사사롭지만 서로를 더 많이 이해할 수 있는 이야기들을 부담없이 나누고 힘들지만 자신의 생활을 열심히, 책임 있는 가장답게 애쓰시는 아빠와 다른 여러 이유도 많겠지만 늦은 퇴근 때문에 데이트 못해 시집 못갈까봐 걱정되는, 엄마 노릇을 즐겨 하고 있는 선생님은 민수가 접시를 비우고 닭뼈다귀만 남겼을쯤 이야기를 줄이고 함께 집으로 가는 전철을 탔다.

다행히 아이를 보고 자리를 내어 주는 사람이 있어 자리에 앉히니 피곤했는지 금방 잠이 들어버리는 아이. 잠든 아들을 안은 아빠가 그들의 행선지에서 내린 뒤, 선생님은 그 자리에 앉아서 전철의 종착지이며 집까지 가는 선로에 실려 더 늦은 밤으로 달려간다.

(2) 대학생을 가르치는 대학 교수와 아기들 기르는 선생님(?)
모처럼 쉬는 날이기도 하고 마침 대학 동기 모임도 있어 선생님은 시내를 활보하며 한동안 못한 눈요기를 실컷 하기로 한다. 그러다 어느 옷가게의 잘 차려입은 마네킹을 보면서 진열창에 비춰진 자신의 모습을 물끄러미 쳐다본다. 여러 생각이 왔다갔다 하지만 나이만큼 젊고 세련되고 현대적인 모습은 아닌 게 분명하고, 그렇다고 아이들마냥 있는 그대로 보기 좋은 모습도 아닌 것 같고 아무래도 일상에 너무 젖어버려 자신 돌보기에 소홀한 티가 역력하다. 이게 내가 바라던 모습은 아닌데 누가 아줌마라고 불러 버리면 난 그냥 아줌마가 되는 게 아닌가, 하긴 매일 하고 있는 일이 책장 넘기는 교육이라기보다 아이들 뒤치다꺼리에 더 바쁘고, 하루의 많은 시간을 밥 짓고, 청소하고, 설거지하고 그런 가사 노동에 시달리잖아. 기껏 배울 만큼 배웠다면서도 배운 만큼을 활용할 수 있는 전문 분야도 아니고 어쩌면 누구나 다할 수 있는 그런 일 …… 선생님은 잠시 흥분하여 누군지도 모르는 불특정 대상에게 따지듯이 말하고 있다. 그리고 점점 더 자기를 보잘 것 없는 사람으로 깎아내리기만 한다. 그간 주변 사람들이 자신에게 똑똑하게 일러주어도 그 당시에는 아무렇지 않게 무시해 버리던 말을 이제는 자기 자신이 스스로에게 들으라는 듯 쏟아붓고 있다.

'더불어 나누며 살아가는 공동체 사회를 만드는 데 작은 힘이나마 보탬이 된다'라든가 '내일의 희망인 어린이들이 언제 어느 곳에 있는 누구라도 모두 올곧게 자라날 수 있도록 하기 위해 열악한 교육의 현장, 일선에서 일한다'는 자신의 신념은 허무 맹랑하고 자아 도취적인 이상이 아닌가 싶은 생각도 순간적으로 든다. 의지가 너무 박약해서 그렇다며 나중엔 고개를 저었지만 개선의 여지 없이 힘든 상황만 계속된다면 같은 일을 하는 교사들이 1-2년의 고비를 못 넘기고 그만두듯이 자신도 점점 더 위축되고 약해지고 소모되어 견디지 못할 거라는 부정적인 생각을 개운히 지워 버릴 수 없다.

약속 장소인 찻집에 가니 먼저 와 있는 동기생들이 있었다. 오랜만에 만나는 얼굴들이어서 대충의 안부와 지내는 형편들을 물으며 이야기가 오가는데 다음 달에 결혼하는 여자 동기의 소식과 그 준비에 따라 친구들이 무엇을 도와주어야 할까가 다음에 나누어지는 주된 이야기들이었다. 학교 때부터 사귀는 사람이 있는 걸 다 알고 있었고 그리 빠르지도 않은 예정된 결혼이었지만 다들 놀림반 장난반으로 축하해 주고 있다. 당사자인 친구는 현재 중등 교사를 하고 있는데 교사 임용 고시를 치르느라 공부도 열심히 하고 고생도 많이 했지만 일단은 현위치에서 안정적이라고 보인다.

"꿈이나 신념도 중요하지만 그것을 뒷받침할 수 있는 현실적 조건도 무시할 수 없는 것이잖아, 특히 여자들이 직업을 선택할 때에 이것저것 많이 따지게 되는 것도 그런 것 아니겠어? 일에 열중하려면 결혼이나 다른 것들이 걸리고, 자칫하면 배운 것 썩히는 무능력한 여자되고, 요즈음은 많이 달라졌다고 해도 결혼해서 직장 생활 병행하기가 어디 쉬운가, 애 키우는 거 다 여자 책임이려니 하지 집안일도 그렇지, 여자가 나가 돈 조금 벌어 온답시고 집안이 개판 일분 전이라고 할 거 아냐. 직장에서 육아나 기혼 여성에 대한 동등한 배려가 되지 않는 한 계속되는 진통이라고, 일방적으로 개척해 나가는 여자만의 희생을 강요하는 게 사회의 현실인 것 같아. 그래도 그 중 교사는 나은 것 아니겠니? 업무에 따른 일은 많겠지만 결혼하면서 대접받는 직업 중 하나잖아.

그런데, 넌 뭐니? 같은 선생님 소리 들으면서도 가르치는 아이의 나이에 따라 선생님 대우도 다른가 보지. 하긴 유치원 선생님보단 국민학교 선생님이, 그보단 중고등학교 선생님이, 또 그보단 대학 교수님이 더 훌륭한 선생님이라고들 생각하고 대접받으니까, 그런데 유치원도 아닌 젖먹이들 선생님이야 어디 선생님 대접 받을 생각해서야 되겠어?"

아이들이 낮잠 자는 시간에 교사들끼리 모여 회의를 한다.

출판사에서 일하고 있는 여자 동기는 자신의 직장 생활에서 오는 불합리한 여러 면을 이야기하면서 농담식으로 선생님의 아픈 데를 콕콕 찌른다. 하긴 "좋은 일 하시네요!" 소리는 해도 누가 나서서 '좋은 일'을 하는 만큼의 보수를 주는 것도 대접을 해주는 것도 아니니 말이지, 자기 좋아하는 일 누가 말리냐고 하지만 아직도 선생님이 하는 일은 자기 좋아서, 순수한 봉사와 사명감과 희생 정신으로 뭉친 소수의 인내심 강한 사람들이 스스로는 소모되고 지쳐 결국은 나가떨어지게 되도, 어디까지가 끝인지도 모르는 릴레이 바톤 이어받기 식의 개인적 자발로 계속되어야만 하는 건가, 그것은 허울 좋은 자선에 가려진 또 다른 강요는 아닌가. 친구 말따나 같은 교사라고 하면서도 보수만 해도 기본급에도 미치지 못하는 금액에, 호봉이 있나, 하루 열 시간 이상의 장시간 노동 후 수당이 있나, 노동 시간도 보수도 운영 상황에 따라 자체 조정되는 열악한 것이니, 남들 받는 연간 600%라는 상여금은 그냥 들어서 좋은 이야기일 뿐이다. 그렇다고 결혼 후의 근무는 어떤가 이론상으로는 얼마든지 가능한 일이지만 정작 '육아의 사회화'를 위하여, 일하는 엄마의 아이들은 돌보고 있으면서도 자신의 경우 가정 생활을 병행하면서 일을 해나가기엔 엄마가 일하는 긴 시간 아이를 맡길 곳도 없고, 일의 분량도 너무 과중해 결혼이나 출산 후에는 일과 양자 택일할 수밖에 없는 것이다. 사회적 필요와 요구를 담아내는 직업이면서도 일로서의 안정성이나 지속성의 보장도 없고 제도적 뒷받침도 따르지 않는 오늘의 현실. 선생님 하는 일이, 많은 사람들이 필요로 하는 것이고 사회에서 중요한 몫이라면 그만큼 직업으로서 마음 놓고 당당하게 일할 수 있는 여건들이 조성되야 할 것이며, 이제 더 이상 개인이나 단체 차원에서 주먹구구식으로 땜질하거나 열악한 형편을 참아가면서 해나가서는 안될 것이다. 그러기엔 아이를 키우는 일이 누구만의 일이 아닌 누구나의 일이니까, 모두 주인으로 나서야 하는 것이고 역할이 구분될 뿐이지 저마다 나눠서 풀어 나가야 할 일이니까, 선생님에 대한 처우도 다름 아닌 더 질 좋은 육아 환경의 요소인데 제도적 뒷받침 아래 장기적 시각을 가지고 형평 있게 대처해야 할 게 아닌가.

중학교 선생님을 하는 친구의 결혼 소식을 들으며 아이들 선생님은 자신에 대한 무시할 수 없는 현실적 여건과 어려움들로 그리 밝기만한 표정은 아니다.

5. 선생님 마음 헤아리는 아이들
— 누구나 마음 놓고 열심히 선생님 할 수 있도록

얼마 전까지도 끈적끈적 느껴지던 바람, 이제는 완연한 가을의 감촉을 담아 불어오는데 선선한 날씨에 하루 동안의 피로가 씻기는 듯 상쾌한 저녁이다. 아이들이 대부분 집으로 돌아간 시각 5살 언니 유리는 3살 성원이와 함께 무언가에 열심이다.

"성원아, 이거 선생님께 드리고오온."(엄마 말투를 그대로 흉내 내어서)

"나에."(아직 서투른 성원이 발음)

작은 소꿉에 색종이를 잘게 찢어 담아 왔다.

"이게 뭐에요, 어머니?"(한껏 존칭을 하는 선생님)

"집에서 떡을 했어요. 선생님 드세요."

"아휴, 잘 먹겠습니다. 고마와요."

유리와 성원이는 한껏 웃는다. 선생님의 반응에 아주 만족스러운 듯 계속해서 선생님이 맛있게 먹어 주는 모습도 보려는지 눈을 떼지 않고 있다.

"아이고, 맛있다. 쩝쩝쩝."(배가 고픈 것처럼 있는 대로 과장된 몸짓)

이어서 기다렸다는 듯이 유리와 성원이는 커피라고 담아 왔다. 집에서 엄마가 하는 양을 그대로 본땄는지, 선생님은 다시 한번 고맙다는 인사를 하면서도 커피는 사양한다.

"커피는 몸에 해로우니까, 친구들이랑, 선생님은 우유를 마시겠어요."

그래서 자리에 놓인 소꿉에 담겼던 커피는 이내 우유로 바뀌었다.

"선생님, 얼굴 좀 이리 대어 보세요."

"왜?"

"우리 엄마가 아침에 나올 때 화장했는데 훨씬 예뻐요. 선생님도 화장해 줄께요."

"어린이는 화장 안한 게 더 예쁜데 ……"

"아니요오, 선생님 해줄께요, 예쁘게."

"지금은 선생님이 미워?"

선생님의 짓궂은 되물음에 그것 참 말귀를 못 알아들어 답답하다는 표정의 유리는 성원이에게 거울과 화장품이 될 장난감을 가져오라고 시키면서 침착하게 다시 말한다.

"그렇지는 않지만, 더 예쁘게 해줄께요."

선생님은 잠시 미용사 유리의 손님으로 앉아서 한껏 치장을 받는다. 볼도 토닥토닥 분 바르는 시늉, 입술이며 연지도 칠하는 시늉, 머리에도 빗질을 하고, 잠시 후,

"이제 다 되었어요. 어때요, 예쁘죠?"

손바닥을 거울이라고 비춰 주면서 유리는 자신이 할일을 잘 마쳤다는 듯이 대견스럽게 쳐다본다.

"정말 그렇군요, 선생님이 훨씬 더 예뻐졌는데, 고맙습니다."

"히힛―"

아이의 수줍은 웃음과 선생님의 미소가 흐뭇한 답례가 되었다.

퇴근하신 유리 엄마와는 잠시 전의 에피소드가 충분한 화젯거리였고 아직도 유리가 해준 화장이 그대로 있는 선생님은 엄마에게 연신 유리 칭찬을 해주었다. 모처럼의 자리라 엄마가 즐겨 마시는 진짜 커피도 내오고 해서 아이들이 다 돌아간 후에도 늦게까지 이야기가 계속되었는데 마침 부모

회장을 맡고 있는 유리 엄마고 해서 여러 가지 이야기가 나왔다. 어려운 형편 속에서 운영되고 있는 아이들의 집 사정을 생각하니 고생하는 선생님들이 안되어 무엇이라도 더 도움되는 일을 찾고 싶은데 여의치 못해 미안한 마음이라고, 우리가 못하는 부분을 정부에서라도 신경을 써주면 좋겠는데 영유아 보육법이라는 게 만들어졌어도 이런 현실의 어려운 부분을 등한시하는 것 같다며 선생님들의 가려운 곳을 긁어 준다.

"이런 나 때문에 선생님 퇴근 시간이 더 늦어지는군요, 이젠 가야겠네."

"아니예요, 너무 늦었으니까 내일 출근도 일찍 해야 하는데 여기서 자죠 뭐, 어머니 하시던 말씀 더 계속하세요. 저희에게 교육적으로나 아이들 돌볼 때 바라시는 점도 말씀해 보시구요, 유리는 커서 어떻게 됐으면 싶으세요?"

"아직 어리고 하니 별다른 바람이야 있나요, 그저 엄마 손이 제대로 못 가는데도 엄마 마음 알아 건강하게 자라주니 아이한테 고맙지요. 우선은 탈없이 건강하게 자라고 커서 저 하고 싶은 일 찾아, 엄마가 뒷받침해 줄 수 있으면 더 바랄 게 없겠는데 ……"

이어 이웃들의 이야기와 엄마네 사는 이야기가 계속되는데, 유리가 하품을 하며 놀이에도 싫증을 내자 선생님과 엄마는 그만 수다를 줄이기로 한다.

"유리야, 선생님, 안녕히 계세요, 인사해야지."

"선생님, 안녕히 계세요."

"그래, 유리도 안녕히 가세요."

"선생님, 그럼 안녕히 주무세요, 다른 날에도 늦게까지 일이 있어 여기서 주무신다고 하면 난 늘 맘이 찜찜하더라, 여기 집이 너무 허술해서 원, 혼자 주무시기 무섭잖아요?"

"괜찮아요, 무섭다는 생각도 하기 전에 곯아떨어지는데요 뭐. 어머니 좋은 말씀 많이 들었어요. 안녕히 가세요."

방안에서도 긴 시간 이야기를 나누었던 선생님과 엄마는 대문 밖에 나와서도 아쉬운 인사가 길다. 그리고 서로 먼저 들어가라며 또 한참을 서성인다. 이윽고 두 모녀와 헤어진 선생님은 들어와 문 단속을 하고, 별탈없이 보낸 하루를 마무리하며 피곤한 몸을 자리에 눕힌다.

내일 아침 선생님을 부르며 찾아올 아이들을 더 건강하고 밝은 모습으

로 맞이해야겠다 생각하며. ■

* 글쓴이 변미양은 국문학을 공부하며 우리 사회 현실에 깊은 관심을 갖게 되었
다. 해송 아기 둥지에서 자원 봉사 활동을 시작하여 89년 겨울에는 교사로서 그리
고 둥지의 책임을 맡아 92년 봄까지 일하였다.

보육 교사들이 일하는 환경과 그들의 고민

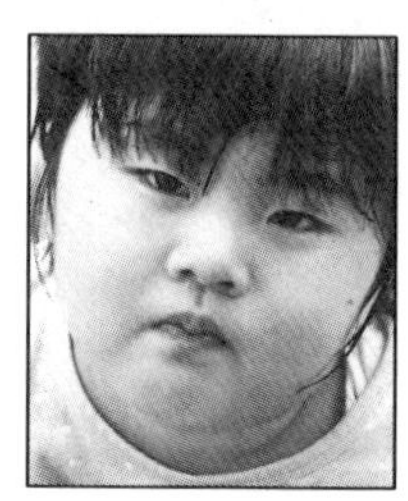

송도영

1. 유아 교육
　　— 인정받지 못하는 노동

유치원 및 국민학교 취학 전의 어린 아이들을 그들의 가정이 아닌 공동의 공간에서 키우는 일은 사회 환경의 변화에 따라 수요가 급격히 증가해 왔음에도 불구하고 막상 어린이들을 맡아 기르고 가르칠 시설은 턱없이 부족하며, 그나마 있는 시설들에서도 어린이들을 돌보고 가르치는

유아 교육 종사자들의 열악한 노동 조건은 단순히 수치상의 문제, 즉 장시간의 노동과 낮은 보수 그리고 보장되어 있지 않은 경력 등의 문제에서 그치는 것이 아니라 기본적으로 어린이들을 돌보고 가르치는 것이 '하찮은 일'이라는 생각에 그 문제의 뿌리를 두고 있다. 특히, 어린이들의 연령이나 유아 교육 장소의 형태들의 차이에 관계없이 나타나는 가장 심각한 문제는 자신의 아이들을 맡기는 부모들의 기본적인 태도이다. 자기 자신이 어린이를 보육할 때의 어려움은 생각지 않고 그냥 '애를 맡겼다가' 찾아오는 것인데 '그게 무어 대수로운 일일까' 하는 다분히 차별적인 인식의 장치가 작동된다.

일에 대한 기준과 기본적인 인식은 제대로 정립되어 있다고 보기 어렵다. 그런데, 우리는 유아 교육의 시설들과 교육 내용에서 나타나는 '부족한 점'들을 논할 수도 있겠지만, 그 이전에 이 시설들을 부족한 상태 그대로 놓아둔 채 별 신경을 쓰지 않는 일반인들의 인식을 우선 문제로 다루어 봄직하다. 유치원에 들어가거나 국민학교 취학 연령이 다가오면 조기 교육이다 영재 교육이다 해서 어린이들에게 여러 가지 과외 공부들을 시키느라 무리하고 왜곡된 방식으로까지 시간과 돈을 투자하지만, 그 이전의 나이에 있는 어린아이들을 기르는 데서는 아이들이 아직 '시험 점수'라는 것을 따오는 단계가 아니니까(!) 방치해 놓아 둔다는 식의 모순된 분위기가 역력하다. 유치원 이전의 유아 교육 시설에 대한 적극적인 문제 의식 제기가 일반적으로 아직 미약한 사회적 분위기를 보아서도 그러하다.

유아 교육이라는 말 이전에 '탁아'라는 말이 더 일찍 퍼져 있었는데, 이 '탁아'라는 단어 속에는 어린아이들을 적극적으로 돌보고 가능성을 개발시킨다는 뉘앙스보다는 그저 큰 생각 없이 아이들을 '맡겨 놓는다'는 생각이 자리잡고 있다. 그리고, 아이를 맡기는 부모들에게 대부분의 놀이방 또는 어린이집은 어린아이들이 무엇을 배우며 성장하는 장소이기보다는 실상 자신들이 일하는 동안 아이를 그저 맡겨 놓고 갔다오는 단순한 '탁아소'로 여겨진다. 이러한 분위기는 영유아 보육법이나 정부의 보육 사업에 대한 기본 입장에서도 "아동 보육의 일차적 책임은 부모에게 있으며 부모가 불가피한 사유로 인하여 아동 보육의 책임을 다하지 못할 경우에"[1] 보충적인 지원을 한다는 것으로 나타난다. 다르게 말하자면, 공동의 시설에서 유아들을 보육하는 것은 원칙적으로는 피할 수만 있다면 '하지 않는 편이 좋은' 일이고, '어쩔 수 없는 부모들'만이 자신들이 일하러 가는 시간 동안 아이들을 탁아 시설에 '맡겨 놓고'(놔두고) 갔다가 시간이 지나 '다시 찾으러 온다'는 생각이 밑바탕에 깔려 있는 것이다.

영유아 보육에 대한 이와 같은 소극적인 해석은 유아 교육 시설에서 어린이들의 보육을 담당하는 유아 교육 종사자들의 활동에 대한 소극적인 인식에까지 이어진다. 즉, 아무리 그렇지 않다 말하고 싶어도 부모들이 보지 않는 동안 어린이들을 맡아 돌보고 가르치는 유아 교육 종사자들의 활동은 사회 일반에서는 '커다랗게 눈에 띄는 결과'가 별반 없는, 그리 '중요하지 않은' 일로 여겨지게 되는 것이 현재의 우리 상황이라고 이야기해야겠다. 따라서 유아 교육을 담당하고 있는 유아 교육 종사자들의 활동은 법적으로나 사회적으로, 그리고 어린이들을 보육 시설에 맡기는 부모들에 의해서도 제대로 보호와 인정을 받지 못하고 있는 채 그들의 고된 노동 조건은 개선의 대상으로 논의되어 오지도 못한 것이 지금까지의 우리 현실이다.

가장 심각한 것은 유아 교육 종사자들이 하는 '일'이 별로 '중요하고 진지한' 일의 범주에 들지 않는다는 의식이 팽배해 있다는 것이다. 이 문제는 주부들의 가사 노동이 '가치'를 생산하는 중요한 일로 인정받지 못하고 있다는 사실과 다분히 엇물려 있기도 하다. "밥하고 빨래하고 애나 보는" 것은 '하찮은' 일의 범주에 속한다는 사회 분위기가 아직도 지속되고 있다. 농담조의 이야기에서 무능한 사람을 이죽거리면서 "너는 집에 가서 애나 봐라"라고 말하는 것은 거의 아무런 저항 없이 통용되고 있다. 유아 교육 종사자들이 나름대로의 의식과 이상을 가지고 임하는 영유아 보육이라는 '일'은 이와 같이 척박한 사회 문화적 인식의 공간 속에 틈을 비집고 서 있는 것이며, 때로는 유아 교육 종사자 스스로 사회의 인식 기준을 부분적으로는 자신도 모르게 받아들여 적극적인 노동 가치 인정과 노동 조건 개선의 도모를 생각하지 못하도록 해온 측면마저 나타난다.

아이를 기르던 한 사람이 자유로운 활동 시간의 권리를 얻기 위해서는 다른 한 사람이 또다시 '희생'되어야만 하는 것인가? 유아 교육 종사자들의 '노동'은 최근의 노동 운동을 통해 비교적 괄목할 만한 기본권 확보를 이룩한 노동 운동의 대상마저도 되지 못한 노동 조건 개선 운동의 사각 지대에 있다. 노동 조건의 개선과 정당한 대우를 논하기 이전에 무엇보다도 그들의 '노동'이 진정한 '노동'으로 인정받지 못하고 있다.

이 글에서는 구체적인 몇 가지 사례들을 통해서 유아 교육 종사자들의 노동 조건 실태를 살펴보려고 한다. 이 주제에 관한 한 기본적인 법령이나 규칙이 뚜렷이 명시되어 있지도 않지만, 그나마 존재하는 법령들도 실제적인 적용에 있어서는 유아 교육이라는 일의 '특수성'이 보여온 '관행상' 제대로 지켜지지 않고 있으며, 실행에서의 모호한 공간은 유아 교육 종사자 당사자들에 의해서마저 구체적으로 따져지지 못하고 있는 분위기이다. 유아 교육의 노동 조건 실태는 장시간 노동에 저임금이라는 직접 수치로 계상되는 문제점들에서 우선 극명하게 나타나지만, 문제의 성격을 바로 이해하기 위해서는 이처럼 당사자들 스스로에 의해서도 자신의 권익과 정당한 평가 부분이 구체적인 토론의 대상이 되지 못하고 모호하게 넘어가는 '분위기'를 조성하고 있는 복합적인 환경의 입체 공간을 짚어 보아야 할 것이다.

유아 교육 종사자들의 힘든 노동 조건은 우선 다음과 같이 묘사되었다.

하루 10-12시간에 이르는 장시간 동안 많은 수의 아이들과 끊임없이 대하면서 일을 하며, 그에 대한 보수는 평균 30만 원 남짓의 형편없는 것이다. 정식 교사 자격을 얻기 위해서는 전문 대학 이상의 고등 교육을 받아야 하는데, 원칙적으로는 기혼과 미혼의 조건 구분이 없지만 실제 채용 과정에서는 미혼자만이 받아들여지는 경우가 허다하다. 대부분이 미혼 여성인 유아 교육 종사자들은 실제로 너무나 힘든 육아와 보육 시설에서의 가사 노동으로 해서 퇴근 후 막상 자기 집 안에서의 가사 노동은 제대로 엄두를 내기 힘들며, 그렇다고 그들의 일이 보수를 제대로 받거나 안정된 경력을 인정받는 것도 아닌 실정이므로 대개 결혼을 즈음해서 일을 그만두게 된다. 그리고 그보다 더 많은 수의 교사들이 한두 해 이상을 견디지 못하고 육체적으로나 심리적으로 탈진 상태가 되어 직장을 바꾸든가 유아 교육 종사를 중단하게 된다.

우리는 각기 성격이 조금씩 다른 네 군데의 유아 교육 시설에서 일을 하는 유아 교육 종사자들을 그들이 일하는 공간에서 만나 이야기를 나누며 그들의 노동 조건의 실태와 그들이 고민하는 바들을 제한된 시간 안에서나마 담아 내고자 힘썼다.[2] 보다 충실한 이해와 분석을 위해서는 더 많은 시간에 걸친 종합적인 참여 관찰과 대화가 있어야겠으나 우리에게 부여된 제한된 조건의 한계 내에서 유아 교육장을 둘러싼 〈사회 일반 — 학부모 — 시설 운영자 — 교사 — 아이들〉이 구성하는 입체적인 공간 안에서의 노동 조건과 그에 대한 인식을 나름대로 이해하고자 하는 시도로서 우선 이 내용들을 나누고자 한다.

2. 사례들 — 네 군데의 유아 교육장

(1) 햇님 유치원

햇님 유치원은 서울 시립대 부근의 한 주택가에 위치한 유치원으로, 한 개인이 설립하여 운영하는 사설 유아 교육장이다. 네살에서 여섯살까지의 어린이들을 원아로 모집하기 때문에 한살이 되지 못하는 아이에서부터 다섯살 경까지의 아이들을 종일 보육하는 영유아 교육장과는 성격에 있어 많은 차이를 보일 수 있다. 그렇지만 이곳에서 일하는 유아 교육 종사자들의 노동 조건은 보다 어린 연령층의 어린이들을 돌보는 곳에서의 그것과 비교해

볼 때 그 구조적인 측면에 있어서는 그리 다르지 않다.

미끄럼틀과 밧줄 사다리와 같은 놀이 설비가 되어 있는 널찍한 마당을 가지고 있는 이층 건물에 자리잡고 있는 햇님 유치원은 기독교의 장로직을 맡은 한 사람이 선교 목적이라는 이념 하에 설립한 사설 유치원으로, 1993년 8월 현재 80명의 어린이들을 '원아'로 모집하여 돌보고 있다. 각 반은 연령별로 해서 네살반 13명, 다섯살반 37명, 여섯살반 30명으로 되어 있고, 각 반별로 한 사람의 교사가 담임을 맡고 있다. 이 세 사람의 선생님 외에 미술을 담당하는 또 한 사람의 교사가 같이 일을 한다.

어린이들은 아침 9시에 유치원에 와서 낮 12시 30분에 귀가하게 되는데, 도시락을 싸오는 날인 화요일과 목요일에는 13시 30분에 집에 돌아간다. 한달에 한번씩은 '애국 조회'라는 것을 하는데 이때는 여러 반의 어린이들을 한자리에 모아 놓고 원장이 성경 이야기 등을 한다. 어린이들에 대한 기독교 교육이라는 이념이 있지만, 그렇다고 해서 불교나 기타 다른 종교를 가진 집안의 어린이들을 받지 않는 것은 아니다. 종교 교육이 특별히 반영되는 것도 많지 않아, 애국 조회 외에 간식을 먹을 때 함께 기도를 하고 먹는 것 등이 전부이다. 그러나 교사를 채용할 때는 우선적으로 기독교인을 찾는다.

어린이들과 함께 있는 시간이 오전 한나절뿐이므로 교사들이 일찍 퇴근할 수 있을 것으로 생각하기 쉬우나 반드시 그렇지만은 않다. 교사들의 출근 시간은 아침 8시 30분이고 퇴근은 저녁 6시에 하는데, 겨울에는 5시에 한다. 일과는 출근 후 아이들을 맞을 준비를 하는 것에서부터 시작하여 오전 동안의 교육과 간식 먹이기, 그리고 '하원 지도'라고 해서 맡은 반 어린이들을 삼삼 오오 짝을 지어 집 부근까지 데려다 주고 오는 일까지 하고 나면 낮 한 시 또는 요일에 따라 두 시경이 된다. 유치원을 청소하고 점심 식사를 하고 나서 휴식을 가진 뒤 다음날 수업 준비를 하노라면 금세 여섯 시가 된다.

유치원의 수업 준비 시간에는 이야기와 활동들을 지도할 때 쓸 자료, 그림, 기타 도구들을 준비한다. 유아 교육사 등에서 나오는 교육 자료 지침들을 많이 참고해서 준비하는데, 여기서는 원장이나 운영측의 특별한 간섭이 없고 단지 일주일에 한번 주간 교육 계획을 보여 주고 간단한 허가를 받는 것으로 그친다. 간식 준비는 교사들이 따로 하지 않는다. 80명의 어린이 중

한 어린이의 어머니가 돌아가면서 우유와 요구르트, 빵, 과자 등을 구입해
서 제공하는 것으로 간식 시간을 메운다고 한다.

  언뜻 외형상으로는 그리 큰 문제가 없어 보이고 사실 일반적인 기준에
서 볼 때 비교적 유리한 조건 속에서 일하는 편이라 여겨지는 이 유치원의
실제 운영상의 문제들은 교사들의 힘든 이야기를 들으면서 조금씩 드러나
기 시작한다. 햇님 유치원에서는 한 달에 6만5천 원의 보육비를 받는다. 부
모들이 돌아가면서 간식을 제공하기 때문에 햇님 유치원에서는 간식비를
따로 걷지 않지만 다른 곳에서는 대개 보육비 외에 간식비를 따로 걷는다
고 한다. 그리고 한 달에 한 차례 정도는 있기 마련인 외부 견학을 위해
견학비를 걷게 되는 경우가 많은데, 여기서 운영하는 측이 실제 필요한 경
비보다 좀 많은 비용을 이야기하는 일 — 예를 들면 3천 원이면 되는 것을
4천 원이 소요된다고 한다든지 — 이 있다는 '소문'도 들었다고 한다. 경
영과 운영 상의 결정에 교사들은 거의 참가하지 않고 있지만 기본적으로
원장을 믿는 입장이고, 교사들은 실상 "그렇게 많이 감춰진 건 없다고 본
다"고 말한다.

  대학의 유아 교육과를 올해에 졸업하고 학교측의 소개로 곧바로 이 유
치원에서 일하기 시작한 한 교사의 말에 따르면 가장 힘드는 일이 우선 아
이들과 같이 세 시간을 보내는 것이고, 그 다음이 청소, 교구 준비의 순이
다. 여섯살반을 맡고 있어서 37명의 아이들을 혼자서 가르치고 돌보아야
하는데, "아이들은 많고, 말은 안 듣고" 할 때, 또 교사 한 사람의 손이 일
일이 미치지 못하는 틈에 아이들이 저희들끼리 크게 싸워 다치거나 이상한
질문만 삐죽삐죽 해댈 때 우선 육체적으로 피곤하고 힘들다는 것이다. 반
면에 교구를 준비하는 것은 미리 나와 있는 지침 자료를 보고 하는 것이라
서 가장 쉬운 일에 속한다.

  대개 전문 대학 이상의 교육 기관에서 유아 교육 및 관련 학과를 전공한
사람들이 일자리를 얻는 유아 교육장에서 일하는 사람들은 대부분이 25세
이하의 미혼 여성이다. 학교의 과사무실 등에 교사 채용을 의뢰하는 유치
원들과 연결이 되어 첫 일자리를 얻는 셈인데, 대개의 유치원에서는 막 졸
업하는 사람보다는 1년 정도의 경력이 있는 교사를 선호한다. 미혼과 기혼
여부는 겉으로 내세워지는 채용 조건은 아니다. 하지만 실제로 미혼인 사
람이 채용되는 것이 관행인데, 여기에는 결혼을 하고 난 여성은 아무래도

집안일을 하는데 신경을 더 써서 교사일을 제대로 수행할 수 없다는 생각에다가 자신의 아이라도 갖게 되면 '다른 집 아이들'인 유치원 원아들을 잘 돌보기 힘들 것이라는 원장과 특히 학부모들의 생각이 큰 영향을 미친다. 교사들이 처음 일을 할 때는 사람에 따라 유아 교육에 대한 나름대로의 장기적인 전망도 바라보면서 결혼 후에도 계속 이 일을 하고 싶다는 생각을 갖는 경우가 많다. 그러나 현실은 이처럼 결혼하고 나면 학부모들이 '결혼한 여자'에게 자기 아이를 맡기는 것을 꺼리는 경향이 뚜렷하고, 이에 따라 원아 모집에 우선적인 신경을 쓰는 원장 등의 운영자도 기혼자를 꺼리게 되는 셈이다. 여기에 대해 교사들 스스로는 다른 생각을 갖는다. 즉 자기의 소신을 가지면서 영역을 발전시킬 수 있는 하나의 전문화된 일로써 결혼 후에도 얼마든지 계속할 수 있으며 또 하고 싶다는 생각이다.

햇님 유치원 교사들의 보수와 경력 인정 등은 어떻게 이루어질까? 처음 채용될 때 유치원측과 신임 교사는 1년 이상 이동 없이 일하겠다는 일종의 약속을 한다. 물론 1년이 지나서도 계속 일을 하는 것은 큰 탈이 없는 한 교사의 의견이 받아들여진다. 결혼을 하는 것 등을 제외하고는. 1년이란 시간은 경력을 인정받는데도 중요한데, 교육청에 임용 보고를 한 날짜에서 이동 없이 만 1년이 지나야 1년 근속의 경력이 인정되고, 이 기준에 따라 3년을 일한 경우에 1급 정교사 자격증이 나온다. 1급 정교사가 다시 3년을 근속할 경우 '원감'이 되고, 3년의 원감 경력이 인정되면 원장의 자격을 얻게 된다. 그렇지만 자신의 자본으로 유치원을 설립하는 경우는 곧바로 원장이 된다.

이처럼 1년 이상을 한 유치원에서 일하는 것이 원칙이고 가능하면 3년 정도는 있는 것이 유리하지만 실제로는 교사들의 이동이 상당히 불규칙적이라고 한다. 교사들이 유치원들 사이를 자주 이동하는 가장 큰 이유는 무엇일까? 학교를 바로 졸업하고 일을 시작하는 경우는 자신이 생각해 온 유아 교육에 대한 이상과 학교에서 배운 입장들이 유치원 운영 관행에서 나타나는 현실 속에서 괴리를 겪으면서 '여기보다는 다른 유치원에 가면 좀 낫겠다'는 생각을 하게 되고, 또 1년이 지나 다른 유치원에 가면 1년의 경력을 인정받아 같은 유치원에 계속 머무는 것에 비해 보수를 올릴 수 있는 기회도 된다.

유치원 교사의 임금은 일정한 기준에 의해 산정되지 않는다. 임용 보고

와 경력 인정에 관해서는 교육부의 통제를 받고 있고, 경력과 급수에 따른 보수 기준이 교육 구청에 명시되어 있다고는 하지만 그것은 참고 사항 정도로 그칠 뿐 구체적인 통제는 없다. 즉 노동 조건과 임금에 관해서는 어떤 실질적인 보장도 없는 셈이며, 교사들 스스로 그 내용에 대해 분명히 알고 있지 못한데다 그것을 따져 묻지도 않는 분위기다. 일단은 묻기 어려운 분위기라는 것. 결국 보수는 대개 '관행'에 따라서, 또 각 지역 원장 협의체가 일종의 '협정' 형식으로 기준을 정하는데, 그 내용이 교사들에게 공개되지 않고 각 유치원에서 개별적으로 사정에 따라 적용되고 있다. 예를 들면 35만 원을 초임금으로 지불하는 것이 햇님 유치원의 '기본'이라고 한다면, 원아 모집이 잘되어서 어린이들이 많이 오는 때에는 임금을 40만 원으로 선심 쓰듯이 '해준다'는 특별 배려 등이 그러한 사례다. 햇님 유치원의 초임 교사는 본봉 29만8천 원에 교직 수당, 특별 수당 등의 명목이 더해져서 한달에 약 32만 원에서 35만 원을 받고, 일년에 200%의 보너스를 두 차례에 나누어 받는다. 교사들은 1년이 지나면 보수가 2만 원 오르는 것으로 '알고 있다.' 즉 이것은 유치원의 정식 규정으로 명문화되어 실행되는 것은 아니다.

불분명하게 넘어가는 노동 조건은 보수뿐만이 아니라 거의 모든 활동 영역에서 나타난다. 병으로 인한 휴가를 얻는다든지 치료 후의 복직 가능성에 대해서는 실제로 아무런 보장과 보호가 없다. 교사가 한번 아파서 원장이 여러 날 이상의 휴가를 허락해 주면 동네에 소문이 나서 부모들에게 '나쁜 평판'(!)을 얻는데, 무슨 소리냐 하면 교사 휴가 기간 동안 임시 교사를 채용하는 것도 아니니 자기네 아이들을 소홀히 돌보게 된다는 것이다. 그렇게 되면 당장 다음 번의 원아 모집 기간에 아이들을 보내지 않고 다른 유치원이나 학원에 보내게 되고, 곧바로 유치원의 재정 운영에 영향이 미쳐지니 결국 그것을 좋아할 원장이 있을 리 만무하다는 것이다.

이렇게 교사가 한번 큰 병에 걸리면 일하던 유치원에서 일을 그만두게 되는 셈인데, 근무 기간이 만 1년 단위에 맞아떨어지지 않는 경우는 부당 해고에다 1년 미만 기간 동안 일한 경력마저 인정받지 못하게 되어 불이익이 겹친다.

기실 박봉인 줄 알면서도 유아 교육에 종사하기로 마음먹고 일을 시작하는 교사들은 방학 기간 등 상대적으로 여유로운 시간 관리와 어린이들과

유치원 교사들은 학부모들로부터 유치원을 학원식으로 운영해 달라는 압력을 받는다.

생활한다는, 즉 어른들과 부당한 일들로 부딪치지는 않을 것이라는 생각을 가지고 일을 시작하는데, 점차 일을 하면서는 많은 어린이들과 지내는 것이 상당히 힘든 일이고 게다가 어린이들을 가르치는 데 대한 생각과 기본 입장이 전혀 다른 어른들 특히 학부모들의 이기주의적인 '점수 경쟁'에 부딪치게 되면서 적지않은 회의를 느끼게 된다. 물론 임금 산정에 있어서도 일정한 기준을 적용하지 않는 현실이 불만과 불안정의 느낌을 부추기게 한다.

유아 교육의 이상과 실제가 다른 데서 오는 회의는 학부모들의 태도와 개입에서 가장 첨예하게 드러난다. 한마디로 유치원들이 '조기 교육'이니 '영재 교육'의 바람을 타면서 어린이들을 전인적으로 돌보는 것이 아니라 학원식의 운영을 점점 따라가는 경향이 그것이다. 대학 입시를 위한 점수 따기 열풍이 학부모들의 열화에 휩싸여 유아 교육의 장에도 휘몰아쳐 오는 것이다. 아이들이 놀고 쉴 수 있도록 하면서 인간 교육을 자연스럽게 유도한다는 유아 교육상을 가진 교사들은 사지선다의 시험지를 이용하여 문제

120

를 맞추고 또 그것에 점수를 매기며 지도를 하는 속셈 학원 비슷한 양태가 유치원에 스며들어 오는 것에 강한 반발감을 느끼지만 어쩔 수가 없다. 이러한 일을 하지 않으면 '엄마들이 싫어한다'는 것이고, 엄마들이 싫어하면 '원아 모집'이 되지 않아 유치원 운영이 잘되지 않는다고 운영자가 긴장한다. "이 지역 다른 유치원들도 모두 그런 것을 한다. 안하면 어머니들이 싫어하신다"는 게 원장의 변이다. 그래서 햇님 유치원에서는 다른 교육 외에 '다롱이 학습, 아롱이 학습' 등의 일일 공부 시험지를 6세반 어린이들에게는 매일, 5세반 어린이들에게는 이틀에 한 번 시키고 교사들이 그것을 지도하게 한다. 글자를 읽고 쓰는 것과 산수 공부 등을 가르치는 것인데, 요사이는 국민학교에 입학하면 으레 유치원에서 다 배워 알고 있는 것으로 간주하고 가갸거겨나 간단한 산수셈은 건너뛰어 버린다고 한다.

'학교 공부식 점수 따기'에 벌써부터 극성인 부모들의 태도를 보여 주는 한 예가 있다. 하루는 5세반의 한 어린이가 몹시 우울하고 기분이 나빠 있는 상태에서 거의 억지로 유치원에 왔다. 우울하고 흥미가 전혀 없는 상태의 어린이에게는 무엇을 억지로 시키면 좋지 않다는 생각에서, 더군다나 하기 싫어하는 말도 안되는 사지선다의 정답을 골라내는 시험지를 시키는 것은 상태를 악화시킬 뿐이라는 판단 아래 교사는 그날 이 아이에게 시험지를 풀지 않아도 좋다고 했다. 어린이들이 귀가한 후 아이의 어머니가 이 사실을 알고 나서 "다른 아이들은 다들 시험지를 했다는데 우리 아이는 오늘 뭘 했는지 하나도 모른다더라"고 따지며 달려왔다. 그 어머니는 "다른 아이에 비해 우리 아이만 유치원 공부가 뒤떨어진다"고 원장에게 항의했다. 원장은 다시 담당 교사를 불러 어떻게 된 일이냐고, 왜 시험지를 풀지 않게 했느냐고 야단을 쳤고, 담당 교사는 "저는 학교에서 그렇게 배우지 않았습니다"라면서 자신의 생각을 설명하려 하자 원장은 교사의 말을 한마디로 묵살하면서 "애들이 문제를 풀고 싶지 않아 해도 다음부터는 억지로라도 시켜라"고 딱 잘라 말했다. 이 사건 이후로 이 담당 교사는 그 동안 막연하게 가지고 있던 기준 없는 보수 관행에 대한 불만에다 결혼 후에도 오래 일할 수 없는 실제상의 문제, 부모들의 왜곡된 인식, 원아 모집과 운영 이익만을 우선 생각하는 운영측에 대한 불만이 점차 뚜렷이 느껴져서 이처럼 '학원'식으로 되어 가는 유치원이란 곳이 '오래 일할 곳이 못된다'는 생각을 갖게 되었다고 한다.

　　햇님 유치원과 같은 유치원은 일하는 시간과 보수 등에 있어서 우리가
이후에 살펴볼 다른 유아 교육 기관에 비해 훨씬 유리한 조건을 제공한다.
그러나 이곳에서의 가장 큰 문제는 그나마 쉽지 않고 보장되지 않는 노동
조건 속에서 '자기의 소신'을 가지고 일할 수 없다는 점이다. 대화를 나눈
교사 중 한 사람은 얼마 뒤 이 유치원을 나와 그보다 근로 조건은 훨씬 열
악하지만 자신의 생각을 적용할 수 있을 것이라 생각되는 다른 곳으로 일
자리를 옮길 계획중에 있었다. 동시에, 5세 이상의 어린이들을 맡아 돌보는
햇님 유치원의 경우에도 어린이를 보육하는 일이 정당한 사회적 인식을 얻
지 못하고 있으며, 따라서 일하는 시간과 내용, 그리고 보수와 그밖에 고용
의 안정성 및 전망에 있어서 지극히 불안정하고 그때그때의 관행에 의존하
는 방식이 드러나고 있다. 이런 사정은 곧이어 살펴볼, 나름대로 이상적인
유아 교육을 위해 고민하고 힘쓴다고 여겨지는 유아 교육장에서도 어쩔 수
없이 발견된다. 물론 문제의 배경과 성격이 그 각도를 조금 달리하기 시작
하지만 말이다.

(2) 새힘 어린이집

새힘 어린이집은 1980년대 중반에 동대문 부근의 고지대에 위치한, 경제적
형편이 비교적 어려운 이들의 주거 지역에 자리를 잡았다. 이곳은 사설 단
체이면서도 원장 등의 일정 자본 투자자나 운영자가 따로 정해져 있지 않
고, 몇 사람의 전담 교사와 그들을 돕는 자원 봉사자들, 그리고 후원회와
운영 모임이 함께 이끌어 가는 방식을 취해 오고 있다. 작은 안마당이 딸
린 일반 주택을 개조하여 큰방을 하나 터놓고 그 옆에 붙은 작은 방은 간
단한 사무실 등으로 사용하고 있다. 이곳에서는 영아기를 막 벗어난 2세에
서부터 5세 가량 되는 어린이까지 종일 맡아 보육하는데, 형편이 어려운
지역의 맞벌이 부부들과 결손 가정의 어린이들을 기르는 일을 돕는 셈이
다. 1993년 8월 현재 이곳에 있는 어린이는 18명인데, 보통 20명 안팎이라
고 한다. 현재 두 사람의 교사가 있고 주말 등에 시간을 내어 돕는 여러
명의 대학생 자원 봉사자들이 있는데, 자원 봉사자들은 동네 아래의 중학
생 공부방을 운영하는 데도 참여하고 있다. 그리고 두 명의 교사 중 한 사
람은 3개월 후에는 일을 그만둘 예정으로 있었다.
　　이곳의 어려운 문제 중 하나는 운영의 불안정성과 교사 확보가 쉽지 않

다는 점이다. 교사는 후원회와 기타 보육을 걱정하는 사람들이 함께 모이는 운영 회의에 참여하며 나름대로 적극적인 의견 교환을 할 수 있지만, 아침 8시 30분에 출근해서 저녁 8시까지 아이들을 돌보고 식사와 간식 준비, 청소까지 다 해내는 12시간 노동의 고된 일과를 보낸다. 저녁 9시 경부터는 일일 평가와 다음날을 준비하는데, 회의 등의 모임과 특히 어떤 특별한 행사라도 준비할라치면 퇴근하여 집에서 자는 것보다 아예 유아 교육장에서 잠을 자게 되는 경우가 많다고 한다. 그래서 현재의 전담 교사는 유아원 부근에 방을 얻어 이사를 왔다.

하루의 근무 시간이 실제로 12시간이 넘을 뿐 아니라 보수도 월 30만 원가웃이고 별다른 보너스도 없으며, 거기다 더하여 일의 성격이 말 그대로 20여 명의 어린아이들의 수발을 다 들면서 밥해 먹이고 낮잠 재우고 또 놀아 주고 씻기고 청소하고 치우는 고되기 그지없는 것이기 때문에 이곳에서 일하는 교사들은 다른 이유보다는 나름대로의 강한 사명 의식과 희생 정신으로 의의와 보람을 찾아 일을 하지 않으면 견뎌 내기 어렵다. 드는 비용과 하는 일에 비해 어린이들에게서 받는 보육비는 유치원보다도 적은 한달 5만6천 원이며 또 선뜻 나서는 교사도 구하기 어렵기 때문에 새힘 어린이집의 운영은 일부 후원회의 도움에도 불구하고 항시 빠듯한 상태에 놓여 있다.

그 동안 이곳에서 일한 교사들은 반드시 유아 교육 관련 학과에서 전공을 한 사람보다는 어린이집의 기본적인 이념과 봉사 정신에 영향을 받아 자원 봉사자로 참여해온 사람들에서 나왔는데, 유아 교육을 전공하는 사람이 일하는 것을 유아 교육장에 대한 인가 조건으로 요구하는 당국의 방침을 의식하여 유아 교육 전공자가 점차로 참여하고 있는 추세이다.

이처럼 이곳은 따로 '고용'을 하는 사람이 없는 대신 교사 스스로가 어려운 노동 조건과 박봉을 각오하고 나름대로의 자기 주관에 의지하여 고된 일과들을 꾸려 나가기 때문에 교사들이 우선적으로 느끼는 애로 사항의 성격도 앞의 유치원의 그것과는 사뭇 달라진다.

우선 유치원이나 다른 유아 교육 시설에 비해서도 많은 노동 시간과 노동의 고됨, 그리고 박한 보수는 따로 말할 것도 없지만, 어린이들을 돌보고 키우는 일에 있어서도 어떤 교재와 프로그램에 일방적으로 의존하는 것이 아니라 자신들의 생각에 바탕한 일차적인 책임 의식이 바로 작용하기 때문에 그 부담감 또한 만만치 않다. 교사의 경험 중에서 특별히 힘든 것은 대학의 동기들이 모두 일하는 조건도 편하고 경력도 그 조건을 채운다면 비교적 꼬박꼬박 인정되는 유치원 등에서 근무를 하는데 자신은 일부러 어렵고 고된 환경 속으로 들어왔다는 사실에 대한 어쩔 수 없는 고달픔이다. 친구들은 "좋은 일을 하는 것은 알겠지만, 더 좋은 조건이 잔뜩 있는데, 왜 하필 네가 '그런 곳'에 가서 '그렇게' 지내야 하느냐"고 "속을 차리라"고 힐난하는 투로 말한다. 집안에서의 반대도 적지않아서 현재의 교사 중 한 사람은 새힘 어린이집에서 꼭 1년만 일하겠다는 조건으로 어렵사리 집안의 허락을 받아냈다고 한다. 이러한 주위의 만류와 이해받지 못하는 심정 등은 자기 자신이 의미를 부여하고 뛰어든 일에 대해 스스로 회의를 하게 만드는, 심리적으로는 가장 버티기 힘든 어려움을 준다. 즉, 고되게 일하는 자신의 활동의 의의에 대한 회의이다.

그래도, 이것이 '내가 하고 싶은 의미 있는 일이며, 내가 해야 할 일'이라는 생각 속에서 일한다는 한 교사는 자신의 교육 이념을 펼 수 없을 것이 뻔한 유치원에 가서 일하고 싶은 생각은 전혀 없으며, 그만두라고 하지만 않는다면 자신의 결혼 후에도 새힘 어린이집에서 계속 일하고 싶다는 뜻을 밝혔다.

자신이 원해서 택한 어려운 환경 속의 어린이집이기 때문에 보수와 경력의 문제는 이야기 속에서 어려움으로 직접 거론되지 않는다. 그러나 하루 12시간 이상 기저귀를 겨우 벗어난 아이에서부터 네다섯 살까지의 스무 명씩이나 돌보고 함께 씨름한다는 것은 보통 체력으로는 버티기 힘든 일이다. 이때 친구들과 가족들의 만류와 더불어 더욱 힘을 빠지게 하는 것은 유아 교육에 대한 아이 부모들의 이해 부족 또는 다른 의견이다. 솔직히 말해 부모들은 자신들이 돈벌러 일 나가기 위해 아이들을 종일 '맡겨 두는' 것이고, 이런 의미에서 '교육'의 부분을 생각하기보다는 '탁아'라는 의미로 자신의 아이들을 맡긴다. 자신들의 경제적인 사정이 어려우니 적은 보육료를 받고 '봉사'하는 교사들과 자원 봉사자들을 고마워하면서 한편 자기들 집안의 형편이 펴면 새힘 어린이집에서 미련없이 아이를 '빼내어' 돈을 더 많이 내는 그리고 외형적 시설이 좀더 나아 보이는 다른 유아원에 아이를 맡긴다. 후자와 같은 경우를 만나는 교사는 "이런 결과를 볼 바에는 내가 왜 이런 일을 해야 하는가" 물밀듯이 밀려오는 회의에 잠기면서 더 빨리

지치고, 답답한 전망과 우울한 자기 자신의 앞일을 바라보면서 심리적으로
도 서서히 탈진해 갈 수 있다. 어린이집의 교사들이 자주 바뀌는 것은 바
로 그와 같은 이유에서라고 한다. 특히나 교사가 결혼을 하게 되는 경우는
자신의 아이가 생기는 것이라든가 여성이 한 가정의 살림을 도맡게 되는
것이 아직 우리 사회의 관행이므로 따로 시간적인 여유를 낼 엄두를 못내
는 예가 많아 일을 그만둔다.

유아 교육과에서 공부를 하고 학교를 졸업한 한 교사는 앞의 유치원 사
례에서 나타나는 것과는 좀 다른 형태로 학교에서 배운 것과 이곳에서의
실제의 차이를 느낀다. 즉 학교 유아 교육과에서 배운 것은 몇 가지 이론
과 기술적인 교육에 한정되어 있었고, 어린이들을 대하는 기본적인 시각과
개념들은 교과 과정에서 결여되어 있었는데, 이런 문제 의식을 새힘 어린
이집에서 여러 다른 참여자들과 토론하고 어린이들을 돌보면서 새로이 접
하고 배워 나간다고 했다.

그러나, 장시간의 노동과 끝이 없는 아이들 뒤치다꺼리는 일과 후에도
상당한 부분의 시간을 잡아먹는 회의와 토론으로 이어져 우선 육체적으로
고되게 할 뿐 아니라, 위에서 보듯 유아 교육의 중요성과 자신이 부여한
의미에 대한 사회의 무관심한 태도, 특히 아이를 맡기는 당사자들인 학부
모들의 유아 교육에 대한 인식 부족과 무관심은 교사 자신을 지탱시켜 온
'희생 정신'과 '사명 의식'의 의미와 의의를 의심하게 만든다.

'희생'과 '사명 의식'은 중요한 원동력이다. 그러나 한 무리의 사람들의
자유와 소득과 내일을 위해서 다른 무리의 사람들이, 그것도 대부분 선량
함과 노력이란 부분들에서 더 성실하고 열심인 사람들이 '사명 의식'이라
는 제목 아래 다분히 일방적으로 희생된다는 것은 결국은 바람직하지 못한
현상이다. 어린이들과 그 부모를 진정으로 돕고자 한다면 그에 앞서 그들
을 위해 일하는 교사들을 도와야 하지 않는가? 언제까지 교사들의 '도덕적
의무'와 '신성한 사명감'만을 강조하며 육체적으로 그리고 심리적으로 힘
든 상황 속에 그들의 일하는 조건들을 방치해 둘 수 있을까? 그래서 1-2
년이 채 못되어 육체적인 탈진과 정신적인 회의 속에서 그들이 그토록 중
요한 의미를 부여했던 일을 그만두게 되는 결과를 막을 수 있을까?

(3) 남현 교회 어린이 선교원

5세에서 7세까지의 어린이들을 오전 한나절 동안 맡아 가르치고 돌보는 남현 교회 어린이 선교원의 노동 조건은 개인이 세운 것이 아니라는 점을 빼고는 앞서 본 햇님 유치원에서의 노동 조건과 크게 다르지 않다. 다만 햇님 유치원의 경우 나타나는 운영자인 원장의 개입이 단체인 교회가 예산을 상당 부분 관리하는 이 유아원으로 오면서 상당히 적다는 것이 다르다.

어린이 선교원은 선교원이란 이름을 달았지만 교회에서 설립을 하고 교회 시설을 사용한다는 것, 그리고 교사들이 우선적으로 그 교회의 신도라는 사실을 제외하고는 어린이 모집에서 따로 종교적인 조건을 달지 않으며, 여름 방학 기간 동안의 성경 학교와 간식 시간의 기도 외에는 종교 교육도 프로그램에 별로 눈에 띄게 들어가지 않는다. 월요일에서 금요일까지 한 주간에 다섯날을 활동하는 이곳의 직접적인 보육은 아침 9시에 시작해서 낮 1시에 끝난다. 현재 70명의 어린이에 각 나이별로 한 명의 담임 선생님이 있어 세 사람의 선생님이 일하고 있다. 4세반은 15명, 5세반 30명, 그리고 6세반에 25명의 어린이가 있다.

한 교사의 말에 따르면 부모들이 어린이가 어릴 때는 놀이방이나 유치원에 보내다가 국민학교에 들어가기 전인 6세 경이 되면 속셈 학원, 영재 교육 학원 등으로 보내기 시작하는 경향이 두드러진다고 한다. 그래서 요즘은 유치원마다 아예 국민학교 교과서를 가르치기 시작한다는데, 특히 6세반의 경우에는 낮 1시부터 약 30분 또는 한 시간 동안 산수와 국어 등의 과외 공부를 시키는 경향이 있다 한다.

남현 교회가 자리잡은 곳이 경제적인 형편이 그리 넉넉지 못한 주민들이 많이 사는 곳이기도 하고, 또 교회에서 한 해에 500만 원의 지원을 하며 시설을 그냥 제공하기 때문에 보육료는 현재 어린이당 4만 원을 받아 운영을 할 수 있다. 부모들의 일하는 경향을 보면 예전에는 대부분이 맞벌이를 하였는데, 요즈음은 약 절반 정도의 어머니들이 취업을 하고 있다. 그들이 하는 일로는 식당이 우선 많고 기타 비디오 가게라든가 의상실, 분식집 등의 작은 가게에서 자영업을 하는 것이 대체적인 경향이다. 다른 유아 교육장에서도 그러하듯 부모들이 아이들을 유치원에 보내는 데 있어서의 기본적인 태도는 '별 관심이 없다'는 말로 대별된다. 이것은 나이가 어린 4세반일수록 그러한데, 즉 아이가 유치원에서 어떻게 놀고 자라며 시간을 보내는지에 대한 구체적인 내용에 관심을 갖고 교사와 상의를 하는 일은 거의 없으며, 그저 방치하듯이 아이들을 맡겨 놓고 자신들의 생업을 위한 활동을 하다가 다시 아이들을 데려가는 격이다. 그렇지만 6세가 가까워지면서 속셈 학원 등에 보내는 데서 나타나듯 취학 연령이 되면 갑자기 '점수를 따는 공부시키기'에 대한 관심이 나타난다.

면담을 나눈 교사 중 한 사람은 고등학교 졸업 후 다른 곳에서 잠시 직장 생활을 하다가 1년 정도 보조 교사 생활을 거쳐 현재의 선교 유치원에서 정식 교사 발령을 받았다. 개인적으로는 유치원보다는 더 어린아이들의 '탁아소'(영유아 보육을 하는) 일에 관심이 있어서 낮에는 보조 교사로 일하고 저녁에는 보육 학교에 다녔다. 유아 교육 시설들에는 이처럼 사설 학원에서 교육을 받고 일을 시작하는 사람이 많은데, 전문 대학 이상의 '공식' 기관에서 교육을 이수받고 준교사 내지 정교사의 자격증과 함께 교육 구청에 임용 신고가 된 것이 아니기 때문에 경력을 인정받지 못하고 또 무자격 보조 교사 수준에 맞추어 보수 등을 결정하는 것이 현실이다. 이 교사는 교육 구청에 정식 임용 신고가 되는 교사들은 등록된 호봉에 따라 정확히 보수가 지급되는 것으로 잘못 알고 있었다.

아침 8시에 출근해서 오후 5시에 퇴근할 때까지 아이들 뒤치다꺼리와 청소, 배식 준비, 정리, 그리고 교재 준비에까지 같이 참여해서 수업 진행 외에는 실제로 정식 교사의 일을 거의 다 하게 되는 보조 교사의 1990년도 한달 급료는 7만원이었다. 당시의 전문 대학 졸업 정교사는 저녁 6시에 퇴근하면서 한달 25만 원의 급료를 받았다. 사설 보육 학원을 통해 교육받고 1991년에 현재의 선교 유치원에 임용된 교사의 첫 월급은 본봉 14만 원에 6만 원의 수당이 합쳐져 20만 원이었고, 1993년 현재는 "그 동안의 성과가 참작되어" 33만 원을 받는다.

어린이들이 집에 돌아가는 시간이 낮 1시라고 하지만 청소를 1시간 반 정도 하고 교재 준비와 기타 다른 잔일을 하고 나면 5시에 퇴근하는 날보다 저녁 7시에 퇴근하는 날이 많다. 특히 특별 행사를 준비하는 기간에는 한 주간 내내 거의 야근을 하게 된다. 하지만 다른 유아원의 경우 아이들과 씨름하는 시간만 하루 10시간이 넘고 보통 12시간이 된다는 것을 알고 있는 이 교사는 다른 영유아 보육원의 교사들이 12시간의 일과 후에 다시 활동과 행사 준비도 하고 회의라도 하게 되면 "너무너무 힘들 것이다"는 사실을 인정한다.

사립 유치원들에서는 교육 방향이나 기타의 사항에 원장 등의 운영자가 지시를 하고 개입이 많아 갈등이 심각하지만 교회 유치원은 원장 일을 교회 어른이 형식적으로 맡고 실제 대부분의 결정은 교사들 자신의 교육관에 따라 적용할 수 있기 때문에 "힘들지만 그게 좋은 점"이라고 말한다.

보조 교사들이나 보조 교사 출신의 선생님들은 얼마나 오래 이 일을 계속할 전망을 갖고 있는가? 대부분의 보조 교사가 한두 해 일을 하다가 거기서 그치게 된다고 한다. 실제 유아 교육 관련 학과에서 전공을 하는 사람들도 유아 교육 분야에서 계속 일하는 사람이 상대적으로 적은 편인데, 처음부터 박봉에다 일의 내용이 힘들다는 것을 알기 때문에 직업을 그쪽으로 택하지 않고 할 수만 있으면 다른 일을 찾는다고 한다.

이곳에서도 일을 하는 중에 가장 힘든 것을 물어 보면 아이들과 지내는 것이 우선 꼽아진다. "애들하고 지내니까 좋겠다"고 말할지 모르지만 우선 육체적으로 한없이 '부대껴야' 하고, 청소하고 배식 준비하고 하는 일들 외에도 짐 옮기고 경우에 따라서는 물 퍼내고 보일러 고치는 일까지 다 해 내야 하기 때문에 육체 노동에서 오는 피로가 심각하다. 특히 결혼을 해서 가정을 가진 교사들은 무척 힘들어 한다고 한다. 유치원 일에서 벌써 녹초가 되었으니 집안일은 '엉망'이 되기 일쑤이고, 아이를 낳았는데 자기 자신이 낳은 그 아이를 돌봐줄 시간도 없다. "처녀도 퇴근 후에는 파김치가 되는데" 엄마의 경우는 퇴근 후에 다시 가사 노동을 다 해야 하고, 정작 교사 자신의 아기는 제대로 돌봐주지 못해 아예 병에서 나을 새가 없는 경우를 보았단다.

보수가 적은 것에 대해서 교사들은 문제는 느끼지만 다른 곳도 전반적으로 비슷한 상태인 것을 보며 별다른 개선 의욕이나 움직임이 없이 반쯤 자포 자기하는 분위기이다. 탁아소나 유치원 등 유아 교육의 일에 대해 사회 전반에서 노동의 가치와 의미를 제대로 부여하지 않고 있는 것이 그 원인이라는 것을 이 교사는 알고 있었다. 즉 정당한 노동으로 인정을 받지 못하고 있으며, 근무 시간이 본래 정해진 것보다 한없이 늘어나는 것도 '별것 아닌 것,' "사람들이 (보육일을) 다 '장난'식으로 알잖아요 ……"라 표현되는 태도에 그 뿌리를 두고 있다.

덧붙여, 교사들의 노동 조건에서 무시할 수 없는 요소 하나가 교사들간의 관계인데, 비교적 적은 인원이 여러 시간 한데 붙어서 일한다는 특수성, 그리고 업무의 내용이 기능적으로 명확히 분리되는 것이 아니라는 점이 '융통성'과 '사정 봐주기' 등의 이름 아래 어느 한쪽을 일방적으로 피곤하게 할 수 있다. 교사 임용의 과정도 선교 유치원에서는 개인적인 인맥을 통하는 것이 꽤 작용하는데, 이것이 이후의 교사들 간의 관계에서 '함부로' 원칙을 따지기 힘들게 만드는 한 요소이다. 그리고 교사들간의 보이지 않는 알력은 때로 정식 교사와 보조 교사 사이의 갈등, 또는 정규 대학 졸업자와 사설 학원 출신으로 정식 교사가 된 사람 사이에서 자의식 및 사회적 인정 ― 경력 등 ― 을 의식한 부딪침, 패 가르기 분위기로 나타나는 수도 있다는 게 한 교사의 고백이었다. 실상 교사들끼리 마음이 맞지 않아 일자리를 옮기거나 일을 그만두는 경우도 적지 않다. 가뜩이나 사회 전반의 인식 결여 속에서 모두가 힘든 조건으로 고달프게 일하는데 그 안에서마저 자의식의 계급을 나누며 갈등 분위기를 낳는다는 것은 정말 쉽지 않은 현실이다.

(4) 부천 어린이집

우리는 다시 한두 살 가량에서부터 네 살까지의 어린이들을 종일 돌봐주는 유아 교육 시설을 찾았는데, 이 어린이집은 부천에 위치하고 있었다. 공장들이 많이 자리잡고 있는 지역이고 따라서 맞벌이 젊은 부부가 많아 그들의 자녀 양육에는 이와 같은 어린이집이 거의 필수적이다. 이 어린이집의 운영은 어린이집을 포함한 지역 공동체 운동 모임의 후원 아래 이루어지는데, 직접적인 운영은 교사들이 맡고 있다. 현재 27명의 어린이를 세 사람의 교사가 아침 8시부터 저녁 6시 30분까지 맡아 보고 있는데, 우리가 면담을 했을 때는 교사 중 한 사람이 아파서 두 사람이 아이들을 돌보고 있었고, 실제로는 저녁 7시가 넘어서야 마지막 아이가 자기를 찾으러 온 부모의 손을 잡고 어린이집을 나섰다.

교사들은 어린이집에서 일하기 전에는 지역 내의 제조업체에서 일을 한 경력을 가지고 있고, 보육 학교 등을 통해서 유아 교육에 대한 재교육을 받았거나 받고 있는 중이다. 이들은 우선 다른 직장에서 일해 보았다는 경험, 특히 노동 조건 개선 운동에 적극적인 참여를 해왔다는 점에서 유아 교육 종사자들의 노동 조건을 보다 날카롭게 볼 수 있는 위치에 있었으며,

그 중 한 명의 교사는 다른 사람들이 그냥 넘어가는 '애 보는 일'의 힘듦과 그 '말도 안되는' 노동 조건을 비교적 분명한 어투로 표현하고 있었다.

그가 전에 일하던 제조업체에서는 특별한 숙련을 요하지 않는 단순 작업을 하면서 1989년 당시 일주일에 44시간을 일하고 기본급은 월 35만 원을 받았으며 일년에 600%의 보너스를 받았다고 한다. 그러한 조건도 개선을 하기 위해 많은 노력을 해서 현재는 기본급이 월 45만 원 내지 50만 원이 되는데, 이곳 유아 교육장에서는 일주일에 엿새 동안 일하면서 하루 12시간을 어린이들과 "한도 끝도 없이" 부대껴야 하고, 처음에 월 20만원의 보수를 받았으며, 거기에다가 직접적인 책임감까지 더해지니 "이런 일이 세상에 어디 있느냐"는 것이다. 비교적 시원시원히 자기 감정을 표현하는 이 교사는 "어떤 엄마는 (이렇게 종일 힘들게 일하는 우리에게) 아이를 그냥 턱 맡겨 놓은 채 잊어버리고 자기 쇼핑할 것 다하고 나서 느긋이 8시 반도 지나서 아이를 찾으러 온다"고 서운해 했다. 형편이 어려운 노동자 부부를 위해 사명감을 가지고 일하려 하지만 기본적으로 아이들을 맡아 돌보는 일을 부모들 스스로가 '별로 대수롭지 않은 일'로 여기는 경향이 역력할 때 속이 상하며, 그럴 때면 이 모든 노력들이 도대체 무엇을 위한 것이었는가 하는 회의가 고된 육체를 더 피곤하게 한다.

이곳에서 일하는 교사 중 한 사람은 다섯살난 딸 아이를 하나 두고 있었는데, 막상 자신의 아이는 자기가 오래 전부터 일하는 어린이집에서 돌보지 못해 오다가 한두 달 전부터야 이 어린이집에서 같이 하루를 보낸다고한다. 실제로 그리 많은 수는 아니지만 직접 자신이 낳은 아이들을 기르는 교사들은 대개 자기 아이들을 자기가 일하는 유아 교육 시설에서 돌보지못하는 것이 대체적인 경향이라고 하는데, 왜 그럴까? 우선은 여러 아이들을 평등하게 돌봐주어야 하는데, 아이가 자기 엄마에게 특별한 관심을 끌려고 하고 어머니의 입장에서도 아무래도 자기 아이의 태도가 신경이 쓰여더 원칙대로 대하려고 하다 보니까 외려 부모 자식 간의 사이가 나빠지고이상한 갈등의 분위기가 싹트기 쉽다 한다. 아이는 자기 엄마가 다른 아이들에게도 자신과 같은 정도의 배려를 해주는 것을 보고 시샘을 해서 일부러 반항적인 행동을 보이기도 하고, 이를 보는 어머니는 더 엄격한 평등의원칙을 위해 벌을 주기도 해서 악순환만 낳은 경우가 그런 것이다. 부천어린이집의 한 교사의 경우는 이런 이유로 해서 자기 딸아이를 다른 탁아소에 맡기기도 했다가 시부모님에게 부탁도 했다가, 또 아직 좀 어린 편이 지만 유치원에도 보내 보았다고 한다.

대화 중 또 한 가지 드러나는 것은 어린이를 보살피고 키우는 것이 사회 적 의식의 진보성에 관계 없이 여성 또는 '어머니'만의 일이라는 생각이 지역 내에서 노동 운동을 하는 사람들 사이에서까지도 여전히 팽배해 있다 는 사실이다. 즉, 어머니 또는 '여자'들이 하는 집안 살림과 아이 보는 일 은 부수적이며 '덜 중요한' 일이라는 생각이 은연중 여전하다. 특히 핵가 족화라는 현재의 경향 속에서 남편과 아내가 둘 다 바쁘게 일할 때 남편은 '좀더 중요한' 바깥일에 전념해야 하고, 아내는 역시 직장일을 하는 것은 매한가지지만 거기다 더하여 '덜 중요한' 가사 노동과 특히 '아이 돌보기' 를 전적으로 맡아 으레 그래야 하는 것처럼 책임을 지는 것이다. "그런 일 들에까지" 남자가 신경을 쓰게 해서는 안된다는 식이다.

이 어린이집이 설립될 당시 본래 더 역점을 두었던 것은 아이들을 기르 는 일 자체에 대한 특별한 인식보다는 결혼해서 아이를 낳아 기르는 여성 노동자들의 생활을 돕는다는 취지였다고 한다. 후원금이 모여지는 것도 아 이들을 돌보는 데 쓰이게 한다는 시각보다는 부모들의 교육비 부담을 덜어 주려는 방향으로 쓰였다. 그런데 점차 시간이 지나면서 어린이 보육 자체 의 중요함에 대해서 생각하게 되고, 그러자면 자연히 어린이들을 돌보는 교사들의 처우도 개선되는 방향으로 가야 하지 않느냐는 생각이 조금씩 싹 트고 있다. 그러나 이런 입장은 어떤 도덕적 의무감에 바탕하여 '희생'을 각오하고 '헌신적으로' 일해야 한다는 생각에 걸려 아직도 하나의 정당한 목소리로 키워지지 못하고 있다. 결과적으로 그 중요성이 제대로 인정받지 못하고 있는 유아 교육은 단순한 '탁아'로 인식되는 일반적인 분위기 속에 서 교사들은 박봉에 중노동의 나날에 시달리다 탈진하여 떨어져 나가는 악 순환이 반복된다.

부천의 어린이집에는 대학생 자원 봉사자 서너 명이 주말을 이용해서 거들어 주러 오기도 하지만 절대적으로 일손이 달린다. 유아 교육 시설이 가장 필요한 맞벌이 부부들의 핵가족적 주거지인 이곳에는 대학의 유아 교 육 관련 학과에서 전공을 한 사람들이 그나마 와서 일할 가능성이 희박하 기도 하지만, 어린이를 돌보는 일이 학교에서 배우는 이론들보다는 실제로 어린이들을 대하면서 일상적인 생각과 행동들을 적용할 수 있는 자세가 더

유아 교육 종사자들의 열악한 노동 조건은 기본적으로 어린이들을 돌보고 가르치는 것이
'하찮은 일'이라는 생각에 그 문제의 뿌리를 두고 있다.

중요한 변수로 자리잡는다.

3. 정리해 보는 생각

유아 교육 종사자들의 열악한 노동 조건은 단순히 수치상의 문제, 즉 장시
간의 노동과 낮은 보수 그리고 보장되어 있지 않은 경력 등의 문제에서 그
치는 것이 아니라 기본적으로 어린이들을 돌보고 가르치는 것이 '하찮은
일'이라는 생각에 그 문제의 뿌리를 두고 있다. 특히, 어린이들의 연령이나
유아 교육 장소의 형태들의 차이에 관계없이 나타나는 가장 심각한 문제는
자신의 아이들을 맡기는 부모들의 기본적인 태도이다. 자기 자신이 어린이
를 보육할 때의 어려움은 생각지 않고 그냥 '애를 맡겼다가' 찾아오는 것
인데 '그게 무어 대수로운 일일까' 하는 다분히 차별적인 인식의 장치가
작동된다. 3살 이하의 어린아이들은 장차 경쟁적인 학교에 가서 얻어 와야
하는 '점수'를 따는데 직접 도움이 되는 글자 익히기나 산수 문제 또는 기

타 '영재 교육'을 하는 것도 아니어서, 유아 교육장에서 하는 것은 그냥 '애들과 장난치면서 놀아 주기나' 하는 일이라는 생각이 부모들 사이에 은연중 팽배해 있다. 이는 한마디로 유아 보육에 대한 부모들의 계층 여하를 막론한 근본적인 무지와 무관심이며, 이러한 무관심의 분위기는 심지어 교사들에게도 부분적으로 스며들어 자신들이 하는 일이 사회적으로 인정받지 못하고 있는 현실에 대해 반 자포 자기로 놓아 두는 현상이 나타난다. 이 점은, 우리가 이미 보았듯, 유아 교육에 대한 특별한 의식을 가지고 자신의 일에 사회적인 의의를 부여하며 악조건을 헤치고 일하는 교사들을 어느 날 갑자기 '허탈하게 무너지게' 하는 가장 힘든 요소이다.

반면 5세와 6세경에 이르는 어린이들을 유치원 등 유아 교육 시설에 보내는 부모들의 태도에서는 돌연 자기 아이들이 다른 아이들에 비해 '더 높은 점수'를 받아야 하는 경쟁 단계에 들어가면서 결코 정상적이라고는 볼 수 없는 다분히 분열적이고 파행적인 관심을 갑자기 보이기 시작한다. 대학 입시 고지를 향해 뛰는 소위 출세에의 긴 역정은 이 나이에 벌써 시작되는 것이다! 일일 공부 시험지를 풀고, 아이들이나 교사들이 그것을 싫어해도 자기 아이가 뒤질세라 초조하게 재촉하고, 또 그러한 부모들의 요구에 부응하지 않으면 아이들을 자기 시설에 보내지 않을까봐 신경을 쓰는 운영자의 압력이 다시 교사들에게 작용한다. 새힘 어린이집이나 부천의 어린이집에서도 일부 부모들은 오전에는 자기 아이들을 속셈과 산수 등을 가르치는 유치원이나 학원에 보내고, 오후에는 '싼값에' 아이들을 저녁까지 봐주는 이들 어린이집에 '적당히' 보내는 경우가 있다고 한다. 대단히 약은 계산에 따른 이기주의이다. 많은 수는 아니지만 이런 경우 힘든 조건 속에서 부모들의 보육비 부담을 최소한으로 하면서 '봉사'하고자 하는 교사들의 헌신은 그들의 고된 일과 덕분에 아이 돌볼 걱정 없이 일터에 나가 돈을 벌고 또 나름대로의 시간을 갖는 부모들에게 단지 '이용'되고 있을 뿐이라고 생각할 수도 있다.

어린이를 돌보는 일이 중요하다고 생각한다면 영유아 보육에 종사하는 보육 교사들의 노동 조건을 소홀히 하지 말아야 한다. 열악한 조건 속에서 계속성의 보장도 없이 기진맥진할 만큼 고된 하루를 보내는 교사들이 그들의 정성을 다해 계속 어린이들을 가르치고 돌보기를 기대한다는 것은 논리적으로 어긋나는 일이며, 한마디로 대책 없는 일방적인 희생을 요구하는 것이라고 우선 분명히 말할 필요가 있다. 이 문제는 영유아 보육을 담당하는 사람의 전문성을 기른다고 해서 간단히 개선될 성질의 것이 아님도 자명하다. 전문화된 직업으로만 인식된다면 영유아 보육은 보다 본격적인 시장의 원리에 의해 운영될 것이다. 보수가 높고 노동 조건이 편한 다른 직종으로 영유아 보육 종사자들이 잔뜩 몰리는 동시에 정말로 공동육아와 영유아 보육의 일손이 필요한 맞벌이 노동자들의 핵가족적인 주거 지구에는 교사가 가지 않을 것이기 때문이다.

영유아 보육에 종사할 수 있는 교사가 되는 길은 오히려 보다 폭넓게 열려야 할 필요가 있으며, 미혼의 여성뿐만이 아니라 기혼 여성, 그리고 사실은 많은 남성들이 참여할 수 있어야 한다. 무엇보다도 영유아 시절의 어린이를 돌보는 일의 중요성이 부모가 되는 사람들에게 교육되어야 하고, 영유아 보육을 관장하는 주무 부서에서도 '부모가 정 돌볼 수 없을 때 할수 없이' 시간 때우며 아이들을 맡아 보는 '탁아소'로서의 개념이 아니라 내일의 세대들을 준비시키고 기르는 과정에서 가장 기본적이고 중요한 인성과 행동 양식이 발달하는 유아 시기의 교육의 중요성을 적극적으로 인정하고 받아들여 보다 광범위한 체제 보완과 책임 의식을 발달시켜야 한다.

위의 사례들에서도 드러나듯 영유아 보육의 문제점은 실상 가사 노동이 사회적으로 그 중요성을 아직 인정받지 못하고 있는 분위기와 다분히 연결되어 있다. 마치 큰 신경 쓰지 않아도 저절로 되어온 듯이 여기는, '비공식'적으로 처리되어 왔기에 따로 드러내어 떠드는 것이 골치 아픈 주제만 하나 첨가하는 셈이라는 태도가 여전히 지배적이다. 교육 구청에 교사들의 임용 보고를 한다고는 하지만 보수 기준에 대한 실질적인 통제가 없는 것이나, 명시된 근무 시간과는 판이하게 다르게 나타나는 실제 근무 활동 시간들은 영유아 보육과 관련된 교사들의 활동이 '애매'하고 '별반 눈에 뜨이지 않는' 것으로 생각되어 왔다는 사실에서 기인한다. 영유아 보육에 종사하는 이들의 노동 조건의 개선은 근본적으로는 부모와 주무 당국과 나아가 사회 일반이 영유아 보육의 교육적 중요성을 제대로 인식하고 인정하는 데에서야 바르게 시작될 수 있을 것이며, 우리는 이제 이에 대한 구체적인 대안들을 마련할 준비를 해야 하는 것이다. ■

* 주

1) 변철식, 〈현행 영유아 보육법 개정 방향에 대한 토론〉

2) 이 면담들은 변미양 님에 의해 준비되고 주선되었다. 불편한 몸으로 일일이 연락들을
   취하고 각각의 면담 장소에 필자와 동행하면서 면담들에도 적극적으로 참여하여 주
   신 변미양 님께 다시 한번 감사를 드린다. 아울러, 그리 편치만은 않은 면담 환경 중
   에도 대화에 흔쾌히 응해 주신 여러 선생님들께, 여기서 일일이 그 이름을 들어 인사
   를 드리지는 못하지만, 깊은 감사를 드린다. 그리고, 사례들에 나타난 유아 교육 시설
   들의 이름은 편의상 모두 가명으로 했음을 밝힌다.

* 글쓴이 송도영은 혼자 여행하는 것을 좋아하고, 쓸데없이 손해 보는 것을 억울
해 하고, 누구나 그렇듯 이론과 실천 사이에서 괴로와하고, 맞은편에서 세차게 불
어오는 바람 받으며 달리기 하는 것을 좋아하는 30대 초반의 평범한 사회 과학도
이다.

직장 육아란 무엇인가

현황과 대책

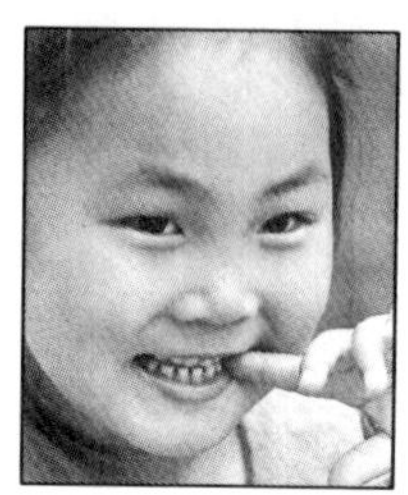

조은

1. 문제의 제기

이제 아이 키우기에 대한 관심은 부모 육아가 공동육아보다 나은가 아닌가에 있지 않다. 오히려 공동육아의 질에 관심이 모아지고 있으며 더 나은 공동육아를 위한 제도적, 정책적 지원과 함께 새로운 시도들이 모색되어야 한다는 데 의견이 모아지고 있다. 여기서는 정부가 권장하고 있고 미취학아를 둔 직장 여성들 또

'직장 육아'는 고용주나 사용주가 개별 사업체 단위를 뛰어넘어 공동육아를 지원하는 매우 포괄적인 고용주 지원 육아 개념으로 정립될 필요가 있다. 더구나 기업 부분이 크고 복지 국가의 기틀이 약한 상황에서, 그리고 탁아소가 수적으로 절대적으로 부족한 현실을 감안할 때 기업의 공동육아 참가는 절대적으로 요구되며 이는 공동육아에 대한 정부와 기업의 분담이라는 수준에서 논의되어야 하며 더 나아가 공동육아에 대한 사회적 책임의 분담이라는 선에서 매듭지어져야 한다. 따라서 직장 육아를 고용주가 각 개별 사업체의 피용자의 복지를 지원하는 한정적인 모형에서도 벗어나야 한다.

한 많은 관심을 보이는 직장 육아가 정책적으로 어떤 함의를 갖는가, 현실적으로 누구에게 어느 정도 혜택을 줄 수 있는가, 어떠한 문제를 안고 있는가, 그리고 어떠한 대안을 생각해볼 수 있는가를 외국의 경험들과 현재 우리나라 직장 육아의 현황을 중심으로 논의하고 대안을 찾아보고자 한다.[1]

현재 우리의 보육 시설을 보면 1993년 6월 30일 현재 국공립 보육 시설 792개소, 민간 보육 시설 3,110개소, 직장 보육 시설 29개소, 가정 육아 시설 2,119개소로 직장 보육 시설은 매우 적다.[2] 탁아 수당을 지급하는 5개 업체를 포함한다 하더라도 직장 육아 혜택을 받는 아동의 수는 1천여 명에 불과하다. 또한 직장 보육 시설이 쉽게 확장되고 있지도 못하다.[3] 정부가 이른바 '직장 보육 시설' 의무 사업체로 규정한 상시 여성 고용인 500인 업체는 184개소며 이중 10% 미만인 18개 업소가 육아 시설을 갖추고 있을 뿐이며 이들 직장 보육 시설은 대부분 생산직에 집중되어 있다. 이들 생산직은 섬유 봉제 전자 등 노동 집약적인 여성 산업들로서 미혼 여성 노동력이 떠나면서 인력난 해소를 위해 기혼 여성 노동력을 끌어들이기 위해 탁아소를 시작한 경우들이다. 이들 산업들은 대부분 사양 산업으로서 사업체 규모가 감소하고 있는 경우가 많다. 또한 앞서의 많은 연구들에서 지적되었듯이 여성 피용자들 중 500인 이상 고용업체에서 일하는 여성의 비율은 전 연령층으로 보아서 10%도 안되며 더우기 그러한 업체에서 일하는 기혼 여성이나 미취학아를 둔 여성의 비율은 더욱 낮다는 사실을 감안할 때 현재와 같은 직장 보육 시설 제도로 혜택을 받을 수 있는 인구란 사실상 미미하다. 여성 운동 단체들이나 공동육아 연구자들은 탁아소 설치 의무 사업체를 상시 여성 고용인 500인 이상에서 300인 이상으로 하강 조절해 줄 것을 요구하기도 하고, 육아가 여성만의 일이 아니라는 점에서 여성만이 아닌 전체 종업원수가 500명 또는 300명 이상인 경우로 조정해 주도록 요구하고 있다. 그러나 단일 사업장의 종업원 수를 300인 이상으로 한다 해도 미취학아를 둘 확률이 높은 25-29세 여성의 경우 7%, 30-34세 여성의 경우 3.5%만이 300인 이상 업체에 고용되어 있을 뿐이며 이 연령층의 90% 이상이 100인 미만 업체에 고용되어 있다. 10인 미만 업체에서 일하는 경우도 각각 41.3%, 76.7%나 된다.(조은, 1991) 한편 대규모로 여성 노동력을 집중 고용하는 제조업체들은 감소 추세에 있는 반면 사무직에서의 기혼 여성 인력은 증가하고 있으며 이들의 경우도 직장 육아의 필요성을 절감하고 있으나 사무직의 경우는 단일 사업장에서 300인 이상 일하는 업체들이 많지 않을 뿐 아니라 사업장이 보통 사무실 밀집 지역이어서 육아 공간 확보도 쉽지 않다. 사무직을 위한 직장 내 육아 시설을 계획중인 곳이 몇 군데 있지만 현재 제대로 시설을 갖춘 곳은 한국 여성 개발원이 유일하다. 사무직 여성들이 몰려 있는 은행이나 병원 등을 중심으로 직장 보육 시설에 대한 탁아 요구가 활발하게 제기되고 있으나 큰 성과를 거두고 있지는 못하여[4] 몇몇 뜻있는 교사들이 중심이 되어 주로 학교에서 소규모 형태의 시설 육아를 하는 경우가 15개소 정도 있을 뿐이다.[5] 이렇게 볼 때 현재와 같은 '직장 육아' 제도를 통해 비등하는 탁아 요구를 해소해 나가는 것은 어려우며 탁아 수요에 비해 절대적으로 부족한 시설의 확장이나 필요한 수요층의 요구를 수용하기 위해서는 직장 육아에 대한 개념을 재정리하고 이를 활성화할 수 있는 대책이 있어야 한다.

우리는 흔히 공동 육아 모델을 '지역 육아'와 '직장 육아'로 나누고 '지역 육아'란 아동의 거주지 중심의 육아, '직장 육아'란 직장 내 시설 육아로 생각하며 때로는 이 두 모델이 서로 상치되는 모델인 듯한 오해를 빚기도 한다. 그러나 '직장 육아'라는 의미는 탁아소의 설치 위치보다는 육아비의 부담과 관련하여 '고용주 지원 육아'(Employer-Supported Child Care 또는 Corporate Child Care)로 이해해야 한다. 즉 이 문제는 장소보다는 육아 비용 부담과 연관시켜야 한다.

공동육아 모형에서 육아의 재정 지원을 누가 할 것인가 하는 문제와 관련하여 분류해 본다면 크게 국가 부담, 고용주 부담, 부모 부담의 유형이 있으며 국공립 보육 시설은 주로 국가가, 가정 보육은 부모가 그리고 직장 보육 시설은 고용주가 주로 재정 부담을 하는 모형으로 볼 수 있다. 여기서 우리가 주목해야 할 점은 '직장 육아'라는 것이 곧 직장의 작업장 내 탁아소 설치로 이해돼서는 안된다는 점이다. 오히려 고용주의 재정 지원을 통한 공동육아 참여로 이해해야 하며 기업주가 취업 여성 및 종업원의 아동을 위한 복지에 참여하는 방식으로 권장해야 한다. 따라서 기업주로 하여금 다양한 형태로 '공동육아'에 참여하도록 유인해야 하며 직장 보육 시설의 단위를 개별 사업체로 책정하거나 사업장 내 보육 시설 설치에 집착할 필요가 없다. 또한 보육 시설의 단위를 개별 사업체로 책정하지 않는다면 직장 보육 시설 의무 사업체 규모를 그토록 높게 책정해 놓을 이유가 없고 직장 육아와 지역 탁아를 가름할 이유도 없다. 여기서 '직장 육아'는 고용주나 사용주가 개별 사업체 단위를 뛰어넘어 공동 육아를 지원하는 매우 포괄적인 고용주 지원 육아 개념으로 정립될 필요가 있다. 더구나 기업 부분이 크고 복지 국가의 기틀이 약한 상황에서, 그리고 탁아소가 수적으로 절대적으로 부족한 현실을 감안할 때 기업의 공동육아 참가는 절대적으로 요구되며 이는 공동육아에 대한 정부와 기업의 분담이라는 수준에서 논의되어야 하며 더 나아가 공동육아에 대한 사회적 책임의 분담이라는 선에서 매듭지어져야 한다. 따라서 직장 육아를 고용주가 각 개별 사업체의 피용자의 복지를 지원하는 한정적인 모형에서도 벗어나야 한다. 이러한 점에서 직장 보육 시설의 의미를 뛰어넘는 직장 공동 육아 모형이나 대안들을 생각해 볼 필요가 있다.

2. '직장 육아' 모형과 외국의 사례들

직장 육아를 고용주 지원 육아로 이해할 때 여러 가지 유형이 있는데 대체로 ① 직접 탁아소를 운영하는 경우, 이른바 사업장 시설 보육, ② 육아 관련 정보망 제공, ③ 재정 지원, ④ 근무 시간 조절 등 네 가지 유형이 있다.

  ① 직접 탁아 서비스를 제공하는 경우 : 사업장 내 탁아소 설치와 사업장 밖 탁아소 설치로 나뉘는데 사업장 밖의 경우는 사업장 인근에 설치하는 경우가 대부분이다. 운영 형태는 여러 가지며 기업의 한 과나 부서로 편입시키기도 하고 육아 교사 등 관련 고용인이 기업의 피고용이 되는 경우도 있고 외부 전문 기관과 계약을 해서 기업 직원과 지역 사회 인사들로 이사회를 구성한 비영리 재단의 형태를 취할 수도 있으며 때로는 회사의 영리 사업이 되는 형태를 띠기도 한다.

  고용주의 재정 부담의 형식도 다양해서 어떤 경우는 시작할 때 비용만 출연하기도 하고 어떤 경우는 운영비를 모두 부담하기도 한다. 운영비를 부담하는 경우, 장소(공간)만 제공하는 경우, 시설을 제공하는 경우, 행정 사무 유지비들을 모두 부담하는 경우 등 다양하다. 그러나 피용자 부담이 없는 경우는 거의 없으며 피용자 부담도 편차가 심하다.[6] 그러나 탁아 장소를 사업장 내나 사업장 인근에 두지 않는 고용주 지원 탁아소도 많다. 특히 도시 중심가에 사무실이 있는 기업들의 경우 기업 몇 개가 공동으로 탁아소를 시내 중심가에 구입하여 운영하는 경우도 있고 건설 회사 등이 몇 개 개발 지역에 탁아소를 설치함으로써 기업들을 유치하기도 한다.[7] 그 외 노조들이 자체적으로 탁아소를 운영하기도 하는데 몇 개 기업의 연합 노조들이 공동으로 탁아소를 운영하기도 한다. 기업주의 직접 육아 서비스

제공의 다른 유형으로는 고용주가 재정 지원을 하는 가정 내 육아를 들 수 있는데 이 경우는 기업에 육아모를 등록시키는 등 육아모 확보망을 통한 재정 지원을 하는 경우다. 어떤 기업은 비영리 지역 육아 기관에 가정 육아모 훈련비를 지원하는 경우도 있다. 고용주 지원 가정 육아가 피용자들이 가장 선호하는 육아 유형의 하나이며 고용주들도 시설 투자나 운영비 부담이 없어 선호하는 편이지만 육아의 질에 대한 통제가 어렵고 육아모를 지속적으로 확보하기 어려운 단점이 있다.

② 탁아 정보망 제공 : 사용주가 피용자에게 육아 관련 자원 및 정보 제공, 피용자 지원 프로그램, 부모 교육 등을 제공하는 유형으로 기업에 따라서는 전담 사원을 두는 경우도 있다. 피용자의 육아 수요와 필요를 파악하고 이에 맞는 정보를 제공하고 알선하는 업무를 사용자 측이 맡으며 탁아비를 특정 범위 내에서 지원한다. 자녀 양육에 대한 지원, 일하는 어머니에 대한 학계의 논쟁 등 일하는 어머니들의 불안감을 덜어주기 위한 교육 프로그램, 일과 관련하여 가족이 겪는 스트레스를 덜어주는 교육 프로그램 등도 제공한다.

③ 재정 지원 : 가장 일반적인 고용주 육아 지원 유형으로 여러 가지 형태가 있는데 특정 탁아소의 자리를 기업용으로 확보하거나 탁아소비를 할인하여 사용할 수 있도록 지원하는 경우다. 이 경우는 부모에게 선택권의 범위를 넓혀 준다는 장점이 있으나 비용 부담이 커서 크게 활용되지는 않고 있으며 기업측에서 육아 수당을 지급하는 경우가 보다 보편적이다.

④ 노동 시간 조정 : 노동 시간 단축, 시간제 노동, 일 분담 등을 통해 부모가 육아에 보다 시간을 쓸 수 있도록 조절하는 유형으로서 예를 들면 출근 시간을 7시부터 10시 사이, 퇴근 시간을 3시부터 6시 사이로 선택하게 하거나 주 4일제 근무 등으로 부모가 직장 시간대 조정 등을 통해 가정과 육아를 양립하도록 도와주는 모형이다.

즉 우리가 직장 육아라고 할 때 이는 탁아소의 설치 위치보다는 고용주 지원 육아로 이해해야 하며 탁아소의 위치나 운영, 혜택 등에서는 매우 다양한 형태가 있음을 알 수 있다. 사업장 내 탁아소 설치는 직장 육아의 한 유형일 뿐이며 고용주로 보면 가시적 효과가 있고, 인력난 해소나 숙련직 확보에 유리하며, 피용자 사기를 올려 주고 회사 홍보에도 도움이 되며 육아의 질에 대한 통제가 어느 정도 가능하고 특히 피용자의 노동에 대한 통제에서는 최대의 효과를 보는 장점이 있지만 공간 확보와 운영비 등 비용 부담이 커서 기업주가 사업장 탁아 시설을 운영하는 비율은 어느 나라에서나 극히 낮다. 예를 들면 비교적 직장 시설 탁아가 많은 것으로 알려진 미국의 경우도 87년 현재 미국의 기업 600만 개 중 2,500개 기업만이 탁아소를 운영하며 직장 가까운 곳 또는 직장 내 탁아소 운영은 그 5분의 1인 550여 개에 불과하다(Auerbach, J. D., 1988). 나머지는 거주지 중심의 탁아소를 운영한다. 왜냐하면 부모들이 집 가까운 곳을 선호하고 자기 집 환경(family culture)과 비슷한 곳을 원하기 때문이다. 사업장 내 탁아소 운영을 하는 경우는 피고용자 대부분이 여성 피용자이고 야간 교대제 등 출퇴근 시간이 비규칙적이거나 여성 숙련직(예를 들면 간호사) 확보가 필수적인 의료 기관 등이 많다. 피용자측에서 보면 비용이나 편의, 신뢰감 등에서 장점이 있지만 인근에 살지 않을 경우 교통 문제가 심각하고 자기 집 환경과 너무 차이가 날 수 있는 문제가 있다. 실제로 전세계적으로 볼 때 탁아소 설치 위치는 지역 육아가 거의 모든 나라의 공통된 추세이다. 세계 어디서도 '사업장 육아'가 20% 이상을 점한 경우가 없다. 사업장 육아가 중심이 될 경우 ① 육아와 직장을 연결시킴으로써 피용자의 운신의 폭을 줄이고 ② 부모의 직장 변경에 따라 아이들이 육아의 불연속성을 경험할 수 있으며 ② 육아 책임이 부모 한쪽(특히 여자쪽)에 주어질 수 있고 ③ 교통 문제를 유발하며 ④ 무엇보다도 어린이와 어린이를 위한 지역 사회의 사회 관계망의 발전을 막고 지역 사회성의 개발을 막는다는 이유 등이 이미 많은 연구들에서 문제점으로 지적되고 있다(Melhuish, E. & Moss, P. 1991). 부모들 또한 거주지 가까운 곳, 그리고 자기 집과 환경이 비슷한 곳을 원한다. 사실 직장 육아 중심의 육아 정책은 국가가 육아에 대해 최소한의 개입을 하는 정책 모델로서 육아 문제를 기업주와 시장에 맡겨 해결하겠다는 입장이다. 이 경우 탁아소는 주로 여성 노동력 참가를 증대시키는 데 주목적이 있으며 아동 복지나 남녀 평등의 문제는 뒷전에 밀려나 있기 쉽다. 탁아소는 여성 노동력을 참가시키는 상품의 의미를 지니며 선진 자본주의 사회의 경우 미국과 영국이 대표적인 직장 육아 중심의 육아 정책을 쓰고 있다.[8] 육아비의 부담은 부모 아니면 고용주로서 국가의 부담은 거의 없다. 즉 고용주가 부모를 제외하고는 육아비의 주된 재원(Final Source of non-parental family)이 되고 있다.[9] 그러나 이 경우에도 탁아소의 위치를 직장에 두는 비율은 그렇게 높지 않다. 탁아에 정부의 개입이 많은 프랑스, 독일, 스웨덴의 경우를 보면 위치는 지역 중심, 재정은 국가가 높은 부담율을 보이는 것이 특징이다. 독일의 경우 89%가 지역 육아이며(community fared), 11%가 공장이나 기업 부설 등의 직장 육아이다. 지역 육아는 국가나 지방 자치 단체가 재정 지원을 하며 직장 육아의 경우, 비용은 회사와 국가가 부담하는데 대체로 회사는 건물 제공과 유지, 국가는 육아 교사 임금 및 음식물비 등 일용품비를 제공하는 방식을 취한다.

프랑스의 경우는 지역 탁아나 직장 탁아 모두 정부의 지원을 받으며 80%가 지역 탁아소로서 거주지에 따라 탁아소를 배정 받는다. 나머지 20%가 직장 육아인데 직장 탁아소는 병원에 소속된 경우가 대부분이며 교대 근무하는 간호사나 병원 직원 및 환자아이의 육아 중심으로 되어 있다. 복지가 잘되어 있는 호주의 경우도 비슷하다. 스웨덴의 경우는 육아비 부담을 부모가 지는 비율은 10% 정도며 국가가 47%, 시정부나 고용주가 43%이며 사기업 탁아소는 거의 없고 대부분의 탁아소는 지역 중심으로 움직인다. 사적 육아는 가정 육아 징도이며 부모 및 녕이 소규모 육아 협동 조합(Co-op)을 만들어 장소를 임대하고 육아 교사를 고용한 경우도 공공 지원을 받는다. 일본의 경우는 민간 부문 및 시장에 탁아 서비스를 맡긴 비율이 다른 선진 사회보다 높지만 직장 시설 탁아 비율은 그렇게 높지 않다. 아시아 지역의 경우 탁아 서비스에 대한 정부의 참여도 낮고 기업의 지원도 낮은 편이지만 전체적으로 지역 탁아가 90% 이상을 점한다(Myers, R. & Indriso, C., 1987).

3. 우리의 직장 육아 현황과 사례들

(1) 현황

현재 공식적으로 보고된 직장 육아는 직장 보육 시설 29개 업체, 육아 수당 지급 5개 업체이며 이 외에 교육 구청, 국민학교, 중학교, 전교조 등이 중심이 된 학교 및 공공 기관 보육 시설 11개소 등이다. 부록 【표 1】에서 보듯이 직장 보육 시설 29개 업체 중에서는 한국 여성 개발원을 제외한 모든 업체가 제조업체이며 여성 개발원은 직장 보육 시설 시범 업소로서 시작한 경우다. 따라서 사무직 여성들을 위한 직장 육아는 아직 시작되지 못했다고 할 수 있다. 직장 보육 시설 29개 업체 중 18개 업소만이 상시 여성 고용인 500인 이상 업체로서 직장 육아 시설 의무 대상 업체이며 나머지는 500인 미만 업체이지만 업체 임의로 운영하고 있고 이 중 1개는 농공업 단지 연합 시설이다. 이 중에서 〈오리엔트〉는 사업장 내가 아닌 사업장 인근 주택가에 육아 시설을 설치해 놓고 있으며 그 외는 사업장 내에 두고 있다. 영유아 보육에 적당하지 않은 환경을 가진 사업장으로 여성 근로자의 비율이 높은 부산의 5개 업체가 보육 수당을 지급하고 있다.(부록【표 2】) 한편 학교나 공공 기관을 중심으로 움직이는 소규모 직장 탁아소들은 부록【표 3】에서 보듯이 대전 교육청을 제외하고는 육아 공간의 지원을 받는 외에는 별다른 지원이 없다. '직장 육아'를 추진해온 경험 사례들에 의하면 '직장 육아' 추진의 어려움은 대체로 다음 5가지로 요약된다. ① 탁아 장소 확보 ② 탁아 희망 아동 수가 적은 경우 ③ 직장에서 다수가 원하지 않는 경우 ④ 고용주의 지원이 없는 경우 ⑤ 출퇴근시의 교통 불편 ⑥ 탁아 교사의 신분 보장과 보수 지원 체계 미비 등이다.[10] 이러한 문제점의 지적은 물론 직장 탁아를 시작하는 데 고용주의 재정이 관건임을 보여 주지만 그러나 공동 육아에 대한 기업주의 재정 투자와 확고한 의지만으로 문제가 해결되기 어렵다는 사실을 또한 보여 준다. 특히 ①, ②, ③, ⑤ 등의 항목은 정부의 직장 보육 시설 의무 업체의 규모를 하강 조정한다 해도 쉽게 해결되기 어려운 조건들이다. 즉 이러한 문제 제기는 단일 업체 중심의 직장내 탁아소 설치 요구는 기본적인 한계를 가지고 있으며 탁아소의 운영 또한 쉽지 않음을 보여 준다.[11]

(2) 비교적 성공적인 사례들

여기서는 비교적 성공적인 직장 육아로 볼 수 있는 2개의 사례를 통해 '직장 육아'의 장점과 제한점 등을 논의해 보고자 한다.

하나는 사무직, 하나는 생산직을 대상으로 한 직장 육아로서 전자는 한국 여성 개발원 어린이집, 후자는 S봉제의 사업장 내 유아원으로서 현장을 1993년 7월, 8월 사이에 방문하여 참여 관찰하고 운영자, 탁아 교사들과의 면담 및 전화 인터뷰, 그리고 공식 보고서 자료들을 참조했다.

【사례 1】 한국 여성 개발원 어린이집

한국 여성 개발원 어린이집은 88년 직장 탁아 시범 사업으로 시작했으며 3년간
의 시범 기간이 끝난 뒤 직원 복지 사업으로 전환하여 그대로 운영되고 있다. 처
음에는 개발원의 교육원 프로그램에 참석하는 어머니들의 자녀들을 위해 개원했
고 정원의 ⅓ 정도를 인근 거주 아동들로 받을 예정이었으나 현재는 정원 22명
중 인근 국가 기관 근무자 자녀 3명을 제외한 전원이 직원 자녀이다. 탁아를 원
하는 아동의 수가 정원보다는 언제나 더 많기 때문에 대기자 명단에서 기다리는
경우가 많다. 현재 취원 아동수는 3세 2명, 4세 5명, 5세 12명, 6세 3명이며 월 부
담료는 직원의 경우 정부 어린이집에 비해 1만 원이 싼 6만 8천 원이며 외부 국
가 기관 근무 자녀의 아동은 7만 3천 원이다. 교사는 3명이며 이들은 한국 여성
개발원의 임시직으로 발령나 있고 교사의 학력은 대학에서 유아 교육을 전공한
대학원 졸 1명과 전문대 졸 2명이며 봉급은 사회 복지 시설 생활 지도원에 준한
다. 탁아 교사의 임시직 발령과 낮은 봉급은 이들의 잦은 이직률과 연계되어 주
로 자녀들을 맡기고 있는 노조원들로부터는 시정 압력을 받지만 내부 조직 구조
상 들어 주지 못하고 있다.

이들 성원 22명 중 아버지를 따라오는 경우는 1명이며 나머지는 모두 어머니를
따라오는 경우다. 교통 수단은 자가용이 10명, 버스나 지하철 5명, 도보 7명이다.
도보가 많은 것은 탁아를 위해 인근으로 이사한 경우가 상당수 있기 때문이다.
버스나 지하철 이용자도 원거리는 아니다. 자가용으로 오는 경우는 대체로 원거
리에서 오며 1시간 정도 걸리는 아이도 있다.

교과 과정은 교사들이 자체적으로 운영하며 남녀 평등 의식을 심어 주는 일은
중요한 주제이다. 그 외 일단 어린이집에 온 아이들은 특별한 경우(아픈 경우
등)가 아니면 교사의 인솔하에 움직이며 부모와의 접촉은 제한한다. 점심 시간
에도 어린이들은 부모와 접촉하지 않도록 되어 있다. 개발원 측의 예산 지원은
운영비와 교재비로 월 480만 원 정도를 지원한다. 이는 물론 시설비나 장소 제공
비는 포함되어 있지 않다. 건물은 원래는 다른 용도로 쓰게 되어 있었으나 육아
에 맞게 공간을 배치하고 설계 조정을 해서 좋은 시설을 갖춘 편이다.

이 경우는 출퇴근 시간이 정확하며 주변 환경이 좋아 사업장 내 탁아소 설치의
좋은 조건을 갖추고 있다. 그럼에도 불구하고 개인적으로 아이들을 데리고 출퇴
근하는 번거로움이 있고 사용주 측으로 보면 육아와 관련된 요구 사항들이 늘어
나는 데 따른 부담과 미취학아 아동을 두지 않은 직원의 비율이 점점 높아짐에
따라 예산 사용의 효율성과 형평이라는 문제가 제기된 적이 여러 차례 있었다.
그러나 한국 여성 개발원이라는 기관의 성격상 어린이집의 존속 이유가 타당성

위: 한국 여성 개발원이
운영하는 직장 탁아소.
어린이들이 점심을
먹고 난 뒤 그릇을
각자 정리하고 있다.
아래: 선생님과 아이들이
즐거운 한때를 보내고 있다.

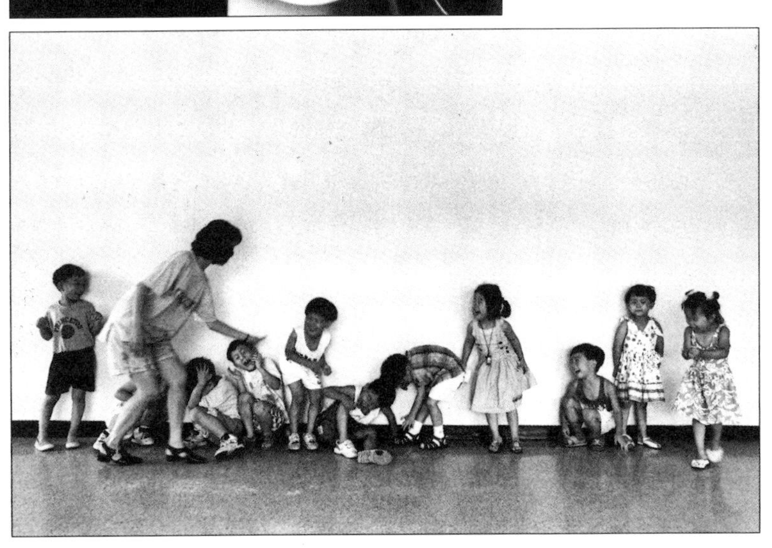

을 부여받아 그대로 유지되고 있다.

【사례 2】 S봉제 공장 〈직장 유아원〉
이 회사는 배낭을 만드는 봉제 업체로서 본사는 서울에 있고 공장이 경기도 안산에 있으며 현재 직원은 약 170여 명이며 이 중 90%가 여성이다. 나머지 10%의 남성도 부부 직원인 경우가 많고 여성 근로자 중 99%가 기혼이다. 직종은 봉제사가 가장 많고 기타 검품원, 사무직 등이다.

직장 보육 시설은 바로 공장 사업장 내에 있다. 공장이 그린벨트 내에 있어서 자연 환경이 좋고 부지에 여유가 많아 200여 평 이상 되는 어린이 놀이터, 작은 수영장, 수백 평의 정원 등이 조성되어 있는 좋은 환경을 갖추고 있다. 유아원 건물은 한때 미혼 여성들이 쓰던 기숙사를 그대로 쓰고 있으며, 건물의 용도 변경 때문에 탁아소를 설치하는 데 많은 어려움을 겪은 경우다. 기숙사를 개조해 쓰기 때문에 보통 가정집 방의 모습과 크게 다르지 않으며 방 한 칸은 20여 평 정도로 방 세 칸을 연령별로 나누어 쓰고 있다.

이 탁아소가 시작된 것은 89년으로 처음 11명으로 시작했으나 점점 늘어나 현재 인원은 만 2−3세 21명, 4−5세 21명, 5−6세 21명 모두 63명이다. 교사는 4명이며 모두 전문대 유아 교육과 출신이며 교사들은 회사 직원으로 발령받아 사무직에 준한 봉급을 받는다. 아이들은 전원 출퇴근 버스로 부모와 함께 온다. 아버지를 따라오는 아이가 1명이며 나머지는 모두 어머니를 따라온다.

이 회사가 사업장 내 탁아소를 설치하게 된 것은 무엇보다도 인력난 때문이었다. 특히 80년대 중반부터 120명 정도를 수용하던 기숙사가 비기 시작했으며 88년에 130명이던 미혼 여성 봉제사가 90년 중에는 30명, 91년에는 18명으로 줄었고, 현재는 1−2명 남아 있는 정도다. 대신 기혼 여성들, 특히 미취학아를 둔 기혼 여성들이 빈 자리를 채웠다. 해외 수주만을 받는 이 회사는 79년에 창립하여 순조로운 성장을 했는데 89년에 봉제 숙련 요원의 수급난으로 최대의 위기를 겪었다. 이때 이 회사 상무와 관리 부장은 인근 안산 주거 지역을 둘러보다가 봉제 숙련공으로 일한 경험이 있는 많은 여성들이 집에서 하청이나 부업을 하고 있으면서도 선뜻 취업을 못하는 이유가 아이들 때문이라는 데 착안했다. 텅 빈 기숙사를 아예 탁아소로 개조하기로 하고 유아원이 있다는 안내와 함께 인력 모집 광고를 냈다. 그 결과 인력난의 문제가 쉽게 해결되었다. 유아원을 운영하기 시작하면서 불가피한 경우가 아니면 이직하는 경우가 거의 없어 이직률이 급격하게 떨어졌고 취업 여성의 평균 연령도 80년대에는 23−24세였으나 현재는 10년 이상 많은 33세 정도이다.

탁아가 필요한 직원 자녀는 모두 받고 있으며 대기자 명단은 없다. 출근 시간은 아침 8시 30분, 퇴근 시간은 저녁 6시 30분이며 그 이상의 잔업이 있는 경우는 극히 드물다. 아이들은 점심 시간에는 부모보다 먼저 식사를 끝내고 약 1시간 동안 부모와 시간을 보낸다. 아픈 아이들의 경우는 탁아 교사가 부모 대신 병원을 데려다 주는 일을 맡는다. 그 외 가사로 인한 결근을 줄이기 위해 공과금 납부를 비롯, 은행이나 공공 기관 등에 가야 할 일 등도 회사 직원이 전담하여 대행해 준다.

유아원 운영비는 회사 임직원에 따르면 월 평균 1,200만 원으로 여기에는 탁아 교사 봉급 및 연금 등 사후 관리비가 포함되어 있고 교재비, 음식물비 및 간식비 지원 등이 포함되어 있다. 장소나 전기 수도세 등 시설 유지비는 포함되지 않는다. 부모 부담은 간식비로 월 1만 원이다. 학부모회는 완전히 어머니회이며 아버지의 참여는 거의 없다. 어머니들은 취학 준비에 필요한 교육을 보다 기대하는 편이지만 유아원 운영에 대해서 기업이나 학부모 모두 크게 간여하지 않으며 교과 과정은 교사안대로 자율적으로 움직인다. 내년부터는 미취학아뿐 아니라 취학 아동의 경우도 필요한 경우 공부방 형태의 운영을 위해 14명의 지원을 받아 놓고 있다. 이 회사는 년 매출액이 약 100억 원 정도의 부채가 없는 탄탄한 기업이며 노조는 조직되어 있지 않다. 회사 운영에서 숙련된 봉제사의 확보가 가장 중요한 관건이고 숙련된 봉제사는 기혼 여성 인력에서 찾을 수밖에 없기 때문에 유아원 운영이라는 대안을 내놓은 경우다.

이 경우 시설 탁아에 적합한 여러 요건을 갖추고 있다. 그린벨트에 위치해 있어 좋은 자연 환경과 넓은 대지를 확보해 있고, 인근에는 주거지가 형성되어 있지 않아 어차피 사원용 통근 버스를 제공해야 하며, 유해 업체가 아니어서 유아원 운영에 장애 요인이 없으며, 무엇보다도 다량의 기혼 숙련직 여성 노동력이 필요한 업체라는 점 등이다. 회사로서는 안정적인 인력 확보가 탁아비 지출보다 중요하며 비용면에서도 유리하다고 판단하고 있다. 뿐만 아니라 여성의 가사 관련 일을 지원하는 일, 자녀들의 양육을 지원하는 일도 기업의 안정적 인력 확보에 유리하다는 판단을 하고 있다.

이 두 사례를 볼 때 제대로 직장 시설 육아를 운영한다는 것은 상당한 재정적 뒷받침이 없이는 어렵다는 것을 알 수 있다. 이 사례들에서 보면 장소와 시설비를 제외한다 해도 아동 1인당 월 평균 약 20만 원의 재정 지원을 하고 있다. 【사례 1】의 경우는 일종의 시범 사업으로서 그리고 기관의 성격상 가능했으며 【사례 2】의 경우는 인력 수급에 따른 기업의 비용 계산

구로동에 위치한 어느 지역 탁아소.
새로 온 지 얼마 안된 아이가 우산꽂이 칸에서 남몰래 자고 있다.

에 따른 것이다. 사실상 직장 육아를 개별 업체 단위로 시행할 경우 손익 계산이 맞지 않으면 하기 힘들다. 사업주의 복지에 대한 관심도 자선의 수준일 경우는 한계에 부딪칠 수밖에 없다. 【사례 2】 같은 경우 만약 필요한 노동력을 미취학아를 둔 기혼 여성에서 찾을 수 없다면 유아원 사업에 뛰어들지 않았을 것이다. 미취학아를 둔 기혼 여성 인력을 대체할 다른 노동력이 나타나거나 또는 미취학아를 둔 숙련 기혼 여성이 할 수 있는 업체가 감소하면 유아원은 유지되지 않을 수도 있다. 실제로 초창기 기혼 여성 인력을 유인하기 위해 첫 직장 보육 시설을 갖췄던 H양행의 경우 사업체 규모가 작아지면서 유아원도 작아져 운영이 순조롭지 못하다. 교통 문제 유발도 쉽게 해결될 일이 아니다. 특히 사무직의 경우 그렇다. 따라서 여러 가지 조건이 적합하고 시설도 갖출 수 있을 때는 직장 시설 육아를 권장할 수 있지만 이를 수용할 업체는 많지 않으며 확장 또한 쉽지 않다. 이러한 상황 속에서 직장 보육 시설을 벌금 사항이 아니라 의무 사항으로 만든다는 것 또한 무리일 수밖에 없다.

4. 몇 가지 대안들

(1) 연합 노조나 노총이 운영하는 탁아소

'직장 육아'의 한 유형으로 최근 관심을 모으는 유형이 노조 운영 탁아원이다. 오리엔트 시계 노조원들이 운영하는 동방 어린이집이 그 예인데 직원 200여 명의 중소업체로서 '직장 보육 시설 의무 사업체'가 아니어서 기업주로서는 직장 보육 시설을 해줄 의무는 없었다. 기업측으로는 그러한 의사도 가지고 있지 않았다. 그러나 노조측의 강한 요구로 직장 육아 운영을 하게 된 경우인데 이 경우 기업주로부터는 어린이집 전세비를 지원받은 정도이다. 아이가 많지 않아 폐소하라는 압력을 받기도 했지만 현재 조합원 외에 지역 거주 아동도 받으면서 운영하고 있다. 단일 사업체 노조가 직장 보육 시설을 운영한다는 일은 쉽지만은 않음을 보여 주는 사례다. 이에 비해 노조들의 연합체인 연합 노조나 또는 노총 같은 데서 탁아 사업을 시작한다면 기업주 지원에서 운영까지 보다 효율적인 대안이 될 수 있다. 한 예로 싱가포르의 연합 노조 탁아소 협동 조합 같은 모형을 생각해 볼 수 있다.

싱가포르 연합 노조(NTUC)가 운영하는 탁아소는 1992년 현재 300여 개소로 1,800명에 서비스를 제공한다. 이는 싱가포르 전체 탁아 서비스의 약 10분의 1에 해당하는 수치다.[12] 싱가포르의 NTUC는 1977년 당시 정부가 운영하던 탁아 업무를 인계받아 그 당시로는 유일한 탁아 운영 기관이 되었다. 현재는 단일 기관으로는 가장 많은 수의 탁아소를 가지고 있다. 운영은 기업주, 노조 간부회, 학부모회 등이 이사회를 구성하여 운영해 왔으나 1992년 4월에 탁아 협동 조합으로 전환했다. 이 NTUC 탁아 협동 조합은 노동 조합원의 자녀를 우선적으로 받지만 자리가 있을 경우 비조합원의 자녀도 받고 조합원 자녀는 탁아비를 할인해 준다. 위치는 노조원들이 많이 사는 지역을 중심으로 300여 개가 분산되어 있으며 직장이나 집을 옮길 경우는 어려움 없이 NTUC 탁아소 내에서 옮길 수 있다. NTUC 탁아소 협동 조합은 탁아소 운영 외에 장난감 및 아동 도서 도서관을 운영하며 이에 필요한 세미나 등도 개최한다. 운영은 노조 간부, 지역 단체 대표, 부모 대표, 학계 등으로 구성된 이사진을 중심으로 한 이사회의 결의에 따르며 탁아소 운영의 이익금을 연말에 정산하여 회원에게 돌려 준다. 개소 시간은 주중

오리엔트 시계 노조원들이 운영하는 동방 어린이집.

에는 아침 7시부터 저녁 7시까지, 토요일은 아침 7시부터 오후 3시까지이
며 만 1년 6개월부터 6세 아이까지를 받는다. 아동 비율은 1.5－3.5세까지
는 1 : 8, 4－5세는 1 : 15, 5－6세는 1 : 20이며 간식 및 식사는 표준 식단에
의해 규격화되어 있다. 또한 기업주가 원할 경우 기업 단위로 필요한 탁아
유형, 탁아소 설계, 시설 및 비품 내용, 탁아 프로그램 개발, 탁아 교사 훈
련 및 운영 등에 대한 자문에도 응하고 있다.

(2) 고용주 지원 지역 육아

기업주가 공동육아에 참여할 의사가 있지만 직접 서비스를 제공하거나 작
업장 내에 탁아소 설치가 어려운 경우 해당 업체 고용인이 많이 사는 지역
에 탁아소를 설치하거나 혹은 이미 있는 지역 탁아소에 재정 지원을 하는
모델이다. 우리나라의 경우 삼성 복지 재단이나 전국 경제인 연합회 추진
공단 지역 보육 시설 등이 이러한 고용주 지원 지역 육아로 볼 수 있다.
이 경우는 지역 사회의 지속적인 관계가 중요하며 거주지의 환경이나 어린
이의 거주 환경이 지나치게 차이가 나지 않도록 유의할 필요가 있다. 고용
인의 자녀와 지역 아동의 비율 등에 대한 배려도 필요하다. 또한 반드시

150

새로 탁아소 건물을 짓거나 하지 않고 기존 지역 탁아소들에 재정 일부를 분담하거나 시설 개선이나 확장 등을 통한 지원을 하는 방법 등이 바람직하다. 이 경우는 기업측으로 보면 탁아소 시작이 비교적 쉽고 비율도 낮으며 지역 사회와의 관계를 고양시키는 장점이 있지만 기업의 직접 통제가 어렵다는 단점이 있는데 미국의 경우는 이러한 탁아소가 많은 편이다 (Burud, S,L. et al., 1984). 우리의 경우 특정 기업들이 이미 있는 지역 탁아소 등과 협력 관계 등을 유지하는 것도 한 방안이 될 수 있으며 교회나 사찰 등과 협력하여 탁아 공간을 확보하고 운영 지원을 할 수도 있을 것이다.

(3) 작업장 내 장시간(아침 및 저녁반) 직장 육아 모델
주로 병원 등 교대제 근무가 많고 여성 종사자가 많은 경우, 그리고 만 2세 미만의 어린이를 둔 경우를 고려한 탁아 모델(나라에 따라서는 장기 입원 환자의 아동을 맡기도 한다). 대체로 출산 휴가가 3개월 미만이기 때문에 출산 후 직장 복귀가 힘든 간호사 등 여성 숙련 의료인의 부족 때문에 어려움을 겪는 나라에서 많이 도입하고 있다. 호주 등의 경우 많은 병원들이 이러한 육아 프로그램을 가지고 있다. 그 외 대학 캠퍼스의 경우도 대학원생이나 교직원 등을 위해 이러한 직장 탁아 모델을 도입하기도 한다 (ADHCS, 1992). 우리나라의 경우 시범적으로 병원 등에서 시도해 볼 만한 모델이다.

5. 맺음말

‘직장 육아’는 탁아소를 사업장에 두는 위치의 문제가 아니며 국가의 공동육아 지원이 취약한 상황에서 기업의 공동육아 참여 방안으로 보고, 보다 다양한 형태의 공동육아를 실천해 내도록 연구해야 할 대상이라고 볼 수 있다.

따라서 ‘직장 육아’ 확장의 의의는 단순히 탁아소 수를 늘리거나 어머니가 어린이를 자기 일터 가까이에 둔다는 데 있는 것만이 아니다. 이는 육아가 개별 가정이 책임져야 할 일이 아니라 사회가 분담해야 할 일임을 제도화하는 데 더 큰 의의가 있다고 보아야 할 것이다. 그런 점에서 직장 육아는 단순히 고용주가 재정을 책임지거나 지원하는 데서 끝날 일이 아니며 기업주, 정부, 노조, 지역 사회 조직 등이 협동하여 만들어 나가야 할 공동 육아 모델이다. 즉 직장 육아의 확대는 인력난에서 시작했건 복지 수준에서 시작했건 간에 육아가 개별 가정의 테두리 밖의 일이라는 점을 공인하고 제도화한다는 점을 과소 평가해서는 안되며 이러한 점에서 기존의 사업장내 직장 육아 모델에서 벗어나 보다 다양한 형태의 직장 육아 모델을 발굴하고 모색할 필요가 있다. ■

* 부록

【표 1】 직장 육아 시설 업체 현황

(괄호 안의 수는 보육 아동 총수 중 3세 미만 아동의 수)

시·도	사 업 장 명	사 업 장 규 모			보 육 시 설 개 요		
		총 근로자	여성 근로자	비율 %	보육비 부담		보육아동
					회사	개인	
서울	태영	60	47	78.3	전액	-	10 (5)
	(주) 로부				전액	-	10 (0)
	(주) 협진 양행				전액	-	34 (5)
	(주) 부흥				전액	-	36 (3)
	한국여성개발원				실비	67,000원 (간식비 20,000원 포함)	23 (0)
	(주) 한국 생명				전액	-	20 (7)
부산	한국 생명	321	271	84.4	전액	-	20 (6)
	(주) 삼양 통상				실비	20,000원 (간식비)	43 (15)
	(주) 협진 양행				전액	-	7 (0)
인천	신도 실업	200	150	0.75	전액	-	9 (0)
	(주) 린나이 코리아				실비	10,000원	11 (0)
경기	(주) 삼풍	1,500	790	52.7	전액	5,000원 (간식비)	39 (0)
	(주) 세모	1,960	1,200	61.2	실비	20,000원 (간식비)	24 (0)
	(주) 동양 복장 산업				실비	20,000원 (간식비)	23 (2)
	(주) 삼부 봉제				실비	10,000원 (간식비)	63 (21)*

시·도	사업장명				실비/전액	금액	
경남·북	(주) 삼성전자	2,587	622	24.0	전액	-	58 (6)
	(주) 코오롱	3,771	1,010	26.8	전액	-	47 (5)
	(주) 동국 방직				전액	-	40 (0)
	(주) 쌍마 섬유				전액	-	25 (2)
	(주) 광진				실비	20,000원	11 (0)
	(주) 대한 방직				실비	5,000원	9 (?)
	(주) 대한 생명				실비	40,000원	17 (4)
충남·북	(주) 충남 방직				실비	20,000원	33 (3)
	한국 담배 인삼 공사 광주 제조창				실비	20,000원 (간식비포함)	20 (0)
전남·북	(주) 전남 방직				실비	30,000원 (간식비)	35 (15)
	(주) 원일 섬유				실비	자모회가 간식 지원	60 (30)
	(주) 대한 방직				전액	-	10 (0)
	(주) 한성 견직				전액	가끔씩 보호자가 준비해올 경우 있음	49 (7)
제주	대정 농공 단지						52 (13)

출처 : 보사부, 1993, 〈보사부 보육 통계 분기별 보고〉
　　　 * 는 현장 자료에 의거해 보사부 자료를 수정한 것임.

【표 2】 보육 수당 지급 현황

시·도	사업장명	사 업 장 규 모			수당 지급	수당 지급액	비고
		총 근로자	여성 근로자	기혼 여성	아동 (명)	1인당 월평균	
부산	화승	1,000	700	300	100	35,000	
	홍아 공업	800	500	100	20	35,000	
	광덕 물산	800	621	191	38	60,000	
	대봉	2,200	1,855	278	40	20,000	
	대신 교역	1,000	740	15	10	20,000	

출처 : 【표 2】와 같음.

학교명	대상 아동	보육료	장소·면적	지원 여부	개소 시기	시설물 이용 특기 사항
서울 상수국	종일반 4 (2-5세) 오후반 4 (유치원생) 공부방 20 (국교생)	50,000원 25,000원 15,000원	창고 개조 7평 정도	장소 제공하고 방으로 개조해줌.	88. 6	교직원 식당 이용. 탁아방 기능과 방과 후 국민학생들의 공부방 기능을 함께 겸함. 보육 교사 1인으로 교육 기능은 다소 떨어짐. 최초의 학교 탁아방.
한산국	2-6세 5명	70,000원	교실 개조	장소 및 기본 시설 제공 (TV, 가스 보일러, 놀이 기구, 카세트 등 500여만 원 지원).	90	학교 식당 이용. 시설 지원을 받은 최초의 학교
신월국	2-5세 5명 국교1년 2명	100,000원 50,000원	교사 휴게실 개조	교육청 특색 사업으로 시설 구비해줌.	92. 5	점심밥은 학교 식당, 반찬 간식은 학부형이 윤번제로 준비, 온돌방
동구로국	3-6세 3명	150,000원 정도	탁구실 개조 교실 반칸	장소 및 시설 보조 (스티로폴 바닥, 스티로폴 벽 설치, 장판 등 30만 원 정도). 나중에 수도 시설 설치해 줌.	93. 2	교통 불편, 시설 부족으로 5명의 유아가 입소하여 3명이 남아, 운영상 인근 주민의 아동을 받을 예정.
서초중	2세 1명 3-4세 3명 4-5세 4명	115,000원 95,000원 75,000원	교실 개조	교육청에서 1천만 원의 지원으로 시설을 완비해줌.	93. 3	탁아 아동 전원이 상해 보험에 가입. 보육 교사 2인 (정 + 보조)
오류중	2세 1명 3-5세 5명	150,000원 150,000원	교실 개조 교실 반칸 (12.5평)	장소 제공 및 기본 시설 (TV, 스티로폴 바닥, 히터, 수도 시설 등 380만 원) 지원.	93. 3	보육 교사가 틈틈이 시간을 내어 아이들의 점심과 간식을 준비함. 온돌방이 아니나 침대를 설치, 낮잠 시간에 이용.
창동국	2-6세 12명	90,000원	교실 개조	장소 제공 및 스티로폴 바닥 설치해 줌. 교육 구청에 설치 비용 요구했으나 거부당함.	93. 5	보육 교사 2인 (정 + 보조). 안전 사고는 학부모 책임이라는 각서 씀. 카페트 바닥이나 겨울을 대비해서 온돌을 권유.
의정부 중앙국	3-5세 11명	60,000원	휴게실 개조 20평	장소 제공 및 설치비용 300만 원 지원.	90	급식은 병설 유치원의 도움을 받아 해결함.

수원 매산국	3-6세 10명	100,000원	병설 유치원 시설 이용	장소 제공		온돌방
대전 교육청	3-5세 15명	무료	대전시 학생 도서관 개조 50여 평	장소, 교구 교재, 놀이 기구, 침대, 식탁 등 시설 완비 해줌. 보육료 전액 지원.	93. 4	보육 교사 2인 (정 + 보조) 오전 – 정규 유치원 교육, 오후 – 보육 중심의 개인, 소집단 활동
전교조	3-5세 8명	50,000원 (간식비, 교구비)	가정집 개조 (15평형)	장소, 기본 시설 완비해줌. 교사 급여 지원해줌. (간식비 수혜자 부담)	92.10	보육 교사 2인 (정교 사). 반찬은 학부모가 준비. 주5일제, 월1회 부모 교사 간담회 전교조 유치원 위원회 지원받음(교육 내용 등)

출처 : 직장 탁아소 추진 활성화를 위한 연대 모임, 1993, 〈일터마다 지역마다 탁아소를!〉, 21-23쪽
에서 인용.

* 주

1) 여기서 직장 육아는 그 동안 일상적으로 써왔던 직장 탁아의 대용어이며 여기서는 사
   업장 내 탁아소를 의미하는 직장 시설 육아만을 뜻하는 것이 아니다. 보다 포괄적인
   의미의 고용주 지원 육아를 뜻한다. 정부 공식 용어가 탁아에서 보육으로 바뀌었기
   때문에 일상적으로 써온 탁아는 보육으로 대치했으나 장소를 가르키는 탁아소는 그
   대로 사용했다.

2) 서울의 경우 국공립 보육 시설 337개소, 민간 보육 시설 323개소, 직장 보육 시설 6
   개소, 가정 보육 시설 796개소 등으로 국공립 보육 시설과 가정 보육 시설의 경우는
   서울에 집중 분포되어 있다.

3) '직장 보육 시설'은 정부 공식 용어로서 직장의 사업장 내 시설 탁아소를 의미한다.

4) 직장 탁아소 추진 활성화를 위한 연대 모임, 1993, 〈일터마다 지역마다 탁아소를!〉,
   여성 노동자 협의회 주최 사례 발표회 자료집.

5) 부록 【표 3】 참조.

6) 미국의 경우 16개 고용주 탁아소의 부모 부담비는 월 $100부터 $405까지 그 차가 매
   우 큰 것으로 나타났다.(Auerbach, 1988:68) 이 부담금은 육아 서비스를 받는 아동의
   연령에 따라서도 많은 차이가 나는 것으로 되어 있다.

7) 직장 탁아소의 수용 인원은 10명에서 300명 등 그 규모도 다양하며 대부분은 피고용자 자녀만을 수용하지만 인근 지역 아동들을 받는 경우도 드물지 않다. 그러나 우선권은 피고용자 자녀들에 주어진다. 수용 아동의 연령은 생후 6주에서 만 15세까지 다양하지만 만 1세부터 취학 전 아동만을 받는 경우가 가장 많다. 사용주 육아의 경우 육아 교사 임금도 비교적 높은 편이며 교사 대 아동의 비율도 주정부의 기준을 넘지 않고 있다. 교과 과정은 자체적으로 가지고 있으며 특별히 기업에 충성심을 심는 것 같은 프로그램은 포함되어 있지 않다.

8) 영국은 특히 은행 직장 육아가 많아 약 300여 개에 이른다.

9) 미국의 경우 탁아소의 50% 이상이 영리 목적이며 이중에 약 2,000개소가 연쇄(chain) 탁아소로서 육아 사업이 기업화하고 있음을 알 수 있다. 예를 들면 Kinder-Care Learning의 경우 약 1,200개소의 연쇄 탁아소를 운영한다.

10) 직장 탁아소 추진 활성화를 위한 연대 모임, 1993.

11) 앞글.

12) Singapore NTUC CHILDCARE Co-operative LTD, 1992, *NTUC CHILDCARE : A New Beginning.*

* 도움받은 글

조 은, 1991, 〈탁아 수요 연령층의 여성의 취업 특성과 탁아 정책〉, 탁아 제도와 미래의 어린이 양육을 걱정하는 모임 편, 《우리 아이들의 육아 현실과 미래》, 한울.

직장 탁아소 추진 활성화를 위한 연대 모임, 1993, 〈일터마다 지역마다 탁아소를!〉(여성 노동자 협의회 주최 사례 발표회 자료집).

Auerbach, J. D., 1988, *In the Business of Child Care : Employer Initiatives and Working Women*, N.Y : Praeger

Burud, Sandra L., et al., 1984, *Employer Supported Child Care*, Doues : Auburn House Publishing co, pp.139-145.

Melhuish, Edward C. and Peter Moss (eds.), 1991, *Day Care for Young Children : International Perspectives*, New York : R.K.P., pp.170-240.

Myers, Robert & Cynthia Indriso, 1987, "Women's Work and Child Care," *A paper Prepared for a workshop at the Rockefeller Foundation*, pp.26-27, pp.38-39.

Singapore NTUC CHILDCARE Co-operative LTD, 1992, *NTUC CHILDCARE : A New*

Beginning.

Australila Department of Health Housing and Community Services, 1992, *National Case Studies : Employer Sponsored Child Care.*

* 글쓴이 조은은 동국대 사회학과 교수로, 두 아이를 키우고 있다.

조기 교육의 신화

모델 없는 시대의 어머니들

조기 교육열의 실태

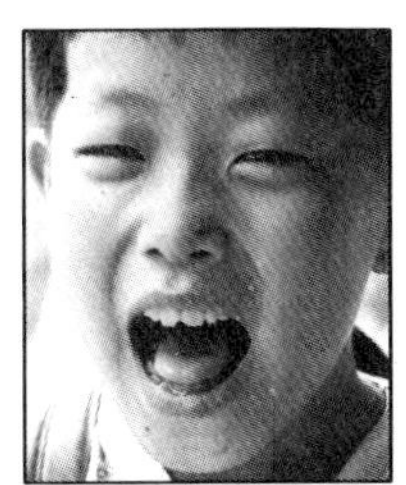

김효선

한 명 내지 두 명의 아이를 갖게 된 어머니들이라면 훌륭한 어머니가 된다는 것에 대해서 한번쯤은 생각해 보았을 것이다. 한동안 여자들에게 훌륭한 어머니의 모델로 소개된 인물로는 떡 써는 솜씨로 아들의 어리광을 물리친 한석봉의 어머니나 좋은 교육 환경을 마련해 주기 위해 세 번을 이사했다는 맹자의 어머니가 있다.

우리 아이들에게 경쟁주의 교육의 망령을 불러들여 엄마가 아이들 업고 뛰어다니는 이 현상을 더 이상 '교육'이라고 부르지 말자. 어쩔 수 없는 교육 '현실'이라고도 부르지 말자. 우리의 현대사에서 제일 뒤로 처져 있는 곳에 교육이 위치하는 동안 아이도 죽어가고 엄마도 죽어가고 우리 모두가 죽어가고 있다. 우리에게 경쟁할 힘이 남아 있다면 교육의 영역 자체를 우리 사회의 가장 중요한 곳으로 옮겨 놓는 보다 큰 싸움을 시작하자. 이 싸움에 승산이 보일 때 아이들이 살고 여성들도 풀려날 수 있다.

한석봉 어머니의 떡 썰기 교육과 맹모의 삼천지교

한석봉의 어머니는 글씨 공부를 하다가 집을 찾아온 아들을 앞에 두고 깜깜한 암흑 속에서 떡을 써는 어머니의 솜씨를 보인 후 미숙함을 인정한 아들을 그 길로 집 밖으로 내쳤다. 이 어머니의 교육 일화에는 어머니의 인

고하는 모습 자체가 자녀 교육의 중요한 교과서로 인용돼 있다. 그리고 그 교과서를 제대로 읽어낸 영특한 아들은 스스로 중대한 '깨달음'을 경험한다. 한석봉의 어머니는 아들에게 큰인물이 되야 한다는 암시적 가르침을 주는 데 성공한 유능한 교사였다. 어머니의 떡 썰기 수업이 있은 이후 한석봉은 당대를 대표하는 명필로 성공한다. 아들을 어둠 속으로 내쫓은 한석봉의 어머니는 그의 뒷모습을 보면서 무엇을 기대했을까? 적어도 아들이 단순하게 글씨를 잘 쓰는 기능인으로서 성공하기를 빌지는 않았을 것이다. 그의 어머니의 모습이 보여 주는 숙연함은 어머니의 기대치가 한 사회에서 우러름을 받는 인물로 성장하는 수준에까지 미치고 있음을 짐작게 한다.

맹모 삼천지교의 주인공인 맹자의 어머니 역시 스케일이 큰 어머니 교육가였다. 그 어머니는 술집 투성이의 동네에서 한 글자라도 공부를 더 하라고 아들을 다구치는 어머니는 아니었다. 아들의 시선에 들어오는 사물의 영향까지를 충분히 파악하고 간접적인 교육 효과를 얻을 수 있는 곳에서 아들을 자라게 한다. 남보다 책 한권 더 읽어낼 수 있는 아들의 영특함에 만족할 만한 어머니였다면 그렇게 할 필요까지는 없었을 것이다. 정확히 인식하지는 못했을지라도 학문을 통한 인문 교육의 정도를 통달해야 하는 통 큰 기대치가 맹모의 가슴 속에서도 숨어 있었을 것이다. 그 결과인지 그의 아들은 세계적인 석학이요 성인으로 역사에 이름을 남기게 됐다.

이 어머니들은 아들들에게 '남보다 잘하는' 세속적인 성공을 기대하기보다 자기 나름으로 어떤 경지를 이뤄낸 인물을 기대하고 있었다는 점에서 공통적이다.

요즘 어머니들의 모델은?

시대를 훌쩍 뛰어넘어 요즘의 어머니들에게 바람직한 어머니상으로 기억돼 있는 사람들은 누구일까? 한동안은 세계적인 음악가 정 트리오를 만들어낸 이원숙 여사의 교육법이 어머니들 사이에 감동적으로 읽히더니, 최근에는 하버드 대학에서 '수석 졸업'인가 하는 영예를 차지했다는 영화 배우 남궁원 씨의 아들 홍정욱 군을 길러낸 어머니의 이야기가 여성 잡지마다 가득하다.

홍정욱 군 부모들의 교육이 지성이었다는 얘기와 함께 그의 어머니가 홍 군을 뱃속에 가졌을 때 '백 년에 한번 나올까 말까 한 태몽을 꾸었다' 고도 하고 그런데 그 태몽을 아무리 알려고 해도 '아들의 그 좋은 운이 다른 사람에게도 새나갈까봐 절대로 입을 열지 않는다'나 어쨌다나 하는 소리도 들린다. (그의 부모들이 태몽에 관해 침묵 지키고 있는 건 한편 다행한 일이다. 이 태몽이 발설되는 순간부터 한국에는 복사판 태몽이 대유행을 할 것이다.)

또 다르게 요즘 어머니들이 뒤따르고자 하는 작은 어머니 우상들이 있다면 아마 아이들을 서울대학교쯤에 입학시킨 어머니가 될 것이다.

앞 시대의 훌륭한 어머니들 이야기는 옛날 이야기쯤에나 나오는 고리타분한 이야기로 화석화돼 가고 있는 반면 요즘의 어머니 우상들의 얘기는 잘 팔리고 있다. 아마도 그 이유는 요즘의 우상의 이야기 속에서는 구체적인 정보를 얻을 수 있기 때문일 것이다. 한 시대의 모델이란 보통 사람들이 그 모델 속에 내포된 가치에 대한 신념을 공유하고 있을 때 성립할 수 있는 존재일 것이다. 요즘 어머니들이 현대의 훌륭한 어머니상에게 보여주는 관심이란 그들이 훌륭해서라기보다는 부럽기 때문이고 그들이 선택한 방법에 접근하고 싶어서인 경우가 대부분이다. 그러니 이 시대의 어머니들에겐 훌륭한 어머니의 모델은 없고 우상만 있다고 표현해야 할 것이다.

과외 공부의 귀재가 된 어머니들

모성의 우상만 가득한 시대를 살고 있는 요즘 어머니들은 세계적인 진풍경을 만들어 내고 있다. 좋게 말해 교육열, 통속적으로 말해 치맛바람, 정확히 말해 경쟁주의 교육의 망령을 불러들이는 데에 열심인 것이다. 한국의 어머니들이 모이는 곳은 어디서나 과외 공부가 시작되고 한국 어머니들의 고민이 닿은 곳에서는 어떤 형태로는 그룹 과외가 성행하며 자기 아이에게 가장 어린 나이부터 시작해 가장 오랜 기간 가장 많은 과외를 시키는 기록도 한국 어머니들에 의해서 시작된다.

'과외 공부의 귀재'가 된 한국의 어머니들, 이들이 우리 사회의 교육계에 끼친 공헌과 해악을 어떻게 평가해야 좋을지 모를 일이지만, 지금 우리나라는 분명 과외 공부의 중독증에 빠져 있다.

조기 교육이라나, 영재 교육이라나 하는 말들이 과외 공부의 시기를 두세 살짜리 아이들에게로까지 낮추더니 얼마 전에는 엄마가 아이를 데리고

관인
예지원 속셈
학원
593·8149
관 인
종로 에드네트 속셈
학원
국제컴
EBS
어린이영어 신나는
예 은
피 아 노
조 외 학
미술 학원
송림 속셈학원
관인 성 연 음 악 학 웃
뽈 라
학 원
937-9797
청룡체육관 태견도
우리반 미술 그림지도 개인지도
한글 속셈 소수그룹지도
론테스
585-68
관인 태 권 도
585-6806

'모든 길은 과외로 통한다!'

전문
학원
관인
광태권도
남사컴퓨터학원
CHOPIN ★ PIANO
피아노
동작교육구청신고제3293호
521/1787
몬테소리
4.5세
585-6806
학원
퓨터
1·1·1·7·8·7
관인
남
바둑
교실
934-9172
우암
521·30ব7
아이
중급글학원
관인 글나무 글짓기 학원

노는 무슨 놀이 연구회인가 하는 일종의 '놀이 과외 공부'까지 생겨났다. '아는 게 병'이라는 말이 이런 데 쓰면 적합할 것 같다. 대학 나온 유식한 엄마들은 인간 발달 과정에 대해서도 정보가 많아서 전문화된 교육 상품을 구매하는 데에 일가견을 이루고 있다. '아는 게 많으면 먹고픈 법도 많은 법'이라는 말이 있듯이 유식한 어머니들의 교육 상품 구매욕은 교육비를 급상승시키며 교육 상품 시장의 매출고를 기하 급수적으로 높여 주고 있다.

어느 한 지역, 어느 한 계층만의 현상이 아니다. 강남 압구정동에서부터 단칸 월세방에 이르기까지, 서울에서 지방 도시에 이르기까지 이제 대한민국은 골목골목, 가가호호, 각종 학습지가 배달되고 각종 그룹 과외가 '굴려지고' 있는 조기 과외의 천국이 됐다. '모든 길은 과외로 통한다!' — 이것은 요즘 어머니들이 유일하게 공유한 이 시대의 교육 정신이 된 것 같다.

【사례】

1. ㅂ군은 유치원과 피아노 학원과 미술 공부와 영어 공부와 수영과 영재 교육을 하고 있다. 유치원과 피아노 학원은 석달에 50만 원을 목돈으로 낸다. 미술은 현직 화가에게 4명의 어린이가 한 팀이 되어 배운다. 영어와 수영은 유치원에서 만난 친구 몇 명이 팀이 되어 함께 배운다. 영재 교육도 서너 명이 한 팀이고 교사가 와서 지도한다. ㅂ군 어머니는 아들이 '책을 좋아하는 아이'로 크기를 원해서 백일 때부터 책을 머리맡에 놔주는 식의 교육으로 시작해 두 살쯤부터 한글 교육을 시작했고 네 살 때부터 영재 교육팀에 들어가서 본격적인 공부를 시작했다.(강남 압구정동)

2. ㅇ씨는 조기 교육에 반대하는 유아원 원장. 어머니들에게 아이들에게 영재 교육, 영어 교육을 시키지 말 것을 당부하고 있다. 또 피아노도 피아노 건반이 보일 정도로 성장했을 때 시키고 태권도도 일찍 시키지 말라고 당부한다. 집에서 여러 가지 교육을 받다가 유아원에 온 아이들은 유아원에 와서 싫증을 내고 잘 적응을 하지 못한다는 경험에 따른 것이다. 그러나 어머니들은 "그렇게 아무것도 하지 않으면 무엇을 가르치느냐?"면서 불안해 한다고 한다. ㅇ원장의 대답은 언제나 그냥 놀게 내버려 두라는 것이다. 그러나 어머니들은 이 부분에 관한 한 ㅇ원장의 부탁을 들어주지 않는다고 한다.

3. ㅊ어머니는 7세와 5세의 남매의 어머니. 큰 아이에게 〈ㅅ교실〉에서 운영하는 영재 교육과 〈ㄱ학습〉사의 국어와 산수 학습지 교육을 받고 있다. 엄마가 평상시에 지도를 해주고 일주일에 한 번씩 교사가 나와서 지도를 한다. 영재 교육은 4명이 한 팀을 이루며 유치원에서 다루는 모든 과정을 다룬다. ㅊ어머니는 순발력과 창의력 개발을 위해서 영재 교육 팀에 들었다. 아파트 단지에서 어떤 어머니가 '해보니까 효과가 있었다'고 권유해서 들게 됐다. 이 아파트 단지에는 이런 교육이 성행한다. 이 교육의 효과는 좋은 편이라고 생각하는데 그 효과란 다른 아이들에 비해 사물을 잘 알고 노래도 잘하고 글씨도 더 많이 아는 것으로 확인할 수 있단다. 영재 교육은 교재비로 45만 원을 내고 교재를 구입했고 팀 지도비로 매달 1만 5천원을 내고 있다. 또 암기력을 훈련시키기 위하여 선택한 것이 〈ㄱ학습〉사 학습지다. 한 과목당 3만 원 가량을 내야 한다. ㅊ어머니는 매일 한 시간씩을 엄마가 '끼고 앉아 가르치는 시간'으로 할애하고 있다. ㅊ씨가 지출하는 교육비는 20만 원선. 남매가 두살 터울이라서 같은 교재를 같이 쓸 수 있어서 비용이 좀 줄여진 편이라고. 교육비 부담이 늘면서 ㅊ씨의 가계부에선 문화 생활란이 공란으로 남게 됐다. (경기도 일산)

4. ㅁ군(국민학교 3학년)은 태권도와 피아노 학원을 다닌다. 한자 학습과 공문수학과 영어 공부를 하고 있다. ㅁ군 어머니는 집에서 다른 아이들 미술과 과외 공부를 지도하면서 ㅁ군에게도 '남에게 뒤지지 말라고' 어려서부터 열심히 가르쳐 왔지만 학년이 높아지면서 ㅁ군이 공부에 싫증을 보이고 있는 것이 최대의 고민거리다. 아이 뒤를 쫓아다니면서 공부하라고 강요하지만 싫증난 아이는 도망다니는 게 일이라서 ㅁ군 어머니는 애가 타고 있다. (마산)

5. ㅊ군은 국민학교 2학년. 생일을 속여서 한 살 먼저 학교에 넣었는데 진도를 따라가지 못했다. 다른 아이들이 학교 입학 전부터 상당 수준에 이르러서 입학하는 데 비해 ㅊ군은 아무런 준비도 못한 채 입학한 탓이라고 ㅊ군의 집에서는 생각하고 있다. 담임으로부터 1학년 유급을 권유받고 있으나 거부, 한 달에 6만 원씩을 내고 속셈 학원에 보내는 것으로 해결해 보려고 노력하는 중이다. 그러나 세 가족이 반지하 단칸방 살림을 하는 형편이어서 6만원이라 해도 부담을 느낀다. (서울 강남구 서초동)

6. 수입의 3분의 1을 유치원생 아들의 교육비로 쓰고 있다. 주로 유치원과 특기교육을 위한 데 들어가는 돈이다. 그러나 줄일 것은 없다는 것이 이 집 엄마의

말이다. 둘째 아이도 '돈 때문에' 생각하기 힘들다고 한다. (강남구 압구정동)

'눈 가리고 아웅'식의 영재 교육법
— 영재는 태어나는 것이 아니라 만들어진다?

한동안 유아 교육에 관심이 있는 어머니들은 '몬테소리 교육'이라는 간판에 관심을 보였었다. 몬테소리 교육이 무엇을 위해서 어떻게 하는지에 대한 정확한 이해도 없이 외국어가 주는 특유의 공신력은 어머니들에게 보통 교육보다는 무언가 한 단계 질 높은 교육을 의미하는 말로 다가가고 있었다. 유치원마다 '관인'이라는 접두사가 붙었고 그 옆에는 몬테소리 교육이라는 단서가 붙어 다닌 지가 꽤 오래 됐다. 무허가 유치원이 아니라는 의미 이상의 것을 말해 주지 않는 '관인'이라는 말, 그리고 몬테소리의 원래 의미와는 무관한 교육 과정들이 몬테소리란 단어 한마디를 붙임으로써 많은 엄마들의 교육적 기대치를 충족시켜 주는 역할을 해왔다.

이제 조기 교육에 대한 기대치가 높아지면서 '시찌다'식 교육 방법이라는 것이 유행하고 있다. 0세부터의 영재 교육을 요체로 하는 교육 방법이라는 것인데 서울 시내 유명 산부인과에는 이 기관에서 발행하는 영재 교육법 책자가 비치되어 있고 서점 유아 교육책 코너에서는 어디서나 시찌다식 영재 교육법을 소개하는 책을 찾아볼 수 있다. 이 책자에 의하면 이 방식의 교육을 받은 모든 아이는 아이큐 120 이상의 어린이로 성장할 수 있다고 한다.

이 외에도 많은 태교책들이 '태아는 모두 천재다'라는 논리를 등장시킨다. 태아의 듣는 능력, 외부 환경을 인지하는 능력을 아이큐 140 이상의 아이로 만들 수 있는 방법, 보통 아이들이 말도 하기 전에 글자를 읽을 수 있는 능력을 성취할 수 있는 가능성이라는 의미로 해석되고 있다. 태교 책 한 가지의 예를 들어보자. 이 책은 일본의 어떤 어머니가 '이미지 전달법'이라는 교육 방식을 태교에 적용한 결과 세 아이를 모두 아이큐가 뛰어난 수재로 키워냈다고 해서 그 체험적 교육론을 기록한 책이다. 숫자 카드를 응시하고 마음으로 그 카드에 그려진 숫자의 형상을 따라가며 이미지를 태아에게 전달하는 기분으로 가슴 속에 채우며 손으로도 만지면서 학습을 하면 아이의 인지 능력 발달이 높게 될 거라는 등의 태교 교육법이다. 부지

많은 태교책들이 '태아는 모두 천재다'라는 논리를 등장시킨다.

런한 임부들이라면 얼마든지 따라하고도 남을 만큼 쉬운 방법이기도 하다. 이런 태교 책들은 임부들이 얼마나 따라하고 있을지 실제 파급 효과를 조사할 방법은 없지만 태교 음악의 보급과 이와 유사한 책자들이 많이 나와 있는 것으로 미루어 보건대 젊은 엄마들에게 상당한 호응을 얻으며 팔리고 있는 상품이라는 사실을 알 수 있다.

갓 태어난 아이들도 영재 교육의 영향권 내에서 살고 있다. 많은 학습지와 조기 교육 회사들이 내놓은 교육 상품들은 '영재'라는 단어를 상품의 이름이나 상품의 개념으로 사용하고 있다. 이 상품들이 정말 '영재'를 대상으로 하는 교육 상품들인가? 물론 그렇지 않다. 이 상품을 파는 회사 측에서도 그렇지 않음을 알고 있고 이 상품을 사용하는 엄마 소비자들도 자기 아이가 영재가 아닌 줄을 다 알고 있다. 그냥 말뿐인 '영재 교육'인 줄을 생산자나 소비자가 다같이 양해하고 있는 것이다. 그런데 왜 '영재'라는 단어가 필요해지는가? 모든 엄마들이 자기 아이가 다른 아이보다 조금이라도 앞서기를 바라고 조금이라도 잘하기를 바라는 기대치를 충족시킬 수 있는 말이기 때문일 것이다. 영재아가 된다는 것이 그 아이의 일생에 진정한 행복을 가져다 주는 것인가를 한번도 진지하게 고민하지 않은 엄마들에 의해서, 보통 아이들은 '영재 교육'이라는 과외 공부의 우산 아래서 두 살 때부터 한글을 배우고, 산수를 배우고, 각종 특기 교육을 배운다.

조기 교육을 선전하는 광고지의 문안을 검토해 보자. 우선 모든 상품들은 '영재 교육적' 상품임을 내세운다. 그리고 아이들은 태아 시절, 혹은 2살 때, 3살 때 두뇌가 가장 활발하게 발전하는 시기여서 이때 글자를 깨치게 하는 것은 '조기'가 아닌 '적기'의 교육이라고 강조한다. 이때에 아이들을 가르치지 않는 것은 "언어 습득 능력이 가장 최고에 이르고 창조력이 급격히 발전하여 절정에 이르는 지적 욕구와 호기심을 그냥 흘려 버리고 있는(영재 한글의 광고지)" 것이라는 얘기다. 2세에서 4세 사이에 외부로부터의 자극을 해주어야 한다는 선전이 제법 과학적인 전문 용어를 동원해 반복된다. '오른쪽뇌'를 개발하라는 논리도 이 맥락에서 자주 등장한다.

또 광고지들은 혹시 이런 교육법이 주입식 교육이라는 누명을 쓰게 될까봐 '놀이를 통한' '재미'있는 교육이며 '스스로' 공부하게 만드는 '자발적' 교육이라는 논리 전개를 잊지 않는다. 주입식 교육이 아이들의 창의력 발달을 저해한다는 상식을 가진 어머니들을 안심시키기 위한 광고 전략일 것이다.

이들 광고지들을 읽어 보면 아이들은 태어나면서부터 각 연령 때마다 교육을 시키지 않으면 큰일날 것 같은 과제를 가진 사람들로 부각된다.

조기 교육 어머니들의 소프트웨어

조기 교육에 발벗고 나선 어머니들에게 가장 강력하게 입력돼 있는 정보가 있다. 학교 가기 전에 이렇게 준비해 주지 않으면 아이가 학교에 가서 따라가지를 못한다는 것이다.

"주변에서 보니까 역시 엄마가 옆에서 해준 아이들이 성적이 좋아요."

"학교에서는 다 아는 걸 전제로 하고 형식적으로 진도를 나가니까 안하고 들어온 아이는 따라가지 못해요. 저학년에서부터 떨어지기 시작하면 기초가 흔들리잖아요."

이렇게 말하는 어머니들의 세계관은 성적이 아이의 운명을 결정하게 되는 경쟁주의 사회가 핵심을 이룬다.

"결국 성적으로 말하게 되는 것 아닌가요?"

"남보다 잘하지는 못해도 뒤떨어져서는 안되니까 해둬야지요."

"내 아이가 나중에 자기가 하고픈 일을 하면서 살 수 있도록 뒷받침해 주려는 생각에서 조기 교육을 좋게 받아들이고 있어요. 자기가 하고픈 일을 하면서 살 수 있으려면 물론 성적이 좋아야 하지요."

얼마 전 부정 입학 사건이 났을 때 어머니들의 현실적인 계산은 사회 여론과는 다르게 엉뚱한 곳을 향하고 있었다. 부정 입학, 즉 대학 졸업장을 돈으로 사주는 데 당장은 수천만 원이 목돈으로 들어가겠지만, 그 대학 졸업장을 손에 쥔 아이가 대학 졸업 후 이 사회에서 받게 될 좋은 직장과 좋은 보수, 좋은 혼처, 그리고 평생 동안의 사회적 존경 같은 것의 보상을 따져 보면 '오히려 남는 장사'라는 무섭게 현실적인 계산이었던 것이다. 그만큼 성적과 대학은 우리 어머니들의 머리 속을 짓누르고 있는 것이다.

이런 사회 현실을 잘 아는 어머니들이라면 어려서부터 아이들에게 '우등생의 조건'이 될 수 있는 자질을 키워주는 데에 인색할 이유가 없는 것이다.

게다가 어머니의 생애 주기상으로 볼 때도 유아 교육이 실시되는 시기는 여자들이 결혼 구조 속에서 자아와의 대립기를 패배주의적으로 탈출하기 시작해 이른바 아이라는 타자와의 동일시 시기로 진입하는 돛을 올리게 되는 시기이다. 아이의 성적이 엄마의 성적, 아이의 대학 합격이 엄마 인생의 승리로 치환되는 대리 인생의 항해를 시작하는 시기인 것이다. 이런 조건은 어머니를 아이에게 열정적으로 밀착시키며, 아이의 어린 나이는 엄마에게 성공의 가능성에 대한 기대치를 극한으로 상정할 수 있는 여유를 준다.

또 우리 사회는 아이의 교육을 위한 어머니들의 교육열에 얼마나 관대한 사회인가? 결혼해서 쥐죽은 듯이 살아오던 여자들조차도 자녀 교육 문제에서만은 양보하지 않는다. 부부 싸움에서 자기 주장을 높이면서 철모르는 남편의 도덕주의를 비판하는 용감함을 과시하며 급기야는 말 안 통하는 남편을 의논 대상에서 제외시키고 혼자 일을 꾸미는 수준으로까지 발전하는 것이다.

우리 사회의 젊은 엄마들이 조기 교육에 열중하는 현상은 그만큼 여자들이 자기 소신대로 삶을 살아가고 있지 못함을 증명하는 것이기도 하다.

대부분 대학을 졸업한 고학력자들이고, 경제 개발 시기 이후의 풍요로운 성장 과정을 거쳤으며 평등주의 교육이 실시된 기간에 오랜 교육을 통해 능력과 이상을 가진 여성들이 결혼 이후의 막힌 삶 속에서 합법적으로 자기 자신을 정열적으로 투사할 수 있는 유일한 출구가 자녀 교육의 영역이라고 말할 수 있을 것이다.

조기 교육을 실천하고 있는 엄마들도 자신들이 교육열의 용광로 속에서 살아가야 하는 상황이 그다지 바람직하지 않다는 것을 잘 알고 있다. 또 아이 교육에 대한 부담 때문에 자기 자신의 삶을 돌보지 못하고 있다는 여성 의식이 담긴 고민도 하고 있다. 그러나 다른 대안을 알지 못하는 상태에서 나만 먼저 그 용광로 속에서 빠져 나왔을 때의 '손해'를 감당할 용기는 내지 못한다.

"나도 아이가 생기기 전에는 조기 교육에 비판적이었어요. 뭐 그렇게 아이들한테 돈을 많이 쓰냐고 생각했지요. 하지만 막상 내 문제가 되고 보니 그렇지가 않아요. 나중에 도움만 된다면 최대한으로 해주고 싶은 게 부모 마음이예요."

이런 식의 이중 구조의 사고 방식에 우리는 퍽 익숙하다. 고등학생의 어머니가 어떤 신문에 '아이들은 실컷 노는 게 공부니까 방학 때 너무 공부하라고 닦달하지 말라'는 글을 쓰고 나서는 "그런데 나는 막상 그렇게 하고 있지 못해요. 내 아이가 텔레비전 보고 있는 걸 보고 있으면 가슴 속에서 열이 치받치는 것 같은 걸요. 공부하라고 막 야단치게 돼요"라고 '고백'한 적이 있다. 대사회적으로 하는 말과 자기 집에서 하는 말이 달라져 있는 이중적 상황이지만, 아무도 이 어머니의 고백에 침 뱉을 수 있는 사람은 없을 것이다.

"아이들한테 너무 매달려서 사는 건 좋지 않다고 생각해요. 엄마들이 아이 교육이 중요하다고 해도 자기 발전을 위해서 사는 것이 좋다고 오래 전부터 생각해 왔어요. 하지만 지금은 정말 아무것도 못해요. 아이들한테 신경쓰느라 자기 발전은 무조건 뒤로 미뤄둔 상태예요."

"누가 조기 교육 붐을 가라앉혀 주기를 바래요. 나도 사회 활동을 했었는데 그 동안 아이를 못봐준 게 미안해서 지금은 아이들 교육에 신경을 쓰고 있어요. 아이들 학습지 하고 영재 교육 하는 거 진도 봐주고 교재 챙겨주고 하다 보면 하루 해가 금세 가요. 아이들이 국민학교 고학년만 되면 시간이 좀 난다니까 그때 가서 내가 하고픈 일을 하려고 생각해요.”

　어머니들은 학교에 입학하기 전의 아이들을 붙들고 교사를 갖다 대고 교재를 갖다 대고 과외 공부 팀을 조직한다. 그러고서도 불안하다. “나는 다른 엄마들에 비하면 아무것도 아니다”는 비교의 대상을 가진 엄마들은 아무리 많은 돈과 시간을 아이에게 투자해도 항상 ‘남보다 못하다’는 허기증 같은 느낌을 갖고 있다. 또 수많은 정보를 통해 선택한 교육 상품이지만 어디 그보다 더 좋은 상품이 있는지, 이보다 더 좋은 교사는 없었는지를 의심하고 고민해야만 한다. 조기 교육의 질과 양이 성적으로 증명되기 시작하는 학부형 시절이 된다 해서 어머니들의 고민과 불안이 덜해지지는 않는다. 광고지들에 의하면 국민학교 1학년부터는 그야말로 ‘우등생 체제’를 위한 각종의 학습이 조기 교육보다 훨씬 더 강도 높게 수행되어야 하는 시기다. 대학 입시에 가까와질수록 교육에 대한 부담은 어머니들의 삶을 좌불안석으로 만들어갈 것이다.

누구를 위한 교육인가

젖병만 떼고 나면 학원을 뛰느라 바빠진 아이들이 우리 사회에서 자라나고 있다. 아이들의 시간을 과외 공부와 학원 시간으로 ‘프로그래밍’하는 열성 엄마들의 손에 우리 아이들이 맡겨지고 있다. 남들이 다하는 것을, 남보다 먼저, 남보다 잘하기 위한 ‘똑똑한 엄마’들의 경쟁이 우리 사회 교육의 기초를 형성하고 있다.

　엄마들은 한결같이 말한다. “딱히 잘한다고 생각하지는 않는다”면서 “남들이 다 하기 때문에 안할 수는 없다”고. 또 “남들이 다 안하면 나도 안하겠지만 내가 먼저 안할 수는 없다”고. “아이의 재능을 살려주고 올바른 교육을 시키는 게 목적”이지만 “성적은 좋아야 한다”고. “내 인생을 살고 싶지만 아이들 교육 현실상 그게 불가능하다”고.

　경쟁이 나쁜 것은 아니다. 경쟁에서 가장 중요한 정신은 ‘페어 플레이’이다. 페어 플레이를 통해서 아이들은 승자가 되기 위한 노력과 인내를 배우기도 하지만 패자가 되었을 경우의 윤리와 생존 방법도 배울 수가 있다. 그러나 지금 우리가 직면하고 있는 조기 교육의 경쟁주의 심리에는 패자는 존재하지 않고 승자의 경우만 존재하고 있으며 무엇을 통한 경쟁인지에 대한 근본 물음을 상실하고 있는 것이 큰 문제인 것이다. 모두가 1등할 수 없는 이 뻔한 현실에서 모두가 1등이라는 고지를 목표로 하고 있는 것은 어디에서 시작된 기만인가? 그리고 왜 1등은 한 곳에만 존재해야 하는가? 세계적인 교육열이 만들어낸 결과가 고작 '과외공부의 천국'인가? 우리 어머니들은 지금 어디서 무엇을 하고 있는가?

우리 아이들에게 경쟁주의 교육의 망령을 불러들여 엄마가 아이들 업고 뛰어다니는 이 현상을 더 이상 '교육'이라고 부르지 말자. 어쩔 수 없는 교육 '현실'이라고도 부르지 말자. 우리의 현대사에서 제일 뒤로 처져 있는 곳에 교육이 위치하는 동안 아이도 죽어가고 엄마도 죽어가고 우리 모두가 죽어가고 있다. 우리에게 경쟁할 힘이 남아 있다면 교육의 영역 자체를 우리 사회의 가장 중요한 곳으로 옮겨 놓는 보다 큰 싸움을 시작하자. 이 싸움에 승산이 보일 때 아이들이 살고 여성들도 풀려날 수 있다. ■

* 글쓴이 김효신은 《여성신문》 편집 부장으로 일하고 있으며 두 아이를 둔 주부이기도 하다.

조기 교육은 필수인가

우남희

1. 머리말

요즈음 우리 주위에는 조기 교육의 열기가 대단하다. 어린아이들은 국민학교에 들어가기 전에 이미 글을 익혀야 되고 심지어 학습지까지 풀어야 한다. 피아노 학원에서 미술 학원으로 그 다음은 속셈 학원으로 여느 어른 못지않게 바쁜 스케줄로 몹시도 분주하다. 어른들은 저마다

하나, 둘을 다른 아이들보다 일 년쯤 먼저 셀 수 있다는 것은 엄마에게는 물론 큰 기쁨을 안겨 주는 사건이지만 10년만 내다본다 해도 그 가치는 거의 무의미해진다. 세 살부터 얽매인 공부를 시작하여 미리 지쳐 버리게 해서는 안되며 더우기 주어진 정답을 찾아내는 훈련으로 아이들의 창조적인 사고의 발달을 저해하는 일은 절대로 있어서는 안될 것이다. 남을 이기는 것만이 잘사는 것이 아니라 양보를 하는 것도 즐거움이라는 것을 조기에 배울 수 있는 터전을 마련해 주어야 하겠다.

아이들이 불쌍하다고 하면서도 남들이 다 시키니 불안해서 시키지 않을 수가 없다고 하며 행여나 옆집 부모에게 질세라 열심히 학원을 수소문한다. 부모들의 교육열을 부채질하는 상혼들은 인가 받지 않은 프로그램까지도 동원하여 부모들의 구미를 돋울 여러 가지 메뉴를 마련한다. 어디로 가는지 방향도 모른 채 모두가 초조하다. 무엇이 얼마나 잘못되었을까? 아니면 잘되어 나가고 있는데 공연히 과열이니 무분별이니 하며 지레 걱정을 하는

것일까?

우리나라의 조기 교육은 정규 교육 기관에서 일찍 시작하는 교육으로서의 교육과는 달리, 사설 학원이나 가정에서 이루어지고 있는 다양한 예능, 체능, 지능 개발 등의 교육을 지칭하고 있다. 이러한 교육은 아동의 발달 상태, 흥미, 소질, 그리고 성인의 확고한 교육관 등의 고려 없이 경쟁 의식과 같은 바람직하지 못한 심리적 동기로부터 실시됨으로써 많은 문제를 야기시키게 되었다. 대중 매체들은 이미 오래 전부터 이러한 조기 교육을 '과열'이나 '열풍'으로 묘사해 왔으며, 사회 계층간의 위화감 조성, 부모들의 경제적 부담, 정규 교육의 위상 실추, 영리를 목적으로 한 사설 학원의 난립 등의 문제점들을 지적하였다. 이러한 문제점들이 사회적 차원에서 빈번하게 제기되어 왔지만, 문제들을 해결하기 위하여는 제기된 문제들이 얼마나 심각하며, 또 실제로 교육을 받고 있는 아동들과 교육을 시키고 있는 부모들의 생각은 어떠한지를 알아야 되리라고 본다.

해서, 지난 여름 아동학과 유아 교육학을 전공하는 대학 교수 세 명과 학생 6명이 현재 서울에서 이루어지고 있는 조기 교육의 실태를 조사하였다. 이때 조기 교육이란 정규 교육 기관인 유치원이나 유아원에서 실시하는 교육을 제외하고 사설 학원이나 가정을 중심으로 취학 전에 이루어지고 있는 과외나 특기 교육으로 한정을 하였다. 3세 아동부터 중학교 3학년 아동을 둔 1,203명의 부모들에게 질문지를 보내고, 그 중 5세 아동부터 중학교 3학년에 이르는 아동들을 연령별로 표집하여 이들 140명과 직접 면담을 하였다. 아래의 내용은 이 연구의 결과를 기초로 한 것이다.

2. 조기 교육의 현주소

"너무 너무 재미있어요. 하늘만큼 땅만큼이요."

우리는 예상 밖의 대답에 어리둥절하였다. 학원 가방을 들고 이 학원 저 학원을 돌아다니는 아이들을 보며 어릴 때 실컷 놀아 보지도 못한다고 측은하게 생각을 했었다. 그런데 그 아이들은 너무나 재미있단다. 학원에서 이것 저것 배우는 것이.

연구 대상 1,203명의 아동 중 76.9%인 925명이 취학 전에 교육 경험이 있다고 하였다. 이 결과를 현재 유치원에 다니는 아동, 국민학교에 다니는 아

글자를 익힐 수 있도록 꾸며진 놀이방 바닥. 이제 조기 교육은 지역이나 계층을 초월하여
자녀를 둔 온 국민이 대면하고 있는 심각한 사회 문제이다.

동, 중학교 아동의 세 그룹으로 나누어 보니, 유치원 아동의 92.3%가, 국민
학교 아동은 75.4%가 그리고 중학교 아동은 65.6%가 교육을 받은 것이다.
학년이 내려갈수록 더 많은 아동이 취학 전에 특기나 과외 교육을 받고 있
는데, 이러한 차이는 통계적으로도 의미있는 것으로서, 지난 십여 년 동안
조기 교육이 상당히 심화되어 가고 있음을 증명해 주었다. 이 연구에서는
현재로 올수록 조기 교육을 받는 아동의 숫자가 증가하고 있는 것을 보여
줄 뿐만 아니라, 한 아동이 받고 있는 교육의 종류수도 점점 늘어가고 있
음을 역력히 보여 주었다. 중학교 재학중인 아동들이 취학 전에 받았던 교
육의 수는 평균 0.64개인 것에 비하여 국민학생들이 취학 전에 받은 것은
평균 1.24개이며, 현재 유치원 아동들이 받고 있는 수는 평균 1.98개이었다.
　특히, 조기 교육을 받는 연령이 점점 하향화하고 있음이 드러났는데, 유
치원 아동들이 현재 국민학교 재학중인 아동들보다 대부분의 종류에서 시
작 연령이 어렸다. 시작한 연령은 종류에 따라 다소 차이가 있기는 하지만,
현재 국민학교 아동들은 5세 이후에 대부분의 종류를 시작하였고, 유치원
아동들은 3세 이후 5세 이전에 시작한 것으로 나타났다. 최연소 시작 연령

의 분석에서는 현재 유치원에 다니는 아동 중 수영을 1년 5개월, 영재 교육을 1년 6개월에 시작한 사례들도 있었다. 너무 어린 연령이기에 나이 확인을 위하여 부모와 직접 전화 통화를 하여 실정을 알아보았더니 실제로 그 연령에 시작은 하였으나 너무 일러 결국 1-2개월만에 포기하고 말았다고 하였다. 충분한 검토와 지식 없이 과연 이렇게 서둘러 시행 착오를 해도 아이들에게 괜찮은 것일까?

나는 아이들에게 이런 질문을 해보았다. "만일 다른 아이들이 모두 조기 교육을 받지 않는다면 그래도 너는 지금 하는 것을 계속하겠니?"라고. 아이들의 대답은 너무도 뜻밖이었고 또 깜찍하였다. "그래도 해야지요. 다른 아이들이 안할 때 하면 내가 더 잘하게 되니까요." 거의 대부분의 아이들이 지금 하고 있는 것을 계속하겠단다. 철두 철미한 경쟁 의식이 이미 유치원 아이들에게까지 팽배해 있음을 보는 것은 소름이 끼치는 일이었다. 이 다음 경쟁 사회 속에서 살아남을 수 있도록 아이들에게 힘을 길러 준다는 것이 오히려 더 경쟁적인 사회 분위기만 만드는 것은 아닌가 우려가 된다.

특기나 과외에 현재 들고 있는 비용은 유치원 아동들이 한 달에 평균 1인당 84,000원, 국민학교 아동들이 평균 1인당 108,000원, 중학교 아동들이 평균 1인당 137,000원이었다. 이에 대해 50.5%의 부모들이 '상당히 부담스럽다'나 '다소 부담스럽다'라고 지적하였으나, 실제 우리나라 부모들은 경제적인 여유와는 별 상관없이 자녀 교육에 많은 비용을 들이고 있음을 알수 있었다. 가정 수입에 따른 분류에서는 월수입이 50만 원 이하의 가정에서도 53.8%가 취학전 특기나 과외 교육을 시키고 있었고, 부모의 직업이 없다고 밝힌 가정에서도 40%가 이러한 조기 교육을 시키고 있었다. 소위 말하는 달동네에 위치한 한 국민학교 교장 선생님은 이러한 무분별한 조기 교육에 대해 상당한 우려를 표명하며, 사회·경제적 지위가 낮은 가정들도 결코 조기 교육 추세에 뒤지지 않고 있음을 강조하였다. 자녀대에 가서는 부모들보다는 더 잘살게 하기 위하여 비록 비싼 교육을 시키지는 못하지만 저렴한 가격으로 특기나 과외 교육을 열심히 시키고 있다는 것이다.

이러한 실정을 볼 때, 이제 조기 교육은 지역이나 계층을 초월하여 어린 자녀를 둔 온 국민이 대면하고 있는 우리나라의 심각한 사회 문제라 하겠다.

3. 유행성 조기 교육

유행이 바뀌어 이상하게 보이는 옷은 입지 않으면 그만이고 유행이 바뀌어 버린 헤어스타일은 머리 모양만 고치면 된다. 하지만 남들이 다하니까 유행처럼 시킨 교육으로 아이들이 잘못된다면? 삼분의 일 이상의 부모들이 교육에 대한 분명한 신념이나 소신이 없이 '주위에서 모두 시키니까'(17.5%) 아니면 '아이가 졸라서'(16.9%) 시키는 것으로 대답을 하였다.

"현 상태는 너무 무질서하다고 생각합니다. 즉 주위에서 하니까 덩달아 하는 경향이 있습니다. 젊은 부모들에게 조기 교육에 대한 교육이 필요하다고 생각합니다."

"조기 교육을 실시하는 것은 좋은 일이지요. 하지만 요즘 우리나라의 경우 너무 이것 저것 시키지 않고는 웬지 불안하고 뒤질 것 같고 하는데 이것이 문제라고 봐요. 앞으로 잘되리라고 생각하지만 현재로선 너무 과교육이라고 봐도 될 정도지요. 저 자신도 잘 알지만 그 추세에 따라가는 것 같기도 하구요."

"선택을 잘해서 신중히 교육시키면 필요하다고는 생각합니다. 하지만 질서 없는 학원 물결에 우리 부모들이 흔들리고 있는 것만은 사실이지요."

현재의 우리나라 조기 교육 실태에 대하여 부모들은 입을 모아 과열 속에서 제대로의 교육이 이루어지지 않고 있다고 걱정을 하면서도, 남들이 다 시키니까 어쩔 수 없이 시키고 있음을 고백하였다. 교육은 먼 장래를 내다보는 백년 대계이어야지 유행의 물결을 타고 일시적으로 이루어져서는 안된다. 교육을 시키고 있는 종류의 수도 유행에 따라 지난 10여 년 동안 계속 변해 왔는데, 이번에 조사된 종류는 20여 종이 넘었으나, 현재 유치원 아동들이 가장 많이 하고 있는 것으로는 학습지가 단연 1위였다. 한편, 중학생들이 취학 전에 가장 많이 받았던 교육을 7가지만 순서대로 보면, 피아노, 미술, 학습지, 태권도, 주산, 속셈, 수영 순이었으며, 국민학생들이 취학 전 받은 교육은 피아노, 학습지, 미술, 수영, 속셈, 태권도, 영재 교육 순이었다. 유치원생들은 학습지 다음에 피아노, 미술, 수영, 영재 교육, 영어, 속셈의 순으로 많이 하고 있었다.

　유치원 아동들 중에는 학습지 2, 3가지를 포함해서 피아노, 속셈, 미술, 수영, 영재 교육 등 6, 7가지의 교육을 받고 있는 아동들도 상당수가 있었으나, 거의 대부분은 평균 2개 정도의 조기 교육을 받고 있었으며, 이들 중 반 이상(56%)이 이러한 교육에 주당 6시간 내지 15시간이나 소모하는 것으로 나타났다. 그러나 이 아이들의 대부분은 어른들의 생각처럼 이러한 교육을 힘겨워하지도 지겨워하지도 않았다. '상당히 힘이 든다'고 한 아동들도 몇 명 있었으나, 76.7%의 아이들은 현재에 배우고 있는 것을 만족스러워하거나 오히려 더 많은 것, 더 많은 시간을 원한다고 하였다. 이 아이들에게 교육의 내용은 문제가 되지 않았으며, 단지 다른 아이들이 학원에 다니는 것이 부러워 학원에 보내달라고 부모를 조르는 경우가 많이 있었다. 이들에게는 이런 저런 것들을 배우러 다니는 것이 하나의 자랑거리로서 다른 아이보다 한 가지를 더 배운다는 것은 다른 아이가 갖지 못한 것을 한 가지 더 소유하고 있다는 기분이었다. 소꿉놀이 대신 두세 개의 학습지를

풀어야 하는 유치원 아동들을 바라보며 우리가 그려볼 수 있는 미래의 한
국은 어떤 나라일까?

4. 조기 교육의 지속성

예술, 스포츠, 학문 분야에서 탁월한 능력을 인정받은 150명을 대상으로 재
능 발달의 과정을 연구한 시카고 대학의 블룸(Bloom) 교수는 우리나라의
특기 교육에 대해서 여러 가지 중요한 시사점을 제시하고 있다. 그는 대부
분의 대상자들이 아주 어린 시기부터 상당한 기간 동안 주변으로부터 절대
적인 격려와 보살핌, 교육, 훈련 등을 받았음을 언급하였다. 특히, 취학 전
또는 국민학교 저학년 시기까지 계속되는 특기 교육의 초기 단계 동안에는
주로 부모가 교사가 되어 아동이 특정 분야에 호기심을 가질 수 있도록 관
련 기구나 자료를 마련해 주었고, 아동은 그런 것들을 '놀이감'처럼 다루
면서 항상 가까이 하였다고 하였다. 그는 일찍부터 정식으로 지도를 받은
경우에 있어서도 교사들은 대부분 '재미(fun)'를 위주로 한 비형식적인 교
육 방법과, 친절한 성향, 성취 자체에 대해서는 무관심한 태도 등으로 일관
함으로써 아동이 무엇이든 마음대로 시도해 보면서 즐길 수 있는 분위기를
만들어 주었음을 강조하였다. 다음 두번째 단계에서는 중·고교 시절로서 지
역 사회에서 가장 훌륭한 스승을 만나 기술을 능숙하게 배우는 시기이며,
셋째 단계에서는 대학 후기, 20세 전후하여 국내외의 권위자를 찾아 사사
를 받아야 하는 때이다. 이러한 장기간의 여러 단계에 걸친 본인의 부단한
노력과 부모의 헌신적 뒷바라지와 교사의 체계적 교육이 합해질 때 탁월한
능력은 꽃을 피울 수 있다고 하였다.

　본 연구에서는 국민학교에 입학하기 전부터 시작한 특기나 과외 교육의
지속 여부를 교육의 종류별로 알아보았다. 그 결과, 많이 하는 종류인 학습
지, 피아노, 미술, 수영 등은 일단 시작을 하면 취학 전까지는 70% 이상의
아동들이 지속을 하는 반면 국민학교 연령에서는 지속 비율이 급격히 감소
되고 (미술의 경우는 26% 정도만 지속) 중학교 연령에서는 극히 저조한 정도
의 지속율 (0% 내지 10% 정도)을 보여 주었다. 이러한 결과는 우리나라의
특기나 과외 교육이 진정한 의미에서의 아동의 흥미나 소질을 위해 장기간
에 걸친 후원과 배려에서 실시되는 것이 아니라 상당히 '유행적' 특성을

지니고 있음을 잘 드러내고 있다고 보겠다. 부모가 자녀의 교육을 학원에 일임하고, 그것도 기껏 한두 달이나 일이 년 보내 보고 중단을 해버린다면 조기 교육은 아무런 열매도 맺을 수가 없을 것이다.

5. 대학 입시를 위한 필수 과목 조기 교육

"공부가 좋아서요, 꼭 해야 돼요." "이 다음에 학교에 가서 공부를 잘하려면 꼭 해야 돼요." 조기 교육이란 이 아이들에게는 선택이 아니고 필수이다. 학교에 들어가서 앞으로 공부를 해야 할 기간이 구만리 같은데 아직 학교에 입학하기도 전에 공부 걱정부터 해야 하는 어린 아이들을 보고 무어라 해야 좋을까? 유치원 때부터 학습지를 풀며 공부가 좋다는 이 아이가 대학생이 되어서도 정말 공부가 좋다고 할까? 우리나라에선 대학 입시 준비가 유치원에서부터 시작된다고 하면 세상 사람들은 이를 믿으려 할까? 현재 국민학교 1학년 아들을 둔 한 어머니는 아이가 유치원 다닐 때부터 학습지, 수영, 미술의 세 가지를 시켰으며, 수영과 미술은 국민학교 입학 전에 그만두게 하고 입학과 더불어는 속셈 학원에 보내고 있다며, 벌써 대학 입시 걱정을 하고 있었다.

> "현실적으로 내 아이들은 자유롭게 놀면서 유년 시절을 지내기를 원합니다. 그러나, 또래의 다른 아이들이 글씨도 잘 쓰고 읽을 수 있을 때 속이 상합니다. 현재의 교육 행정 또한 자유롭게 자신의 의견을 내세우며 공부할 수가 없고, 단지 객관식 문제를 얼마나 많이 맞추는가에 의해서 평가를 하는 것이 조기 교육열을 높이게 한다고 봅니다. 모든 조기 교육도 대학 입시와 바로 연계되어 있다고 생각해서 가르치고 있는데 너무 아쉽습니다."

조사에 의하면, 자녀가 흥미 있어 하므로 특기나 과외를 시키는 부모는 0.9%밖에 없었으며, 17.7%의 부모는 '잠재 능력 개발을 위해서'라고 대답을 했지만, '학업에 도움을 주기 위해서'가 1위였다(18,6%). 특히 미술이나 피아노 등의 예능도 예술가로 키우기 위하여 조기에 교육을 시키는 것이 아니라 대부분이 국민학교 입학 후 성적을 잘 받기 위해서였다.

"경제적인 부담을 안으면서도 다른 아이들이 많은 교육을 받고 있기 때문에 우리 아이 성적이 떨어질까봐 걱정이 되어서 보내고 있습니다."

귀중한 자녀들의 교육을 이렇게 신념 없이 시작해도 되는 것일까? 이러한 소신 없는 교육에 대하여는 많은 부모들 스스로가 우려를 표명하고 있었다.

"남이 하니까 나도 한다는 학부모의 발상은 매우 위험하고 시간, 경제적으로 낭비가 많다고 본다."

"조기 교육뿐만 아니라, 과외 교육도 함께 말하고 싶습니다. 꼭 제가 옳다고는 할 수 없겠지만, 무분별하게 남이 한다고 해서 너도 나도 하고 부모의 불안을 채우기 위해서 시키는 경우를 많이 보아 왔습니다. 아이가 원하든 안 원하든 부모의 특히 엄마의 불안을 덜기 위해 하는 경우가 많은 것 같습니다."

"주변에 다른 집 자녀들이 무리할 정도로 일찍부터 영어, 웅변, 속독 등을 많이 할 때도 부모들은 불안한 마음이 들 때가 많습니다. 혹시 우리 애가 뒤떨어지지는 않을까? 학교 수업만으로 부족한 것은 아닌가? 하고 오히려 불안해 합니다. 매스컴이나 신문 등에서 조기 교육 등을 발표할 때도 더욱더 불안해 하지요. 어린 자녀들을 해방시킬 길은 없을까요?"

6. 변태 교육

부모들은 현재 아이들을 이 학원 저 학원에 보내기는 하지만, 사설 교육 기관의 질에 대하여 많은 의문을 갖고 있으며, 정규 교육 기관에서 특기 교육 등을 담당해 줄 것을 기대하고 있다.

"조기 교육은 꼭 필요하다고 생각합니다. 다만, 너무 많은 시간과 비용의 부담이 있는 듯합니다. 학교나 유치원 과정에서 교육 내용에 포함해서 할 수 있으면 좋겠습니다."

이러한 요구들과 관련하여 연구자들은 정규 학교의 교사들에게 현 실정에서의 정규 교육의 의미와 역할에 대해 질문을 한 바 있었다. 교사들은

태권도 학원에서 속셈을 가르치는 기이한 현상이 나타나고 있을 뿐 아니라, 실제로
속셈 학원에서는 국어, 영어, 수학 등의 학습 과외가 공공연하게 실시되고 있다.

정규 교육의 위상 실추에 대해 커다란 우려를 나타냈으며, 아이들이 학원
에서 이미 여러 가지들을 배우므로 학교는 단지 요식 행위에 불과하게 되
었다고 하였다. 그들 나름대로 과열 특기나 과외 교육을 피하기 위하여 교
과 과정을 변화시키거나 적극적인 부모 교육을 시도해 보기도 하였지만,
주변 학원가와의 큰 마찰이 있었으며, 선물 공세로 아동들을 유혹하는 상
혼들을 이길 수가 없음을 고백하였다.

한 아동은 면담에서 "글씨도 배우고 잘하면 선물도 주니까"라고 하며 학
원에 다니는 것에 만족하고 있었다. 학교와는 달리 아이스크림이나 사탕
등의 미끼로 아동들을 묶어 놓고 있는 사례가 많았으며 특히, 학원에서는
내걸어 놓은 간판과는 다른 내용의 교육을 실시하고 있음이 여러 사례에서
드러났다.

태권도 학원에 다니던 어떤 아동은 엄마가 태권도를 그만하고 속셈을
배우라고 해서 속셈 학원으로 옮겼지만 사실 태권도 학원에서도 속셈을 배
웠다고 하며 엄마는 그것도 모르고 괜히 학원만 옮긴다며 웃었다. 이와 같
이 태권도 학원에서 속셈을 가르치는 기이한 현상이 나타나고 있을 뿐 아

니라, 실제로 속셈 학원에서는 국어, 영어, 수학 등의 학습 과외가 공공연하게 실시되고 있는 실정이었다. 전문성이 중요시되는 현대 사회에 살면서도 어린 아동을 둔 부모들은 슈퍼마켓에서 물건을 고르듯 다양한 프로그램이 있는 학원을 즐겨 찾는다. 교사나 교육의 질은 고려하지 않은 채 여러가지 종류의 교육만 시키면 되는 것일까?

취학 전 유아들에게 인기 있는 종류로 급부상하고 있는 영재 교육은 평균 시작 연령이 3세 2개월로서 생후 3년이면 구체적인 교육이 이루어지고 있었다. 이 영재 교육은 영재를 찾아내어 능력을 최대한으로 개발시킨다는 의미의 교육이 아니라 선별 과정도 없이 아이들을 조기에 교육을 시킴으로써 영재를 만들어 보겠다는 잘못된 영재 교육에 대한 인식에서 실시가 되고 있었다. 영재아들을 위한 특별 교육을 받은 교사가 교육을 실시하고 있는 것은 물론 아니였으며, 영재아를 만들어 준다는 명목으로 몇십만 원의 교재비를 교육비와 함께 받고 있었다. 특히, 이런 식의 유아 영재 교육은 학업 능력의 조기 개발에만 중점을 두는 경향이 짙었다. 그러나, 최근 학문적으로 개념화된 바에 의하면, 영재아란 학업 우수아만이 아니며, 일반적인 지능뿐 아니라 특정 학문에의 적성, 창의적 또는 생산적 사고, 지도력, 예술, 운동 등의 여러 가지 능력 중 한 가지 또는 복합적으로 능력이 뛰어난 아동으로서 집착성, 개방성, 비동조성, 용기, 열성, 결단성, 인내심, 독립심 등의 특성을 지닌다고 한다. 교육 명칭에 '영재'라는 단어만 부착하면 영재가 만들어지는 것일까?

7. 조기 교육의 득과 실

자유롭게 뛰놀 시간을 빼앗겼다는 생각은 아예 할 수가 없는 이 아이들이 조기 교육을 받는 이유는 무엇일까? 많은 아이들이 이 다음에 훌륭한 사람이 되기 위하여 지금 여러 가지를 배운다고 하였다. "그래야 우리 엄마가 훌륭한 사람이 된다고 하였어요." 어떤 엄마가 이렇게 철저히 세뇌를 시켰을까? 이 아이들이 생각하는 훌륭한 사람이란 어떤 사람일까? 엄마들은 훌륭한 사람이 된다는 것의 정의를 어떻게 내려 주었을까? 무엇이든지 남보다 잘하는 사람이 훌륭한 사람이라고 하였을까? 이렇게 너나 할것없이 일찍부터 아이들에게 교육을 시킴으로써 얻는 것은 무엇이고 잃는 것은 무엇일까?

아이들을 남보다 더 훌륭하게 키우기 위하여 1-2년 앞당겨 교육을 시작하지만 지속 기간은 대부분 2년도 채 안되는 것을 보면서 안타까운 생각이 든다. 그 정도의 기간에 어떻게 예술가를 키우고 지능을 개발한다는 말인지. 피아제(Piaget)의 이론에 대한 교육학적 해석을 명쾌하게 제시한 하버드 대학의 덕월스(Duckworth) 교수는 교육의 주된 관심사는 얼마나 '빨리'가 아니라 아동의 발달 단계에 맞추어 얼마나 '잘' 배울 수 있도록 도와주느냐 하는 것이어야 한다고 지적하며, '깊이 있고도 폭넓은 배움'을 강조하였다.

이 학원 저 학원을 돌아다니며 많은 것을 배우던 아이가 5학년이 된 지금 집에서는 답답해 하고 또 차분하게 아무것도 하지 못하는 것을 보고 엄마가 다시는 학원에 안 보내겠다고 야단하신다지만 이미 얻은 것보다는 잃은 것이 많지 않을까 걱정이 된다. 여의도에서 피아노 학원을 경영하는 한 원장의 말은 우리 모두에게 경각심을 불러일으킨다. "아이들이 왜 학원에 오는 줄 알아요? 가기 위해서지요." 가기 위해 온다는 것은 무슨 말일까? "선생님, 나 3시까지 미술 학원에 가야 하니까 빨리 끝내야 되요!" 피아노 학원에 들어서며 하는 아이의 말이란다. 피아노 학원에서 미술 학원으로, 또 그 다음은 속셈 학원으로. 갈 곳이 죽 정해져 있으니 스케줄대로 학원에 들렀을 뿐이다. 타인에 의해 짜여진 일정에 쫓기어 다니며 무슨 교육이 이루어질까? 아이들이 하고 있던 특기나 과외를 그만둔 이유를 물었더니 '시간이 없어서'라고 대답한 아이들이 많이 있었다. 이렇게 여러 가지를 서둘러 배워서 무엇을 하자는 걸까? 일찍 많은 것을 가르친다고 하면서 한 가지도 지속적으로 할 수 없는 안달쟁이를 만든다면 우리는 조기교육을 통하여 많은 것을 잃고 마는 것이다.

8. 맺음말

수많은 아이들이 국민학교에 입학하기 전에 이미 학원 가방을 들고 이것저것을 배우러 사설 학원에 다닌다. 아이를 집에서 놀리려고 해도 친구가 없어서 학원에 보낸다는 부모들도 많이 있었다. 아이들은 학원에서 친구들도 사귀고 많은 시간을 그곳에서 보낸다. 그런데 아이들은 그곳에서 다른 사람들과 더불어 사는 것을 배우기보다는 다른 사람들을 경쟁으로부터 이겨 내야 하는 것을 배우고 있었다. 경쟁 사회 속에서 살아남을 수 있는 철두 철미한 경쟁 의식과 능력을 키워가고 있는 것이다. 모든 사람들을 경쟁의 대상으로만 여기며 자기만이 무엇이든지 다 잘할 수 있다고 생각하는 독불 장군들이 모여 살게 되는 미래의 사회는 어떤 곳일까?

요즈음 공동육아의 필요성이 거론이 되고 있는데 그 필요성은 여기에서도 실감할 수 있다. 아이들이 서로 경쟁의 대상으로 만나는 것이 아니라 기쁨과 즐거움 그리고 아픔까지도 나누어 가지며 사는 것을 자연스럽게 배울 수 있는 그러한 만남의 장소를 마련해 주어야 하겠다. 지적인 것이 지나치게 강조되는 균형 잃은 교육에서 벗어나, 아이들로 하여금 더불어 사는 삶의 지혜를 가르쳐 주는 그러한 교육이 공동육아를 통하여 이루어졌으면 하는 바람이다. 지적인 것을 일찍부터 가르치려는 노력 대신에 올바른 삶의 자세를 생의 초기에서부터 가르치려는 어른들의 노력이 절실히 요구된다.

초기 조숙은 오히려 후기의 지적 발달을 느리게 할 뿐 아니라 성숙기에 오히려 낮은 지적 성취를 보인다는 심리학자의 주장처럼 우리는 무조건 일찍 유아들에게 교육을 실시하는 것이 과연 바람직한 것인가를 검토해 보아야 할 것이다.

하나, 둘을 다른 아이들보다 일 년쯤 먼저 셀 수 있다는 것은 엄마에게는 물론 큰 기쁨을 안겨 주는 사건이지만 10년만 내다본다 해도 그 가치는 거의 무의미해진다. 서두르지 말고 아이들로 하여금 충분히 탐색하고 생각하며 자기 스스로 흥미있는 것을 찾을 수 있는 기회를 주어야 되겠다. 아이들에게 아이들과 더불어 실컷 뛰놀 수 있는 시간을 주어 진정 공부에 몰두하고 일에 열중하여야 할 시기에 놀고 싶어지지 않도록 하여야 하겠다. 세 살부터 얽매인 공부를 시작하여 미리 지쳐 버리게 해서는 안되며 더우기 주어진 정답을 찾아내는 훈련으로 아이들의 창조적인 사고의 발달을 저해하는 일은 절대로 있어서는 안될 것이다. 남을 이기는 것만이 잘사는 것이 아니라 양보를 하는 것도 즐거움이라는 것을 조기에 배울 수 있는 터전을 마련해 주어야 하겠다. ■

* 글쓴이 우남희는 동덕여대에서 아동학을 가르치고 있다.

차별없이
더불어 사는 길

여자아이들을 자기로 키우는 방법

보육 현장의 성별 사회화

김정희

국민학교 2학년 때 난 당시 집안 문제로 이사를 많이 다녀야 했다. 그래서 국민학교 2학년을 마치기도 전에 세 번이나 학교를 옮겨야 했다. 그래도 나는 이사 가는 동네에서 항상 골목 대장을 했다. 즉 이사가자마자 내 또래 애들이 노는 데 가서 나를 소개하고 대장이 되기 위해 각고(?)의 노

어떻게 하는 것이 우리가 아이들을 여자는 여자대로, 남자는 남자대로 국화빵 찍어내듯 하는 교육을 하지 않는 길일까? 우선 남자, 여자 간에 능력이나 기질상 어떤 본질적인 차이가 존재한다는 고정 관념을 교사가 버려야 한다. 아이들에게는 개인 차가 있을 뿐이며 이 개인 차를 살려 주는 것이 진짜 중요한 일이다. 유능한 교사란 그 아이의 장점이 무언지 잘 파악하고 그것을 고무해줄 수 있는 교사가 아닐까?

력을 하였던 것이다. 이렇게 괄괄하게 지내던 어느 날 난 내 또래 여자 아이들이 종이 인형을 가지고 소꿉놀이를 하는 것을 보았다. 그리고 그것은 너무나도 재미있어 보였다. 그런데 그 소꿉놀이를 위해서는 내게도 종이 인형이 필요했는데 이것을 사러 문방구에 가려 하니 내 자신 스스로에게 '좀팽이, 여자나 갖고 노는 인형을 사려고 한다'는 욕을 하고 있었다. 그러나 난 종이 인형이 필요했고 그래서 종이 인형을 파는 문방구 앞을 낮부터 늦은 저녁까지 빙빙 돌게 되었다. 혹시 내가 인형을 사는 모습이 지나가는 학교 애들이나 동네 또래 애들에게 들키면 창피하다는 생각에서였다. 그러나 나는 결국 종이 인형을 아무도 몰래(?) 샀고 점퍼 깊숙이 숨겨서 집으로 돌아왔다. 돌아오는 길에 동네 또래 친구가 날 불렀

을 때는 정말 간이 콩알만해졌고 무척 창피한 생각이 들었다. 그러나 집에서 혼자 인형을 오리고 옷을 입히고 인형에게 얘기하면서 놀았던 시간은 정말이지 즐거웠다. 이러한 경험은 국민학교 5학년 때 또 한차례 있었다. 교과목 중에 '실과'라는 과목이 있었는데 내용 중에 바느질을 하는 내용이 있었다. 집에서 실과 옷감을 가지고 와서 학교 수업 시간에 해보고 집에서 숙제로 해오는 경우도 있었다. 지금은 잘 기억나지는 않지만 '공그르기,' '감치기' 등 생소한 말들을 배우면서 해본 바느질과 뜨개질은 너무 재미있었다. 그런데 집에서 숙제겸 해서 이것을 재미있게 하는 내 모습을 보신 어머니께서 '사내는 그런 것에 너무 흥미를 가지면 안된다'라는 말씀을 하셨다. 그리고 형들도 날 많이 놀렸다. 자의반 타의반으로 난 더 이상 할 수가 없었다. — 남자 대학생

1. 들어가면서

새해에 학교에 입학하는 내 딸은 반은 보육을 통해 키웠다 할 수 있을 것 같다. 두 돌 지나고부터 놀이방을 다니기 시작해서 유아원, 어린이집 해서 줄곧 근 5년을 종일반을 했으니 말이다. 그 동안 돌보아 주신 선생님들에 대한 고마움이야 어찌 말로 다 표현할 수 있을까마는 이런 감사의 마음과는 별도로 여성학 전공자로서 엄마로서의 내게 다소 아쉬운 점이 없지 않았던 것 또한 사실이다.

즉 여성학의 연구 성과에 따르면, 남녀의 생리학적 기능의 차이(여자의 임신, 출산 능력)와 평균 몸무게, 키, 근력, 지구력 — 남자가 근력은 더 강하지만 지구력은 여자가 더 세다 — 등과 같은 생물학적인 평균적 차이가 아니라 양육 방식 — 특히 어머니 중심의 양육 방식 — 과 '남자는 울어서는 안되고 여자와 자식을 먹여 살려야 하고 ……,' '여자는 얌전해야 하고 시집 잘 가는 게 최고고 ……' 하는 식의, 우리가 양성에 대해 잘못 갖고 있는 고정 관념과 그 현실이 우리가 현실에서 목격하는 양성간의 성향적 차이, 사회 문화적 지위상의 차이를 가져온다. 이러한 여성학적 시각에서 보면 좋은 교육은 성별을 떠나서 아이가 가진 잠재력을 가장 잘 길러주는 교육이 된다.

요컨대 남아가 꽃을 좋아한다면 '사내 자식이'라는 말로 윽박지르지 말고 그 애의 감수성, 또는 관찰력을 그대로 길러 주어 그 애가 정원사가 되

든, 생물학자가 되든 시인이 되든 자신의 환경과의 상호 작용 속에서 가능한 한 자기를 억압하지 않는 생을 만들어 가게 하는 것이 좋은 교육이란 것이다. 여아가 인형 놀이보다는 칼 싸움, 권총 놀이를 유별나게 더 좋아한다면 그것을 억압하지 말고 여군이나 여자 경찰이 될 수 있게 하는 것이 좋은 교육이란 것이다. '사내 자식'이, '여자가'라는 말로 그 아이의 성향을 억압할 때 위대한 생물학자나 디자이너 될 수 있는 남아는 별로 능력을 인정받지 못하는 회사원이 되어 있을 것이고 산악인이나 군인, 하키 선수 등 모험을 자기 삶으로 살아야 할 여아는 언제나 뒷골이 땅한 주부가 되어 있을 것이다.

그런데 나는 아이를 보육 시설에 보내면서 나의 이런 소신이 지켜지기 힘든 것임을 터득해야만 했다. 어느 때인가부터는 엄마보다는 문화의 힘이 더 강하다라는 식으로 체념을 하지 않을 수 없게 된 것이다. 물론 이 문화에는 보육보다 매스컴이나 친인척 등 주변 사람들의 영향 등이 더 큰 비중으로 작용하고 있을 수도 있다. 어쨌든 약간의 변화의 조짐이 보이기는 해도 여전히 문화의 대세는 성별 고정 관념의 틀에 맞추어 그 틀에 맞는 남아와 여아를 길러 내는 것이다. 여기서는 성별 사회화의 문화적 경험 중에서 보육 시설이 성별 사회화에 미치는 영향에 국한해 생각해 보기로 하자. 여기에는 보육 시설에 아이를 보내는 나와 다른 어머니의 경험이 바탕이 되었다.

2. 보육 현장에서 우리 아이들은 어떻게 남자, 여자로 만들어지나?

무엇보다도 고정 관념적인 프로그램들이 문제다. 우리 애가 배워 오는 동요는 대개는 재미있게 들어줄 수 있는 것들이었지만 몇 가지는 '아뿔사' 소리를 절로 나오게 만들었다. 예를 들면, '내가 커서 무엇이 되어 있을까, 아빠처럼 넥타이를 메고 있을까, 엄마처럼 행주치마 입고 있을까? 랄라랄라 흉내내 보자. 나는 아빠, 나는 엄마, 랄라랄라 흉내내 보자' 같은 노래가 대표적이다.

놀이에서도 성 고정 관념적, 성 분리적 교육이 관찰되는데 가장 대표적인 것이 병원놀이다. 이 놀이를 하면 남자애는 의사, 여자애는 간호사를 한다. 엄마가 직접 가서 이렇게 저렇게 해달라는 것보다는 아이들의 자발적 욕구를 드러내는 것이 좋을듯 싶어서 나는 딸애가 병원 놀이를 한다고 와이셔츠를 가져갈 때마다 한가지만 하는 것보다는 이것저것 해보는 것이 더 재미있다면서 이번에는 선생님께 의사를 해보겠다고 말하라고 꼬드기지만 번번이 아이는 자기는 여자 의사는 본 적도 없고 간호사가 좋아 간호사를 하겠다고 우겼다. 그러고 보니 아이가 접한 소아과, 안과 의사 선생님이 모두 남자였다. 피부과를 들른 어느 날 다행히 의사 선생님은 여자였고 한의원을 하는 선배에게 가서 침을 맞은 후로 겨우 의사는 남자든 여자든 자기가 하고 싶으면 할 수 있는 거라는 내 말발이 설 수 있었다. 지금은 자기와 내가 의사 놀이를 할 때는 자연스럽게 의사와 간호사를 바꿔 가면서 한다.

이외에도 엄지를 아빠 손, 검지를 엄마 손으로 하면서 '아빠 손은 뚝딱 뚝딱,' '엄마 손은 빨래하고' 하는 등의 놀이라든가 연말 학예회에서 여아들은 발레, 고전 무용, 리본 체조 등 다양한 춤을 선보이는 데 반해 남아들은 한결같이 태권도 춤 또는 로보트 춤 일색인 분리의 예도 있다. 보이기 위한 학예회를 꼭 해야만 하는 것인가의 의문은 접어두고라도 한달쯤 계속되는 학예회 연습에서 아이들은 다른 애들의 춤과 노래도 다 외우게 된다. 딸은 집에 오면 다른 애들의 춤과 노래를 해보이는데 여기에는 남자애들의 태권도 춤도 포함된다. 남자애들도 마찬가지로 집에 가서는 여자애들의 춤과 노래를 해보진 않을까? 해보고 싶은 생각이 나도 꾹 참을까?

딸을 보면, 다섯, 여섯 살만 되면 벌써 여자는 여자끼리, 남자는 남자끼리만 노는 경향이 강하게 나타난다. 전체적인 우리의 성분리 문화 속에서 자연스럽게 일어나는 현상이다. 학예회는 이러한 분리를 흐트러 놓을 수 있는 기회도 될 수 있건만 현실은 그와는 정반대다. 그리고 사실 집에 고장난 것이 있을 때 밤늦게 들어오는 남편을 기다리느니 자기가 척척 다 해버리는 엄마들이 많고 남자 중에도 뭘 좀 고치라면 그렇게 싫어할 수 없는 남자도 있다. 또한 이제는 빨래는 거의 세탁기가 다 해주는 시대인데 굳이 희미해져 가는 성별 분리적 기능을 노래로, 동요로, 놀이로 강조하고 강화시킬 필요가 있는가? 여기에는 아빠는 직장 다니고 엄마는 살림 사는 가족이 보편적 가족으로 상정되고 있기 때문인 것 같다. 그러나 이미 전체 여성 취업자 중 기혼 여성의 비율은 3/4 정도 되며 전체 기혼 여성 중 취업 여성의 비율이 1/2이 된다. 맞벌이 아니면 점점 더 살기 어려워지는 현실을

감안하건대 애들이 클 때쯤이면 주부 취업율은 더 높아지면 높아지지 낮아
지진 않을 것이다. 아이들의 유아 문화를 창조하는 사람들은 이 점을 염두
에 두어야 할 것 같다.

단순히 성분리적인 것이 아니라 남성 우월성을 은연중에 드러내고 있는
프로그램도 눈에 띈다. 예를 들면 생일 잔치나 소풍 등의 행진할 때 언제
나 남아가 먼저 입장하거나 행진을 하며 생일 잔치에서 남자는 왕관을 하
고 여자는 꽃목걸이를 하며 남자애만 여자애에게 생일 축하 뽀뽀를 해주는
예가 있다. 프로그램 진행시 교사가 남아를 우선시하는 것은 교사의 성차
별적 태도 때문이라기보다는 남자애들이 더 설치기 때문인 것으로 풀이해
볼 수도 있는데, 그렇다고 편리를 위해 남아를 우선시하는 습관은 생각지
않은 여성 열등시의 효과를 은연중에 가져올 수 있다. 더욱 해로운 것은
교사가 성별 고정 관념에 익숙해 있어 일상적으로 성별 분리적이고 남성
우월론적 태도를 취할 때이다. 예를 들면 여자애들한테는 나이 많은 남자
애한테 꼭 오빠라고 부르게 하지만 남자애들한테는 나이 많은 여자애들에
게 누나라고 부르는 것을 가르치지 않는다든가 여자애들을 칭찬하는 말로
'착하면 이 다음에 미스 코리아에 나갈 수 있어'라고 한다든지 남자애가
울면 '사내 대장부가 울어서 쓰냐'라는 말로 우는 애를 달랜다든가 등의
예를 들 수 있다.

아이들이 감상하는 동시에 〈엄마는 나를〉이라는 동시가 있다. "엄마는 /
나를 / 강가에는 가지 말라 해요 / 강물 따라 먼 바다로 갈까 봐서. 엄마는
/ 나를 / 들에는 가지 말라 해요 / 들길 걸어 / 낯선 마을로 갈까 봐서. 엄마
는 / 나를 / 언덕에는 가자 말라 해요 / 구름처럼 / 어이론가 흘러 갈까 봐
서"(삼성 복지 재단, 1992, 〈영유아 보육 프로그램 실무 — 놀이방 프로그램을 중
심으로〉 II:104). N.초도로(Chodorow)라는 여성 심리학자에 따르면 남아, 여아
가 각각 독립적, 객관적인 인격과 관계 중심적인 인격으로 이분화되는 심
리적 성향을 보여 주는 것은 어머니가 주된 양육자가 되고 있기 때문이다.
어머니가 주된 양육자인 양육 제도하에서 딸은 양육자인 어머니가 여성인
고로 남아처럼 어머니로부터 철저하게 심리적으로 분리해 나가지 못하고
어머니와 미분리 상태에 남아 있는다.

사실 우리에게 필요한 것은 상황에 따라 자아를 상황으로부터 철저하게
분리시킬 줄을 알고 타자와의 관계성 안에서 느끼고 판단하기도 하는 두

가지 자아 특성이 요구된다. 어느 한 쪽만 과도하게 발전하는 것은 좋지 않다는 것이다. KKK단과 같은 인종 차별주의자나 우리의 경우, 분파적인 지역 중심주의자 같은 경우가 관계적 인격이 분화되지 못하고 있는 예일 것이다. 반면 관계적 인격만 발전된 여자는 언제나 관계 속에 함몰됨으로써 자아 상실의 부정적 경험에서 헤어날 수 없는 것이다. 초도로는 대안으로서 '두 부모에 의한 양육 제도'를 제시하지만 여건이 안되는 현 상황에서 차선책으로 엄마가 자녀의 분리의 욕구에 민감하게 반응하여 자녀의 심리적 분리를 도울 수 있어야 한다고 말한다. 그러나 앞의 동요는 자녀의 분리 욕구를 철저히 막는 어머니상을 감상하라고 제시하고 있다.

이 외에도 애들이 서너 살만 되면 기막히게 구분하는 것이 '남자 색,' '여자 색'의 색 구분이다. 이것이 아이들의 정서나 미적 감각의 자유로운 발전에 한계가 된다는 것은 분명한데, 이러한 색 구분이 반드시 보육을 통해 조장되는지는 확실히 말할 수 없다. 그러나 유니폼이나 체육복, 소풍 가방 등의 색깔이 남자는 곤색이나 파랑색, 여자는 밝은 색으로 구분되는 것은 흔히 볼 수 있는데 이런 분리가 색 구분의 한 요인이 될 것은 짐작해 볼 수 있다.

마지막으로 동화의 문제가 있다. 이제 '신데렐라 콤플렉스'라는 말은 일상 용어가 되었다고 보일 정도이지만, 신데렐라 콤플렉스의 각본을 갖고 있는 백설 공주, 신데렐라 등은 여전히 집과 보육 시설에서 읽히고 있다. 이런 동화를 사주지 않고 키웠던 엄마들은 아이가 유아원이나 유치원을 가게 되면서 아이가 또래 애들과 어울리기 위해서는 그런 동화를 읽고 신데렐라 노래도 불러야 한다는 것을 알게 된다. 공주 꿈을 심어 주는 동화들이 여전히 여아들의 베스트 셀러가 되고 있는 것에는 건강한 어린이 문화를 이룰 수 있는 대안적인 그림 동화가 부족하다는 보다 근본적인 문제점을 안고 있다. 즉 신데렐라가 여아들이 좋아하는 동화인 것을 보육 시설에서의 성별 사회화 탓으로 돌릴 수 없다. 그러나 아래의 사례처럼 성별 사회화를 강도 있게 부추기는 역할을 하고 있는 유아원, 유치원의 존재는 교사의 태도가 갖는 중요성을 일깨워 준다.

나는 대학에서 성별 사회화의 문제점에 대해서 배운 바가 있어, 딸을 키우면서 이 애를 될 수 있으면 양성적인 아이로 키우려 신경을 썼다. 그러나 딸이 유치원을 다니면서 엉망이 되었다. 유치원 선생님은 신데렐라 콤플렉스에 푹 젤은 사람 같았다. 들려 주지 않던 백설 공주 이야기를 좋아하게 된 건 물론이며 치마 아니면 입지 않겠다고 떼를 썼고 그것도 밍키 공주 같은 화려한 옷을 사달라고 졸랐다. 선생님이 여자 애들은 착한 일하면 미스 코리아 나간다고 했다며 크면 미스 코리아 나갈 거라고 이야기 해댔다. 놀이도 인형 놀이만 하며 인형들에는 이름 앞에다 '미스'를 꼭 붙여 부른다. 안되겠다 싶어 유치원을 바꾸었다. 이번 유치원은 아이들이 모래 장난을 할 수 있는 놀이터도 있고 아이들을 다양한 놀이 중심으로 지도한다. 아이도 점차로 변해 가고 있다. — 32세, 주부

3. 아이들을 자기로 키울 수 있는 방법은?

어떻게 하는 것이 우리가 아이들을 여자는 여자대로, 남자는 남자대로 국화빵 찍어내듯 하는 교육을 하지 않는 길일까?

우선 남자, 여자 간에 능력이나 기질상 어떤 본질적인 차이가 존재한다는 고정 관념을 교사가 버려야 한다. 아이들에게는 개인 차가 있을 뿐이며 이 개인 차를 살려 주는 것이 진짜 중요한 일이다. 유능한 교사란 그 아이의 장점이 무언지 잘 파악하고 그것을 고무해줄 수 있는 교사가 아닐까? 물론 우리의 교육 현실이 이런 자상한 관찰과 배려 있는 교육을 힘들게 한다는 문제는 별도로 남는다.

두번째로 교사는 하나의 정답을 제시하는 것이 아니라 비교 문화론적이고 역사적인 시각에서 사물을 다각도로 보고 생각할 수 있는 능력을 아이들에게 길러 주는 것이 중요하다. 예를 들어 '고정되지 않은 성역할 인식'이라는 교육 목표로 아이들과 이야기를 나누기를 한다고 생각해 보자(삼성 복지 재단, 1992, 〈영유아 보육 프로그램 실무 — 놀이방 프로그램을 중심으로〉 III:120). 여기에 여자만 입는 옷, 남자만 입는 옷을 유아들과 찾아본다는 교육 방식이 제시되고 있는데 이런 교육이 그 교육 목표를 달성할 수 있는가? 교사가 어떤 시각에서 프로그램을 끌어 가느냐에 따라 그 효과는 백팔십도 달라지게 된다.

치마는 여자만 입고 남자는 바지만 입는다는 식으로 결론을 내버릴 때 고정 관념적인 교육의 전형이 된다. 아이들에게 자유스럽게 사고하고 행동할 여지를 주지 않고 옷의 차이로 상징되는 남녀의 모종의 본질적 차이에

대한 믿음을 주입시키는 효과를 낳는다. 그러나 교사가 우리나라에서도 고려 시대까지는 남자도 귀걸이를 했고 중세 서양의 남자들은 분장을 하고 가발을 쓰는 것이 유행이었고 지금도 스코틀랜드나 인도에서는 남자들이 치마를 입는다는, 비교 문화론적이고 역사적인 시각에서 다양한 예를 들어 준다고 해보자. 이런 경우 아이들은 외모와 관련해 성고정 관념을 갖지 않게 될 것이다. 이런 하나하나의 교육이 아이들이 자기의 개성을 죽이지 않는 교육을 가능하게 한다. 그런데 이런 교육이 가능하려면 교사 자신이 목걸이 귀걸이 하는 남자 애들을 퇴폐적인 오렌지족으로 치부해 버리지 않고 이른바 오렌지족에서 그들의 개성을 찾고자 하는 몸짓을 읽을 수 있어야 한다.

셋째로 교사가 이용할 수 있는 좋은 교육 자료의 개발을 들 수 있다. 나는 이 중 어머니로서의 나의 경험에서 자신있게 말할 수 있는 동화에 대해서 말해 보고자 한다. 건강한 그림 동화가 전래 이야기에서 발굴, 계승되거나 새롭게 개작, 창작되어야 한다. 요즘 아이들은 외국 그림 동화를 그대로 복사한 디즈니랜드 류의 그림 동화를 먼저 접하게 되는 경우가 많다. 그 속의 사람들은 온통 노랑 머리고 음식은 다 서양 인스턴트 식품이나 과자 초콜릿이다. 이런 동화를 읽는 아이들에게 우리에게 마지막 남은 고유성이랄 수 있는 문화가 창조적으로 계승될 것을 기대할 수 있는가? 나는 건강한 (그림) 동화는 자연과의 친화와 창의력, 모험심을 고무하면서도 이 속에 재미가 녹아 들어가 있는 것이며 여기에 민족 정서가 들어가 있으면 더욱 좋다고 생각한다.

내가 우리 애와 읽은 그림 동화 가운데, '강아지 똥' 같은 것은 민들레 꽃으로 피어나는 강아지 똥 이야기를 통해 자연과 친화력을 잘 고무시켜 주고 있다. 여아들의 모험심을 부추겨 주기 위한 것으로 외국 동화인 '종이옷' 공주 정도가 소개되어 있는데 의도성이 강해서인지 이것은 딸애의 경우 시큰둥하게 반응하였다. 반면에 〈선망대 할망〉, 〈장길손〉, 〈바리 공주〉, 〈박씨 부인전〉 같은 구전 신화(부록 참고)는 딸 아이가 아주 재미있어 하며 두고두고 이야기를 하였다. 이 신화들에는 민족 정서, 자연과의 친화력, 여자 거인과 남자 거인의 창조 행위를 통한 창의적 상상력과 모험심의 북돋움, 그리고 가부장제에서는 볼 수 없는 '여성 장사(또는 무사)'의 모습 등 (그림) 동화로서 손색이 없는 모든 요소가 들어 있다.

이들 신화에는 자본주의의 예절 강화 문화 속에서 더러운 것으로 격하된 똥, 오줌, 토악질이 창조적인 모습으로 나타난다(최근에 환경 만화가 유행하고 있는데 결국은 환경을 파괴하는 자와 지구를 구하려는 자와의 싸움이라는 이분법적 도식의 전쟁 만화다. 구전 신화는 살아 있는 환경 동화도 될 수 있다). 장길손이 '후' 하고 입김을 내불었더니 만주 벌판이 되었고 오줌은 강이 되고 토악질해서 내놓은 것은 백두산이 된다. 선망대 할망에서도 마찬가지이다. 이들은 한반도를 만들고 제주도를 만드는 거인임에도 불구하고 사람들을 해치지 않고 너무 많이 먹는다고 사람들한테 구박받아 북쪽으로 쫓겨갈 만큼 순하고(〈장길손〉) 사람들을 돕는다(〈장길손〉, 〈선망대 할망〉). 거인의 행위가 파괴가 아니라 창조로 연결되어 있어, 요즈음 남자 애들이 즐겨 보는 파괴 일색의 모험담이 아니어서 좋다. 여아들의 경우 웅대하며 적극적인 여성상이 부재한 가운데 이런 구전 신화는 건강한 심리적 원형, 신화로서의 역할을 충분히 할 수 있다고 보인다.

내가 구술 면접을 한 할머니의 경우 별명이 삼손이었다. 여장부인 할머니에게 교회 사람들이 붙여 준 별명이었다. 삼손은 성서에서 그다지 긍정적 인물은 못 된다. 나중에 회개를 해 힘을 되찾기는 하지만 지혜 없는 힘센 사람의 전형적 인물이 삼손이다. 여기서 문화적 단절이 일어나고 있다. 오천 년의 역사를 가진 민족이 문화의 보고(寶庫)를 갖고 있으면서도 자신의 원형을 자신의 문화 속에서 찾을 수 없었다는 것은 비극이다.

나는 딸에게 늑대를 돌맹이를 던져 죽이고 칼싸움을 좋아하는, 학생들이 개작한 신데렐라 동화를 네 살 때쯤인가 읽어 주었는데 그 당시(네 살쯤) 딸은 한 보름에서 한 달간 이 동화만을 읽어 달라고 했다. 이후에도 자기가 재미있는 동화는 이렇게 보름 이상씩 읽어 달라고 했다. 이러한 아이들의 특성을 보면, 헐리우드의 만화가 아니라 선망대 할망, 박씨 부인전, 장길손의 거인 이야기를 아이들이 영화관의 대형 스크린을 통해 볼 수만 있다면 우리의 신화는 우리 아이들의 심리와 일상에 자연스럽게 녹아 들어 아이들에게 건강한 심리적, 영적인 힘이 될 수 있다.

다만 구전 신화들에서 주의할 것은 〈바리 공주〉에서 딸이라고 버림 당하고 〈박씨 부인전〉에서 못생겼다고 구박 받는 것과 같은 가부장적 요소를 어떻게 할 것인가에 대한 충분한 고려가 있어야 한다. 이런 면은 이 설화들이 우리에게 정해진 형태로 정착되었을 당시의 가부장제를 반영한다. 설화라는 것이 구전의 역사 속에서 계속 변화되면서 전수된다는 속성을 갖고 있기에 나는 설화를 그냥 수용하기보다는 현재 우리의 가치관으로 부정적으로 비치는 부분은 개작을 하는 것이 바람직하다고 생각한다. 성숙한 작가로부터 신중한 개작의 도움을 받아야 한다. 아니면 개작은 충분한 토론 하에 일어나야 한다.

나는 얼마 전에야 선망대 할망, 장길손의 구전 신화를 기억해 내고 이것들을 읽어 주었는데 딸애의 반응은 최근에 들어 보기 드물게 생생한 것이었다. 밥을 먹으면서도 자기 아빠에게 장길손과 선망대 할망의 똥이 산이 되었다는 이야기를 신이 나서 해주었다. 왜 나는 오래도록 구전 신화를 잊고 있었을까? 그림 동화가 아니었기 때문이다. 그것은 몇 년 전에 내가 개인적 관심으로 사놓았던 어른용 '설화집'에 끼어 있었던 것이다.

* 부록

장길손

옛날, 아주 오랜 옛날에 우리나라에는 장길손이라고 하는 거인이 한 사람 살고 있었다. 그는 어찌나 키가 큰지 그의 얼굴을 보려면 한참이나 우러러보아야 했다. 그뿐 아니라 그는 몇십 리 길도 한 발자국만 떼어 놓으면 갈 수 있었다고 한다.

그러나 한 가지 걱정이 있었다. 그는 몸집이 커서 먹을 것을 많이 먹어야 했다. 그는 한 번에 쌀을 수십 섬씩 먹어야 했기 때문에 어디를 가나 배가 고팠다.

그는 조선 팔도를 다 헤매었다. 그러나 어디를 가나 그는 밥을 마음껏 먹어 보지를 못했다. 그는 늘 배가 고파서 걸떡거리다가 남쪽으로 내려와서 처음으로 밥을 마음껏 먹었다.

그는 오랫만에 배가 부르니 생기가 돌았다. 그리고 흥이 났다. 그는 들 한가운데에 서서 덩실덩실 춤을 추기 시작했다. 그때마다 그의 그림자는 백 리까지 뻗쳤는데 그곳은 그늘이 져서 흉년이 들고 말았다. 그리하여 그가 서서 춤을 추던 남쪽 평야 지대에 사는 사람들은 먹을 것이 문제가 되었다.

'흉년이 들었으니 무얼 먹고 산단 말인가!' 이렇게 생각한 사람들은 화가 나서 견딜 수가 없었다. 그들은 연장을 들고 와서 장길손에게 달려 들었다. 마음씨 좋

그림 - 김인정

은 장길손은 그들에게 내쫓겼다.

　장길손은 눈물을 흘리며 그곳을 떠나 북쪽으로 발을 옮겼다. 그러나 북쪽에는 인심도 좋지 않고 먹을 것도 없었다. 벌써 며칠을 굶었는지 모른다. 그는 허기진 배를 움켜쥐고 허위적허위적 산을 넘고 들을 지나 북쪽으로 북쪽으로 발을 옮겼다. 그러나 이제는 더 걸을 힘도 없었다. 그는 눈물을 흘리면서 길을 걷다가 이제는 너무 배가 고파서 견딜 수가 없었다. 그는 거기서 돌이든지 나무든지 흙이든지 닥치는 대로 주워 먹었다. 그제야 그는 힘이 나는 것 같았다.

　그러나 그는 몇 발자국 더 가지 못했다. 배가 아파서 도저히 더 갈 수 없었다. 그는 눈물을 흘리며 아픈 배를 움켜쥐고 뒹글다가 뱃 속에 들어 있는 것을 모두 입으로 토해냈다. 어찌나 많이 먹었던지 그가 토해 놓은 것은 큰 산이 되었는데 그게 바로 백두산이라고 한다. 그리고 그가 흘린 눈물은 동서 양쪽으로 흘러갔는데 그게 압록강과 두만강이 되었다고 한다.

　한편 뱃속에 있는 것을 모두 토해 놓은 장길손이 뒤를 돌아보며 '휴우~' 하고 한숨을 내쉰 것이 만주 벌판이 되었다고 한다.

　그제야 정신이 든 장길손은 자기에게 후대한 남쪽 농민들에게 뭔가 보답하고 싶었다. 그는 한참 생각하다가 자기가 토해 놓은 백두산 위에 서서 남쪽 사람들에게 거름이라도 해줘야겠다는 생각이 들어서 오줌을 누었다. 그런데 그것이 생각과는 달리 홍수가 져서 북쪽 사람들은 남쪽으로 밀려 내려오고 남쪽 사람은 홍수로 떠내려 가서 살아남은 사람은 일본 사람의 시조가 되었고 북쪽에서 떠내려 온 사람 가운데 살아남은 사람은 우리나라의 시조가 되었다고 한다.

선망대 할망

아득한 옛날이었다.

제주도에는 선망대 할망이라는 할머니가 살고 있었다. 선망대 할망은 어찌나 키가 컸던지 한라산을 베게 삼아 누우면 발이 바다에 잠겼다고 한다. 그럴때면 선망대 할망은 발로 물장난을 했다고 한다. 서귀포 법환리 앞바다에 있는 섭섬의 커다란 구멍 두 개는 선망대 할망이 한라산을 베게 삼아 누우면서 발을 뻗었을 때 잘못하여 두 엄지 발가락이 닿아서 생긴 구멍이라고 한다. 이와 같이 키가 큰 선망대 할망은 육지를 왕래할 때에 신발을 벗고 걸어서 목포와 제주 사이를 다녔다고 하는데 치맛자락을 살짝 든 채 성큼성큼 걸어다녔다고 한다. 그런데 선망대 할망의 키가 얼마나 컸던지 제일 깊은 곳이 할머니의 무릎이 있는 데까지밖에 닿지 않았다고 한다.

선망대 할망은 빨래를 할 때면 으레 한 발을 제주도 서남쪽에 있는 가파도에 디디고 다른 한 발은 제주도 동북쪽에 있는 성산 일출봉에 디디고 서서 바닷물로 빨래를 하였다고 한다.

선망대 할망은 이처럼 키가 큰 것이 자랑이었다. 그래서 마을 사람들은 제주시에 있는 용담에 들어가 보라고 했다. 선망대 할망은 거침없이 용담으로 들어갔다. 그랬더니 용담의 물은 선망대 할망의 발등에 차고 말았다. 그러자 이번에는 서귀포에 있는 서홍리 물에 들어가 보라고 했다. 마을 사람들이 시키는 대로 했더니 이번에는 무릎까지 물이 찼다.

이렇게 키가 큰 선망대 할망은 힘도 여간 세지 않았다. 한라산이 높은 것은 선망대 할망이 흙을 치마폭에 싸서 담아다 부은 것이라고 한다. 그리고 흙을 치마폭에 싸서 들고 가다가 조금씩 흘린 것이 한라산 둘레에 있는 산들이라고 한다.

하루는 선망대 할망이 한쪽 발을 선상면 오조리에 있는 식산봉에 디디고 한쪽 발은 성산면 선산리에 있는 일출봉을 디디고 앉아서 오줌을 누었다. 그랬더니 그 오줌 줄기의 힘이 얼마나 세었던지 산이 무너지고 오줌 줄기는 큰 강물을 이루었다. 이때 산이 하나 무너져 떠내려간 것이 바로 소섬이라고 한다.

이처럼 힘이 센 선망대 할망은 먹는 것도 여간 많이 먹지 않았다. 그는 너무 많

그림 ─ 김인정

이 먹기 때문에 나중에는 먹을 것이 없었다. 그래서 하루는 수수범벅을 만들어 먹었다. 그는 배가 고팠던 참이라 마음껏 먹었다. 그런 다음 똥을 싼 것이 농가 물이란 곳에 있는 궁상망오름이란 산이라고 한다.

　그리고 표선면 해안에 있는 백사장도 선망대 할망이 만든 것이라고 한다. 백사 장이 있던 이곳은 본래 물이 깊어서 파도가 일면 바닷물이 마을까지 들어와서 여간 걱정이 아니었다고 한다. 그뿐 아니라 어린이들이 바닷가에서 놀다가 해마 다 한두 명씩은 물에 빠져 죽었다. 그때마다 마을 사람들의 아픔은 이마저만이 아니었다. 이를 본 선망대 할망은 그들을 가엾게 여기고 하룻밤 사이에 산에 있 는 나무를 베어다가 바다에 깔고 모래로 덮어씌워 바다를 메웠다고 한다. 그리 하여 오늘날과 같은 백사장이 생겼는데 지금도 조수가 나간 다음에 백사장에 있 는 모래를 헤쳐 보면 굵다란 나무들이 썩은 채로 나오고 있다고 한다.

　이처럼 마음씨 착한 선망대 할망도 심술을 부릴 때가 있었다. 선망대 할망에게 는 큰 고민이 있었다. 그는 키가 너무 커서 옷을 제대로 지어 입을 수 없었다. 그 래서 하루는 섬사람들과 의논한 결과 섬사람들이 명주 백 필을 모아서 선망대 할망의 속옷을 한 벌 만들어 주면 선망대 할망은 제주도에서 육지까지 다리를 놓아 주기로 했다. 이 말을 듣고 섬사람들은 명주를 모을 수 있는 데까지 모았으 나 모두 아흔아홉 필밖에 되지 않았다. 꼭 한 필이 모자라서 바짓가랑이 한 쪽이 조금 짧았다.

선망대 할망은 소원이었던 속옷이 만족할 수 없게 되자 그만 화가 나서 육지에 다리를 놓는 일을 그만두었다고 한다. 이렇게 해서 섬사람들이 육지를 자유 왕래하겠다는 꿈은 무너졌다고 한다. 그때 선망대 할망이 다리를 놓으려다가 그만둔 곳이 조천리에 있는 엉장매코지라고 한다. 그곳에는 아직도 다리를 놓으려던 흔적이 남아 있는데 신촌리에 있는 큰 바위에는 그때 선망대 할망이 밟았던 발자국이 남아 있다고 한다.

이처럼 키가 크고 힘이 센 선망대 할망은 그래도 마음씨만은 착해서 제주도를 두루 돌아다니며 아름다운 섬을 만들었다고 한다.

(한상복, 1980, 《한국인의 신화》, 문음사) ■

＊ 글쓴이 김정희는 유치원에 다니는 딸을 키우고 있고 현재 여성학을 강의하고 있다.

남자의 육아 참여

한 아버지의 경험

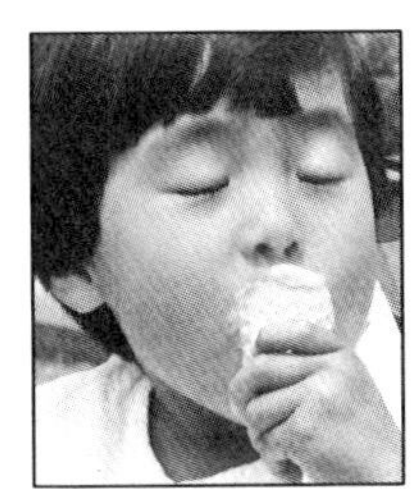

정유성

들어가며

우리 사는 모습이 달라지고 있다. 그것도 저 바깥의 커다란 구조 같은 것들뿐 아니라, 우리가 나날이 사는 삶, 그러니까 먹고 사는 일, 함께 모여 사는 일, 하는 일들이 모두 달라지고 있다. 남들이 수백 년 걸려 그것도 힘들여 이루었던 산업화, 도시

남녀 모두의 공동육아에서 남성의 몫을 이제까지의 그릇된 틀에서 찾아서는 모자란다. 이를테면 아이를 '위해서' 시간을 더 내고, 기저귀 '쯤은' 갈아주며, 탁아소에 데려다 주고 데려온다거나, 아이와 놀이터에 가고 맛난 것 사주는 따위의 '알리바이' 같은 행태 말이다. 남녀 모두의 공동육아는 보육과 교육에 대해서는 물론, 보다 깊은 그리고 너른 자기 성찰을 바탕으로, 남녀가 평등한 '새로운 삶의 방식'을 찾고 꾀하는 일이다. 곧, 생활 자체에서 도대체 남녀를 갈라 이루어지는 모든 삶을 반성하고 바꾸어야 한다.

화라는, 요즘 우리 사는 모습의 꼴을 틀 지우는 과정을 우리는 겨우 수십 년만에 뚝딱 해치운 탓에, 사는 방식, 삶의 모습 또한 급격히 그리고 심각하게 바뀔 수밖에 없다. 더구나 우리네 사는 일, 사람끼리 모여 사는 삶은 지금 여러 모양의 혼란과 위기가 쌓이고 뒤섞여 그야말로 중첩된 모순의 구조와 그 속내의 병을 깊이 앓고 있다. 이를테면 파행적 산업화의 결과 생겨난 구조적인 모순이 점점 험악해지고 있는 계층, 세대, 집단 사이의 갈등은 말할 것도 없고, 그에 따른 아노미 현상이 갖은 삶의 자리에 늘상 그

리고 깊이도 골이 패여 드러나는 뒤틀린 꼴을 한 가치 체계의 혼란은 심각하다 못해 두렵고 무서운 지경에 이르렀다.

이런 여러 가지 문제들 중에 가장 오래 되었으면서도 새삼 그 심각함이 더해 가는 것이 다름 아닌 '성 불평등'이다. 남녀가 서로 다르다는 어쩔 수 없는 '생물적인 성(sex)'이 '사회 문화적인 성(gender)'의 차별로 굳어진 나머지, 이 세상 절반인 여성들의 목소리는 입막음 당하고, 정당한 인간으로서의 몫조차 빼앗긴 채, 사내들 곧 '놈들끼리' 세상을 이름 짓고, 차지하고 저들 마음대로 다스리고 있으니 말이다. 게다가 우리 사회는 한편으로 가뜩이나 유별난 '놈들끼리'의 가부장적인 전통이 뒤틀린 채 이어 오고 있는가 하면, 다른 한편 자연을 정복하고, 약탈하고, 착취하는 남성 중심의, 이성 중심의 그리고 서구 중심적인 '남들'의 바탕들이 뒤섞여 들어와 그 짝을 찾기 어려운 성 불평등의 꼴을 띠고 있다. 그러다 보니 세상의 절반으로 같은 주인인 여성들은 타자로 밀어낸 채, 놈들끼리만 남들의 바탕을 업은 채 그 틀로만 세상을 보고, 설명하고 이윽고 사람끼리 모여 사는 삶 그리고 한 사람 한 사람의 속내까지 꼴 지우고 있는 형편이다(정유성, 1993a ; Harding, 1990 ; Shiva, 1991).

이렇게 '가부장적인 기획'으로 마련된 삶의 터전에서 사내들이라고 어디 온전한가? 이들은 이들대로 저들끼리 지배하고 억압하고 서로 헐뜯고 못살게 굴 뿐 아니라, 스스로 또한 어려서부터 못나게 뒤틀어진 나머지 막되먹고 어른되지 못한 존재로 살아간다. 흔히 가부장제의 피해자는 여성들뿐 아니라 사내들이라고 하듯이, 이들이야말로 남성 중심의 성차별적인 지배, 사회 관계에서 스스로를 뒤틀어 놓아, 못나고 못된 사내들로 그릇 자라며 살고 있는 것이다.

이렇게 사내들이 사람답지 못하게 자라며 사는 것은 무엇보다도 그들이 인간 관계의 가장 바탕인 부모 자식 관계, 그리고 그것을 나중에 되살려 어른되는 과정인 육아에서 제 몫을 다하지 못하고, 또 하지 않으려 하는 데서 비롯된다. 이 글에서는 이런 인식에서 출발하여 사내들이 아이를 키우면서 함께 올곧게 자라지 못하고 스스로를 소외한 나머지 생기는 문제들을 짚어 보고, 나아가서 어떻게 하면 이런 소외를 조금씩이나마 극복하여 함께 어른될 수 있는가, 곧 남성들이 육아에 참여할 수 있는 가능성과 그 길을 짚어 보고 또 찾아보려 한다.

육아와 모성 이데올로기, 남성들의 소외
― 우리 아이들의 보육과 사내들의 소외를 걱정하며

우리처럼 급격하게 산업화가 진행된 사회에서는 모든 것이 정신없이 변하고 뒤죽박죽이게 마련이다. 아이를 키우는 일도 마찬가지다. 예전처럼 여럿을 낳아 북적대며 키우는 것도 아니고 할머니, 할아버지랑 여러 어른들이 함께 키우는 것도 아니다. 또 벽이 없이 트인 마을 같은 열린 공간에서 다른 어른, 아이들과 함께 자랄 수 있는 것도 아니다. 부모들은 부모들대로 이제 자기들끼리만 아이를 돌보아야 하고, 특히 사회적인 일을 하는 어머니들은 바깥일, 집안일, 아이를 키우는 일 등 한꺼번에 여러 일을 모두 해내야 하는 부담에 시달린다. 아이들은 아이들대로 형제들이 적거나 없는 가운데 '저들만 알고' 자라면서도, 무슨 일이 있으면 또는 날마다 이리저리 '떠맡겨지는' 신세가 된다. 가뜩이나 조금도 나아질 조짐이 없는 입시 위주의 제도 교육이라는 험한 시련에 들어가기 전에도 아이들은 따로 돌보아줄 사람도, 함께 놀아줄 사람도 없이, 그렇다고 딱히 갈 데도, 놀 데도, 함께 어울릴 데도 없어져 버린 황량한 공간에서 자라는 것이다.

마치 도둑처럼 갑자기 찾아온, 전혀 달라져 버린 지금 여기의 육아 환경과 맞닥뜨린 우리는 그야말로 갈팡질팡하고 있다. 모두들 별다른 마련 없이 예스런 아이 키우기를 고집하거나 새로운 방식을 찾아 헤매고, 또는 그 사이를 방황한다. 그러나 위에 적었듯이 온 집안이나 마을 공동체가 함께 키우던 예스런 육아 전통은 이미 그 바탕부터 무너져 버렸고, 이것을 가름할 새로운 육아 방식은 이제 겨우 함께 찾아 나서야 할 형편이니 아이들은 아이들대로, 어른들은 어른들대로 고단하기 짝이 없는 나날을 살고 있다. 무엇보다도 사내들의 문제는 심각하다. 전통에 따르자면 그저 아이를 만들기만 하고, 바깥채에서 서성거리기만 했던 이들은, 아이를 키우는 일은 어미들의 일이고 자신들은 자라는 아이를 바라보고 엄하게 가르치면 된다고 믿었다. 요즈음 신세대들은 보다 가정적이 되었고 차라리 '엄한 어머니, 자상한 아버지'라고들 하지만 아직도 대부분의 사내들은 한편으론 이런 전통적인 사고에 얽매이고, 다른 한편 곤고하기만한 사회 노동 때문에 다르게 하고 싶어도 하기 어려운 실정이다.

도대체 사내들은 아이들과 어떤 관계를 가지며 아이 키우는 데 어떤 몫을 하는가? 대개 사내아이들은 서너살만 되어도 동생도 봐주고 해야 하는 여자아이들에 비해 자기보다 어린아이들과의 관계가 일찍부터 단절된다. 커가면서도 조금 덜 권위적으로 자란 사내들이래야 조카나 사촌들과 가끔 '놀아 주는' 일을 할까, 대개는 아이들과 제대로 만나고 사귈 기회조차 갖지 못한다. 그러니 결혼하고 아버지가 되어서도 처음부터 제 아이와 어떤 관계를 가져야 할지 당황하게 되는 것은 당연하다. 게다가 제 자식 사랑이라는 가장 자연스런 감정도 어려서부터 성 역할 고정 관념의 내용으로 내면화해 온 남성의 이성 지향성에 억눌려 제대로 펴지 못하고 말이다. 가뜩이나 점점 힘들고 어려워진 사회 노동, 그리고 남성들끼리만 어울리는 여가 문화 탓에 사내들은 좀처럼 제 아이들과 함께 지낼 시간을 갖지 못한다. 그러니 이렇게 일에 시달리는 많은 아버지들은 아이들을 마치 애완 동물처럼 대하게 된다. 아이들 잘 때 출근했다가 돌아와, 자고 있는 아이들 머리나 쓰다듬어 주는 식으로 말이다. 그러다가 모처럼 휴일이 되면 한꺼번에 모든 것을 아이들에게 해주려고 아이들 요구는 아랑곳없이 놀이 동산이다, 장난감이다, 외식이다 법석을 떨다가 제풀에 서로 지쳐 떨어지곤 한다.

　어머니가 일하는 집의 사정은 더욱 심각하다. 형편이 넉넉하여 아이 봐주는 사람을 두거나, 어느 쪽이든 할머니가 계시거나 한다면 모를까 아이 맡길 데를 찾아 길길이 뛰는 어머니를 아버지들은 대개 강 건너 불 구경하듯 바라볼 뿐이다. 그저 가끔 설거지나 해주고, 아이나 봐주면 대단한 일을 해주었다고 생각한다. 그나마 조금 자라 놀이방이나 탁아소에 가게 되도 아이 한번 데려가고, 데려오기가 쉽지 않다. 물론 일에 시달려서도 그렇겠지만 대개는 자기 못지않게, 아니 가사 노동 때문에 훨씬 많은 일에 시달리는 어머니가 지친 몸으로 아이를 데려가고, 데려오게 마련이다. 그러다가 탁아소나 유치원에서 무슨 잔치나 벌어질라치면 나서서 유난히 좋은 아빠 모습을 연출하려고 애쓰게 된다. 가끔씩 육아 문제로 아내와 다툴 때면 "우리 자랄 때는 안 그랬는데 ……" 하는 되잖은 논리를 펴고, 아내가 아이 교육에 극성이라고 점잖은 눈쌀을 찌푸리는 일로 육아에서의 아버지의 역할은 다한 것으로 친다.

　이렇게 아이들은 아이들대로 가뜩이나 황폐한 교육 환경에서 힘든 삶을 사는 어머니들에게만 떠맡겨져 제대로 된 남녀 관계, 아니 바람직한 인간

생활 자체에서 남녀를 갈라 이루어지는 모든 삶을 반성하고 바꾸어야 한다.

관계라곤 맺어 보지도 못한 채 비뚤게 자라게 된다. 또 아버지들은 아버지들대로 제 어려서 성 차별 고정 관념에 시달린 것을 제대로 돌이켜볼 기회도 찾지 않은 채 아이들에게는 여전히 더욱 굳어진 성 차별을 전해 준다. 뿐만 아니라 스스로도 뒤늦게나마 어른될 가능성마저 처음부터 빼앗아, 육아에서뿐 아니라 스스로를 소외하며 살아간다. 산업화된 사회에서 볼품없이 작아질 대로 작아진 사내들의 초라한 모습이 이런 소외의 결과이다. 이런 사내들의 소외가 아이들의 바람직한 성장은 말할 것도 없고, 사회 전체의 건강한 발전에 얼마나 나쁜 영향을 주는지는 누구나 쉽게 미루어 짐작할 수 있다.

하지만 행여 이러한 주장을 그저 개인적인 체험에서 나온 사사로운 이야기로만 받을까봐 저어되어 이른바 전형적인 남성 중심, 이성 중심의 학문적인 뒷받침을 굳이 해보자면 다음과 같은 주장을 덧붙일 수 있겠다.

우리 사회는 이미 후기 산업 사회로 접어들고 있거니와, 그 가장 큰 특징이 이른바 탈권위주의, 다원화된 인간 관계의 축들이다. 그러나 그런 변화가 일찌기 산업화가 제 궤도에 오르면서 있었던 병리적인 모습인 '아버지 없는 사회'(Mitscherlich, 1973)로 나아갈 때의 문제를 짚어 보아야 한다. 바로 독일의 30년대가 그랬거니와, 급격한 산업화, 도시화, 핵가족화의 결과 사람들은 어디도 기댈 언덕, 버팀목 없이 헤매이다가 급기야 새로운 권위, 모든 것을 규정해 주고 설명해 주고 어디로 나가야 할지 일러 주는 한 독재자의 지시에 휩쓸려 따랐다. 인류 사상 그 짝을 찾기 어려운 파시즘이라는 인류적 범죄에 빠진 것 말이다. 이때 생기는 자아의 함몰, 인간 관계의 물상화는 비인간적인 산업화가 가속화되면 언제고 동티가 나고야 마는 과정이거니와(Adorno, 1970), 특히 우리 사회같이 급격한 산업화가 일어난 데서 두드러진다. 이를테면 모든 것이 달라지고 기존의 가치 체계는 무너지면서 가부장제의 권위 같은 사회의 위계 질서는 더욱 허장 성세로 마지막 발악을 하게 되고, 가뜩이나 심각한 세대간의 갈등은 물 밑에서 첨예하게 된다. 곧, 한편으로는 '아버지가 군림하는 사회'면서 실제로는 '아버지 없는 사회'로 엇걸리는 과정이 그것이다. 이런 갈등은 사내들이 저들 스스로 안에 스민 엇걸림을 드러내고, 풀어 가려는 노력으로만 극복할 수 있다. 아버지들의 자식에 대해 민주적인, 평등한 그리고 책임 있는 인간 관계를 맺으려는 노력이 그 첫걸음이 될 것은 말할 나위도 없다.

아울러 그 동안 아동 발달이나 심리 연구가 지나치게 어머니 역할만 강조한 나머지 마치 육아는 여성만의 일이며 그들에게만 책임을 지우는 등 이른바 '모성 이데올로기'에 사로잡히고 이것을 퍼뜨리는 데 한몫을 했다는 사실을 지적해야 한다. 요즈음에서야 비로소 육아에서의 공동 책임으로 아버지의 몫, 응당 해야 할 노릇을 제대로 자리 매김하고 평가하는 본격적인 연구가 나오고 있거니와, 그 몇 가지 내용을 소개하면 다음과 같다. 우선 아이가 태어나서 맺는 첫 인간 관계부터 아버지와의 관계가 어머니와의 그것 못지않게 중요하다는 지적부터, 차츰 커가면서 가족 안에서 맺어 주는 인간들의 상호 작용에서 차지하는 아버지의 몫, 성적인 그리고 도덕적인 역할 및 가치 체계 학습 등 교육에서의 아버지의 고유한 노릇 등에 대한 자세한 보고까지 육아의 거의 모든 자리에서 아버지는 나름대로의 자리를 차지한다는 것이다(Lamb, 1981). 물론 이러한 연구들은 아직도, 이를테면 아버지의 육아에서의 자리가 아들들에게 더 중요하다는 등, 성 역할 고정 관념에 매인 아버지의 틀에 사로잡힌 경험적 연구에 집중되고 있지만, 모성 이데올로기에 가려진 아버지 고유의 육아에서의 역할을 되살리고자 한

의도만으로도 다시 정리하여 되짚어 볼 필요가 있다는 것이다. 우리 나름 대로 터잡아 갈 새로운 육아 방식의 성 평등의 바탕을 다지기 위해서 말이 다.

'아이와 함께 자라기'의 개인적인 체험
— 봉천동 희윤이 아빠의 육아 일기

여기에 좀 남세스럽기는 하지만 한 보기로 내 스스로 아이를 키우며, 아니 아이와 함께 자라며 겪은 것들을 얘기 삼기로 하자. 일찍부터 머리로만, 그 리고 말로만 성 평등의 가치를 믿고 떠들었던 나는 남들보다 뒤늦게 30대 중반에서야 아이를 갖게 되면서 그런 머리, 말로만의 가치를 스스로 검증 하는 제대로 된 기회를 얻게 되었다. 그리고 그 과정에서 비로소 나 스스 로 내면화했던 성 역할 고정 관념과 제대로 마주했을 뿐 아니라 나아가서 우리 아이와 함께 자라는 소중한 경험도 쌓을 수 있었다. 물론 나 개인의 사사로운 경험이기도 하거니와, 내 삶 자체가 우리 사회에서 여느 사내들 이 사는 모습과는 다른 것이기에 일반화하겠다는 생각은 없고, 그저 주어 진 상황에서 사내가 육아에 참여하는 한 본보기를 보이고자 할 따름이다.
　내 육아의 체험은 아내가 아이를 가지면서부터 시작되었다. 오래 기다렸 던 아이기도 했지만, 외국에서 유학중이던 때라 남들 눈치 볼 것 없이 아 이를 기다리는 기대감과 기쁨을 누릴 수 있었다. 함께 체조도 하고 육아에 대한 공부도 하면서 우리는 부모가 될 준비에 열심이었다. 아무도 도울 사 람이 없는 가운데 모든 것을 우리끼리 알아서 해야 하는 어려움도 있었지 만 다른 한편 스스로 모두 해결해야 한다는 조건 덕분에 오히려 어른스런 부모되기 준비가 되지 않았나 싶다. 그러나 정작 진통이 시작되면서 나는 당황하기 시작했다. 그때부터는 함께의 일이 아닌 때문이다. 아내와 함께 병원으로 가서는 그곳에서는 으레 그렇듯이 분만실까지 따라 들어갔지만, 거기서 사내들이 아이를 만들어만 놓고 얼마나 무책임하고 하릴없이 기다 리기만 해야 하는지 절감했다. 비교적 늦은 초산이라 상당한 진통을 겪는 아내 곁에서 내가 할 수 있는 일이라곤 그저 손이나 꼭 붙들어 주는 정도 였다. 여러 시간의 고통 끝에 아이가 태어나고, 의사가 나더러 탯줄을 자르 라고 가위를 내밀 때 나는 혼비 백산하여 그조차 하지 못했다. 아이의 상

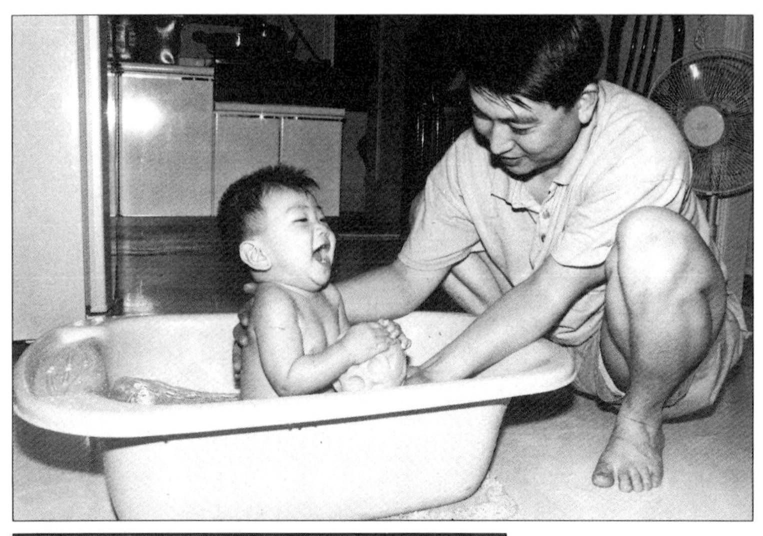

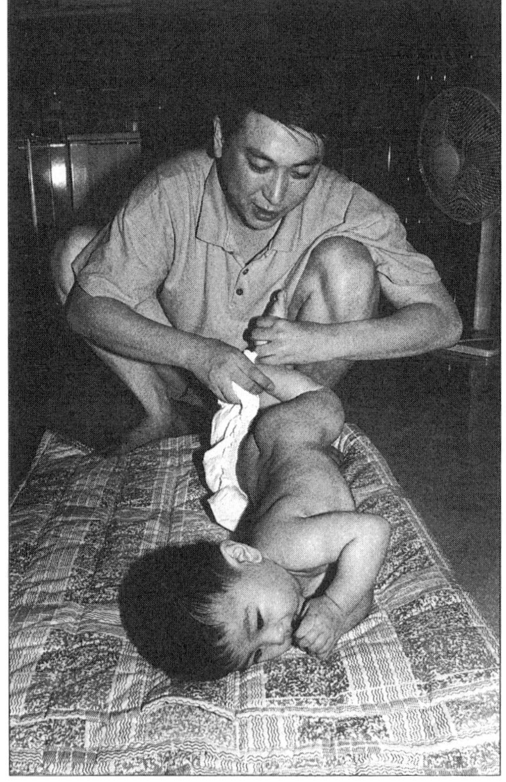

아버지가 육아에
참여하는 일은
아버지 스스로가
인간으로 올곧게 서기
위해 꼭 필요하다.

태가 썩 좋지 못해서 바로 소아과로 실려 가는 통에 아이 얼굴조차 제대로 보지 못한 채 말이다. 아버지가 된 감동커녕 정신 없고 혼란스런 소동뿐이었다.

아이의 상태가 나아지고, 처음 젖을 먹일 때야 비로소 아이 얼굴을 제대로 볼 수 있었지만 그때는 행복감보다는 걱정과 불안이 앞섰다. 아버지 노릇을 제대로 할 수 있을까 하는 불안한 마음부터, 식자나 든 사람 특유의 이 험한 세상에 대한 걱정까지 하면서 말이다. 정작 일은 아이를 병원에서 데려오고부터 시작되었다. 한창 논문을 쓰던 나는 선생에게 가서 6주일 휴가를 얻을 수밖에 없었고, 논문 지도 선생은 내게 "이제야 당신은 교육학을 제대로 공부하게 되었다"고 격려 아닌 위협(?)을 하며 보내 주었다. 그로부터 6주 동안 단칸방에서 밤잠을 설쳐 가며 우리는 함께 자라기 시작했다. 완전히 우리에게 의존한 작은 생명체를 통해 생명의 경이로움을 발견하며, 고단한 일상에 지쳐 하며, 서로 다퉈 가며 말이다. 그러다가 다시 논문 때문에 얻어 놓은 작업실로 나설 때 내 마음이란 …… 하지만 나 돌아올 때쯤이면 유모차에 아이를 싣고 가까운 공원에서 산책하며 나를 기다리던 아내의 모습이며, 그때 흐드러지게 핀 봄꽃들은 지금도 잊을 수 없다.

6개월된 아이를 데리고 귀국한 우리는 이젠 학생이 아닌 생활인으로서 어려운 처지에 누구 말대로 들판에 잡초처럼 아이를 키우며 함께 자랐다. 부부가 강사 생활을 해야 했으므로 우리는 요일을 나누어 월, 수는 아빠의 날 이렇게 아이를 돌보았다. 말이야 쉽지 그 일 자체로도 힘겹기만 했다. 이를테면 내일 중요한 원고를 내야 하는데 아이가 낮잠을 자 주지 않고 칭얼댈 때면 정말 내다버리고 싶은 심정도 한두 번 든 게 아니었다. 누구 말대로 아흔아홉 번은 절망하다가 단 한 번쯤 드는 그러나 모든 것을 덮고도 남을 사랑의 순간으로 버텨 내면서 말이다. 가끔 그런 힘겨움보다 더 나를 괴롭힌 것은 나 스스로 극복하지 못한 성 역할 고정 관념과 뒤섞인 남들의 눈총이었다. 멀쩡한 남자가 평일날 대낮에 유모차 끌고 다니거나, 아이와 놀이터에서 어슬렁대는 모습에 수군대는 동네 아주머니들로부터 대놓고 혀를 차는 할머니까지 계셨다. 가끔 혼자 아이 데리고 외출할 때면 택시 기사부터 저마다 아이 엄마는 어디 갔냐고 묻는 통에 신경질이 난 적도 한두 번이 아니다. 하기는 언젠가 한 번은 어느 대학에서 특강할 기회가 있었는데, 당번인 날이기도 해서 시위도 할겸 아이를 데리고 가 아예 내 사정을 공식화한 적도 있다. 그로부터 나는 오늘날 여성들의 처지에 연대하는 뜻으로 내 스스로를 '봉천동 희윤이 아빠'라고 소개하곤 한다.

어쨌든 이런 과정을 통해 나는 아마 우리 사정에 비추어 제법 아이와 사이가 가까운 아버지가 될 수 있었다. 우리 아이는 아무리 아파도 그날 내가 당번이었으면 나를 찾고, 엄지를 치켜 최고를 기릴 때도 엄마, 아빠를 동시에 꼽는다. 두 돌 갓 넘어서는 여러 번 나와 둘이만 며칠씩 여행하곤 한다. 또 올해로 세 돌이 지나 놀이방을 다니고 있거니와 놀이방 데려가고, 데려오고도 엄마, 아빠 번갈아 하는 걸로 안다. 집안일도 아직 형편없이 모자라고 서툴기만 하지만 열심히 하는 것을 늘 봐와서 아빠도 당연히 집안일 하고, 엄마도 당연히 바깥일 하는 것으로 여긴다. 요즈음 남녀의 구별을 알아가는 때지만 차별은 결코 익히지 않도록 함께 분위기를 만들며 커간다.

하다 보니 자랑처럼 되었지만 어쩔 수 없는 사정 때문에 시작된 나의 육아 체험은 아이와의 관계 말고도 내 스스로 배움이 여간 큰 게 아니었다. 우선 나 자신 딸 셋에 아들 하나에다 할머니 슬하에서 자란 전형적인 우리 시대의 '귀남이'였던 터라 스스로를 돌아보고 뉘우치고, 이제야 비로소 어른되는 과정을 뒤늦게나마 시작할 수 있었다. 교육학을 공부하고 가르치는 사람으로서 이만한 배움을 어디서 다시 얻을 수 있었을까? 그러나 늘 걱정은 이런 체험이 개인적인 울타리에 머물러서는 안된다는 것이다. 우리 아이를 위해서도 그렇다. 누구 말대로 우리 아이가 부모의 만용이나 객기로 실험적인 공간에서 자란다고 해서 이제 곧 열악한 교육 환경에 들어서게 돼도 견뎌 낸다고 장담할 수 없다. 오히려 몇 곱절 어려워할 수 있다. 결국 모든 아이들이 더불어 고르고 올곧게 자랄 수 있어야 우리 아이도 그렇게 자랄 수 있는 것이다. 그러려면 어른들, 특히 아버지들, 아니 사내들 모두가 깨어 바람직한 육아에 다같이 나서지 않으면 안될 것이다.

공동육아와 남녀 평등
— 함께 더불어 고르고 올곧게 자라려면

그렇다면 사내들은 도대체 어떻게 육아에 참여하여 육아 환경을 낮게 함은 물론 스스로의 소외를 극복할 수 있을까? 아직 제대로 된 이론이나 실천은 자리잡지 못하고 있지만 그저 시론으로 다음과 같은 것들을 생각해 보고 또 꾀해 볼 수 있겠다. 먼저 그 바탕은 사람을 하늘처럼 섬기며, 삶의 한복판에서 벌이며, 죽음과 죽임의 문화가 기승을 떨치는 이 사회에서 우리를 (되)살려 내려는 새로운 육아의 방식인 공동육아일 것이다. 우리에게 도둑처럼 찾아온 새로운 육아 환경에 적극적으로 대처하고 새로운 육아의 앞날을 여는 이념으로서의 사회적인 공동육아 말이다(정병호, 1993 ; 정유성, 1993b).

우리가 바라는 사회적 공동육아는 그러니까 무엇보다 먼저 남녀 모두 참여하는 성 불평등의 극복을 위한 자리가 되어야 한다. 우리는 보육이나 교육마저 산업화되어 모든 것이 사회적인 공간에서 마련되는 가운데, 핵가족이라는 지극히 조각나고 작은 구석으로 제한된 스스로의 몫조차 남녀로 가르고 나누어서 반쪼가리로 만들고 있다. 그러니까 보육과 교육마저도 사회 전체에 가득한 불평등한 관계 중 가장 바탕이 되는 이른바 노동의 사회적 및 성별 분업 원칙에 따라 여성들, 특히 어머니들에게 주로 맡겨져 이들을 이중으로, 아니 다중적으로 착취하는 자리가 되어버린 것이다. 그 구체적인 문제들은 이루 다 꼽기 어렵겠고, 한마디로 우리 사회에서 아이를 키우는 어머니의 살림처럼 고단한 것이 어디 또 있을까?

그렇다고 이런 구조의 피해자는 여성뿐만이 아니다. 남성들 또한 마찬가지이다. 그을은 '사내답게' 사람에게 가장 자연스러운 아이들 사랑을 드러나지 않도록 억눌러야 하며, 아이를 함께 키우기는커녕 아이들 얼굴 보기도 힘든 사회적 노동에 시달려 좀처럼 제 몫을 찾지도 못한다. 그러다 보니 남성들은 아이들을 키우며 함께 자라 스스로 어른이 될 자리조차 빼앗기고 있다. 그들은 내내 제대로 올곧게 선 어른이 되지 못하고 남들과 스스로를 윽박지르며, 겨우 학연이다 지연이다 혈연이다 하는 이젠 다 부서지고 무너져 박제가 다 된 비빌 언덕이나 찾아 칭얼댄다.

이제 남성들 스스로 깨우치고 바뀌어야 한다. 그 첫걸음이 바로 남녀 모두의 공동육아라는 애씀이 될 것이다. 이것은 남녀 평등이라는 큰 뜻은 말할 것도 없고 남성들 스스로를 제대로 세우고 되찾기 위해서도 꼭 필요한 것이다. 그렇다고 남녀 모두의 공동육아에서 남성의 몫을 이제까지의 그릇된 틀에서 찾아서는 모자란다. 이를테면 아이를 '위해서' 시간을 더 내고, 기저귀 '쯤은' 갈아주며, 탁아소에 데려다 주고 데려온다거나, 아이와 놀이터에 가고 맛난 것 사주는 따위의 '알리바이' 같은 행태 말이다. 남녀 모두의 공동육아는 보육과 교육에 대해서는 물론, 보다 깊은 그리고 너른 자기 성찰을 바탕으로, 남녀가 평등한 '새로운 삶의 방식'을 찾고 꾀하는 일이다. 곧, 생활 자체에서 도대체 남녀를 갈라 이루어지는 모든 삶을 반성하고 바꾸어야 한다. 이를테면 집안일 나누기부터 진정한 부모의 공동육아까지 말이다.

그렇다고 이런 남녀 모두의 공동육아를 꼭 아버지의 몫을 되찾는 일에만 묶어서는 안된다. 제대로 된 아버지 노릇이 그 바탕은 되겠지만, 그것으로 공동육아를 다시금 조각난 핵가족의 울타리에만 가두어서는 안된다. 오히려 더 나아가서 보육과 교육에서의 사회적인, 공동체적인 아버지 그리고 남성의 몫을 남녀 평등에 바탕한 '공동체적인 각성'을 해야 한다. 그 바탕 위에 아이를 가진 사람들은 물론 우리 모두가, 살면서 가장 소중히 여기는 아이들을 인간다운 교육으로 인간다운 삶을 만드는 일을 통해, 처음부터 '모두 함께 고르고 올곧게 자라자'는 말뜻 그대로의 공동육아에 빠짐없이 동참해야 한다. 어떤 형태의 참여가 될지는 그때그때 주어진 여건, 처지에 따라 다르겠고 그 구체적인 몫을 쓴 글은 따로 있기에(김성춘, 1993), 여기서는 그저 일반적인 사내들의 참여를 촉구하는 것으로 그치도록 하자. 무엇보다도 중요한 것은 누구나 제몫을 찾아 지금이라도 선뜻 구체적인 일에 나서는 것이다. ■

*** 도움받은 글**

김성춘, 1993, 〈남성이 공동육아에 참여하는 길〉, 미발표 원고.

정병호, 1993, 〈사회 문화 환경 변화와 바람직한 공동육아 — 인류학적 시각〉, 《21세기의 영육아 보육》, 우리 아이들의 보육을 걱정하는 모임 편, 한울.

정유성, 1993a, 〈열린 사회, 열린 교육, 그리고 여성주의 시각 ; 미래를 여는 새로운 교육의 이론틀〉, 《국제 여성 연구소 연구 논총》 2권 3호.

______ , 1993b, 〈공동육아: 새로운 보육과 교육의 이념〉, 미발표 원고.

Adorno, Th.W., 1970, *Erziehung zur Mündingkeit*, Frankfurt am Main (Suhrkamp)

Harding, S., 1990, *Feministische Wissenschaftstheorie: Zum Verhältnis von Wissenschaft und sozialem Geschlecht*, Berlin (Argument).

Lamb, M.E.(ed.), 1981, *The Role of the Father in Child Development*, New York et al.
(John Wiley & Sons)

Mitscherlich, A., 1973, *Auf dem Weg zur vaterlosen Gesellschaft: Ideen zur
Sozialpsychologie*, Stuttgart (Piper).

Shiva, V., 1991, *Staying Alive: Women, Ecology and Development*, 1장 〈과학, 자연, 성
(性)〉,《녹색 평론》 창간호, 72-110쪽.

* 글쓴이 정유성은 1956년 서울에서 태어나 대학을 마치고 독일 뮌헨 대학에서
교육학을 전공하였다. 현재 여러 대학에서 교육학과 여성학을 강의하고 있으며, 크
리스천 아카데미 사회 교육 연구 위원으로 일하면서 〈교육 개혁과 교육 자치를 위
한 시민 회의〉 사무국장으로 활동하고 있다.

장애 아동과 공동육아

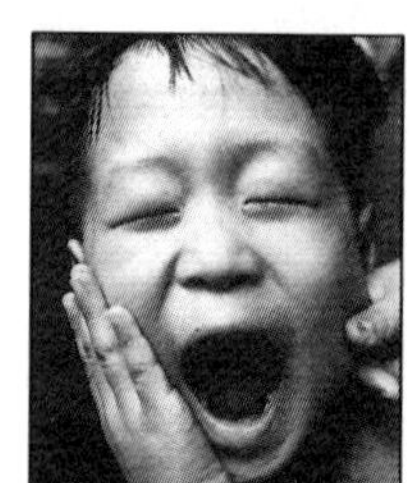

오숙희

1. 십자가를 지고 가는 어머니

어떤 라디오 프로그램에 나가서 '바람직한 어머니의 역할'이라는 주제로 이야기를 할 때였다. 그날 내 얘기의 요지는, 자식에게 지나치게 집착하고 자신이 못다 이룬 뭔가를 자식을 통해 이루려고 강요하기보다 자식을 별개의 존재로 객관화시켜 보는 게 좋겠다는 것이었다. 돼지고기의 삼겹살처럼 이런 내용을 음악 사이에 적당히 끼워서 한참 신나게

장애인에 대한 인식을 어떻게 개선할 것인가? 인식은 하루 아침에 생겨난 것이 아니며 한번 생긴 인식이 변화되는 데에는 오랜 시간이 걸린다. 그렇다면 장애아와 비장애아의 공동육아가 이를 위한 필수적인 방법이 될 수 있을 것이다. 이는 장애아를 형제로 둔 나의 조카들을 통해서 얻게 된 확신이다. 그 아이들은 주변의 다른 장애인들을 '특수하게' 바라보지 않으며 자연스럽게 구체적인 도움을 주기 때문이다. 어떻게 그럴 수 있냐고 물으면 무거운 짐을 든 할머니를 대할 때처럼 별 생각없이 다가가게 된다고 한다. 어려서부터 장애 상황에 낯을 익혀 둠으로써 '특수한 상황'을 평범하게 이해하는 것이다.

떠들고 느긋하게 앉아 있는데 오십대 후반의 남성이었던 그 프로그램의 진행자가 난데없이 내게 질문을 하나 던지는 것이었다.

  "오 선생님도 아이들이 있으시죠?"

218

"네, 다섯 살짜리와 두 살짜리 딸아이가 있습니다."

"그러시군요. 그럼 이렇게 밖에 나와 계신 동안은 누가 돌보고 있습니까?"

"큰아이는 유아원에 다니고 작은아이는 아이들 외할머니께 맡겼습니다."

"아, 오늘 바람직한 어머니의 역할에 대해 말씀하셨는데 본인은 스스로 엄마로서 몇 점이라고 생각하십니까?"

각본에 없는 질문이기도 하려니와 나로서는 내심 화가 치밀었다. 그 질문 속에는 분명히 '아이를 놔두고 밖에 나와서 돌아다니는 여자가 바람직한 어머니의 역할을 운운하는 것이 곱지 않다'는 의도가 들어 있다는 생각에서였다.

"글쎄요. 부모로서야 항상 모자란다고 여길 테니 스스로 점수를 매긴다면 아무도 높은 점수를 부르진 못할 거예요. 결국 아이들이 어떻게 보느냐가 더 중요하겠지요. 저도 한번 큰딸에게 물어본 적이 있어요. 그랬더니 아이가 선뜻 백점이라고 대답하데요. 자기 딴에는 어머니가 마음에 든다는 거겠지요. 저는 제 아이의 어머니이기 때문에 제 아이와 제가 서로 만족할 수 있는 방법에 충실하다면 그걸로 됐다고 생각합니다."

스튜디오를 나오자 내게 출연을 섭외했던 젊은 여성 프로듀서는 '연세가 있다 보니 어쩔 수 없이 좀 보수적인 양반이라 그런 질문을 했나 보다'고 미안해 했다. 그리고는 '그래도 노련하게 잘 넘겼다'는 칭찬도 잊지 않았다. 그 점은 나 스스로도 다행스럽게 생각하는 바였다.

그런데 문제는 그 다음부터였다. 내 마음 한구석에서 '나는 몇 점짜리 엄마인가'라는 물음이 계속해서 일어나는 것이었다. 그 물음은 늪과 같아서 빠져 나오려고 애를 쓰면 쓸수록 나를 더 힘들게 만들었다. 그것은 내가 혹시 아이를 유아원에 떠넘겨 버린 것은 아닌가 하는 의구심에서 비롯되는 것으로, 아무리 이론적으로 알고 있다 해도 어쩔 수 없이 나 스스로도 '아이는 어머니 책임'을 신봉하는 우리 사회의 산물임을 드러내는 것이었다. 게다가 이혼을 하고 나니 아이들에 대한 책임감이 훨씬 더 무거워졌다. 어머니와 언니가 한집에 살면서 함께 아이를 키워주시는데도 심리적인 부담도 크고 연민도 느껴져서 합리적인 부모의 역할이 어떤 것인지 혼란이 일어나기 시작했다.

나는 부모 복합체가 있었으면 좋겠다고 생각했다. 아이들에 대한 느낌이나 갈등을 허심 탄회하게 얘기할 수 있고 우리 아이들을 객관적으로 바라보고 느끼는 문제를 나눌 수 있길 간절히 바랐다. 부부와 자녀로 구성되는 핵가족 속에서 자녀 양육이 이루어지고 그것이 바람직한 것으로 여겨지는 한, 부부가 죽음이나 이혼으로 헤어진 가정의 자녀들은 '결손 가정'이라는 낙인 속에서 '뭔가 문제 있을 것'이라는 시선을 받게 마련이라 안타까왔다. 그러다가 아이의 유아원에서 만난 일 가진 어머니들을 자주 만나 보면서, 또 아이를 좋아하고 전문적으로 양육하는 기술을 가진 선생님들과 아이를 놓고 의견을 교환하는 횟수가 거듭되면서야 나는 서서히 심리적 중압감에서 벗어나기 시작했다. '함께 나누어진다'는 것의 감사함을 느낀 것도 이 무렵이었다.

그러면서 공동육아 모임에 참여하게 되었고 그 안에서 내 아이냐 네 아이냐를 가리지 않고 모두 묶어, 건강하게 길러 내야 할 다음 세대로 생각하고 노력하는 사람들과 교류하면서 공동육아야말로 어른과 아이가 모두 건강하고 자유롭게 살 수 있는 구체적인 방법이라는 믿음을 갖게 되었다.

이렇게 공동육아에 대한 '종교심'이 깊어갈 무렵 나는 공동육아가 끌어안아야 할 새로운 '사람들'을 발견하게 되었다. 그것은 강원도에 살고 있는 내 조카를 통해서였다. 그애는 올해 열다섯 살로 중학교 3학년인데 지금부터 십 년 전인 다섯 살 때 길을 건너다가 과속으로 달리던 트럭에 치여 그만 하반신 마비가 되고 말았다. 우리나라의 교통 사고 발생율이 높다는 것은 알지만 뉴스에나 나오는 줄 알고 멀리 여기던 일이 우리집 코 앞에 떨어진 것이었다. 가족들은 모두 머리를 다치지 않은 것이 다행이라고 위로하며 적응하느라 애썼다. 그러나 학교에 입학한 다음부터 문제가 점점 심각해졌다. 부모가 생업을 포기하고 매달리지 않는 한 아이를 학교에 보내기가 쉽지 않았다. 아이들이 신기한 듯이 쳐다보는 것은 하루 이틀 지나면 그만이었지만 대소변을 가리지 못하니 누군가가 늘 곁에 있어야 했다. 두 살 아래인 여동생이 여섯 살 때부터 오빠의 시중을 들기 시작하여 오빠가 국민학교 졸업 때까지 쉬는 시간마다 오빠의 교실로 가서 도움을 주었다. 오줌싸개라고 오빠를 놀리는 친구들에게 '우리 오빠는 아파서 그렇다. 너희들도 아파 봐라, 안 그러나'라고 맞서 주위에서 '남매는 용감하다'는 말을 듣기도 했다. 그런 말을 들을 때마다 어른들은 야무지다고 웃으면서

눈시울을 붉혔고 학교가 장애아에게 인식이나 시설면에서 조금만 배려를 해주면 좋겠다는 아쉬움을 가졌다. 장애아들을 위한 특수 학교에 보내는 게 어떨까도 생각해 봤으나 특수 학교의 장점이 많을지라도 어찌됐든 장애가 없는 사람들과 어울려 살아야 스스로의 정신 건강에도 좋고 나중에 사회에 적응하기도 쉬울 것이라는 판단이 우세해서 특수 학교 입학은 보류되었다. 중학교에 올라가자 상황은 더욱 나빠졌다. 다들 공부하기에 바빠 주위를 둘러볼 여유가 없었다. 사춘기가 시작되면서 소외감은 비단 체육 시간에만 느끼는 것이 아니었고 학년이 올라감에 따라 교실 층수도 올라가 학교를 가는 날보다 빠지는 날이 더 많을 지경이 되었다. 그러다 중학교 2학년이 되면서 욕창으로 서울에 있는 큰 병원에 입원하게 되었다.

나는 병원에 자주 출입하면서 그곳에서 일하는 의사 선생님들과도 친하게 되었는데 하루는 나이가 지긋하신 여의사 한분과 차를 마시게 되었다.

"경민이 이모께서는 여성학 하신다면서요?"

병원이라면 진저리를 치던 녀석이 어느 새 의사 선생님들과도 친해져서 온갖 집안 얘기를 다한 모양이었다. 조카애는 장애인에 대한 인식이 '세련된' 사람들과 어울리면서 성격이 다시 밝아졌고 자기와 비슷한 처지의 어린애, 제 또래, 형 뻘 되는 사람들을 보면서 소외감에서 벗어난 것 같았다.

"장애아의 어머니들 정말 불쌍해요. 그 고통은 말로 다 못해요. 아이가 아주 어려서 장애를 보이면 남편들은 대개가 다 모계 혈통에 문제가 있다고 떠넘깁니다. 아이가 사고를 당하면 어머니들은 '직무 유기'나 '업무상 과실'이 되는 거지요. 아이들 곁에서 온갖 시중을 다 들어주고 그 아이의 짜증을 다 받아 주는 게 결국 어머닌데도 그들은 죄책감에 시달리고 심한 경우 남편으로부터 이혼을 당하기도 합니다. 그리 되면 경제적인 부담까지 가중되지요. 생각해 보세요. 아이 수발 들면서 어떻게 돈을 법니까. 그런데 또 돈 없으면 장애아 못 키워요. 가끔 장애인을 유기한 가족이 신문 기사에 나오면 사람들은 다 욕하지요. 그러나 저는 그 욕하는 사람들을 욕해 주고 싶습니다. 이게 개별 가족의 부담으로만 떨어질 경우 큰 부자 아니고는, 또 도 닦은 집안 아니고는 견딜 수 없는 어려운 문제예요. 여성학 하시는 분들이 이런 데도 관심 좀 가져 주세요."

‘외람된 말을 한 것 같다’는 말과 함께 목례를 하고 가시는 의사 선생님 께 나는 부끄러워서 인사도 제대로 못했다. 굳건해 보이던 언니가 남몰래 겪었을 마음의 고통을 나 역시 같은 어머니로서 가늠해 보니 가슴이 찢어 질 듯 아팠다. 어디 우리 언니뿐이랴, 이 문제에 관심을 가지면서 내가 만 난 장애아의 어머니에게는 이 ‘어머니’라는 이름이 혼자 지고 가야 하는 십자가와 다름없었다.

2. ‘특수’를 자연스럽게 받아들이는 인식의 전환

장애인에 대한 지금까지의 연구는 이념적으로는 사회 정의 차원에서 장애 인이 일반인과 더불어 평등하게 삶을 영위할 수 있도록 해야 하며 그를 위 해 일반 국민이 장애인에 대해 인식 개선을 해야 한다는 것이었다. 장애인 문제의 해결을 위한 구체적인 방법론으로는 장애인의 사회 통합이 논의되 어 왔는데 그 대상은 항상 성인 장애인이 중심이었고 주요 관심사 역시 편 의 시설과 고용 평등에 모아졌다. 그리고 장애인에 대한 사회 제도적 편의 시설이 제대로 마련되지 못하고 고용 평등이 되지 못하는 원인은 장애인에 대한 편견이라는 지적이 빠지지 않았다.

요컨대 장애인 문제가 해결되지 않는 근본적인 이유는 장애인에 대한 편견이라는 것인데 그렇다면 이제부터 우리의 관심은 장애인 문제 해결의 열쇠 곧 어떻게 장애인에 대한 인식을 개선해 나갈 것이냐에 쏠려야 할 것 이다.

장애인에 대한 인식을 어떻게 개선할 것인가? 인식은 하루 아침에 생겨 난 것이 아니며 한번 생긴 인식이 변화되는 데에는 오랜 시간이 걸린다. 장애인에 대한 인식이나 편견 역시 어른이 된 다음에 사회 정의 차원에서 머리 속으로만 노력한다고 해서 변화될 수 있는 것이 아니다. 어린 시절부 터 자연스럽게 함께 사는 것이 몸과 마음에 배어야 가능한 것이다. 그렇다 면 장애아와 비장애아의 공동육아가 이를 위한 필수적인 방법이 될 수 있 을 것이다. 이는 장애아를 형제로 둔 나의 조카들을 통해서 얻게 된 확신 이다. 그 아이들은 주변의 다른 장애인들을 ‘특수하게’ 바라보지 않으며 자연스럽게 구체적인 도움을 주기 때문이다. 어떻게 그럴 수 있냐고 물으 면 무거운 짐을 든 할머니를 대할 때처럼 별 생각없이 다가가게 된다고 한

다. 어려서부터 장애 상황에 낯을 익혀 둠으로써 '특수한 상황'을 평범하
게 이해하는 것이다.

3. 장애 아동의 실태

공동육아를 통해 장애인의 사회 통합을 어떻게 할 수 있을 것인가에 관심
을 갖게 되자 우리나라의 장애 아동은 몇 명이나 되며 그들은 누가 어떻게
돌보고 있는지부터 궁금해졌다.

　현재 공식적으로 집계된 우리나라 장애인의 수는 956만 명이며 시설 장
애인 18,820명을 제외하고 대개가 재가 장애인으로 나타나 있다(한국 보건
사회 연구원, 〈1990년도 장애인 실태 조사 보고〉). 전국 재가 장애인의 장애 출
현율은 천 명당 22명이며 장애인이 있는 가구는 전체의 7.5%인 87만 2천
가구로 집계되어 있다. 그러나 실제로는 공식 집계된 수보다 훨씬 많을 것
이라는 게 현장에서 일하는 사람들의 중론이다. 교통 사고 발생률이 세계
적으로 높고 산업 재해와 환경 오염으로 인해 장애 인구가 증가했다는 게
그 근거이다. 정신 지체를 제외하고는 대개가 절대적으로 출생 후의 원인
으로 장애인이 되었다는 사실을 보면 이 주장은 설득력을 가진다.

　장애 어린이를 좀더 자세히 살펴보면 장애 출현율이 0-4세가 천 명당
2.61명, 5-9세가 5.67명, 10-14세가 7.46명이다. 그러나 이들이 받는 교육
의 혜택은 아주 미미하다. 조기 교육 연구회의 통계에 따르면 정신 지체나
자폐 아동수를 인구비로 따져 보면 10만에서 12만 명으로 추산되는데 1993
년 3월 조사에 따르면 정신 지체 자폐 정서 장애아의 교육을 담당하는 특
수 유아 교육 기관은 전국에 약 2백 20개로 5천 3백에서 5천 5백 명의 어
린이들이 교육 혜택을 받고 있다. 결국 장애 아동의 10% 정도가 교육을 받
고 있는 것이다.

　우리나라 조기 교육 기관의 60%는 사설 기관으로 교육비가 전액 학부모
부담인데 아동 1인당 수업료는 월 20만 원(주 5일 15시간 기준)이 넘는다.
이러한 현실로 말미암아 실제 저소득층 가정의 장애아는 교육 기회를 갖지
못한 것이다.

　앞서 말한 10%에 들지 못한 나머지 아이들은 결국 집안에서 가족에게
전담되어 왔다. 자비로 하는 특수 교육은 돈이 많이 들기 때문에 주로 집

에 방치되어 있으며 가족이라 해도 주로 어머니가 혼자 매달리는 게 현실이다. 맞벌이를 해야 하는 부모를 둔 장애아는 그나마 어머니의 손길도 누릴 수 없다.

90년 현재 장애인이 있는 가구의 월평균 소득은 절반 이상의 가구가 30만 원 미만이며 이 중 20만 원 미만인 경우도 20%나 있다는 통계는 가정에 있는 장애아들의 처지를 짐작케 한다. 또 장애인을 위한 편의 시설이나 사회 복지 시설이 되지 않은 상황에서 장애아의 가정은 버스 탈 것도 택시를 이용해야 하는 것처럼 실제로 돈이 더 많이 들기 때문이다.

또 아이에게 문제가 생기면 부부간의 불화도 잦아져 이혼을 하는 경우도 적지 않고 이때 어머니가 아이를 떠맡게 되는데 경제적 자립이 어려운 부녀자 세대주의 장애아 문제는 더욱 심각한 처지에 놓여 있다고 하겠다.

4. 통합 교육의 효과

이 글에서는 문헌 연구와 통합 교육 시도 사례를 통해 통합 교육이 어린이의 성장과 우리 사회에 가져올 효과를 구체적으로 살펴보고자 한다.

(1) 장애 아동
장애아에 대한 연구를 보면 그 부모와 아이가 모두 불행한 상황에 놓여 있다. 장애아가 있는 가정은 대개 불행감을 느끼면서 장애에 대한 지속적인 책임 추궁을 하며 죄악감에 빠지기 쉽다. 책임 추궁이 심한 가정은 가정 불화와 가정 파탄으로까지 이어질 수 있는데 이런 가정의 장애아는 일관성 없는 태도와 불규칙한 양육 방법으로 정서적 불안정을 겪게 된다. 부모들이 아이에 대한 죄책감이 강한 경우에는 장애아를 과잉 보호하고 철저히 헌신적인 태도를 취함으로써 장애아를 너무 의존적으로 만들고 결과적으로 발전을 저해시키는 경향이 있다. 어떤 부모들은 아이의 장애로 인한 우울 때문에 장애아를 증오하고 학대하고 기피하기까지 한다. 이런 경우에는 아이가 심한 좌절과 절망을 안을 수 있다.

통합 교육을 통해 장애 아동이 얻을 수 있는 효과를 선행 연구를 중심으로 정리해 보면 다음과 같다.

① 유사 장애 아동들의 집단 속에서 얻기 힘든 또래 집단이 갖는 학습

효과, 즉 관찰 학습, 학습에 대한 동기 유발, 다른 아동들과의 자유로운 교제 경험, 자신의 장애에 대한 피드백을 얻는다.

② 엄마와 밀착된 관계에서 벗어나서 자발적인 활동과 자기 자신의 존재감을 인식할 기회를 갖는다.

③ 아동에게 밝혀지지 않았던 잠재되어 있는 능력을 예상 외로 발견될 수 있는 기회가 되며 이를 통해서 자기 신뢰감을 가질 수 있다.

(2) 장애 가구와 어머니

특수아의 부모의 태도에 대한 연구 결과를 보면 특수아의 어머니들이 겪는 정신적인 고통이 많이 지적되고 있다. 외국의 연구에서는 특수아의 어머니가 그 아동이 요구하는 어머니 역할 때문에 괴로와하고 아동이 요구하는 온정과 수용을 제공할 만한 정서적 준비가 부족하다, 정서적 갈등과 사회적 위축으로 괴로워한다, 자발성의 수준이 낮고 죄의식, 격리감 등으로 야기되는 갈등이 크다는 것들이 밝혀졌다. 우리나라의 연구에서는 부모 자신들이 아이로 인해 죄의식을 느끼고 부부간의 싸움, 친척간의 왕래나 가족 분위기에 영향을 받는 것으로 드러났다. 가끔 세상에 알려지는, 장애아를 업어서 5층이나 되는 교실에 등하교시켜 개근상을 타게 했다는 장한 어머니의 이야기는 우리나라에서 장애아의 어머니와 그 가정이 겪는 어려움을 응축하고 있다.

이런 상황에서 아이가 통합 교육을 받게 된다는 것은 장애 가구의 가족, 더 구체적으로는 그 어머니의 정서 안정과 그로 인한 양질의 육아를 가능하게 할 것이다.

(3) 비장애 아동의 경우

통합 교육이 비장애 아동에게는 긍정적인 효과를 가져오지 못할 것이라는 게 일반적인 통념이지만 실제로는 장애 아동과의 통합 교육을 통해 이들도 여러 가지 좋은 교육적 효과를 얻는다고 한다.

① 장애아들에 대해서 상호 협력자·모델·반영자 등의 역할을 하게 되므로 해서 상대방을 돕는 마음, 양보심, 배려하는 마음, 기다릴 줄 아는 마음, 함께 느껴 보기 등과 같은 사회적 행동들을 보다 다양하게 익히게 된다.

장애아 통합 교육에서
선생님의 역할은
참으로 중요하디.

　② 자신의 지식을 장애 아동에게 가르쳐 줌으로 해서 자신의 지식을 확실하게 다듬는 기회를 갖는다.
　③ 장애아에 대해 성인들로부터 얻었던 부정적인 이해와 인식을 자기의 직접 체험을 통해 자연스럽게 개선하는 기회를 갖는다.

(4) 교사

장애아와 비장애아의 통합 교육은 교사에게 큰 부담을 줄 것으로만 생각하기 쉽다. 그러나 실제로 통합 교육을 경험한 교사들은 자신의 교사로서의 자질과 아이들에 대한 이해를 높이는 계기가 되었다고 한다.

"장애 아동을 대하는 데 있어서 아이들은 쉽게 적응합니다. 오히려 제가 늦지요. 가끔 저도 어떤 편견이나 감정적인 거부감을 느낄 때가 있어 스스로 놀랍니다. 그걸 극복해 가면서 교사로서의 제 자질이 나아진다고 생각합니다. 또 장애아는

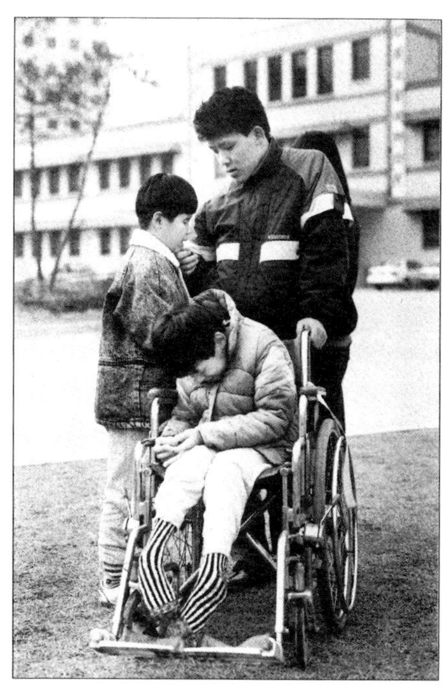

부모와 긴밀하게 상호 협조해야 하기 때문에 학부모와 교사 간의 바람직한 관계도 경험하게 됩니다. 부모님이 지치면 교사가 격려하고 제가 지치면 부모님이 위로하면서 우리가 한 아이를 중심에 둔 양쪽 바퀴가 되는 셈이지요. 그게 보람입니다.”

특히 학령 전의 통합 교육은 교사들에게 혼합 집단의 아동들을 관찰할 기회를 갖도록 해준다. 아동 발달의 과정을 측정해 볼 수 있으며 다양한 행동의 평가를 하는 데 적절한 무대로 활용할 수 있다.

지금껏 통합 교육을 실시한 성공적 사례를 보면 실제로 아동들간에는 장애의 특성과 무관하게 성인들의 기대나 인식 이상으로 통합적인 집단 활동이 잘 이루어진다고 한다. 또 아이들의 나이가 어릴수록 동료들의 개인차를 자연스럽게 받아들이고 적응할 수 있기 때문에 초등이나 사춘기의 아동보다 유아기의 아동들이 통합 교육에 긍정적이라고 한다. 이러한 결과는 공동육아가 장애인 통합의 문제를 해결하는 데 큰 도움을 줄 것임을 시사

한다.

5. 통합 교육의 실제

장애아의 조기 통합 교육은 전 세계적으로 시급히 요청되고 있다. 그러나
우리나라의 현재 상황에서는 극히 일부에서만 실시하고 있을 뿐 거의 외면
당하고 있는 게 현실이다. 또 통합 교육을 시도하고 있다 할지라도 부딪치
는 문제점이 적지 않다. 이 글에서는 통합 교육의 사례를 통해 통합 교육
의 현실을 살펴보고자 한다.

【사례 1】 나눔 어린이집
　나눔 어린이집은 나눔 교회에서 세운 통합 공동육아 현장이다. 그러나
지금은 4-6세의 장애아 10명(자폐아와 뇌성마비아, 다운증 아이)이 다닌다.
92년 6월 처음 문을 열 때만 해도 비장애아가 두 명 있었다. 그들의 부모에
게 장애아와 통합이라는 것을 확실히 말해 흔쾌히 승락을 받았다. 그러나
한 달쯤 지나자 아이들이 나오지 않아 부모를 찾아가 물어 보았더니 주위
사람들이 '애를 왜 거기 보내느냐, 혹시 너희 아이도 좀 이상한 것 아니냐'
고들 해서 그런 소리까지 들어가며 보내고 싶지 않아서 안 보낸다고 했다.
　나눔 어린이집을 운영하는 양동춘 목사는 그 자신도 왼쪽 팔이 없는 장
애인으로 근처에서 장애인 통합 교회를 열고 있다. 장애인 선교 사업을 하
면서 장애인들의 조기 치료가 절실하다는 것을 깨달았는데 그 시작하는 나
이를 낮춰서 어린이부터 할수록 효과가 큼을 알게 되었다. 그래야 부모의
방황도 덜 되고 장애인의 아픔도 일찍 덜 수 있기 때문이다.
　또 하나는 교회에 오는 장애아들에 대해 다른 아이들은 '어머, 얘는 왜
이래요' 하면서 무서워하는 반면 국민학교에 다니는 그의 두 딸은 '앉아,
가자, 먹자'면서 전혀 거리감을 두지 않아 장애인을 보고 자란 아이들과
그렇지 않은 아이들이 다름을 보여 준다고 한다. 이 두 딸은 놀 때는 각자
노는 데 빠져 있어도 움직일 때는 장애아를 자연스럽게 챙긴다는 것이다.
　우리나라 사람들의 장애인에 대한 편견은 심하다 못해 공격적이기까지
하다는 것이 양 목사의 지적이다. 지역민이 장애아들이 모이는 곳이 자기
집 근처에 있는 것이 싫다고 하는데 이에 대해 정부가 어떤 조정도 할 수

없으며 어머니들이 장애인이 있는 교회나 공동육아장에 절대 안 보내기로 뜻을 모으기도 한다. 양 씨는 통합 공동육아를 적극적으로 지지하면서 '처음 얼마간은 건강한 아이에게 누가 되는 것처럼 보이지만 절대 그렇지 않다'고 단언한다. 장애아들이 가지고 있는 독특한 장점은 한마디로 표현하기 어렵지만 그것은 비장애인이 평소에 간과하는 어떤 것으로 생명에 대해 새로운 의미를 부여한다는 것이다. 현대의 어머니들은 우리 아이의 건강함에 대해 생각하지 못하고 공부 노이로제와 과잉 보호로, 끝내는 아이를 공부 기계나 부모의 대리 만족의 수단으로 몰아가는 현상이 나타나는데 통합 육아를 통해 정신적인 불구(경쟁에 치여 여유가 없는 것)를 치유할 수 있다고 본다. 또 교사의 경우에도 육체적으로나 정신적으로 힘든 일이지만 장애아들이 가지고 있는 사람에 대한 애정과 순진성, 담백성은 교육의 의미를 더해 주며 어린이를 삶의 동반자로 삼은 이들에게 큰 보람과 기쁨을 안겨줄 것으로 전망했다.

또 장애를 가진 아이에 대한 관심과 더불어 장애 부모를 둔 아이들에게도 배려를 하고 있다.

"우리 교회에 국민학생 자매가 나오는데 말이 없어요. 웬만하면 행동으로 표현해요. 어쩌다가 말을 하면 주위 사람을 의식하지 못하고 무조건 크게 소리쳐요. 알고 보니 부모가 다 농아였어요. 이 아이들은 성장기에 자격지심을 배우게 되고 사회의 냉대 속에서 적대감을 키우지요. 우리가 빨리 이 아이들을 안아 줘야 합니다".

양 목사는 이런 일에 이제 정부가 좀더 구체적인 관심을 가져야 한다고 말한다. 지금까지는 교회에서 종교적인 사명감을 가지고 해오고 있지만 그것만으로는 고통 받고 있는 많은 사람들을 구하기에 부족하기 때문이다.

"그룹 홈 같은 것이 있었으면 좋겠어요. 저희 나눔 놀이방에 오는 여자애가 하나 있는데 입양아입니다. 그 어머니는 근처에서 식당을 운영해서 이 아이를 키웁니다. 지방에 살던 사람인데 아이를 낳지 못해서 입양을 했는데 키우다 보니 장애가 발견되었어요. 입양을 물리자고 주장하는 남편에 맞서서 이혼하고 주위의 찬 시선을 피해서 아는 사람 없는 서울로 올라와 식당일로 고생하며 아이 키우는 걸 보면 존경심도 크고 안타까운 마음도 큽니다. 구마다 또는 동마다 정부에서 복지 예산으로 지원하는 그룹 홈이 있어서 의사, 사회 복지사, 특수 교사, 상담가가 연대해야 합니다. 그래야 엄마 문제로만 치부되지 않지요. 이런 조직은 또 10여 명 정도가 적합해요. 그래야 인격적 모임이 되지요. 너무 크면 형제 복지원 같은 문제가 생겨요."

나눔 교회에서는 통합 육아가 잘 안된 것을 보완하기 위하여 통합 캠프를 운영하고 있다. 나눔 놀이방이 탄생한 기념일에는 어머니와 교사들까지 함께 모여 자축의 시간을 가졌고 교회의 행사가 있는 날에는 주위의 재가 장애인들과 함께 하는 캠프를 연다. 그 캠프 이름은 나름 캠프인데 그 뜻은 지체 장애인의 걷고자 하는 욕구에서 한발 더 나아가 날아볼 수 있는 기회와 나름대로 개체성을 존중한다는 것이다.

【사례 2】 장애아 어머니의 시도

한 정신 지체 장애아의 어머니가 자신과 같은 고통을 가진 부모와 아픔을 나누고 자신의 아이에게 사회적인 여건을 제공하고자 자기 집에 공동육아장을 마련했다. 그러나 채 1년도 되지 못해 문을 닫고 말았다. 가장 큰 이유는 교사를 구하기 힘들었던 것과 자신의 아이가 나타낸 퇴행 현상이었다. 다른 아이들을 함께 돌보느라 자신이 종전에 아이에게 쏟던 노력이 줄자 아이가 퇴행 현상을 나타낸 것이었다. 단순한 사명감에 이끌려온 교사는 고된 일과 적은 월급이라는 현실 앞에서 물러섰고 어머니의 관심을 끌기 위해 가리던 대소변을 아무 데나 보고 다녀 어머니를 더욱 힘들게 하는 아이 앞에서 어머니는 지쳐 버렸다. 사회만 믿고 기다릴 수 없어 용감하게 먼저 나섰던 이 어머니는 현재 너무 지치고 좌절감에 빠져 그간의 시행 착오를 정리할 엄두도 내지 못하고 있다.

【사례 3】 곡교 어린이집

곡교 어린이집은 사회 복지 법인 강동 사회 복지 개발원에서 구립 시설을 위탁 받아 운영하는 곳이다. 이창미 원장은 학습이 가능한 장애 아동들이 교육 기회를 갖지 못하는 현실을 안타깝게 여겨 통합 교육에 관심을 가져왔다. 장애아가 있는 가정은 가정 복지 차원에서 문제가 많은데 그들의 교육 기관은 전무한 현실이다. 그나마 있는 교육 기관은 고액의 수업료로 인하여 저소득층 가정은 소외되어 있다. 또 조기 교실이나 특수 교육을 받는다 해도 그 결과 일상적이고 정상적인 상황과 놀이에 참여할 수 있는 장이 마련되지 않는다면 이 부분에 관해 좋은 효과를 기대하기 어려우므로 장애아를 위한 통합 교육은 개인적으로나 가정적으로 절대 필요하기 때문이다.

통합 교육은 92년 12월부터 시작되어 산발적으로 진행되다가 지원금을 받아 교사를 충원하여 대기하던 7명도 들어왔다. 지금은 비장애 아동 160명과 장애 아동 21명이 있다. 이들은 행사와 일상 생활을 같이하고 교실 수업만 따로 한다.

유아 3명과 영아 4명은 통합 교육을 실시하는데 오전 중에는 통합하고 일 주일에 세 번은 오후에 개별 지도로 부족한 것을 보충한다. 이때 일반 교사와 통합 교사가 서로 의논해서 내용을 만들어 가고 있다. 또 좀더 장애가 심한 특수 유아와 특수 영아 일곱 명은 소그룹 지도를 하고 있다. 한 달에 한 번은 가정 방문과 부모 교실도 운영하고 있다. 가정 방문은 장애아 부모를 만나서 가족 치료를 하는 것으로 엄마 혼자서가 아니라 아버지 형제 이웃 등 공동체에서 돕도록 하기 위한 것이다. 부모 교실은 부모를 교사로 만들어 가정에서의 교육과 상보 작용하게 하기 위한 것이다.

통합 교육을 실시하면서 이창미 교사는 양측 부모 모두에게서 문제 제기를 받았다. 장애아의 부모는 자신의 아이가 겪는 소외감과 손가락질이 괴롭고 장애아 부모는 아이가 흉내낸다, 또 학습 효과가 떨어진다고 불만인 것이다. 이창미 원장은 그래서 교사의 역할이 중요하다고 말한다.

"장애 아동을 교사가 예뻐하면 다른 아이들도 그 애에게 뽀뽀도 하고 손도 잡아 주고 밥도 먹여 주고 다 해줘요. 그러나 교사가 꺼리면 애들이 금방 알아요. 애들이 무서워하고 놀라서 옆에도 안 가요. 얘는 너희들과 조금 다르다고 이해시키면 아이들이 알아듣고 곧 돕지요. 비장애 아동도 더불어 사는 방법을 배우게 됩니다. 장애는 없다 할지라도 그 속에서 보면 나보다 잘난 애 못난 애가 왜 없겠어요. 개인차를 인정하고 그들과 더불어 사는 품성과 마음 훈련은 아동이 배워야 할 가장 중요한 인간성인데 장애 아동과 살면서 이를 배우는 겁니다. 또 하나 빼놓을 수 없는 것이 교사에게 예쁨을 받으면 장애아에게서 변화가 나타납니다. 그 변화는 곧 부모에게도 전해져 부모를 변화시키지요. 이처럼 교사의 태도가 아주 중요합니다."

　구립 곡교 어린이집은 이러한 통합 교육을 더 많은 영세민 가정에 확산하기 위해 '지혜의 터'라는 프로그램을 가지고 삼성 복지 재단에 지원을 신청해 놓고 있다.

　이외에도 사례 대상이 되었던 곳이 두어 곳 더 있었으나 현재는 제대로 되지 못하고 있는데 대개의 경우 주 원인은 장애아에 대한 정상아 부모들의 편견과 제도적인 뒷받침의 부족, 프로그램과 교사의 미확보 등이었다. 이를 통해 우리는 통합 교육을 위해서는 부모 교육과 자녀 교육이 병행되어야 한다, 교육자들이 우선 장애아에 대한 편견을 없애야 하고 현실적인 교육 실습이 제공되어야 한다는 것을 알 수 있다.

6. 통합 육아 실천을 위한 노력 ─ 건강한 공동체의 실현을 위하여

바람직한 통합 육아는 어떤 모습일까. 장애 아동과 비장애 아동이 한데 섞여 있으면서도 장애 아동이 심리적인 불안과 좌절을 느끼지 않도록 교육적으로 배려하는 육아 현장, 그 대가로 고액의 수업료를 부담하지 않아 저소득층 가정에서도 아이를 보낼 수 있는 곳. 또한 긴 시간의 보육과 장애아 부모로서의 마음가짐과 역할을 훈련 받아 그 가정의 경제적, 심리적, 정서적 안정을 만들어 내는 곳이어야 한다. 비장애 아동은 장애 아동과 더불어 자연스럽게 돕고 생활하는 성숙한 심성을 기르고 그 부모는 아이들을 통해 편견에서 벗어나 '다름'을 인정하는 건강한 정신을 회복함으로써 부모됨을 배우는 곳이어야 한다. 이처럼 어른과 아이가 나와 남의 구분없이, 살아가는 기쁨과 아픔을 함께 나누는 참된 공동체가 이루어진다는 것은 꿈일까.

　꿈은 아니다. 이렇게 되는 것이 정상이라고 믿으며 노력하는 사람들이 있고 그들의 노력이 세상 여러 곳에서 희망을 심고 있기 때문이다. 설사 꿈이라 할지라도 이루기 힘든 꿈은 아니다. 장애와 비장애라는 이분법만 뛰어넘는다면 통합 육아를 통해 장애인과 비장애인의 통합을 이루어 내고 통합 교육이 가지고 있는 효과를 거둘 수 있기 때문이다.

　이제부터는 공동육아를 통해 통합에 필요한 요인들 ─ 장애아, 정상아, 장애아 부모, 정상아 부모, 특수 교사, 일반 교사, 제도적 뒷받침 ─ 을 어떻게 결합시킬 수 있는가를 논의해야 할 것이다. 통합 교육을 위해서는 부모, 교사, 지역 사회의 이해와 노력이 필요하다.

(1) 부모

① 장애 아동의 부모

장애 아동의 부모 특히 어머니의 고칠 점은 '내가 보호해야 한다'는 강박 관념에서 벗어나는 일이다. 교사들이 말하는 이들 어머니의 문제점은 이런 것이다.

"아이들이 놀림을 받기도 하고 맞기도 하는데 부모님들이 그걸 견뎌 내지 못합니다. 아이들이 소외감을 느끼는 것은 초기에 당연합니다. 비정상 아동도 때로는 친구들에게 놀림 받고 맞기도 합니다. 그게 아이들 사회의 한 모습입니다. 아이들이 그걸 극복하도록 도와 줘야 할 부모들이 오히려 더 예민하게 반응합니다. 어떤 부모는 '우리 같은 애들끼리만 있을 수 있는 시설을 마련해 달라'고 합니다. 당장 회피하고 싶은 거지요. 여기에는 아이와 무관하게 자신들이 겪는 열등감이나 자격지심도 있다고 여겨집니다. 그런 분들에게 아이가 컸을 때를 생각해 봤냐고 묻고 싶습니다. 이건 사춘기 때의 문제를 생각 못 한 것입니다. 자폐아의 경우는 통합을 통해 자꾸 접촉시켜서 사회성을 훈련시켜야 하고 다른 장애아들도 사회 속에서 자신의 객관적인 조건에 익숙해져야 합니다."

부모가 아이가 상처 받는 것을 두려워해서 통합을 기피한다면 그 결과는 아이가 컸을 때 더 큰 아픔과 상처가 될 뿐이다.

또 하나는 아이의 입장과는 관계없이 부모의 자존심에 따른 문제이다. 내 아이가 비장애아와 다르다는 것, 객관적으로 보아 그들보다 뒤떨어지는 것을 확인하기 싫어하고 그 틈을 돈으로 메워 보려고 하는 것이다. 나눔 어린이집 양동춘 목사의 말이다.

"조기 교실이 비싸다고 하니까 값이 저렴하면 싼 게 비지떡 아닌가 생각하는 부모들이 있습니다. 부모와 아이 둘 다 특별한 도움을 받아야 합니다. 아이만 끼고 집에서 하늘을 원망하거나 무조건 기도만 하는 것이 아니라 공동육아의 장에서 자신의 아이를 객관적으로 바라보는 것도 필요하고 다른 어른들의 도움과 위로를 받아 용기를 회복해야 합니다. 도움을 고까와하지 않으면서 자기 아픔에 연연하지 않는 부모를 보면서 아이도 의지력을 배웁니다."

통합 교육에 대한 교사와 부모의 태도를 알아보았더니 장애 아동의 부모가 가장 낮은 긍정성을 보였다는 조사 결과만 보더라도 장애 아동 부모의 적극성이 절대 요구된다고 할 수 있다(김숙경, 1988).

미국에서는 장애아의 부모들이 동등한 교육권 투쟁 운동을 펼쳐 이들에게 제대로 된 교육 환경을 마련해 주기 위해 현실적인 노력을 한 것(김숙경, 1988)도 배울 만한 일이다.

② 비장애 아동의 부모

전반적으로 통합 교육에 대해 가장 부정적인 태도를 보이는 것은 비장애아의 부모이다.(김숙경, 1988) 그 주된 이유는 '우리 애한테 행동이 옮을까봐'와 '교사가 우리 아이를 상대적으로 소홀히 할까봐'라는 게 비장애 아동의 부모로부터 항의를 받아본 일선 교사들의 분석이다.

"아이들은 장애아에게 금방 적응합니다. 금방 친해지고 서로 막 안고 그러는데 어른들이 그걸 이상하게 보는 거지요. 흉내내서 이상해진다는 설도 있는데 그렇다고 보면 교육이 무의미해지는 것이지요. 흉내 안 내고 돕도록 하는 게 교육 아니겠어요. 그리고 실제 아이들은 어른들이 상상하는 것과 다릅니다."

선생님이 장애 아동에 대해 배려하는 것을 비장애 아동이 어떻게 받아들이는지는 부모의 생각과 다를 수 있다. 일본의 통합 탁아소를 둘러보고 온 사람이 전하는 말이다.

"젊은 남자 보부가 있었어요. 우리나라에는 보모만 있는데 그것부터가 신기하더군요. 그 보부는 미혼이었는데 아이를 무척 잘 돌봤어요. 그런데 그는 늘 어떤 아이 하나를 달고 다녔어요. 마치 엄마들이 아이를 달고 다니듯이. 놀이를 할 때도 그 애는 늘 보부의 무릎에 앉아 있고 움직일 때도 그애는 항상 함께였어요. 알고 보니 아이가 장애아였어요. 어찌 보면 특별 배려를 받은 그 아이에 대해 다른 아이들이 샘을 내지 않을까 했는데 아니었어요. 어쩌다 그 아이가 선생님에게서 떨어져 있게 되면 여러 아이가 도와서 선생님 무릎에 앉혀 줍니다. 개는 그래야 하는 줄로 당연시 하는 거지요.."

아이들이 실제로 받아들이는 것은 부모의 우려와 다를 수 있다. 문제는 장애아에 대한 부모의 태도가 아이들에게 옮겨져서 교실에서 자신의 친구인 장애아를 대하는 데 영향을 미칠 가능성이다. 따라서 편견에 치우친 어른의 태도는 통합 교육에 걸림돌이 된다.

미국에 살면서 통합 교육을 경험한 한 어머니의 말을 들어보자.

"아이가 같은 반의 장애아를 어떻게 생각하는지 궁금했어요. 그래서 아이에게 물어봤지요. 그 애의 행동과 수업 시간에 어떻게 하는지를요. 그랬더니 아이가 자세히 설명해 주더군요. 내가 '그런 걸 보면 이상하지 않니?' 하니까 태연하게 '뭐가 이상해? 갠 원래 그래' 하는데 저으기 충격을 받았어요. 그 애의 눈에는 자연스러운 것을 이상하게 보는 내가 이상하게 여겨졌겠지요? 어른들이 아이만 못하다는 생각도 들고 나도 뭔가 새로운 교육을 받아야겠다고 깨달았습니다."

곡교 어린이집의 이창미 원장은 그래서 부모들도 통합 교육을 받아야 한다고 주장한다.

"부모 교실에서 장애아 부모와 비장애아 부모를 같이 배우게 해야 합니다. 그래야 같이 삽니다. 장애아 부모라고 언제까지 특별 배려할 수는 없으니까요. 비장애아 부모가 겪는 교육상의 문제를 같이 듣고 장애아 부모의 눈물을 보면 그들 사이의 틈도 좁아지게 됩니다."

(2) 교사

통합 교육의 성패는 교사에게 달려 있다고 해도 과언이 아니다. 교실에서 아동들간의 통합과 그 부모들의 통합을 이루어 내는 일이 교사의 손에 달려 있기 때문이다. 따라서 장애아에 대한 교사의 긍정적 시각과 통합 교육을 감당할 자질을 갖춘 전문 보육 교사의 확보는 통합·육아의 성패를 좌우한다고 할 수 있다.

그러나 교사 중에 장애아에 대해 편견을 가진 사람도 없지 않다. "아이들끼리 너무 잘 어울리면 괜히 불안해져요," "통합 교육을 감당할 자신이 없어요"라고 말하는 교사도 있었다. 교사들간에도 이에 대한 견해 차이로 마찰을 빚게 된다고 한다.

앞서 【사례 2】에서도 교사를 확보하지 못한 것이 실패 원인이었고 【사례 1】의 나눔 어린이집에서도 종교적인 사명감에 의지하여 교사를 확보하는 실정이었는데 그것도 얼마나 갈지는 의문이다.

통합 교육을 할 만한 전문 보육 교사의 수도 많지 않고, 있다 해도 선뜻 통합 교육을 맡으려 하지 않는 현실은 교사의 처우 문제와 직결되어 있다. 어린이집 보육 교사의 경우 평균 1인이 하루 12시간 동안 아동 15명을 돌보는 실정으로 자격을 갖춘 전문 보육 교사가 근무하기 어려운 직장으로 인식되어져 이직률이 높아 아동 보육에 문제를 초래하고 있다(이창미, 1993).

전문 교사의 양성과 교사의 처우 개선은 사회적 차원의 도움 없이는 해결되기 어려운 문제이다. 이것을 개인적으로 해결하려고 한다면 교사에게는 추상적인 사명감만을 부모에게는 경제적인 부담을 강요함으로써 제자리 걸음을 하게 될 뿐이다.

(3) 지역 사회와 정부

장애아들이 교육을 받지 못하는 원인에는 아이들을 학교에 안 보내도 처벌받지 않는 행정상의 문제점이 있다. 이들을 교육시킬 기관이 많지 않다는 것이 그 이유인데 현재 통합 육아의 의욕을 가진 기관은 많은데 예산이 부족하여 기피하고 있음을 안다면 그 해결책은 자명해진다.

영유아 보육법 시행 규칙 제11조에 장애아 보육을 위해 시설 기준과 종사 기준을 갖추어야 한다고 되어 있는데 실제로는 이에 대한 예산이 편성되어 있지 않기 때문에 장애아들의 보육을 어린이집에서 기피한다는 것인데 특혜 차원이 아니라 최소한 비장애 영유아에게 마련된 시설이라도 제공받아야 한다는 차원에서 이들 시설에 대한 정부 지원이 늘어나야 한다.

통합 육아의 적절한 환경은 장애아의 수를 전체 인원의 10% 정도로 하는 것이라고 한다. 그러려면 이를 감당할 교사를 양성하고 그 교사들에게 기본급, 시간외 수당, 퇴직금에 대한 보장이 제대로 이루어져서 통합 육아 현장을 지킬 수 있게 해주어야 한다.

또한 장애아들이 기존의 통합 육아에 대한 정보를 얻을 수 있도록 구청 같은 행정 기관에서 자신들에게 접수된 장애아를 통합 육아 기관에 연결해

주는 시스템도 개발되어야 한다.

7. 이 땅에서 지금 나는 무엇을 할 수 있을까

아이는 어른의 아버지이고 어린이와 같은 마음이 아니라면 천국이나 극락
에 이를 수 없다고 성현들은 말씀하셨다. 이 진리는 장애 문제에도 적용될
수 있다고 생각한다.

내 아이가 장애를 갖게 되었다고 생각해 보자. 자식 키우는 사람은 내친
말을 못하고 장담하지 못한다고 한다. 아무리 자식을 위해 기도를 열심히
한다고 안심할 수 없는 일이다.

장애아와 비장애아의 통합 육아를 이루어 놓는 일은 보험을 들어 두는
일이다. 예상치 못한 어려움에 처했을 때 누리게 되는 사회적인 안전 장치
인 것이다.

이 글을 준비하는 과정에서 나도 아이 키우기의 어려움을 경험했다. 작
은 딸아이가 만 두 돌이 넘어도 말을 잘하지 않는 것이었다. 통합 육아의
사례를 찾아다니면서 보고 들은 풍월이 있어 정신적으로 문제가 있나 싶어
소아 정신과를 찾아갔다. 행동이 앞서고 주의력이 부족해서 말이 늦는다며
또래들과 어울리는 놀이방 같은 곳에 보내 보라는 조언을 들었다. 주변에
서도 말 늦는 애를 놀이방 보냈더니 금방 늘더라고 용기를 주었다. 여러
군데 놀이방을 둘러보고 고르고 골라 상당히 마음에 드는 곳을 발견하고
희망에 차서 아이를 보냈다. 그러나 한 달도 못 채우고 그만두고 말았다.
정확히 말해 '권고 퇴소'를 당한 것이다. 이유는 아이가 너무 극성맞고 말
귀를 못 알아들어 힘들다는 것이었다. 내 아이에게는 '어린이의 사회'가
필요한데 그 사회는 적응이 잘된 아이만 받아들이는 벽이 있었던 것이다.

그때 내가 겪은 절망감이라니. 내가 이럴 때 장애아의 부모 심정은 어떻
겠는가. 자기밖에 모르는 자폐적인 어른의 마음이 바로 장애가 아닐까. 생
물학적인 장애는 교육과 시설로써 보완될 수 있지만 멀쩡해 보이는 어른들
의 문화적 장애는 어떻게 고칠 것인가.

장애인 문제가 해결되지 못하는 데 있어서 가장 큰 문제는 어른들의 편
견이다. 그리고 통합 교육을 실현시킬 힘을 가진 사람들도 어른이다. 어른
들이 자존심을 가진 사람이라면 내가 낳은 아이를 놓고 우열을 따지는 데

서 그 자존심을 찾는 게 아니라 아이만도 못한 미성숙한 어른이 될까봐 노력하는 데서 그 자존심이 빛날 것이다. 어른이라면 지금 당장 내가 무엇을 어떻게 해야 할까를 생각해 보아야 할 때이다. ■

＊ 도움받은 글

강동 사회 복지 개발원, 1993, 《복지 시대》 창간호.

김숙경, 1988, 〈유아기 통합 교육을 위한 부모 및 교사의 태도에 관한 연구〉, 이대 석사 학위 논문.

김용주, 1988, 〈장애아 통합 교육에 대한 부모 및 교사의 태도〉, 이대 석사 학위 논문.

박영춘, 1986, 〈장애아를 위한 조기 통합 교육의 방향 탐색에 관한 연구〉, 이대 석사 학위 논문.

베데스다 선교회, 1993, 《더불어 사는 우리들》 통권 70호, 6.7월호.

이창미, 1993, 〈어린이집 운영 실태 및 개선안〉, 《복지 시대》 창간호.

한국 보건 사회 연구원, 1991, 《1990년도 장애인 실태조사 보고》.

한국 장애인 재활 협회, 1992, 《장애인의 사회통합:장애인 복지 이념과 환경》.

장애인 복지 신문사, 장애인 신문사, 장애우 권익 문제 연구소, 장애인 재활 협회

＊ 글쓴이 오숙희는 자칭 말 많고 눈물 많고 아는 사람 많은 삼다녀. 〈생방송 여성〉 등을 진행했고, 여러 대학에서 소문난 여성학 명강사이다. 신문, 잡지에 활발한 기고와 라디오와 텔레비전 및 각종 뜻있는 모임의 사회를 통해 온나라 여자들의 '입' 노릇을 하는 것을 자신의 천직으로 여긴다. 친정 식구와 함께 두 딸을 키우며 '열한 명의 이름이 씌여진 문패'가 달린 서울 망원동의 전세집에서 씩씩하게 살고 있다.

어린이 운동과 공동육아

한국의 어린이 운동

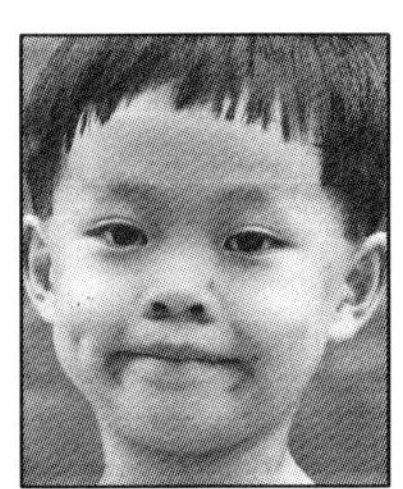

최준식

머리말

우리나라에서 어린이 운동하면 우리는 으레 교회나 유니세프 같은 서양의 단체를 생각하고 홀트 같은 인자한 외국인의 모습을 떠올린다. 사실 현재도 우리나라의 어린이 운동

우리나라에서 어린이 자체만을 위한 본격적인 어린이 운동의 출발은 '어린이'란 말의 출현으로 잡아야 할 것 같은데 1920년 8월, 한국 역사상 최초로 발간된 천도교 기관지 성격의 《개벽》지 제3호에 소파가 시를 기고하면서 이 말을 처음 사용하였다. 정식으로 천도교 소년회가 창립된 것은 그로부터 1년 뒤인 1921년 5월의 일로서 소파와 소춘 김기전 등이 함께 만든 것이었다.

은 이러한 외국에서 파생된 단체가 단연 그 주도권을 잡고 있는데 보이 스카우트부터 시작해서 Y.M.C.A. 등, 여름 방학이 시작될 무렵 어린이 캠프에 대한 신문의 안내 기사를 보면 열이면 여덟 아홉은 이렇게 외국에서 들어온 단체에서 제공된 것들이다. 이런 사대적으로까지 보이는 이상한 현상에 그래도 이 방면에서 우리의 자존심을 조금이라도 지켜 주는 분이 있으니 소파 방정환 선생이 바로 그분이다.

한국 어린이 운동의 효시를 이루었으며 어린이날의 제정, '어린이'란 용어의 창시, 최초의 어린이 전문지 《어린이》의 창간 등을 통한 근세 한국의 민족 운동가로서 소파는 적어도 이 방면에 있어서 어떠한 칭찬도 아깝지 않은 인물이다. 그런데 소파와 더불어 꼭 언급이 되어야 할 분이 있는데 소춘(小春) 김기전(金起田) 선생이 그분이다. 이분은 소파와 더불어 초기의 어린이 운동을 이끌어 나갔던 분으로 한국 해방 후에 월북했다는 이유로 우리 사회에는 전혀 알려져 있지 못한 불행한 분이다. 그런데 소파나 소춘이 어린이 운동을 한국에서 최초로 일으켰다는 사실은 그래도 어느 정도는 알려져 있는 사실이지만 이분들이 천도교인들이었고 특히 소파 선생의 경우는 천도교 3대 교주인 의암 손병희 선생의 사위이었으며, 따라서 이분들의 어린이 사상에는 천도교의 교리가 깊이 깔려 있다는 것을 아는 사람은 많지 않을 것이다.

소파나 소춘이 펼친 어린이 사상의 중추를 이루고, 가장 근본적인 영향을 준 분, 다시 말해 이분이 아니면 소파나 소춘의 어린이 운동이 생겨나지 못했을 정도의 중요한 역할을 한 분은 바로 천도교 2대 교주인 해월 최시형 선생이다. 이 작은 글은 근세 한국 어린이 운동의 이념적 근간을 제공했던 해월의 사상과 그 뒤에 이 사상을 바탕으로 어떻게 어린이 운동이 전개되어 나갔는가를 간략하게 보고자 한다. 이를 위해 우리는 우선 해월 이전의 조선조 사회에서 어린이가 어떤 위치에 있었나를 보고 그것을 해월은 어떻게 타파했는지 보기로 한다. 그에 이어서 해월의 이러한 이념에 입각해서 소파나 소춘이 어떤 식으로 어린이 운동을 시작했는가를 보기로 한다.

1. 장유 유서와 어린이

지금과는 자못 다르게 어릴 때의 우리의 모습(1960년대)은 그다지 인간 대접을 제대로 받았던 것 같지는 않다. 그것은 아마도 현재의 한국 사회와 가장 가까운 왕조인 조선조의 영향으로 생각되며 그 가운데에서도 조선조의 지배 이념이었던 유교의 영향으로 생각된다. 본래의 유교가 그랬던 것 같지는 않지만 조선조에 적용되었던 유교는 철저히 치자(治者) 그 중에서도 남자 혹은 윗사람 중심의 '지독히 보수적인' 이념이었다. 여기에 배경을 제공한 것은 맹자의 오륜(五倫)으로 이 다섯 가지 가운데에서도 — 물론 부자간의 효가 가장 중요한 것이었긴 했지만 — 남녀 노소를 불문하고 모든 계층에 두루 적용이 되었던 것은 바로 장유 유서이다. 이 장유 사상은 유

242

학의 정신이 많이 퇴색한 지금도 전혀 영향력을 잃지 않고 있으며, 아니 더 나아가서 한국 문화 자체 속에 완전히 녹아 들어가 결코 분리할 수 없는 요소가 되었다.

장유 유서 즉 연장자와 연소자에는 순서가 있고 위계 질서가 있어야 한다는 것은 어느 인간 사회에도 있는 규칙이며 또 사회 질서를 위해서도 꼭 필요한 사항이다. 그러나 조선조에서 이 규범이 적용되었을 때의 문제는 너무 연장자 중심으로만 되어 연소자의 권리나 인권은 여지없이 짓밟아 버려졌던 데에 있다. 무엇이든지 할아버지 먼저 혹은 아버지, 형 먼저이고 나이가 상대방보다 한 살이라도 더 먹어야 대접을 받는 것으로 생각했다. 그래서 지금도 한국인들은 만나면 상대방 나이를 어떻게 해서든 알아내려 하고 자신이 한 살이라도 혹은 몇 달이라도 연장자면 상대방 위에 서려 하고 연장자 티를 내는 것이 다반사가 되었다.

그런데 이 장유 유서가 적용되게 되면 가장 피해를 보게 되는 층은 다음과 같은 조건, 즉 가장 나이가 어리고 동시에 자기 권리를 주장할 수 없는 계층일진대 이 두 조건을 그대로 충족시키는 계층은 다름아닌 어린이들이었다. 한마디로 모든 것을 선후 고하(先後高下)에서 찾았던 조선조에서는 어린이에 대한 어느 정도의 보살핌은 있었을는지 몰라도 그 인격에 대한 공경은 전혀 없었다. 손인수 교수의 말을 들어보자.

일상 생활에 있어서도 어린이에 대해서는 사랑은 있을지언정 공경은 없었다. 어른은 반드시 어린이를 하대하고 어린이는 반드시 어른을 경대하였다. 행주좌와 의복, 음식의 모든 절차에 있어서도 반드시 어른과 어린이를 구별하여 어른은 우선적으로 대우하고 어린이를 그 다음에 두었다.
— 손인수, 〈인내천 사상과 어린이 운동의 정신〉,《신인간》 428호, 14쪽.

같은 이야기이지만 이 문제가 나올 때마다 단골로 나오는 예문이 있다. 도산 안창호 선생이 말씀하신 것으로 당시의 어린이의 모습을 자신의 과거에 빗대어 생생하게 묘사하고 있다.

어른들이 어린아이를 대할 때에 한 개의 장난감으로 여깁니다. 그리하여 그 울고 웃는 꼴을 보기 위하여 울려도 보고 웃겨도 봅니다. 또 호랑이가 온다, 귀신

서울 어린이 대공원에 있는
소파 방정환 동상

이 온다 하여 아이들을 놀라게 합니다. 또 집안에 계신 조부모나 부모는 호령과 매 때리기를 일삼음으로 아이들은 한때도 마음을 펴지 못합니다. 아들은 조부나 부친 앞에 있어서는 매맞을 생각에 떨고 있습니다.

나는 어렸을 때에 산에 가 놀기를 제일 좋아하였는데, 종일 놀다가도 돌아올 때는 매맞을 생각에 떨면서 돌아왔습니다. 그러다가 걸핏하면 잘못하였다고 내어 쫓습니다. 제 아비의 집에서 쫓겨나서 울면서 빙빙 돌아다니는 꼴은 참으로 기가 막혀 볼 수 없습니다. 이같이 강보에서부터 공포심만 가득한 생활을 하던 아이가 가정의 옥(獄)을 벗어나서 학교에 가면 훈장이란 이가 또한 호랑이 노릇을 합니다. 아이가 학교에 가고 싶어서 가는 것이 아니요, 부모가 가라니까 마지 못해서 가는 것이외다.

— 손인수, 같은 글에서 재인용.

다소 긴 인용이긴 했지만 많은 면에서 공감이 가는 내용이라 무리하게 적어 보았다. 우리의 어렸을 때의 모습은 위와 같은 정도로 혹독하지는 않았다 하더라도 많은 면에서 수긍이 간다. 나 자신도 돌아보면, 어릴 때 어른들의 어이없는 장난에 눈물을 흘리면서 "내가 크기만 해봐라, 꼭 복수를 할테니" 하고 속으로 가슴에 복수심을 태우던 모습이 새삼스럽게 떠오른다.

2. 해월의 어린이 사상 — '모든 인간은 한울님'

바로 위와 같은 상황에 새로운 지평을 연 것은 '모든 인간은 한울님'이라는 혁명적인 선언을 내세운 수운 최제우였다. 이제 더 이상 어린이는 아무런 인격이 없는 존재가 아니라 만고에 가장 중요한 존재인 한울님인 것이다. 그런데 이 사상이 구체적으로 발현되는 것은 동학의 2대 교주인 해월 최시형에서였다. 후에 이 교리는 의암 손병희에 의해 '사람이 하늘이다(人乃天)'라는 교리로 완성이 되지만 해월은 '사람을 하늘과 같이 모셔라(事人如天)'라는 유명한 발언으로 사람의 중요성을 강조했다. 이 세 분의 교주 가운데 당시 사회의 대표적 약자 계급이었던 여성(특히 부인)과 어린이에 대한 구체적인 법설과 그 실천을 했던 분은 해월이었던 것 같다.

해월이 행한 어린이에 대한 법설 가운데 가장 흔하게 인용되는 것은 지금은 다소 이상하게 들리지만 어린이를 때리지 말라는 것이었다. 어린이를 때리는 것은 바로 한울님을 때리는 것과 같기 때문에 엄하게 금지한 것이다. 해월의 말을 직접 들어보자.

우리 교단에서 부인은 아이를 경솔히 때려서는 안됩니다. 아이를 때리는 것은 곧 한울님을 때리는 것과 같은 것입니다. 한울님이 싫어하고 한울님의 기운이 상하게 됩니다 …… 아이를 경솔하게 때리면 그 아이가 죽을 수도 있으니 일체 아이들을 때려서는 안됩니다.
— 최준식, 《겨레의 스승》, 민족사, 1993, 153쪽.

비록 아이를 때리지 말라고 한 것이, 다시 말해 당시에는 어린이를 얼마나 때려 댔기에 저런 말이 나왔을까 의문스럽지만 여기서 주목을 끄는 것은 어린이가 바로 한울님이기 때문에 때리지 말라고 한 대목이다. 해월에게는 이제 어느 특정한 계층만이 — 가령 조선 시대의 양반 계층 — 인간

대접을 받는 그런 시대는 간 것이고 모든 계층이 골고루 평등해지는 개벽 시대가 온 것이다. 사실상 해월의 이러한 교리는 스승이었던 수운이 이러한 인내천 사상을 직접 실천으로 옮긴 데에서 연유했을 것이다. 수운은 주지하다시피 인간 평등을 몸으로 직접 실천에 옮겼는데 데리고 있었던 여자 종들을 해방시켜 하나는 양딸로, 하나는 며느리로 삼은 것이 그것이다. 이러한 개혁적 조치는 해월에게도 그대로 이어져 해월의 법문 가운데에는 특히 부인에 관한 법문이 눈에 많이 띈다.

조선 시대에 가장 소외받았던 계층이었던 부인과 어린이, 이들의 말이 해월에게는 더 이상 '하찮은 아랫것'들의 말이 아니다.

> 사람은 바로 하늘이며 하늘은 바로 사람이니 사람밖에 하늘이 없고 하늘밖에 사람이 없다. 수운 선생께서 인내천(人乃天) 교리를 설명하시면서 사람을 섬기되 하늘과 같이 하라고 하셨으니 나는 비록 부인이나 아이의 말이라도 또한 하늘의 말씀[天語]으로 알고 배울 것을 배우고 스승으로 삼을 것을 스승으로 삼았다.
> ― 최준식 풀어 씀, 《천도교 경전》 해월신사 법설에서.

해월은 더 나아가서 대인 관계에 있어서 어린이와 같은 모습을 가져야 한다고 말한다. 이 법문은 마치 어린이와 같이 되지 않으면 천국에 가지 못한다고 하는 예수의 설교를 연상케 한다.

> 사람을 대할 때에 언제나 어린아이같이 하십시오. 항상 꽃이 피는 듯한 얼굴을 가지면 사람들을 융화하고, 덕을 이룰 수 있게 될 수 있을 것입니다.
> ― 최준식, 《겨레의 스승》, 민족사, 1993, 155쪽.

이렇듯 해월에게는 어린이에 관한 법설이 많이 발견된다. 해월에 대한 설명을 끝내기 전에 덧붙이고 싶은 것은 그의 태교관이다. 해월은 당시의 다른 어떤 스승보다도 태교에 대한 많은 자상한 법문을 하는데 이것 역시 조선조 말기에 횡행했던 태아에 대한 그릇된 생각을 고치기 위함이었던 것 같다. 즉 당시에는 산모가 태아를 갖고 있는 것을 우리의 몸 안에 창자나 밥통, 대소변이 있는 것과 별반 다르게 생각하지 않았다고 한다. 이에 대해 해월은 태아란 그러한 장기에 불과한 것이 아니라 하나의 생명, 즉 바로 한울님이니 한울님을 모시듯 태아에게 대해야 한다고 주장해 태아의 인권도 복권시켜 놓고 있다.

3. 소파 방정환과 소춘 김기전의 어린이 운동

해월의 이러한 사상을 배경으로 어린이 자체만을 위한 본격적인 최초의 어린이 운동이 천도교도인 방정환과 김기전에 의해 시작이 된다. 우선 이 운동의 출발은 '어린이'란 말의 출현으로 잡아야 할 것 같은데 이 말은 1920년 8월, 한국 역사상 최초로 발간된 천도교 기관지 성격의 《개벽(開闢)》지 제3호에 소파가 시를 기고하면서 처음으로 사용하였다. 정식으로 천도교 소년회가 창립된 것은 그로부터 1년 뒤인 1921년 5월의 일로서 소파와 소춘 등이 함께 만든 것이었다.

소파 선생에 대한 것은 너무도 많이 알려져 있어 여기서는 생략하지만 참고 삼아 일반에게 너무도 생소한 소춘 선생에 대한 일화를 하나 적어 보고자 한다. 물론 소춘 선생은 어린이 운동에만 전력한 것이 아니라 독립 운동 등 당시 민족을 위한 일은 무엇이든 했던 분으로 천도교단 내에 잘 알려져 있는 분이지만 어린이와 관계될 때는 특히 어린이에게 경어를 쓴 것으로 유명하다. 1920년 7월 《개벽》 제2호에 소춘은 이렇게 적었다.

우선 어린이에게 대한 말투를 고쳐야 할 것입니다. 실없는 말이라도 '이놈 저놈' 혹 '이자식 저자식' 하는 말을 절대로 쓰지 말아야 할 것입니다.(최준식 풀어 씀)

한번은 어떤 아이가 소춘 선생의 집 기와를 떼어다 팔려다 그만 소춘 선생에게 걸려 겁에 질려서 지붕에서 오줌을 싸버렸다고 한다. 이를 본 선생은 놀라 사다리를 가져다 아이를 내려 주면서 이렇게 말했다고 한다. "그까짓 기와가 뭐 그리 대단하다고 몰래 가져 가려 했어요? 갖고 싶으면 몇 장이라도 주었을 텐데요." 이렇듯 자상했던 선생은 1946년 이북에 있는 천도교 지도자의 교육차 월북한 뒤 1948년 3월 갑자기 행방 불명된 뒤로는 조만식 선생과 모란봉 형무소에 있다는 풍문만 전해졌을 뿐 그 뒷소식은 전혀 모른다.

천도교 소년회는 조직된 지 1년 뒤인 1922년 '어린이날'을 제정하게 되는데 이 영향으로 1년 뒤에는 전국의 소년 단체들이 어린이날을 제정해 지금까지 내려오게 되었다. 이때(1922) 5월 1일을 어린이날로 정하고 여러 행사를 했는데 '어린이날'이라는 제목으로 쓰인 인쇄물에 다음과 같은 재미있는 내용이 실려 있다.

1. 어린아이를 헛말로 속이지 말아 주십시오.
2. 어린 사람을 늘 가까이 하시고 자주 이야기하여 주십시오.
3. 어린 사람에게 경어(敬語)를 쓰시되 늘 부드럽게 하여 주십시오.
4. 어린 사람에게 수면과 운동을 충분히 하게 하여 주십시오.
5. 이발이나 목욕 같은 것은 때맞춰 하도록 하여 주십시오.
6. 나쁜 구경을 시키지 마시고 동물원에 자주 보내 주십시오.
7. 장가나 시집 보낼 생각 마시고 사람답게만 하여 주십시오.

천도교 소년회의 위와 같은 활동은 곧 《어린이》라는 어린이를 위한 전문지를 천도교 교단의 재정적 지원으로 내는 것으로 결실을 맺었다. 이 잡지 덕에 '어린이'란 용어는 완전히 보편적으로 쓰이기 시작했다. 창간호에 소파는 다음과 같은 어린이 예찬시를 적고 있다.

새와 같이, 꽃과 같이, 앵두같이, 어린 입술로 천진 난만하게 부르는 노래, 그것은 그대로 자연의 소리이며, 그대로 하늘의 소리입니다.
　비둘기와 같이, 토끼와 같이, 부드러운 머리를 바람에 날리면서 뛰노는 모양, 그대로가 자연의 자태이고, 그대로가 하늘의 그림자입니다. 거기에는 어른들과 같은 욕심도 있지 아니하고 욕심스런 계획도 있지 아니합니다.
　죄 없고 허물 없는 평화롭고 자유로운 하늘 나라! 그것은 우리의 어린이의 나라입니다.

참으로 어린이에 대한 사랑이 흠씬 젖어 있는 명문이다. 이렇게 시작된 《어린이》지는 창간 후에는 돈을 안 받고 그냥 준다 해도 단 18명밖에는 가져 가지 않았다고 한다. 그 후 계속 신장을 거듭하여 통권 76호(1930년 7월호)는 무려 3만 부 이상이 팔리는 대성황을 이루게 되었다고 한다. 그 뒤 《어린이》지는 정간되는 등 여러 우여 곡절을 거치다 1949년 재정 문제로 자진 폐간하게 된다.

맺는 말

이렇듯 세계적으로 앞섰던 천도교의 어린이 운동도 소파 선생 사후 이념 논쟁에 휘말리면서 퇴색하게 되어 거의 맥이 끊기고 만다. 현재의 천도교 교단에서는 어린이 운동에 전혀 신경을 못쓰고 있는 것 같다. 시대를 앞섰던 선조들의 정신을 기려 발전시키지는 못할지언정 아예 그 불씨를 꺼뜨려 버렸으니 못난 우리를 자탄할 뿐이다. 한국 고유의 어린이 운동이 거의 퇴조한 지금 그 자리를 메우고 있는 것은 보이 스카우트이나 걸 스카우트이고, 가장 흔한 것이 교회의 주일 학교 혹은 여름 성경 캠프 등이다.(이렇게 지내다 크면은 나이별로 Y.M.C.A., Y.W.C.A.에 많이 관여하게 되고 세속적인 모임으로는 또 JC, 라이온스 클럽, 로터리 클럽 등에 관여하게 되는데 웬 외국에서 들어온 사교 단체가 그렇게 많은지 모르겠다.) 한국민은 해방 이후에 서양 문화나 종교를 네이팜탄 식으로 두들겨 맞은 이후로는 자신들의 고유 사상에 입각한 친목 단체 하나 만드는 것조차 잃어버린 모양이다.

끝으로 소파나 소춘 선생 당시 어린이 상황을 접해 보면서 지금과 비교해 보면 당최 이해가 안되는 부분이 있다. 당시에는 어린이 알기를 장난감 정도로밖에는 알지 않아 걸핏하면 욕하고 때리고 했다는데 — 따라서 어마어마하게 엄하게 길렀다고 하는데 — 어째 지금은 아이들을 그렇게 버릇없이 기르는가 하는 것이다. 세계에서 가장 버릇없는 아이가 한국 어린이라는 말이 나올 정도로 많은 우리 어머니들은 아이들을 마구 기르고 있다. 식당에서 아이들이 마구 뛰어다녀 그 아이에게 조용히 하라고 하면 그 아이 부모가 왜 남의 애 기죽이느냐면서 역정을 낸다. 이전에는 그렇게도 찍어누르더니 이제는 어깨에 태우고 다니면서 상전 대접을 하는 전혀 상반되게 변한 한국 부모들의 태도는 어떻게 이해해야 좋을까? 아마도 부모들이 잘못된 것일 게다. ■

＊ 글쓴이 최준식은 이화여대 한국학과 교수로 재직하고 있다. 비교 종교학을 공부하였고, 《한국의 스승》 등의 책을 썼다. 바람직한 종교 문화의 정착을 위해 애쓰고 있다.

'어린이 책사랑방' 운동

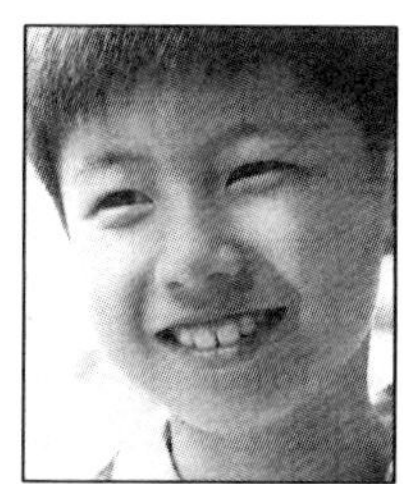

이주영

1. 들어가는 말

《통계로 본 한국의 발자취》(통계청, 1992.10.5)를 보면 1961년과 1991년의 여러 가지 통계를 가지고 지난 30년 동안의 변화를 실감나게 견주고 있다.

1인당 국민 소득이 82달러에서 6,498달러로 80배 가까이 늘었다. 수출은 1인당 2달러에서 1,660달러로 880배가 늘었다. 전화 보급은 80배, 승용차는 587배나 늘었다. 어린이들의 신체 성장도 상당하다. 국민학교 6학년 남자 어린이는 14cm, 여자 어린이는 17.5cm나 평균 키가 커졌다. 몸무게도 남자 어린이는 10kg, 여자 어린이는 11kg이 늘었다.

이러한 통계 수치를 보지 않더라도 60년대, 70년대, 80년대, 90년대를 살아가는 사람들은 피부로 직접 느끼고 있다. 피부에 와 닿는 경제 성장에

어린이 책사랑방은 책을 사랑으로 만날 수 있는 작은 공간이다. 어머니, 아버지들이 자녀와 함께 어린이책을 읽으면서 우리 아이들을 함께 기르는 지혜를 모으고 실천하는 공동체 생활 문화를 창출하는 조직의 최소 단위다. 같은 골목이나 아파트 단지 내 이웃, 걸어서 20분 내외에 사는 이웃 10여 가정이 모여 공동으로 만들고 운영하는 것이 좋은데, 우선 이런 어린이 문화 운동에 뜻이 있는 한 사람이 먼저 시작을 해서 함께 할 사람을 서서히 모아 공동체 활동으로 이끌어 나가야 한다.

따른 생활의 변화는 엄청난 것이다. 점심 시간이면 학교마다 혼·분식 검사를 하기 위해 회초리를 들고 책상 사이를 뚜벅뚜벅 돌아다니던 선생님, 행여 어쩌다 쌀밥을 싸온 어린이는 이완용보다 더한 매국노가 된 죄의식에 젖어 고개를 숙이고 선생님과 친구들 눈치를 보던 때가 있었다. 밥맛은 없지만 다수확 품종이라고 권장하는 통일벼를 심지 않아 관의 눈치를 보며 주눅 들었던 농부들이 있었다. 그런데 '냄새 나는 쌀(향미)'을 개발해서 곧 시판할 것이라고 한다. 나아가 흑자색, 보라색 쌀도 개발하고 있다고 한다. 먹는 것, 입는 것, 사는 집이 모두 바뀌고 있다.

이렇게 의식주가 좋아지고 있음에도 우리는 "너희의 생활이 행복한가?"라고 하느님이 물었을 때 선뜻 "네"라고 대답할 자신이 없다. "옛날보다 사는 것이 편리해졌지만 ……" 그 다음에 할 말이 너무나 많다.

청소년 범죄가 급격히 늘어나고 있다. 그 범죄의 유형이 점점 포악, 집단화하고 있으며 연령이 낮아지고 있다. 중산층 자녀들의 범죄가 급격히 늘어나고 있다. 대검찰청에서 93년 3월 말에 집계한 '범죄 분석' 자료에 따르면 강도·강간·절도 같은 범죄를 저지르다 잡힌 15세 이하의 청소년이 87년에 16.7%에서 92년에는 18.5%로 늘었다. 전국 교직원 노동 조합에서 1991년 5월에 발표한 청소년 자살 수를 보면 매년 100명을 웃돌고 있다. 그 가운데는 국민학교 어린이도 있다. 국민학교 어린이 자살이 가끔 언론에 드러나기는 하지만 아직 사회 문제로 크게 부각된 경우는 없는데 이는 부모와 학교와 사회에서 쉬쉬 덮으려 하기 때문이다.

소년 소녀 가장 수가 늘고 있고, 버려지는 아기들이 늘고 있다. 부모가 자식을 버리고, 자식이 부모를 버리는 일이 늘어나고 있다. 부모가 자식을 죽이고, 자식이 부모를 죽이는 세상이다.

왜 이런 세상이 되고 있을까? 이런 질문에 대해 수많은 학자들이 수없이 대답하고 있다. 그 대답이 다양하고, 그에 따른 처방도 다양하다. 또 여러 전문 집단에서 자신들의 문제를 제기하며 해결을 위한 대안을 제시하고 있다. 전교조에서는 이렇듯 황폐해져 가는 삶의 문제를 교육의 문제로 보고 있다. 그래서 '나만을 위한 무한 경쟁 교육을 벗어 던지고 더불어 사는 삶을 가르치는 참교육'을 주장하며 정권의 총체적인 탄압에 맨손으로 맞선 것이다.

나는 우리 사회, 겨레의 참삶을 위해서는 이 땅에 '참교육'이 뿌리를 내려야 한다고 믿는다. 인류의 미래를 위해서는 이 땅에서 시작한 '참교육' 운동이 전세계로 퍼져 나가야 한다고 생각한다. 그래서 '참교육'이라는 말이 필요없어지고 다시 '교육'이라는 말을 당당하게 쓸 수 있게 되었을 때 모든 사람들의 행복한 삶이 보장될 것이다.

이러한 '참교육'이 제도 교육은 물론 사회 교육, 가정 교육으로 확산되어야 한다. 이는 곧 새로운 사회, 가정 문화의 창출이다. '어린이 책사랑방 (가정, 마을, 직장 어린이 도서실)' 운동은 생활의 질을 발전시키기 위한 중요한 한 가지 방법이다.

2. 마을 어린이 문화원(도서관)

한 사회의 문화 수준을 가늠하는 하나의 잣대로 도서관 수준을 들 수 있다. 도서관 수준이란 도서관의 양과 함께 질을 말한다. 질은 소장하고 있는 장서 수준과 함께 주민 문화 활동에 기여하는 정도에 따라 차이가 있다.

한국 도서관 협회에서 1991년에 발간한 '한국 도서관' 통계를 보면 1981년 3,719개였다. 10년 후인 1991년에는 7,672개로 2배 정도 늘었다. 그 가운데 학교 도서관이 6,729개로 88%를 차지하고 있다. 93년 현재 지역 사회에서 주민이 이용할 수 있는 공공 도서관은 267개로 인구 16만 명에 1개 꼴이다. 일본 5만4천 명, 영국 3만4천 명, 미국은 2만7천 명에 1개이다. 도서관 장서 수도 국민 한 사람에 0.18권으로 아주 낮은 수준이다.

이런 자잘한 통계 이전에 도서관이 우리 국민 생활과는 거의 무관한 풍토임을 부인할 수 없다. 아무리 도서관이 많고 장서 수가 많아도 국민 생활 속에 자리잡지 못한 도서관은 의미가 없다. 어린이 도서관은 더 말할 필요도 없다. 서울에 어린이 도서관이 있다는 것조차 처음 듣는 시민이 대다수일 것이다. 정부는 다가오는 21세기 정보화 시대를 대비해 도서관을 지역 사회 종합 문화 공간으로 발전시켜 나간다는 목표를 세우고 '공공 도서관 활성화 추진 기본 계획'을 작년에 발표했다. 그 계획에 의하면 96년까지 인구 10만 명에 1개 도서관이 되도록 공공 도서관을 늘리겠다고 한다. 어린이 도서관에 대한 계획은 있지도 않다. 일반 도서관은 물론 어린이 도서관이 국민 생활 속에 자리잡기에는 이처럼 아직 요원하다.

삭막하고 황폐해진 국민의 마음과 정신을 풍요롭게 하기 위해서는 도서관을 생활의 중요한 부분으로 자리매김할 수 있어야 한다. 현재 수험생들의 공부방 역할을 하는 도서관이 아니라 지역 사회의 종합 문화 공간으로 자리잡은 도서관이어야 한다. 그런 의미에서 도서관이라는 말보다는 문화원(관)이라는 이름을 사용하고 싶다. 남녀 노소가 다 참여하는 문화원이 정상이지만 여건이 어렵다면 우선 어린이를 주 대상으로 하는 '마을 어린이 문화원'을 만들어야 한다. 그 다음에 이를 바탕으로 차츰 청소년, 청년, 어른까지 대상을 확대하는 것이 미래를 대비하는 올바른 순서겠다.

'마을 어린이 문화원'은 서울과 같은 대도시는 어린이들이 걸어서 20분 내외에 다닐 수 있도록 있어야 한다. 소도시나 읍, 면 지역도 지역 특성에 따라 조금씩 다르겠지만 어린이들이 쉽게 다닐 수 있는 거리에 있어야 한다. 물론 농어촌 지역의 많은 지역은 기존의 학교 시설이나 마을 회관 시설을 이용할 수 있을 것이다. 여기서는 대도시를 대상으로 이야기한다.

서울과 같은 대도시에서 기존의 학교가 아닌 별도의 종합 문화 공간으로 '어린이 문화원'이 필요한 까닭은 크게 두 가지다. 현재 대도시 학교는 모두 수십 학급과 수천 명을 수용(교육의 장이라기보다는 수용소라고 해야 알맞다)하고 있다. 이런 큰 학교에서 작은 학교로 옮겨 가는 추세지만 여러 가지 어려운 여건으로 정말 작은 학교로 가기에는 어려움이 크다. 따라서 학교는 수많은 어린이가 자유롭게 활동할 수 있는 문화 공간으로 만들기에는 제도 교육의 성격과 현실 조건으로 보아 어렵기 때문에 여러 개의 작은 '마을 어린이 문화원'을 만들어야 한다. 더 중요한 것은 '마을 어린이 문화원' 성격 자체가 어린이를 포함한 지역 주민의 문화 공간으로 발전해 나가는 디딤돌이기 때문이다.

3. 어린이 책사랑방

(1)어린이 책사랑방이란?

어린이들이 책을 사랑으로 만날 수 있는 작은 공간이다. 학부모들이 중심이 되어 어린이들이 책을 중심으로 다양한 문화 활동을 할 수 있도록 마련한 작은 문화 공간이다. 어머니, 아버지들이 자녀와 함께 어린이책을 읽으면서 우리 아이들을 함께 기르는 지혜를 모으고 실천하는 공동체 생활 문화를 창출하는 조직의 최소 단위다.

우선은 책을 중심으로 하는 도서실을 쉽게 다닐 수 있는 가까운 거리에 뜻있는 개인이나 뜻을 같이하는 몇몇이 공동으로 만든다. 좋은 어린이책을 공동으로 구입해서 빌려 주기도 하고, 함께 모여서 읽고 이야기를 나누기도 한다. 또 책을 매개로 하거나 어린이들이 함께 사는 삶을 경험할 수 있는 여러 가지 교육·문화 활동을 한다.

외국을 다녀보지 않아서 자세히는 모르겠지만 미국은 이러한 공간이 별로 없는 것으로 알고 있다. 미국은 공공 도서관 제도가 발달되어 있기 때문이라고 생각한다. 어느 일간지 워싱턴 특파원이 미국 도서관 제도를 쓴 기사를 읽은 기억이 난다. 대충 구청 단위로 줄잡아 20－30개 공공 도서관이 있고, 도서관마다 단행본만도 수십만 권이나 소장하고 있는데 두메 산골이라고 해도 거의 예외가 없다고 한다. 한꺼번에 20권을 3주일이나 대출할 수 있다고 한다. 또 어린이들에게 공연 무대를 마련해줄 정도로 어린이와 주민을 위한 다양한 문화 행사를 한다고 하였는데 이런 미국 공공 도서관의 모습은 교포들이 와서 이야기하는 내용과 일치한다. 이러한 공공 도서관 제도가 미국 사회가 안고 있는 여러 가지 심각한 문제에도 불구하고 미국이 유지되고 발전하는 원동력이 되는 것이 아니겠냐는 이야기도 한다.

일본은 공공 도서관 1개당 국민 5만여 명으로 우리의 16만 명보다는 훨씬 나은 편이지만 미국에 비하면 부족한 편이다. 그러나 일본은 김양주 씨의 〈일본의 어린이 극장 운동〉에서 보듯이 '어린이 극단'이 500여 개나 되고, 그 회원이 50만을 헤아린다고 한다. '어린이 극단'은 전국적인 조직망을 통해 어린이들에게 좋은 문화 활동을 경험시키고 있으며 당연히 도서실 역할도 하고 있다. 그밖에 작은 '가정 도서실'이 전국에 6,000여 개나 된다고 한다.

우리나라가 미국과 같은 공공 도서관 제도를 갖추려면 정부의 적극적인 정책과 혁명적인 투자를 한다고 해도 20년은 걸릴 것이다. 그렇다면 교사와 학부모들이 어린이 문화 운동을 펼쳐 정부가 올바른 공공 도서관 정책에 관심을 갖도록 압력을 행사하면서 동시에 우리 어린이들을 함께 기르는 지혜를 모으고, 함께 기를 수 있는 공간을 만들어 나가는 일을 실천하여야 하겠다.

그 규모와 역할을 '마을 어린이 문화원'은 '어린이 극단'과 비슷하고 '어린이 책사랑방'은 '가정 도서실'과 비슷하게 생각하고 있다. 그럼에도 새로운 말을 쓰는 까닭은 우리 문화와 생활 조건에 맞는 새로운 조직과 운영 방법, 지역 사회에서의 역할을 만들어 내기 위해서다. '어린이 책사랑방'을 실뿌리로 하고 '마을 어린이 문화원'을 큰 뿌리로 해서 어린이 문화와 나아가 지역 문화를 가꿀 수 있다고 생각한다.

(2) 왜 필요한가
'어린이 책사랑방'은 '함께 사는 삶,' '더불어 사는 삶'을 경험하는 제일 가까운 공간으로서 필요하다. 현재 도시인의 생활 환경은 철저하게 가족 단위로 짜여 있다. 또 어린이를 둘러싸고 있는 환경이나 어린이들이 경험하고 있는 대부분의 문화가 개인 중심이다. 어린이들에게 막강한 영향을 주고 있는 텔레비전은 인간과 기계를 일 대 일로 대응하게 한다. 전자 오락은 더 철저하게 어린이를 주변과 단절시킨다.

'엄마한테 혼쭐나게 야단맞고 오락실을 일주일 동안 가지 못했다. 정서가 불안하고 견딜 수가 없었다. 하루라도 오락실에 가지 않으면 미칠 것 같았고 가슴이 답답하고 떨리며 손에 가시가 돋는 것 같았다. 그러나 오락실에 들어서면 죄의식을 느끼지만 막상 오락을 시작하면 모든 걸 잊는다.'

이처럼 전자 오락에 중독이 된 남자 어린이들이 국민학생의 경우 15%, 중학생의 경우 25%나 된다고 한다.
《윌리를 찾아라》라는 책이 100만 부를 돌파하고, 요즘 《매직 아이》류 책들이 잘 팔린다고 한다. 그런 책의 내용이 전자 오락과 비슷한 느낌을 준다. 80년대 중반부터 계속 활발하게 출판되는 명랑 동화류나 하이틴 로멘스류의 청소년 책들도 이름만 책일 뿐 전자 오락과 오십보 백보다. 생각하는 사고력보다는 즉각적으로 파고드는 감각 자극이 결정적인 흡인력 역할을 하기 때문이다.
이러한 무의미한 감각의 자극과 물질 중심주의, 개인 이기주의에 길들여지도록 어린이들을 방치해서는 안된다. 안된다고 억지로 막을 수도 없다. 생각을 깊게 하고, 올바른 정서와 가치관을 지향하는 책을 쉽고 재미있게 만날 수 있는 기회를 마련해 줘야 한다. 참삶을 방해하는 온갖 껍데기를 강제로 벗길 수도 없고, 억지로 벗겨서도 안된다. 그런 껍데기를 스스로 벗을 수 있는 환경을 마련해 주는 것이 제일 좋은 방법이다. 그러한 환경을 만들어 주고, 경험을 하도록 하기 위해서 '어린이 책사랑방'을 만들어야 한다.

(3) 무엇을 할 것인가

'어린이 책사랑방'을 만들어 할 수 있는 일은 다양하다. 구성원에 따라 국민학생 중심과 유아 중심으로 구체적인 활동 방법이 다르다. 먼저 국민학교 어린이를 주 대상으로 하는 경우를 보자.

첫째는 어린이들이 자신이 하고 싶은 이야기를 말하고, 쓰는 일이다. 우리 어린이들은 그 동안 너무나 많이 수동적으로 남의 이야기 듣기를 강요당했다. 학교 교육이 그렇고 텔레비전이나 전자 오락이 그렇다. 독후감 쓰는 숙제로 책을 억지로 읽게 하는 일도 그렇다. 학교 갔다오면 학원에 가고, 학원에 갔다오면 숙제하거나 텔레비전을 보거나 전자 오락을 한다. 따라서 우선은 자신의 이야기를 솔직하게 말하고 쓰는 일부터 해야 한다.

둘째는 책을 함께 읽고 대화하는 일이다. 자신의 이야기를 솔직하게 말하고, 쓰는 경험을 즐겁게 맛보게 되면 서서히 책을 읽도록 이끌어 간다. 재미있고 생각을 깊게 하는 단편 동화를 함께 읽고 대화를 나눈다. 서서히 중편, 장편 동화로 나가면서 동화가 아닌 여러 가지 읽을 거리로 확대해 나간다. 어린이끼리 읽고 대화하는 모임, 부모들이 읽고 대화하는 모임, 어린이와 어른이 함께 읽고 대화하는 모임을 병행할 필요가 있다.

셋째는 책을 읽고 여러 가지 활동을 하는 일이다. 책을 읽고 대화를 나누는 데서 한 걸음 더 나아가 여러 가지 활동을 한다. 책 읽고 그림 그리기, 만들기, 이야기 바꿔 쓰기, 이야기 이어 쓰기, 극본으로 각색하기, 연극하기, 시 낭송회, 동화 구연회 …… 다양한 창조적인 활동을 한다.

넷째는 작은 모임 활동을 한다. 모임을 만들어 지역 사회 탐방을 하거나 견학, 여행을 한다. 지역 사회를 위한 조그만 봉사 활동을 한다.

다섯째는 책을 빌려 주는 일을 한다. 작은 도서실의 역할이다. 준비된 책의 양에 알맞게 대출 방법을 정하고, 회원을 받아 대출한다.

여섯째는 좋은 영상 매체를 함께 본다. 텔레비전, 비디오 같은 영상 매체를 무시할 수 없다. 따라서 좋은 내용을 함께 보고 토론 활동을 한다. 서울 YMCA '건전 비디오 연구 모임,' 1991년 6월에 젊은 어머니들이 모여 만든

'지구를 사랑하고 이웃을 생각하며 가족을 소중히 여기는 영상 모임'(후에 '영상 모임 아이들'로 이름이 바뀜)이 불건전한 영상 매체로부터 어린이들을 보호하기 위해 불건전한 영상 매체에 대한 비평 교육과 건전한 영상 매체를 보급하는 일을 이미 시작하여 좋은 효과를 보고 있다.

일곱째는 사랑방 역할을 한다. 요즘 혼자하는 놀이, 기계와 하는 놀이의 발달로 또래들끼리 하는 놀이가 줄어 들고 있다. 가정마다 하나, 둘이기 때문에 형제 자매 간의 부대낌도 없다. 중간 계층은 대부분 자녀에게 자기 방을 주기 때문에 혼자 있는 시간이 많다. 혼자 있는 어린이보다 여럿이 함께 생활한 어린이들이 지능과 사회성 발달이 더 높다는 여러 연구 결과를 들추지 않더라도 이해할 수 있을 것이다. 어린이들은 어렸을 때 자기들만의 공간을 만들기를 좋아한다. 책사랑방이 이렇게 이웃 어린이들이 함께 모여서 공부하고, 책을 읽고, 여러 가지 모임과 문화 활동을 하고, 가끔은 함께 자기도 하는 친교의 공간으로 발전시킬 수 있다.

유아를 주 대상으로 할 때는 어머니 활동을 강화하면서 어머니와 자녀가 함께 할 수 있는 내용을 마련해야 한다. 그림책 읽어 주기, 창조적인 놀이와 공동체 의식을 길러줄 수 있는 놀이 활동, 책 빌려 주기가 주요 활동이 될 것이다. 앞의 활동 가운데서 유아도 할 수 있는 것을 응용해서 할 수 있겠다.

처음 시작하면서 이런 내용을 한꺼번에 채울 수는 없을 것이다. 처음에는 책 대출과 독서 토론 같은 도서실의 초보적인 내용과 간단한 방법을 중심으로 운영할 수도 있다. 점차 틀을 잡으면서 다양한 내용으로 확대할 수 있을 것이다. 또 지역에 같은 취지의 '책사랑방'이 여러 군데 생기면 연합해서 '어린이 문화원' 규모의 지역 중앙 역할을 할 조직을 만들 수 있을 것이다. '문화원' 규모가 되면 좋은 공연 행사를 유치할 수도 있고, 지역 어린이 신문이나 잡지를 만들 수도 있을 것이다. '어린이 극단'에서 하는 예회 활동, 자주 활동과 같은 것들을 할 수 있을 것이다.

(4) 어떻게 운영할 것인가

가장 취지에도 맞고 올바른 방법은 같은 골목이나 아파트 단지 내 이웃, 걸어서 20분 내외에 사는 이웃 10여 가정이 모여 공동으로 만들고, 공동으로 운영하는 것이다. 그러나 아직 어른들의 마음이 그렇게 열린 것도 아니

고, 이런 활동을 스스로 해본 경험들이 거의 없기 때문에 처음부터 이렇게
하기는 어려움이 많다. 현실 여건으로는 우선 이런 어린이 문화 운동에 뜻
이 있는 한 사람이 먼저 시작을 해서 함께 할 사람을 서서히 모아 공동체
활동으로 이끌어 나가야 한다.

① 공동체 형태의 '어린이 책사랑방'
뜻을 같이하는 이웃 10여 가정이 모여 공간 임대와 시설, 운영비를 함께
부담하는 방법이다. 공간 임대는 한 가정당 200−400만 원 정도씩 출자를
하면 가능하다. 시설비와 운영비는 회비로 충당할 수 있다.

② 계 형태의 '어린이 책사랑방'
계원 가운데 한 집이 무료로 방을 먼저 내놓고 계주 몫을 시설, 운영비
로 활용한다. 공간은 한 사람이 마련하지만 운영에 대한 책임은 함께 지는
형태다.

③ 회원제 형태의 '어린이 책사랑방'
뜻이 있는 개인이나 단체에서 '책사랑방' 공간과 시설을 마련해서 회원
의 회비로 운영하는 것이다. 경북 안동시 한마음 아파트 주민들이 처음에
는 아파트 단지 지하에 작은 도서실을 만들어 운영하다가 이은경, 엄장순
씨들이 중심이 되어 회원을 모아 사무실 공간을 마련하였다. 회원들이 돌
아가며 어린이들 독서 지도를 하기도 하고, 인형극 같은 문화 활동을 하기
도 한다.

현재 조건상 ③의 형태가 먼저 시작될 것이다. 회원제로 시작을 하더라
도 운영하면서 점차 회원의 의식과 참여도를 높여 궁극에는 공동체 형태로
발전시켜야 한다. 그러기 위해서는 부모 교육과 학부모들이 참여하는 활동
이 어린이 대상 활동 못지않게 충분하게 이뤄져야 하고, 모임의 조직을 갖
추고, 민주주의 운영 원칙을 지켜야 한다.

(5) 어린이 책사랑방을 향해 앞서가는 사람들
내가 처음 본 '가정 도서실'은 1980년 잠실 시영 아파트에 사는 주부가 운

영하던 것이다. 그 후로 몇 가정에서 '가정 도서실'을 만들었고 어린이 도
서 연구회가 속해 있던 서울 양서 협동 조합에서 봉원동에 마련했었다. 책
을 대출해 주는 작은 도서실 역할에 머무르다 문을 닫았다. 이에 비해 1983
년에 결성한 '서울 YMCA 초등 교육자 협의회'에서는 어린이 교육·문화
운동의 하나로 고강동 마을회관에 '어린이 책사랑방' 형태의 도서실을 마
련하여 2년 동안 운영하였다.

1980년대 중반부터 빈민 지역에 '탁아소'와 '공부방'이 급격히 늘어나기
시작했다. 재정 부족과 자원 봉사자들의 책을 중심으로 하는 다양한 문화
활동에 대한 이해 부족으로 충분한 책이 마련되지 못하고 있다. 또한 탁아
소, 공부방을 지역 사회 공동체 문화의 중심으로 세우기보다는 지역 사회
운동의 부분 매개 고리로 인식하여 어린이들을 맡아 주는 역할에 머무르고
있지만 앞으로 이러한 인식의 변화와 재정 지원이 제대로 되면 가장 먼저
'책사랑방'으로 발전할 수 있는 앞서가는 모임이다. '해송 아기 둥지,' '해
송 공부방'이 그 모범이 될 수 있겠다.

현재 '작은 도서실,' '책사랑방'을 앞서 시작하는 개인이나 단체가 생기
고 있다. 시민 운동 단체나 뜻 있는 교회에서 마련한 '주민 도서실,' 전교
조 지부나 지회 단위에서 마련한 '책사랑방,' 어린이 도서를 늘려 가고 있
는 '공부방,' 동사무소나 복지관에서 운영하는 '작은 도서실,' 은행에서 고
객을 대상으로 여는 '어린이 도서실'이 늘어나고 있다. 만든 목적이나 운
영 방법이 다 다르고 서로 정보 교환도 없이 대부분 책 대출 정도에 그치
고 있다. 그런 중에 조금씩 발돋움하는 곳을 소개한다.

① 집을 여는 사람들
어린이 도서 연구회 연구 회원 가운데 '작은 도서실,' '어린이 책사랑
방,' '어린이 전문 서점,' '어린이 문화원'을 꿈꾸는 회원이 많다.

중구 신당동 현대 아파트에 사는 박정숙 회원은 2년 동안 집에서 '어린
이 사랑방'을 운영하다가 건강이 좋지 않아 6개월째 쉬고 있는데 곧 다시
시작하기 위해 준비하고 있다. 국민학교 어린이를 대상으로 책을 빌려 주
고, 함께 읽고 이야기 나누는 등의 여러 가지 활동을 하였다. 책은 500권
정도 준비하였고, 무료로 하였다고 한다. 30명에서 50명 정도가 계속 참여
하였다고 하니 혼자서 하기에는 상당한 무리가 있었을 것이다.

'파란 나라 어린이 극장'에서는 그림책을 슬라이드로 찍어서 어린이들에게 보여 주고,
참석한 어린이들이 느낌을 말이나 그림으로 표현하는 활동을 하고 있다.

사당동 극동 아파트에 사는 조준영 회원은 올 3월부터 '파란 나라 어린
이 극장'이라는 이름을 걸고 집을 열었다. 딸이 유아고 평소에 사진에 관
심이 많았기 때문에 유아들이 볼 수 있는 그림책을 슬라이드로 찍어서 거
실에서 일주일에 두 번씩 보여 주었다. 5월에 어린이 도서 연구회에서 강
사를 지원 받아 '파란 나라 어머니 교실' 강좌를 6회에 걸쳐 한 뒤로 월
요일 오전에 어머니 그림책 공부 모임을 만들어 운영하고 있다. 월요일 학
부모 모임과 어린이 도서 연구회 그림책 비평 모임에서 뽑은 그림책을 슬
라이드로 찍어 매주 토요일 오전과 오후에 지역 어린이와 어머니들을 대상
으로 보여 주고 있다. 이때 '엄마랑 아기랑' 활동을 넣어 어머니와 자녀가
함께 슬라이드 내용을 구연하게 하기도 하고, 참석 어린이들에게 느낌을
말이나 그림으로 표현하는 활동을 하고 있다. 앞으로 그림책을 대출 받을
회원을 모으고 있다. 어느 정도 회원이 모이면 대출과 월 회보 발간을 시
작할 예정이다.

조자경 회원은 집 근처 사무실을 임대해서 작은 도서실 겸 어린이책 전

문 서점을 열었고, 문래동에 사는 유성희 회원은 안방을 도서실로 열기 위해 준비하고 있다.

② 교회를 여는 사람들

인천 부평4동 성당 교육관에는 사무실 한쪽에 책 2,000여 권을 마련하고 책을 대출해 오던 중 5−6월 8회에 걸쳐 어린이 도서 연구회와 영상 모임 강연을 학부모 대상으로 하였다. 강연에 참석했던 어머니들이 '아이 사랑' 모임을 7월 3일 창립하여 매주 어머니 모임을 갖고 사무실에 있는 도서실 운영과 어린이를 대상으로 하는 활동을 시작하였다. 부천 소사3동 성당을 비롯해 어린이 도서실을 여는 성당이 생기고 있다.

송파구 오금동에 있는 산샘 교회에서는 목사 사무실에 '산샘 어린이 전문 서점'을 열었다. 서점은 회원제로 운영하고 있는데 현재 120여 명이 된다. 6월 어린이 도서 연구회 6회 강연 내용으로 회원 교육을 하였고, 유아들에게 그림책 읽어 주기를 하였다. 9월부터 서점과 함께 도서실 역할까지 하기 위한 준비를 회원들과 함께 추진하고 있다. 도서실은 회원제와 쿠폰제를 병행할 계획이다. 또한 지역 어머니와 어린이들의 모임 활동을 위해 신자와 관계없이 교회를 개방하고 있다.

③ 학원을 여는 사람들

어린이 도서 연구회 김옥성 회원은 학원 경영자다. 그 동안 지역 사회에서 학원을 성실하게 운영하면서 쌓은 신뢰를 바탕으로 어린이와 지역 주민을 위한 문화 활동을 펼치고 있다. 따로 공간을 마련하고 구청에 '한우리 극단'으로 등록을 마쳤다. YMCA 건전 비디오 연구 모임에서 추천하는 200여 편의 비디오를 준비하고 비디오 비평 모임을 하고 있다. 앞으로 지역 어린이 노래, 연극, 글쓰기, 독서, 놀이 모임과 활동을 계획하고 있다.

학원 수강자들을 대상으로 하는 도서실을 마련하고, 나아가 수강 여부에 관계없이 지역 어린이들에게 학원 공간을 열어 나가는 사람이 늘어나야 하겠다.

④ 그밖에 단체나 개인이 여는 책사랑방

전교조 지부나 지회에서 마련한 '작은 도서실'이 몇 개 있다. 그 가운데 가장 모범이 되는 곳이 여천 지회 사무실에 마련한 '열린 교실'이다.

여의도 국민학교에서 해직된 한창진 씨가 주도하는 '열린 교실'은 사무실 빼곡하게 어린이와 어머니, 교사를 대상으로 하는 책으로 채워 놓았다. '열린 교실' 회원은 현재 350여 명으로 회원을 대상으로 하는 도서 대출과 교육, 문화 행사를 하고 있다.

그밖에도 인천 제3 동인 교회 신협에서 직영하는 작은 도서실, 인천 용현동 김 내과 원장처럼 병원 건물 한 층을 어린이 문화 공간 '어깨 동무 비디오 도서실'을 마련해서 운영하는 사람들도 늘어나고 있다.

⑤ 어른들이 열어야 할 공간들

집을 열어야 한다. 폐쇄된 가정 속에서 각자 자기 아이만을 잘 기르려고 발버둥칠수록 사회는 더욱 어려워진다. 우리 아이들을 함께 기르기 위해 아이들이 모여서 건전하고 창조적인 활동을 할 수 있는 작은 공간을 만들어 주기 위해서는 집을 열어야 한다.

교회를 열어야 한다. 이미 실천하고 있는 교회도 있지만 대개는 작은 교회다. 큰 교회, 성당, 도시에 있는 절에서 어린이를 위한 공간을 마련하고 종교에 관계없이 열어야 한다. 특히 우리처럼 다종교 사회에서는 다른 종교에 대한 이해를 높여 주기 위해서도 종교에 관계없이 모일 수 있는 공간을 마련해 주어야 한다.

학원을 열어야 한다. 학원은 동네 구석구석까지 있다. 또 중요한 사회 교육 기관으로 자리잡아 가고 있다. 김옥성 씨처럼 순수한 뜻으로 학원의 수익금 일부를 지역 사회에 환원하고, 지역 공동체 문화를 형성하기 위해 노력하는 사람이 많아진다면 '책사랑방' 운동은 아주 빠른 속도로 펼쳐질 것이다.

공공 기관과 단체, 기업체를 열어야 한다. 동사무소, 각 단체, 기업체에서 어린이에 대한 문을 열어야 한다. 아파트 지하실·동사무소·파출소·노인정·은행·백화점·전문 매점·대형 식당 …… 어른들이 마음만 열면 어린이를 위한 작은 공간을 열어줄 여건이 많다.

1990년 봉원동에 문을 연
어린이 전문 서점 '초방'에서는
어린이 도서 연구회에서 추천하는
책을 중심으로 좋은 어린이책만을
전시·판매하기 시작했다.

4. 어린이 전문 서점

어린이 도서 연구회가 1980년 결성될 때는 '전집을 단행본으로 풀어라,' '세계 명작에 너무 치중되어 있으니 우리 창작 동화를 읽히도록 하자,' '어린이와 함께 서점에 가서 사자'를 주장했었다.

소위 19세기 작품들을 세계 명작이라며 전집으로 묶어 팔기 때문에 파생하는 문제가 심각했기 때문이다. 그 후 어린이책의 단행본 시장이 넓어진 것은 좋은데 또 다른 문제가 생겼다. 흥미와 감각 자극을 위주로 하는 단행본이 쏟아지면서 내용이 좋은 단행본이 밀리고 있다. 서점을 온통 그런 책들이 뒤덮어 버리고 광고를 통해 선전하기 때문이다. 반면에 좋은 단행본들은 서점에 진열되기도 힘들게 되었다. 때문에 부모들은 쏟아지는 어린이책을 분별할 기회마저 없다.

이런 문제점을 인식하고 그 해결 방법으로 1990년 봉원동 이대 후문 쪽

현재 전국에는 약 15개 정도의
어린이 전문 서점이 있다.

에 신경숙 씨가 어린이 전문 서점 '초방'을 열었다. 어린이 도서 연구회에서 추천하는 책을 중심으로 좋은 어린이책만을 전시·판매하기 시작했다. 그 후 전국에 약 15개 정도가 생겼는데 어렵기는 하지만 아직 문을 닫은 곳은 없다. 최근에 관심을 갖고 '초방'에 문의하는 사람만도 100여 명이 된다고 하며 실제로 계속 확산되고 있다.

어린이 전문 서점의 확산과 성공은 어린이책 출판 문화, 어린이 독서 문화에 큰 영향을 끼칠 것이다. 좋은 책이 팔리는 유통 구조를 형성하기 때문이다. 이를 위해 어린이 도서 연구회에서도 회원들에게 한 달에 한 권씩 권장 도서를 우송하는 일을 시작하였다.

5. 나오는 말

'어린이 책사랑방,' '마을 어린이 문화원,' '어린이 전문 서점,' '권장 도서 우편 판매’ 같은 일련의 어린이 문화 운동은 중산층, 중간 계층에 알맞는 문화 운동이다. 경제 여건이 어느 정도 안정되어 있지 않으면 공간 마련, 시설, 운영, 자원 봉사 활동이 모두 어렵기 때문이다.

지금까지는 자본주의 사회의 병폐가 빈민층에서 집중적으로 나타났고, 상류층은 은폐되어 있었다. 비교적 중간층이 건전하다고 할 수 있었는데, ‘청소년 범죄의 중산층화와 저연령화,’ ‘중산층 물신 숭배와 과소비 현상’에서처럼 급격하게 중간 계층의 삶이 황폐해지고 있다. 그 확산을 차단하고 건전한 문화를 가꿔야 한다.

이런 두 가지 까닭으로 이 운동은 중간 계층을 중심 세력으로 펼쳐 가야 한다. 중간 계층의 뜻 있고 능력 있는 학부모들이 중심 활동가로 나서도록 이끌고, 교육하여야 한다. 처음부터 빈민 지역 어린이를 위한 ‘마을 문화원’ 형태로 시작할 수도 있지만 개인이 결단만 하면 쉽게 시작할 수 있는 회원제 ‘어린이 책사랑방’으로 시작하는 것이 주류가 될 것이다.

정회원을 30-50명, 도서 대출 회원이 50-200여 명 되는 작은 ‘가정 도서실,’ ‘어린이 책사랑방’이 지역에 20-30개가 되면 충분히 ‘어린이 전문 서점,’ ‘마을 어린이 문화원’ 같은 좀더 큰 문화 공간을 유지할 수 있다. 이 정도가 되면 일본의 ‘어린이 극단’처럼 알찬 문화 행사, 좋은 연극 공연까지 정기적으로 할 수 있다.

이러한 어린이 문화 운동을 전개하는 과정이 밖으로는 곧 정부가 공공 도서관 정책에 관심을 갖게 하는 압력이 될 것이고, 안으로는 스스로 공동체 문화를 창조하고 어린이와 어른의 삶을 함께 가꾸는 일이 될 것이다.

이 운동에 뜻을 같이하는 사람들이 지역 지역에 작은 모임을 계속 만들어 조직을 확산하고, 중앙에서는 어린이 교육·문화와 관련된 단체가 협력하여 활동 내용을 계속 채워 주고 발전시키는 역할을 충실하게 해낼 때 1920년대에 불이 붙었다 꺼져 버린 어린이 운동의 맥을 다시 되살려 내일을 향해 희망차게 나갈 수 있을 것이다. ■

* 글쓴이 이주영은 1955년 강원도 횡성 출생. 전교조 결성에 참여하여 파면되었다가 올해 복직하여, 현재 서울 성지 국민학교에서 근무하고 있다. ‘겨레의 희망, 어린이에게 좋은 책을’ 주기 위해 어린이 문화 운동을 펼치고 있는 어린이 도서 연구회, 우리 아이들을 함께 기르자는 취지의 공동육아 연구 모임, 어린이들 삶을 가꾸

자는 한국 글쓰기 교육 연구회에서 활동하고 있다. 교육 수필집 '교사는 교사다,' 어린이 글모임 '아버지 얼굴 예쁘네요,' '어머니 손가락에,' '훨훨 날아간 연'이 있다. 이름이 예쁘고 교육 평론이 날카로와 글을 통해 아는 사람들이 약간 신경질기가 있는 마른 여자라고 생각했는데 만나 보니 산적 같은 뚱보 남자라는 이야기를 여러 번 들었다. 글만 보고 여자인 줄 알고 집으로 전화하는 사람도 가끔 있어 아내에게 놀림을 받기도 한다.

일본의 어린이 극장 운동

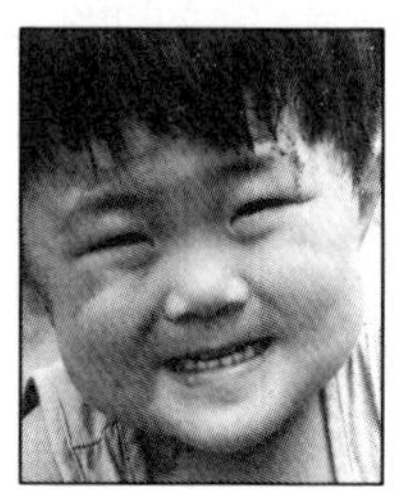

김양주

1. 머릿말

'코도모게끼죠오'(子供劇場). 내가 이
단어를 처음 접한 것은 인류학적 현
지 조사를 위해 1년 반 남짓 체재했
던 일본 어느 지방 소도시에서였다.[1]
그때 나는 이 단어가 박힌 광고지를
너무나도 자연스럽게(?) 책상 저쪽

한국의 어린이 문화 운동 상황을 볼 때, 이
'어린이 극장' 시스템은 문화 중앙 집중 체
제하에서 지방이 오랫동안 겪어온 문화적
소외로부터 벗어날 수 있는 하나의 실마리
를 제시하고 있다는 점에서 시사하는 바가
크다. 자기는 못 먹고 못 입어도 자기 자식
에 대해서는 공포스러울 정도로 사랑을 가
지고 있는 우리 사회의 어른들이기에 어쩌
면 어른 문화 운동보다도 더 빨리 확산될
가능성이 있을지도 모른다는 생각을 해본다.

편으로 던져 버렸다. 그도 그럴 것이 직역하나 의역하나 꼼짝없이 '어린이
극장'인 이 단어가 당시의 나에게 의미하는 것은 뻔했기 때문이다. 그건
저녁 어중간한 시간대의 텔레비전 단골 메뉴인 '어린이 만화 동산' 같은
부류의 것이거나, 혹은 엄마 손에 이끌려온 애들 손님을 겨냥하여 백화점
한층 한구석에 궁색하게 — 혹은 호화스럽게 — 마련된 '애들 극장' 그 이
상도 이하도 아니었기 때문이다. 더군다나 그때 우리집 아이는 이 단어에
나와 내 처가 눈을 줄 만큼 커 있지도 않았다.

　그러나 너무나도 당당하게(?) 무시해 버렸던 이 '코도모게끼죠오'가 아

동물을 전문으로 공연하는 상설 극장도 아니고, 더욱이 어느 순회 극단의 이름도 아님을 알게 된 것은 나중의 일이었다. 세계 도시화한 토오쿄오에 5년 남짓 체재하면서도 단 한번의 감상 기회를 가지기 힘들었던 유명 극단 연극을 지방 도시 1년 반 체재 동안에 네 번씩이나 보게 한 '시스템'이 '시민 게끼죠오'(市民劇場)이며, 난 이 시스템의 무서움(?)에 눈뜨이고서도 그 어린이판일 수 있는 '코도모게끼죠오'를 눈치채지 못하고 있었던 것이 었다. '난 참 바보처럼 살았군요'가 입속에서 빙빙 돌게 된 것은 내 아이 가 비싸나 별볼일 없어 보이는 연극들을 보여 달라고 떼를 쓰기 시작한 때 이고 내 주위의 친구들이 아이들 문제로 극성스럽게 이야기를 시작한 때이 다.

'코도모게끼죠오'(이하 '어린이 극장'으로 번역해서 쓰겠다). 이것은 열악한 어린이 문화 환경과 그에 대한 대안 마련에 고심하고 있는 우리의 사회 상 황에서는 많은 것을 생각나게 해주는 것이 있다. 특히 자신이 귀속감을 가 질 수 있는 지역 사회, 혹은 지역 공동체라는 것이 현재의 우리들에게 과 연 존재하고 있는가? 있다면 어떠한 형태로 존재하고 있는가? 없다면 어떻 게 새로 규정할 것인가? 그것은 이 시대에 필요한 것이며 진정 추구할 가 치가 있는 것인가?

이런 질문들은 소위 '어린이 극장' 혹은 우리들이 추구하고자 하는 '공 동육아'와는 직접적으로는 상관없는 듯이 보일는지 모른다. 그러나 내가 일본에서 보았던 여러 주민 운동, 시민 운동들은 바로 자신이 귀속하고 있 는 지역에서 출발하고 있는 것이 대부분이었다고 해도 과언이 아닐 것이 다. 즉 지역 사회, 지역 공동체를 어떻게 하면 자신과 자신의 다음 세대들 이 아름답고 인간답게 살 수 있는 곳으로 만들 것인가에서 그것들이 출발 하고 있다는 말이다. 내가 '공동육아'에 관한 원고 청탁을 받았을 때 이 '어린이 극장'이 머리 속에 떠올랐던 것도 아마 이러한 이유에서일 것이 다.

이 글은 우선 내가 조사했던 일본 코오치(高知)현 나까무라(中村)시에 있 는 '나까무라 어린이 극장'(中村子供劇場)을 중심으로 그 시스템과 활동 등 을 살펴보고, 이러한 것이 태어나게 된 큰 틀, 즉 일본의 '극장 운동'의 전 개 과정을 짚어 보도록 하겠다.[2] 이를 기초로 한국 사회 안에서의 이러한 운동 가능성에 대하여 생각해 보는 자리를 마련해 보고자 한다. 이러한 시도는 아직 정리된 상태는 아니지만 우리들이 의도하는 '공동육아'와 관련하여 생각할 수 있는 모든 가능성을 펼쳐 보고자 하는 몸놀림에 조금이라도 부응하기 위해서이다. 즉 한국의 어린이 문화 운동 그것도 지역 사회에 뿌리 박은 문화 환경 만들기 운동을 생각하고 전개해 나가는 데에 하나의 방법론으로서 생각거리가 되고 참고가 되었으면 하는 것에 그 목적이 있음은 말할 것도 없다.

2. '나까무라 어린이 극장'

(1) 지역 문화 운동 시스템으로서의 '어린이 극장'
나까무라시는 인구 약 3만 6천 명의 자그마한 소도시이다. '일본의 마지막 청류'라는 별명이 붙은 깨끗하고 아름다운 시만토(四万十)강 하류 지역에 자리잡은 역사 깊은 곳이다. '나까무라 어린이 극장'은 이곳 중심가 큰길에서는 눈에 뜨이지 않는 좁은 골목길에 들어앉아 있다. 보통집 별채 2층에 '사무국'이라는 이름의 사무실만 하나 가지고 있으며, '건전한 아동 문화를 애호하는 어린이와 어른의 자주적인 모임'이라고 자기 규정을 하고 있을 뿐이다.

그러나 이 '나까무라 어린이 극장'의 회원이 되면, 우선 동경과 같은 대도시에서나 관람이 가능한 무대 공연물을 최소한 년 4-5회는 향유할 수 있다. 동시에 사시사철 기획되는 어린이와 부모들을 위한 여러 활동들에 참여할 수 있다. 동경에서 그 빠르다는 신깐센과 특급을 번갈아 이용하더라도 10시간 가까이는 걸리고, 자동차를 이용하면 1박 2일은 족히 걸리는 이 한적한 시골 도시에서 어떻게 이런 일이 가능할까? 그것의 비결 아닌 비결은 '어린이 극장'이라고 하는 시스템이 움직이고 있기 때문이다.

무엇을 위해, 어떻게
1982년에 만들어져 올해로 활동 12년째에 들어간 '나까무라 어린이 극장'은 '좋은 아동 문화를 감상하고, 그 창조 발전을 위해서 노력하며, 이를 통해 어린이들의 우정과 자주성·창조성을 기르고, 건전한 성장을 도모한다'는 것을 그 중심 목적으로 하고 있다. 이를 위해 '어린이 극장'이 내걸고 있는 주활동 목표를 옮겨 보면 다음과 같다.

첫째, 인형극·아동극·음악 등을 감상하며, 정기적 혹은 임시로 전 회원을 대상으로 한 '예회'(例會)를 연다.

둘째, 회원의 적극적인 자주 활동을 권장하며, 이를 통해 아동 문화에 관한 연구회나 교류회 등을 행한다.

셋째, 「타요리」라고 부르는 소식지 등을 발행한다.

넷째, 아동 문화 관련 단체와 협력해서 좋은 아동 문화의 발전에 노력한다.

다섯째, 아동 회관 등과 같은 아동 문화 시설의 설립·확대를 촉진한다.

이상과 같은 모임의 목적과 활동에 관심이 있고, 아동 문화를 애호하는 어른과 어린이라면 누구라도 자유롭게 회원이 될 수 있다. 즉 '어린이 극장'이라 하여 어린이만 그 구성원 자격을 갖는 것이 아니라, 남녀 노소를 불문하고 입회 수속과 일정한 회비를 내면 극장이 기획하는 모임과 활동에 참가할 수가 있는 것이다. 그런데 여기서 우리의 관심을 끄는 것은 그들이 '예회'라고 이름 붙인 활동이다. 활동 목표의 첫 항목으로 제시하고 있고 사실상 제일 중요시하고 있다고 할 수 있는 이 '예회'란 무엇이며 어떠한 방식으로 이루어지고 있는가.

'예회'는 한마디로 '살아 있는 무대 예술을 감상하는 모임'이라고 말할 수 있다. 즉 앞의 활동 목표에서도 언급하고 있듯이 어린이들을 위한 인형극·아동극·연극 등을 직접 감상할 수 있는 모임을 갖는 것이다. 그러나 여기서 주목해야 할 것은 흔히 극들이 행해지고 있는 곳(도회지)으로 자신들을 옮기는 것이 아니라, 자신들이 살고 있는 곳(지역 사회)으로 그것들을 불러다가 느긋하고(?) 여유 있게 감상 모임을 갖고 있다는 사실이다.

이것은 한마디로 살아 움직이는 무대 작품을 대도시가 아닌 시골에서도 직접 향유하고자 하는 욕구에서 출발하고 있다고 이야기할 수 있다. 평소에 연극 작품을 감상하려고 한다면 그것이 행해지고 있는 곳으로 발길을 옮길 수밖에 없다. 또한 나 혼자나 부부 동반 혹은 자기 아이들만을 동반한다고 하는 극히 제한적이고 개별적인 과정을 통할 수밖에 없다. 그러나 이 '어린이 극장'이 의도하였던 것은 발길을 저쪽으로 옮기는 것이 아니라 극단을 이쪽으로 오도록 하는 것이었으며, 개별적이 아니라 공동으로 이것을 가능하도록 한 것이다.

이러한 '예회'가 기능하기 위해서는 시스템이 필요하였고 그들은 힘을 합해 그것을 만들어 내었다. 최초의 욕구를 실천하고 수정하며 발전시켜 오고 있는 것이다. 목적과 활동도 중요하지만 역시 우리의 관심을 끄는 것은 바로 이 '어린이 극장'이 가지는 조직과 그 운용 시스템일 것이다. 전체적인 윤곽을 파악하는 의미에서 이 시스템을 조금 구체적으로 기술해 보기로 한다.

'서클,' '블럭,' 그리고 운영 조직

'나까무라 어린이 극장'에 가입한 회원은 3명 혹은 세 가족 이상으로 '사쿠루'(서클의 일본식 표기. 이하 '서클'로 표기함)를 만들게 되어 있다. 이 '서클'은 '어린이 극장' 운영의 기초 단위라고 할 수 있으며, 모임의 활동과 연락 등은 원칙적으로 이들 단위로 행해지고 있다. '서클'은 이웃이나 개인들의 네트워크에 의한 것이 주류이나, 각 기관이나 단체별로 하나의 '서클'을 이루는 경우도 있다.[3]

'서클'은 1명의 대표를 가지는데, 이를 '서클장'이라고 부른다. 회원은 '서클장'에게 회비를 내고 '서클장'은 이 회비를 모아서 사무국에 전달한다.[4] 한편 '서클'의 모임인 '서클회'에서는 아이들 양육과 어린이 문화에 대한 의견을 교환하게 되며, '서클장'은 이것을 극장 쪽에 반영하는 역할을 한다. 동시에 극장 쪽 연락 사항을 '서클회'에 전달하기도 한다.

운영의 원활을 꾀하기 위한 목적 등으로 여러 개 '서클'을 한개 '부로쿠'(블럭의 일본식 표기. 이하 '블럭'으로 표기)로 묶게 된다. 만약 국민학교와 같이 규모가 크고 기본적으로 한 단위를 이루는 경우는 그것이 하나의 '블럭'이 되기도 한다. 이 '블럭'은 '서클'보다 조금 규모가 큰 행사나 활동을, '어린이 극장'의 목적에 벗어나지 않는 한도 내에서 자유롭고 독자적으로 하는 단위이기도 하다. 현재는 시내 중심 지역에 '중앙'(中央) '남'(南) '구동'(具同) '동산'(東山)의 4개 블럭, 시내 변두리 지역에 해당하는 '시가외(市街外) 블럭,'[5] 그리고 시외 인접 자치체인 대방정(大方町)의 대방(大方) 블럭 등 전부 6개 블럭이 존재하고 있다.

'어린이 극장'의 운영에 관한 모든 실질적인 사무를 담당하는 곳이 '사무국'이다. 사무국에는 사무국장과 상근 사무국원을 두게 되어 있다.[6] 상근 사무국원의 급료와 활동비는 극장 쪽에서 보장하고 있다.[7] '사무국' 사무실 공간은 회원들에게 여러 활동의 장으로 제공된다. 즉 회원들 사랑방으

272

로서의 역할을 하고 있다고 할 수 있을 것이다. 연 1회 열리는 '총회'는 극장의 최고 의결 모임으로서 당해 년도 활동을 시작하는 가장 중요한 모임이라고 할 수 있다.[8] 이곳에서는 극장 활동의 가장 중심이 되는 '예회' 예산을 포함한 예산·결산 승인, 년간 과제 검토, 임원 선출, 규약 개폐 등을 결정하게 된다. 극장 회원이라면 누구나 참석이 가능하지만 반드시 출석하게 되어 있는 것은 대의원이다.[9] 의결 기관으로 '블럭 위원회'와 '전체 위원회'가 있다. 이것은 총회에서 선출된 위원으로 구성되며 '어린이 극장' 활동의 모든 것을 확인하고 결정한다. '블럭 위원회'는 각 '서클'과 '블럭' 의 의견을 파악하며, 동시에 극장 전체의 움직임을 이들에게 전달하여 자체 활동에 지침이 되게 한다. '전체 위원회'는 총회에서 결정된 사항 이외의 모든 것을 정하며, 극장 전체에 책임을 진다.[10] '운영 위원회'와 '3역회'는 집행 기관이다. '운영 위원회'는 총회와 각 위원회 결정을 집행함과 동시에 극장의 모든 활동을 파악하고 극장이 원활하게 움직이도록 활동의 방침·과제·구체적 방안 등을 입안한다.[11] 원활한 활동을 위해 운영 위원회 밑에 '전문부'를 두기도 하는데, 전문부 부장은 운영 위원이 맡으며 회원이면 누구나 전문부원이 될 수 있다. '3역회'는 운영 위원장과 부운영 위원장, 사무국장으로 이루어진다.[12] '나까무라 어린이 극장'의 회원수는 1992년 2월 현재 786명으로 되이 있다.[13] 그 구성 내역을 구체적으로 살펴보면 다음과 같다. 유아 109명, 국민학교 저학년(1-3학년) 265명, 국민학교 고학년(4-6학년) 125명, 중학생 17명, 고등학생 2명, 청년 4명, 성인 264명으로 모두 합하면 786명이다. 성인 회원의 내역을 보면, 어머니가 256명(그 중, 아이를 가지고 있는 경우 180명, 없는 경우가 76명), 아버지가 8명이다.[14] 전체 회원 중 성인이 약 33%를 차지하고 나머지 66%는 4세부터 청년까지의 층이 차지하고 있는 셈이다.

(2) '어린이 극장'의 두 축 — '예회 활동'과 '자주 활동'
'나까무라 어린이 극장'의 년간 활동 캘린더를 보면 운영을 위한 모임을 제외한 나머지 주된 활동은 중심되는 두 개 축에 의해 이루어지고 있음을 알 수 있다. 그 하나가 무대 예술 감상 활동인 '예회 활동'이고, 또 다른 하나는 '어린이들의 자주적이고 창조적인 문화를 지역에서 뿌리 내려 어린이를 건전하게 기르기 위한 어린이 문화 활동'으로 규정짓고 있는 '자주

(自主) 활동'이다.

무대 예술의 감상 — '예회 활동'

앞에서 언급하였듯이 '어린이 극장' 활동 중에서도 가장 중심이 되는 것이 이 '예회 활동'이다. '예회'는 1년에 평균 4−5회 정도 실시되고 있다. 1982년부터 시작한 '나까무라 어린이 극장'은 활동 제11년도에 해당하는 1992년 9월까지 총 55번의 '예회'를 가져왔다. 제10년도와 같이 많은 경우에는 7번의 '예회'를 실시한 해도 있다.

이들 작품을 장르 별로 분류해 보면 상당히 다양하다. 무대극·인형극·음악을 비롯하여 발레·오페라 등과 함께, 요세(寄席)·쿄우겐(狂言)·카부키(歌舞伎) 등 일본의 전통적인 예술도 들어가 있다. 이것을 회수(비율)로 보면, 무대극이 27회(전체의 49%)로 제일 많고, 그 뒤를 인형극 18회(33%), 음악 8회(15%), 그밖의 예능 2회(3%) 등의 순으로 따르고 있다.

'예회' 작품 선정에는 극단과 작품 성격, 무대 공간과 관객의 연령 문제, 그리고 조치 금액 등이 고려 대상이 되며 여러 협의 단계를 거치게 된다. 일반적으로 '예회' 작품의 장르는 홀·체육관·공민관·집회장과 같은 공공 건물, 그리고 야외 시설물 등 그 지역 사회 공간 조건에 맞는 작품을 고르게 된다. 나까무라시 경우는 '나까무라 시립 문화 센터'가 주로 이용되고 있으며, 유아들을 위한 '햇님 극장'의 경우는 '나까무라시 중앙 공민관'이 쓰여지고 있다.

전국의 '어린이 극장'은 그 지역 사회가 갖는 공간상의 난점을 극복하기 위하여 대형홀에 맞는 'A예회'와 중소 규모홀에 맞는 'B예회'로 구분 실시를 하여 왔는데, 나까무라시는 그 규모상 그렇게 큰 공간을 가지고 있지 못하기 때문에 '나까무라 어린이 극장'의 경우는 'B예회'가 대부분이다. 이는 결과적으로 관객 하나하나에게 무대 숨결이 생생하게 전달되는 측면이 있기 때문에 지역 사회가 가진 중소 규모 무대의 장점을 발휘하기에 도리어 적절한 역할을 하고 있는 셈이다. 또한 이러한 분리 실시 방법은 일본 전국에서 '예회'를 행할 수 있는 상황을 비약적으로 확대시키는 계기를 제공한 측면도 있다.

공간에 의한 '예회' 분리와 함께 또 하나 지적하고 넘어가야 할 것은 연령에 의한 '예회' 분리일 것이다. '어린이 극장'에 참가하는 폭넓은 연령층 중에서도 전국적으로는 고학년 회원이 증가 추세를 보여왔는데, 인생이나 사회에 관심을 가지기 시작하는 이 세대에 적당한 무대 작품이 필요하다는 요구가 대두되게 되었다. 이에 따라 1977년부터 '저학년 예회'와 독립시켜 '고학년 예회'가 실시되게 되었다. '어린이 극장'의 자체 진화 과정에서 확립된 이와 같은 공간 조건이나 연령에 따른 분리는 다양하고 풍부한 '예회' 활동을 가능케 한 셈이다.

극장에서 '예회'가 실시되기까지의 과정을 자세하게 살펴보면 다음과 같다. 각 극단의 예회 기획 앙케이트를 받은 '전국 연락회'는 7월 경부터 사무 교섭을 시작하게 된다. 8월에는 각 '지방 연락회'가 기획 회의를 열게 되고 8-9월 경에는 각 극장이 '서클' 차원에서 그 해의 '예회'에 관한 이야기를 하게 된다. 10월에는 당해 년도 총회가 열리게 되는데 이때 그해 기획안 토의를 거쳐 회원들의 확인을 받게 된다. 11월에는 '지방 연락회'에서 순회 코스 조정 회의가 열리고 전국적인 일정 조정을 하게 된다. 12월에서 2월 사이에 코스 짜기가 시작되면서 일정안이 나오게 되면 공연장을 확보하고 일정을 조정한 다음에 극단과의 조정을 하면서 최종 일정을 정하고 확인하게 된다. 이러한 일련의 과정은 매년 순환적으로 이루어지고 있다.

어린이 문화의 창조 ― '자주 활동'

'예회 활동'과 더불어 '어린이 극장'의 또 다른 기둥은 '자주 활동'이다. '나까무라 어린이 극장'의 '블럭회 / 서클회'는 1992년도에 극장 바자, 크리스마스회, 새집 만들기, 전승놀이, 데이 캠프, 재미있는 과학 교실 등과 같은 자주 활동을 벌였다.

'자주 활동'은 '예회 활동'과 더불어 회원들간의 유대가 깊어지면서 같이 놀고 교류해 보고 싶다고 하는 요구와 직접 참가하여 만들어 보고 싶다는 관심의 고조가 어우러지면서 시작된 것이다. 따라서 '창조적인 표현 활동'이 가능한 모든 것들이 이에 들어간다. 즉 형태에 구애받지 않고 모두가 계획하고 함께 실행하는 데에 '자주 활동'의 큰 의미가 있는 것이다.

일본은 고도 경제 성장기에 급격한 사회 변화를 겪으면서 지역 사회의 어린이 활동 공간이 빠른 속도로 사라져 버리고 말았다. 이는 바로 또래 집단의 형성, 또래 집단을 넘어선 폭넓은 연령 집단 안에서의 친구 사귀기,

지역 사회 안에서의 체험과 교류들이 급속도로 감소되었음을 의미한다. '어린이 극장'이 어린이를 주체로 한 이러한 '자주 활동'에 의미를 부여하고, 그 기회를 증가시키려고 하고, 어린이들의 성장의 장으로서 자리매김을 하고 있는 것은 바로 이러한 사회적 배경 전환과 관계가 있는 것이다.

전국적으로 행해지고 있는 '자주 활동'은 정기적인 것과 부정기적인 것, 그리고 '문화 활동'과 '체육 활동'으로 나눌 수가 있다. '문화 활동'에는 떡방아 찧기·연 만들어 날리기·바자·신년회·만들기 교실·음식 만들어 먹기·요리 교실·수예·영화 모임·고학년 어린이 모임·인형극 서클 만들기·발표회·읽고 들려주기 모임·문고 활동·연극 서클·진급 진학을 축하하는 모임·신입 중학생 환영회·게임 대회·독서회·중학생 모임·어린이 모임·고학년 합숙 등과 같은 것이 있다. 이와 같이 다양한 '문화 활동' 중에서 연극, 음악 등과 같은 '창조 표현 활동,' 그리고 간단하게 할 수 있는 연 만들기나 인형, 판화, 회화 등의 '창작 활동'이 가장 빈번히 행해지고 있다고 한다. 그리고 문화제, 발표회, 크리스마스회 등과 같은 연중 행사도 '서클' 차원에서 극장 차원에 이르기까지 다양한 규모로 행해지고 있다.

한편 '체육 활동'에는 각종 캠프(부모 자녀, 어린이, 중학생, 고등학생, 국민학교 저학년 / 고학년, 리더)·스케이트·스키·등산·하이킹·바베큐·해수욕·사이클링·실내 스포츠·실내 게임·오리엔티어링·어스래틱·감자 파기·조개 줍기·운동회·소프트볼·야외 모임·눈놀이·반합으로 밥 만들기·각종 축제(어린이, 부모 자녀, 여름, 겨울) 등이 있다. '체육 활동'은 문화 활동적인 내용을 많이 넣으면서도 스포츠, 하이킹, 운동회 등 몸을 움직여서 놀 수 있는 운동에 힘을 기울이고 있다고 한다. '어린이 축제'나 '어린이 캠프'가 그 대표적인 것이라고 할 수 있는데 '자주 활동'의 꽃 같은 존재로 대부분의 극장이 채택하고 있는 실정이다.

'어린이 캠프' 경우, 전국 극장의 80% 이상이 매년 정기적으로 행하고 있다고 한다. '어린이 캠프'는 주로 어린이들과 청년 회원들에 의해 행해지고 있다. 거의 모든 극장에서는 '어린이 캠프'를 위해 몇 달간의 준비 기간을 가지면서 그 지역 사회에서 어린이들끼리의 연계망을 구성하여 자발적인 집단 적응 능력을 높이고 기르는 것에 중점을 두고 있다.

'어린이 캠프'와 함께 대부분의 극장이 행하고 있는 것에 '어린이 마츠리’ 즉 ‘어린이 축제’가 있다. 스포츠·게임에서 창작극·야외극 등에 이르기까지 각 극장의 특색을 살린 다양한 ‘어린이 축제’가 계획 실행되고 있다. 이 ‘어린이 축제’는 ‘문화 축제’와 함께 ‘예회’의 하나로 어느 정도 자리가 잡혔다고 이야기할 수 있다. 즉 보통의 예회 활동을 수동적인 의미가 포함된 ‘감상 예회’라고 부르는 것에 반해서, 이 ‘어린이 축제’는 회원 전체가 능동적으로 참가하여 함께 만들어 낸다는 의미에서 ‘창조 예회’라고 불리우고 있다. ‘어린이 축제’는 지역 사회 안에서 부모와 자녀가 함께 참여하고 즐길 수 있는 장으로서 각 극장에 없어서는 안되는 중요한 활동의 하나로 완전히 자리잡고 있는 것이다.

지역 사회 사랑방 — 극장 사무실

이상과 같은 ‘예회 활동’과 ‘자주 활동’ 말고도 ‘어린이 극장’ 사무실은 그 공간 자체가 회원들뿐만이 아니라 지역 사회 어머니들, 여성들의 사랑방 구실을 하고 있기도 하다. 즉 널찍한 사무실은 ‘블럭회’나 ‘서클회’의 각종 행사나 모임의 장으로서의 역할을 하는 것은 물론이고 회원들의 개별적인 교류와 휴식의 장으로서도 이용되고 있다.

아이의 유무, 결혼 여부를 불문하고 개별적으로도 모여 신변 잡기에서부터 학교에 관한 이야기, 새로운 그림책의 정보 교환, 식품 첨가물 등에 이르기까지 여러 관심사가 이야기된다. 비교적 넓은 공간을 확보하고 있는 사무실에는 동화책을 비롯한 여러 관계 서적들이 비치되어 있어 아이를 데리고 와 그곳에서 읽어줄 수도 있으며 또한 빌려 갈 수도 있게 되어 있다.

때로는 함께 음식을 만들어 먹기도 하며 집에서 혼자 육아를 할 수밖에 없는 경험 부족의 어머니들을 위한 육아 선배들로부터 조언 등도 이곳에서 들을 수 있다. 또 극장 수입을 늘리기 위한 목적 등으로 회원들의 인적 네트워크를 이용한 음식물 판매 등도 행하고 있다. 어린이를 둘러싼 지역 사회의 여러 문제들을 자유로운 분위기 속에서 잡담과 교류를 통해 넓혀가고 있는 셈이다.

3. 사회 문화 운동으로서의 ‘극장 운동,’ 그 전개와 심화 과정

‘어린이 극장’은 현재 일본 전국에 약 500개, 회원수는 약 50만 명에 이르는 거대하고도 치밀한 시스템을 확립하기에 이르렀다. 그러나 약 30년 전의 그것은 몇 명 어머니들에 의해 지방 소도시에서 시작된 자그마한 운동에 지나지 않았던 것이다. '극장 운동'은 출발 초기 생각지 못한 난관에 부딪치게 되며 이런 난관을 극복하는 과정을 통해서 사회 문화 운동으로서의 성격을 확보하게 된다.

(1) 일본 사회 변화와 '극장 운동'의 전개

'극장 운동'의 시작

일본에서 '극장 운동'이 처음 일어난 곳은 큐우슈유(九州) 북쪽에 위치한 후쿠오카(福岡)시이다. 보통집 2층에 '후쿠오카 어린이 극장'이란 간판이 내걸린 것은 1966년 6월의 일이었다. 일본이 고도 경제 성장의 한가운데에 있던 이 시기는 사회 전체의 급격한 변화와 더불어 어린이들의 생활도 급격하게 변화하기 시작한 때이기도 하다. 극심한 입시 경쟁에 쫓기며 '쥬쿠'(塾)라고 불리우는 과외 공부 학원을 비롯한 각종 학원에 다니는 아이들이 급증하고 있었으며, 컬러 텔레비전 보급으로 집안에서 혼자만의 수동적인 생활이 많아지게 된 시기이었다.

정치적으로는 동경도(東京都)에 혁신 자치체가 탄생하기도 하고(1967년), 문화청이 발족되기도 하나(1968년), 어린이를 둘러싼 환경은 개선되기는커녕 1970년대에 들어오면서 더욱 열악해진다. 과열된 입시 경쟁은 대형 입시 부정 사건을 발생시키고,[15] 1973년 경에는 '전후 제2의 비행(非行)붐'이라 일컬어질 정도로 어린이 유기, 어린이 살해 등과 같은 아동 관련 범죄가 속발하게 된다. 이 해에 문부성은 '폭력 행위 근절에 대해서'라는 체벌 방지 지침을 각 학교에 통달할 정도이었으며, 당시 수상이었던 타나카(田中)는 현대 일본의 교육을 '덕은 야위고 지혜만 살찐 교육'(1974년)이라고 비판할 정도였다.

이렇게 어린이를 둘러싼 사회 환경이 심각하게 위협받기 시작하자 아이들이 건강하게 성장할 수 있는 환경에 대한 욕구가 분출되게 된다. 이에 후쿠오카시의 몇몇 뜻있는 어머니와 청년들이 '어린이에게 꿈을! 씩씩하고 풍부한 창조성을!'이라는 구호를 내걸고 '어린이 극장'을 시작하게 된다. 이렇게 출발한 '후쿠오카 어린이 극장'은 그 시의 적절함 등이 작용하여

위: 밖에서 본 나까무라 어린이 극장 모습
아래: 나까무라 어린이 극장 사무실

눈깜짝할 사이에 일본 전역으로 확산되기 시작하였다.

이 '극장 운동'의 움직임을 각지에 전달하는 데 큰 역할을 한 것은 주로 극단들이었다고 한다. 극단 사람들은 어린이 문화를 육성하려는 모임이 후쿠오카시에서 시작되었다는 소식을 전국에 전함과 동시에 지역 사회 극장 만들기 작업을 적극적으로 호소하기 시작했다. '극장 운동'을 각지에 확대시키는 것은 극단의 이해와도 일치하는 측면이 있었으며 어린이 문화 육성이란 면에서 상통하는 데가 있었기 때문이다.

이런 과정을 거치면서 나가사키(長崎), 시즈오카(靜岡) 등을 비롯한 일본 각지에 '어린이 극장'이 만들어져 갔다. 그러나 처음하는 활동이었기 때문에 운동 개념과 진행 방법 등이 지역에 따라 달랐으며, 운영이나 경제적인 면에서 곤란을 겪는 극장이 나오기 시작했다. 또한, '예회' 실시의 경우에도 극단 측과 개별적 접촉을 하여야 했기 때문에 경제적인 부담도 많이 따랐다. 이에 극장끼리의 연대와 협력의 필요성이 대두하게 되었고, 1971년에 큐우슈유(九州)·츄우코쿠(中國)·시코쿠(四國) 지방에 있던 19개 극장이 '서일본 어린이 극장 연합회'(='서일본 연락회')란 조직을 만들게 된다. 이것이 일본 최초의 '지방 연락회'이다.

'지방 연락회'는 '극장간의 교류를 통한 극장 운동과 어린이 문화 발전을 위하여'라는 기본 목표를 세우고 일본 전역에 산재해 있는 '어린이 극장'들이 협조할 수 있는 시스템을 만들어 내는 데에 힘을 기울이게 된다. 이를 통해 각 극장이 희망하는 '예회'를 선정하는 일이 가능하게 되었고, 동시에 각 극장에 걸리던 경제적 부담도 가능한 한 줄이게 되었으며 구체적인 문제 해결도 모색할 수 있게 되었다.

'서일본 연락회'에 이어 '북해도 연락회'(72년), '관동 코오신에츠(甲信越) 연락회'와 '토오카이(東海) 연락회'(73년), '킨키(近畿) 연락회'(74년), '토오호쿠(東北) 연락회'(75년)가 차례차례로 발족하였다.[16] 이것은 동경에서 먼 지역의 순서이기도 한데 이러한 배경에는 중앙에 대해 느끼는 문화적 소외감·결핍감 등과 함께 그 향유의 절실함, 그리고 '예회'를 계획할 때 느끼는 난점 등이 작용했기 때문이라고 할 수 있겠다.

입장세 문제와 국회 청원 운동
'어린이 극장' 회원들이 내는 회비에 극장세가 붙게 되었다. 즉 '어린이 극장'의 제일 중심되는 활동인 '예회 활동'을 위한 회비는 결국 극장 입장료에 해당된다고 하는 행정 당국의 해석에 따라 회원들 납부 회비에 극장세가 부과된 것이다. 이 문제는 '후쿠오카(福岡) 어린이 극장'이 전혀 예기치 못한 점이었다. 왜냐하면 자신들의 모임이 '예회'만을 위한 모임이 아니며 회비는 '예회'를 위한 적립금이 아니라고 생각하고 있었기 때문이다. 또 예회는 넓은 의미에서의 교육이며 일반 흥행과는 당연히 구별되어야 한다고 극장측은 생각했던 것이다. 즉 '문화 운동'에 세금을 매기는 것은 몰상식한 일이라고 규정한 것이다.

그러나 실존하는 입장세법은 어쩔 수가 없었다. 일단 세무서와의 협의로 '예회'가 있는 달 회비만을 대상으로 입장세를 납부하기로 타협을 보게 되었다. 그런데 활동 5년째 되던 해에 세무서는 태도를 돌변하여 '어린이 극장은 감상만을 목적으로 하는 단체'라는 해석을 하게 된다. 이것은 전국적으로 급속히 확대되고 있던 '극장 운동'에 대한 당국의 대응책으로 나온 것이었다. 회비 전액에 1할의 세금이 걸리게 된 셈이다. 그렇지 않아도 어려운 재정 상황 속에서 운영되고 있던 극장이 그 존속조차 위협받게 된다는 위기감에서 '후쿠오카 어린이 극장'은 드디어 '입장세법 개정을 위한 국회 청원 운동'을 벌이게 된다.[17] 1972년 5월에 '어린이의 모임을 비과세로'라는 슬로건을 내걸고 당시 조직되어 있던 '어린이 극장 / 부모 자녀 극장'들에게 참가를 호소하였다. 이에 각지에 존재하던 37개 모든 극장이 서명 운동을 전개하기 시작하였으며,[18] 청원 당일에는 거의 모든 극장이 동경에 모였다. 결국 국회 상정과 총리 대신의 검토 약속, 그리고 시효(처음 시작 때부터 '예회'는 5년간)를 눈앞에 두고 있던 '후쿠오카 어린이 극장'의 세금 처리도 백지화한다는 약속을 받아 내게 된다. 회비 중 감상을 위한 비용만을 따로 뽑아낼 수 없다는 극장 측 주장대로 한 달분 회비만을 대상으로 입장세 처리를 한다고 하는 결론이 나온 것이다.

계속된 청원 운동 결과 1973년에는 입장세법이 개정되어 입장료 2,000엔 이하의 경우 10%이던 세율을 5%로 끌어내리는 성과를 거두게 된다. 그후 대책 회의와 함께 몇 번에 걸친 공동 행동이 행해지게 되고 1975년에는 마침내 면세점을 입장료 100엔에서 3,000엔으로 끌어올리는 데 성공한다. 즉 입장료가 3,000엔 이하인 경우에는 세금이 붙지 않게 된 것이다. 이것으로 '어린이 극장'은 입장세가 부가되지 않게 되었으며, 동시에 국회(중의 / 참의 양원)에서 입장세 철폐가 전원 일치로 가결되게 되었다.

이 청원 운동 과정을 통한 득은 그 외에도 많았던 것 같다. 개별 활동을 하고 있던 극장들의 만남, 그리고 연대와 협력의 중요성을 몸으로 체험하게 된 것이 그것이다. '극장 운동'의 존재 양식과 진행 방법 등을 의견 교환하게 됨으로써 전국적인 시야에서 서로 배우고 교류하는 것이 개별 극장의 발전에 있어서 필요 불가결하다는 사실을 공통적으로 실감하게 된 것이다. 이후 '극장 운동'을 위한 전국 조직 결성은 모든 극장의 절실한 염원이 되었다. 그리하여 입장세 문제를 계기로 모이게 된 각 극장들은 1974년 7월 '일본 전국 각지의 교류와 모든 극장 운동의 발전'을 목표로 '전국 어린이 극장 / 부모 자녀 극장 연락회'(약칭 '전국 연락회')라는 것을 결성하기에 이른다. 이때 발족에 참가했던 극장은 91개에 회원은 111,618명이었다. 이를 통해 각 극장이 서로의 경험과 축적을 배우고 협력할 수 있는 전국 시스템을 갖추게 된다.[19]

'문화청 조성금 청원 운동'에서 '문화 예산 증액 청원 운동'으로

'전국 연락회'는 각개 극장의 자주성과 주체성을 기본으로 해서 만들어진 '지방 연락회'를 단위로 하면서, '교류를 통한 모든 극장 운동 발전과 어린이 문화 향상'을 목표로 하는 유연한 조직체로 활동을 진행시키게 되었다. 그런데 입장세 문제와 더불어 어린이 문화의 향상과 발전이란 측면에서 볼 때 사회적 관건이라고 할 수 있는 것이 관계 예산의 조성 문제였다.

입장세와 동전 앞뒷면의 관계에 있다고 할 수 있는 이 문화청 예산 조성을 실현시키기 위하여 국회 청원 운동을 시작하게 된다. 이것은 '전국 연락회'가 그 발족 후에 행한 가장 큰 대외 활동으로서 제2년도에 해당하는 1975년 10월에 대대적으로 진행되었다. 이 청원도 국회에 상정되어 다음해에는 '문화 자료 작성'이라는 형태로 연간 200만 엔의 조성금이 실현되게 되었다. 그전까지의 문화청 조성금이라는 것은 극단 등을 중심으로 한 법인 조직이 그 대상이었던 만큼 민간 문화 단체인 '어린이 극장'에 대한 조성금 지원은 대단히 이례적인 일이었던 셈이다. 이 문화청 조성금은 그후 300만 엔까지 인상되긴 하였으나 단지 문화 자료 발행이라는 범위 안에서의 조성금이었으며, 극장이 원하는 '예회 활동'이나 '자주 활동' 등 극장

운동에 직접 관련된 조성금은 아니었다.

조성 대상이 확대되지 않은 배경에는 문화 예산 그 자체가 너무 적은 것이 가장 큰 원인이었다. 통계에 의하면 1980년의 총예산 42조5천8백8십8억4천3백만 엔에 대해 문화청 예산은 4백억2천5백만 엔으로, 일반 회계에 대한 문화청 예산의 비율은 0.09%이다. 이는 전년도의 0.1%보다 오히려 감소된 것이었다. 당연한 귀결로서 운동 방향은 문화청 조성 청원 운동에서 '문화 예산 증액을 위한 청원 운동'으로 발전해 가게 된다.[20]

(2) '극장 운동'의 확대와 심화

전문화와 전국화

1970년대 후반에 들어서면서 어린이들을 둘러싼 사회적 환경은 개선될 기미를 보이기는커녕 더욱 악화 일로를 달리게 된다.[21] 그럴수록 극장 운동은 일거리를 찾아나서 그 활동을 확대시켜 나가게 되는데 그 중에서 주목할 만한 발전은 해외 아동극을 감상할 기회를 가지게 되었다는 점이다.

'전국 연락회'는 최초의 문화 사업으로서 당시 국제적으로 호평을 받고 있던 루마니아 아동극을 초대해 '특별 공연'이라는 형태로 실현하게 되었다.

이 '특별 공연'은 전국 40개 지역에서 2개월에 걸쳐 상연되어 대성공을 거두었다. 몇 개 극장이 합동 개최를 하게 됨에 따라 극장간 협력 관계의 돈독화, '예회 활동'의 존재 양식에 대한 새로운 인식 등과 같은 부산물도 획득하게 된다. 이 '특별 공연'이란 형식은 일반적인 보통 '예회'에서는 취급하기 어려운 작품을 가능케 하여 카부키(歌舞伎) 등과 같은 일본 전통 예능 공연을 가능케 하는 계기를 마련하기도 하였다.

'극장 운동'의 내용이 심화되어감에 따라 활동을 풍부케 하는 데에는 청년의 역할이 중요하다는 인식이 확산되었고, 따라서 청년 회원 확보와 그 활동 활성화가 극장 공통의 요구로서 대두되게 된다. 그 반영으로서 '지방 연락회'마다 청년들의 교류회가 활발하게 개최되게 되었다. 그러나 실제적으로는 어머니 회원의 급증에 비하면 청년 회원의 증가는 미미한 것이었다. 결국 청년 활동의 방법 정립과 성과 축적이라고 하는 것이 전국 극장의 공통된 당면 과제로 부상하게 되고 1978년 3월, 전국 어머니 회원들의

협력으로 '전국 청년 교류회'가 실현되게 된다.[22]

1979년, 설립 5년째에 접어들어 극장수도 200개가 넘게 된 '전국 연락회'는, 초창기적 활동으로부터 '지방 연락회'를 기초로 한 전국 운영의 충실을 꾀하는 시점에 돌입하게 된다. '전국 대회'와 함께 연구회나 교류회를 계획하게 된 점 등이 그것이다. 그리고 전국적인 발전과 함께 대외적인 활동의 확대 속에서 이때까지 후쿠오카에 있던 '전국 연락회' 사무국을 토오쿄오로 옮기게 된 것도 이 시기의 일이다.

'창조 단체'와의 연대

'예회 활동'은 모든 회원이 가장 관심을 가지고 참가하는 중요한 활동인 만큼 '예회 활동'에 작품을 제공하는 '창조 단체' 즉 극단과의 협력 관계가 중요하게 된다. 그러나 '창조 단체'의 '예회' 참가수가 급속도로 늘어나게 됨에 따라 후보 작품을 제출하는 기준이나 다른 극장과의 경합 등, '예회'를 실시함에 있어서 여러 문제들이 돌출하기 시작하였다. 이들 대부분은 '지방 연락회' 차원에서는 해결하기 힘든 문제로 전국적으로 안게 된 공통 문제였다. 또 이 '예회'를 하는 데 발생하는 문제는 극장 측과 '창조 단체' 측이 서로의 입장과 의견을 교환하면서 해결할 필요가 있는 내용이 대부분이었다. 이에 '전국 연락회'와 같은 시기에 발족한 아동 극단의 전국 협의 조직인 '일본 아동 연극 극단 협의회'(아연협)와의 대화가 시작되었다. 그리하여 1979년 3월에는 양자에 의한 '예회 기획에 관한 합의'를 맺기에 이르렀다.

이 토론을 통해서 양자의 관계는 '보여 주는 쪽'과 '보는 쪽'에 머무르지 않고, 공통의 목표와 책임을 서로 나눠 가지는 것이 중요하다는 사실을 확인하게 되었다. 즉 '보는 쪽'과 '보여 주는 쪽'의 파트너쉽 관계가 확실히 정립된 셈이다. 무대 작품을 만드는 측과 감상하는 측이 대등한 입장에서 이러한 합의를 한 것은 성인 문화 단체를 포함해서 처음 있는 일이었다고 한다. 이어서 1981년에는 음악 단체 전국 협의체인 '일본 청소년 음악 단체 협의회'(청음협)과도 같은 취지의 합의서를 체결하게 된다.

'창조 단체'와의 합의서 정신이 처음으로 구체화된 것은 1979년에 맞이한 '국제 아동의 해' 행사였다. '아연협'·'청음협'·'어린이 극장' 세 단체는 공동으로 '아동의 해' 행사를 하기로 합의를 하게 되는데, 그 중 주목할 만한 행사가 이제까지 감상 기회를 가질 수 없었던 지역에서의 공연을 적극적으로 추진한다는 소위 '공백지 공연'(空白地公演)이었다.

'공백지 공연'(空白地公演)의 확대

전국적인 조사 결과 이제까지 공연된 적이 없는 133개 시군 중에서 30개 지역을 골라 '창조 단체'와의 전면적인 협력하에 공연을 추진시켰다. 지역 주민과 자치체, 그리고 근린 지역 '어린이 극장' 어머니 회원들의 도움을 받아 준비가 진행되었다. 이 30개 지역에 이르는 '공백지 공연'은 당초 예상을 훨씬 웃돌 정도로 호평이어서 가는 곳마다 거의 초만원 사태를 빚었다고 한다.

'공백지 공연'은 '일본의 모든 어린이들에게 살아 있는 무대 예술을'이라는 기치를 내건 '극장 운동' 본래의 목표를 현실 문제로서 인식하는 시야의 확대와 그것을 실현할 수 있다고 하는 확신을 극장 쪽에 부여하는 계기가 되었다. 그리하여 '아동의 해' 행사로 시작된 '공백지 공연'은 그 후에도 각지의 새로운 극장 만들기 운동과 깊이 연결되면서 계속되게 된다.

이 '공백지'를 메워 나가는 활동이 계획적이고 조직적으로 행해짐에 따라 극장의 급속한 확장이 이루어진다. 도시부에 점재하고 있던 극장은 외딴섬 벽지를 불문하고 전국으로 확산되었으며, 그 결과 현재는 일본 전역에 극장이 설립되지 않은 현이 없게 되었다. 또한 어느 정도 역사를 가진 극장이 보다 치밀하게 지역에 뿌리 박은 운동을 전개할 수 있도록 지금까지 하나의 조직이었던 것을 각 지역별로 독립시키는 움직임도 극장 확대를 빠르게 하는 요인이었다.

극장수의 확대와 함께 회원수도 늘어갔다. 초창기에는 국민학생이 전체의 약 50%로 가장 많고 이어서 어른이 약 40%를 점하고 있었으나, 1980년대 이후로 내용이 충실해짐에 따라 국민학교 고학년층에서 중·고등학생층에 이르는 고학년 회원의 확대가 눈에 띄게 이루어지게 된다.

80년대 이후의 운동 방향성

1980년대 막을 연 '제6회 전국 대회'는 홋카이도오(北海道) 아사히카와(旭川)에서 개최되었다. 이 대회는 그 전 해부터 시작된 '국제 아동의 해' 행사를 통해서 1980년대 극장 운동의 발전 방향을 점검하는 대회이었다.

그것은 '일본의 모든 어린이들을 시야에 넣으면서 지역에 뿌리 내림과 동시에 지역 전체를 포괄하는 극장 운동'으로 발전시켜 나감으로써 '퇴폐 문화나 입시 지옥 등 어린이들을 둘러싼 열악한 상황을 극복하고 새롭고 건전한 어린이 문화를 창조할 수 있다'고 하는 운동의 방향성을 확인하는 자리였다.

'공백지 공연'을 통해 얻게 된 교훈은 '극장 운동'이 각 지역 사회의 요구에 기초해서 생겨나온 것이긴 하지만 전국적 시야를 동시에 가지고 운동을 진행시키지 않으면 그 지역 사회만으로는 어린이 문화를 바꾸고 발전시킬 수가 없다고 하는 사실이었다. 1980년대를 맞아 확인된 이러한 방향성은 그 후 '극장 운동'의 가이드 라인을 제공한다는 큰 의미를 가지게 된다.

이렇게 해서 80년대를 통해 일본 전역의 극장 만들기 운동과 연결된 '공백지 공연'은 지속적이고 계획적으로 행해지게 되며, 또한 지역에 뿌리 박은 극장 운동을 위해 각 지역 극장의 독립이 빠른 속도로 진행되어 갔다. 즉 증식과 세포 분열이라고 하는 운동 과정은 일본 전체를 시야에 넣으면서 또한 지역에 뿌리 박은 운동을 목표로 전국적으로 확대되어 나가게 된다.

'극장 운동' 진행 과정과 불가분의 관계에 있으면서 빼놓을 수 없는 것이 어린이 문화 환경, 그 중에서도 문화 시설의 문제일 것이다. '전국 연락회'는 1980년부터 문화 시설의 실태에 눈을 돌리고 이것을 '극장 운동'의 중점 과제로 삼기 시작하였다. 그로부터 약 2년에 걸쳐 일본 각지의 문화 시설 실태 조사, 환경 문제에 관한 연구에 집중적으로 달라붙게 된다.

전국적인 실태 정리 과정에서 빈약한 문화 시설의 현황이 파악되었다. 그 중에서도 상대적으로 너무나도 부족한 어린이 문화 시설의 실태가 확실하게 드러나게 된 것이다. 이는 '극장 운동'의 두 개 축인 '예회 활동'과 '자주 활동'을 해나가는 데 있어서도 가장 큰 장해물이란 사실을 의미하는 것이었다. 이 실태 조사는 '극장 운동'이야말로 어린이 문화 환경 그 자체를 개선하는 운동의 선두에 서지 않으면 안된다고 하는 것을 재확인하게 하는 계기를 마련하였던 것이다.

'어린이 자치 집단'의 육성을 위하여

어린이 문화 환경 개선과 관련하여 '전국 연락회'는 1983년경에 들어오면서 '극장 운동'의 가장 기본적인 시점이라고 할 수 있으나 실제 실현에 있어서는 난관이 많은 '어린이 자치 집단' 만들기에 초점을 맞춘 활동을 시작하게 된다.

모든 '어린이 극장'에서는 '예회'나 '자주 활동'을 통해서 어린이들이 자주적이고 창조적인 활동을 활발하게 전개할 수 있도록 다채로운 활동을 해왔다. 그러나 전국적인 실태는 아이들이 또래 집단은 물론이거니와 다른 연령 집단과의 교류 속에서 주체적으로 행동할 기회를 지역 사회의 일상 생활에서 가지기에는 어려운 상황이었다. 아니 도리어 점점 더 어려워져 가는 상황이 전개되고 있었다고 이야기할 수 있을 것이다. 이러한 상황에서 대두된 것이 '어린이 자치 집단'을 육성해야 할 필요성이었다. 이를 위해 '전국 고교생 교류회'를 비롯한 각종 연구회와 교류회 등이 각지에서 열리게 된다.[23]

이러한 몇몇 연구회와 교류회를 통하여 '어린이 자치 집단' 육성이란 것이 결코 특별한 문제가 아니고 각 극장이나 지역 사회, 혹은 '서클' 속에 그 기초가 있었음을 재확인하게 된다. 동시에 어른들 자신에 의한 '어른 자치 집단'을 만드는 것이 실은 '어린이 자치 집단'을 육성하는 데 있어서 무엇보다도 중요하다는 사실을 자각하게 된다. 이는 '극장 운동' 그 자체가 회원들의 자치로 발전시켜온 역사임과 동시에, 급변하는 일본 사회 안에서 얼마나 절실한 과제이며, 어떻게 하면 자신들의 지역 사회 속에서 자신들의 것을 만들어낼 수 있을까를 구체적인 활동을 통하여 실천해온 결과라고 이야기할 수 있을 것이다.

'극장 운동'은 극장간의 교류를 통해서 그 전개 방식, 운영 방법 등을 계속 확인하면서 서로 배우고 다시 그것을 발전 에네르기로 환원시켜 왔다. 또 '극장 운동'은 어린이를 둘러싸고 있는 사회나 문화 상황을 항시 주시함으로써, 그 본연의 모습을 모색하고 극장이 해야 할 역할과 존재 의의를 확인해 왔다. 특히 어린이 문화 발전을 막고 있는 입장세 철폐 운동이나 문화 예산 증액 청원 행동 등은 '어린이 성장에 문화는 불가결하다'고 하는 '극장 운동'의 근본 취지를 일본 사회에 널리 알리는 역할을 했다. 더욱 중요한 것은 어린이 자신들의 힘만으로는 만들 수 없는 '어린이 자치 집단'을 부모들의 네트워크 그리고 다른 지역과의 네트워크를 통해 의도적으로 만들어 나가는 운동을 지향하고 있다는 점일 것이다.

현재 일본 사회의 어린이를 둘러싸고 있는 상황은 호전되기는커녕 점점 악화하고 있다고 해도 과언이 아닐 것이다. 집안에 고립된 어린이들이 늘어나면서 그들의 창조성과 상상력이 심각히 위협받고 있으며, 사고력이 저하되고 있다는 우려의 목소리가 높다. 또한 1980년대 말에 들어 오면서 존립 자체가 위협받고 있는 지역 사회[24] 속에서, '극장 운동'은 어른과 아이들에 의한 자치 집단 육성이란 목표를 향해 그 활동 폭을 넓혀 나가려고 노력하고 있는 중이다.

4. '극장 운동'에서 보는 가능성과 과제들

이상 '나까무라 어린이 극장'을 중심으로 일본 '어린이 극장'의 목적·활동·조직·운영 등에 관한 것과 그 큰 틀로서 전국적으로 행해져온 '극장 운동'에 대해 살펴보았다. 그러나 운동의 의의, 의미 등과 같이 어려운 말다 차치하고 '어린이 극장'이 우리에게 관심거리로 다가오는 것은 다음과 같은 것들 때문이지 않을까 한다.

어른도 1년에 한번 볼까 말까한 무대 예술을 정기적으로, 그것도 쉽게, 비싼 돈 한꺼번에 들이지 않고, 서울 변두리 시골 벽지 외딴섬 가리지 않고, 몇 시간씩 버스 타고 자동차 타고 기차 타고 전철 타고 시달릴 필요 없이, 어른 아이 불문하고 그 누구나 볼 수 있게 하는 시스템이 가능하다면 그대는 어떻게 하겠는가? 그뿐만이 아니라 이 시스템을 기본으로 하여 여러 가지 활동을 확장시켜 갈 수 있다면 구미 당기는 일이지 않는가? 그렇다면 생각해볼 가치가 있는 것 아닌가?

(1) 지역 사회 문화 운동으로서의 가능성
여기서 다시 한번 상기시키고 싶은 점은 '극장 운동'이 지역 사회 성원들에 의해 시작된 자주적이고 자발적인 주민 운동이며 사회 문화 운동이라는 사실이다. 즉 자신들이 발을 디디고 있는 곳에서, 자신들이 필요로 하는 것을 만들어 내고, 그것을 넓게 확대시키고 수정 발전시켜 다같이 향유하고 있다는 사실이다.

우리나라에서도 연세대 아동학과 소속의 '연인회'란 인형극단이
어린이들에게 인형극을 공연하고 있다.

　'어린이 극장'이 우리에게 주는 첫번째 의미는 아마도 '지역 공동체'가
자신들을 위하여, 자신들의 아이들을 위하여, 자신들의 지역에서 누리지 못
하기 때문에 누리기 위하여 어떻게 할 것인가? 라는 물음에 하나의 해답을
제시하고 있는 점일 것이다. 다른 곳 — 사람이 아니라 — 이 누리고 있는
무대 문화를 내가 사는 곳 — 나와 내 아이들만이 아니라 — 도 향유하고
싶다는 마음. 그리고 이러한 마음이 든 이상 이것을 성취 못할 이유도 없
다는 생각. 이런 것들이 일본의 지역 사회에 그렇게 빠른 시간에 마른 벌
판의 들불같이 '어린이 극장'을 생기게 한 원동력이지 않았겠는가 하고 생
각해 본다.

　'나까무라 어린이 극장'이 1993년 여름(7월 25일 — 27일 3일간)에 마련한
'시만토강 어린이 연극제' 기획안 첫머리에 박힌 "시민과 시민 단체와 자
치체의 '문화 협동'의 실현"이란 활자가 그 사실을 웅변하고 있는지도 모
르겠다.

　흔히들 한국의 현재 상황은 일본이 예전에 경험한 상황과 비슷하다고들
한다. 1970−80년대의 일본을 빗대지 않더라도 현재 처한 우리의 어린이

문화 환경이라고 하는 것이 입에 올리기에도 부끄러울 정도로 열악하기 짝이 없다는 사실은 누구나 인정할 것이다. 어른들 문화 환경이란 것도 보잘것없는 상황에서 어린이 문화 환경 운운하는 것은 어쩌면 사치스럽기조차 하다. 그렇다고 어른들의 그것이 어느 정도 갖추어질 때까지 아이들의 그것은 기다려야 한다고 말할 것인가?

'공동육아' 운동으로서의 가능성

한국의 어린이 문화 운동 상황을 볼 때, 이 '어린이 극장' 시스템은 문화 중앙 집중 체제하에서 지방이 오랫동안 겪어온 문화적 소외로부터 벗어날 수 있는 하나의 실마리를 제시하고 있다는 점에서 시사하는 바가 크다. 자기는 못 먹고 못 입어도 자기 자식에 대해서는 공포스러울 정도로 사랑을 가지고 있는 우리 사회의 어른들이기에 어쩌면 어른 문화 운동보다도 더 빨리 확산될 가능성이 있을지도 모른다는 생각을 해본다. 이주영 선생이 제시하고 있는 '어린이 책사랑방' 운동과 같은 것이 아마도 한국적 '극장 운동'의 심지 역할을 해줄 수도 있다는 생각이 든다.

그러나 무엇보다도 강조하고 싶은 것은 단독적이고도 선별적인 문화의 향유가 아니라 우리가 같이 누릴 수 있는 문화 환경, 그것도 어린이 문화 환경을 만들어 내는 일일 것이다. '극장 운동'이 그 성장 과정에서 보여준 입장세 철폐 운동이라든지 어린이 관련 예산뿐만 아니라 문화 예산 그 자체의 증액 운동으로의 자연적인 방향 정립은 다 함께 만들어 내는 사회 문화 운동으로서의 성격을 잘 말해 주고 있다고 하겠다. 강조하건대 나와 내 아이들과 함께 남의 아이들도 같이 누릴 수 있는 어린이 문화 환경을 만들어 내는 운동, 그것이 바로 우리가 생각하는 '공동육아'로서의 '극장 운동'으로 통하게 되는 것이지 않을까 생각한다.

한국 사회에서 이러한 '극장 운동'을 참고한 어린이 문화 환경 만들기는 실제적으로 생각해볼 수 있는 것들이 있을 것이다. 이젠 웬만한 중소 도시도 고층 아파트들이 들어서고 이를 중심으로 한 지역 사회가 형성되어 가고 있는 만큼 새로운 형태의 거주지를 지역 공동체화하는 작업을 심각히 고려할 필요가 있다고 생각된다. 그러나 일본과는 사회 구성 원리에서 기본적인 차이를 보이는 한국에서는 지역 사회를 중심으로 하는 조직과 함께 — 혹은 앞서서 — 기존 조직과 단체들을 효과적으로 활용하는 방안도 있을 것이라 생각해 본다. 즉 학교 단위 조직, 직장 단위 조직, 사회 단체 등 기존의 모든 조직과 단체들을 얽어 네트워크화하는 것이 우선 가능할 수도 있다는 말이다.

과정의 '공동' 가능성

앞에서도 보았듯이 무대 예술 작품의 감상을 자신이 있는 곳에서 공동으로 가능케 하는 운동의 뒤에는 작품 감상자와 작품 제공자의 교류와 협력 관계를 결정적으로 필요하게 된다. 이것은 이제까지 개별화되어 있던 관계, 일방적인 관계를 새로 정립할 수 있는 계기를 제공해줄 수 있다는 점에서 또한 '공동'이라고 하는 것의 실현을 가능하게 해줄 수 있을 것이다. 즉, 이제까지 핵화된 존재들로서 '보는' 혹은 '보이는' 관계에서, 같이 만들어 내기 위한 지속적이고 공동적인 관계가 필요하게 된다. 이는 대단히 수동적일 수밖에 없는 어린이 관객을 어린이의 문화를 발전시키는 데 중요한 파트너의 하나인 작품 제공자와 대등한 관계로 설정이 가능케 하고 또한 질을 향상시킬 수 있는 결정적 계기로 작용할 수도 있는 가능성을 내포하고 있는 것이다.

또 하나 지적할 수 있는 것은 무대 예술의 감상 활동에서 중요한 것은 감상 그 자체이기도 하지만 만들어 나가는 과정 그 자체를 같이 경험할 수 있다는 사실이다. 누군가가 일방적으로 선택해서 일방적으로 보여 주는 모임이 아니고 모두의 의견을 기초로 함께 지혜를 모아 감상 작품을 선택하고 결정하고 함께 본다고 하는 과정 자체가 '공동육아'로의 과정일 수 있을 것이다.

이러한 작업 과정이 일회성으로 끝나는 것이 아니고 정기적으로 계속될 때 작품이나 테마 혹은 극장에 관한 대화는 어린이 문화에 대한 관심과 기대를 부풀리게 하는 계기로 작용할 것이다. 또한 작품을 감상한 후에도 그 작품에 대해 느낀 점과 다른 점을 서로의 대화를 통해 확인해 나가고 특히 어른과 어린이 사이에 생각한 것이나 느낀 것을 자유롭게 이야기하는 기회를 통해서 '공동' 화제를 만들어 내고 서로의 세계를 아는 확대 효과도 있을 것이다. 이와 같이 수동적으로 감상하는 것만이 아닌 같이 만들어 내기가 더불어 생각하고 사는 삶의 즐거움을 느끼게 할 것이며 어린이 문화를 넘어선 어떤 것을 만들어 내는 토대로 작용할 수 있으리란 생각도 해본다.

무대 감상 활동에서 출발하여 여러 가지로 새끼치기가 가능한 문화 활동 — 앞에서 소위 '자주 활동'이라 불리워 왔던 것 — 들 역시 준비에서 발표까지 참가자 전원이 역할을 나누고 협력하는 즐거움을 체험할 수 있게 해줄 것이다. 특히 제도권 안에서는 담당할 염두도 그러한 노력조차도 현재로는 잘 보이지 않는 어린이들의 자발적이고 창조적인 의욕을 기를 수 있게 하는 장으로서의 역할을 한몫 담당할 수 있을 것이다. '자주 활동'을 통해 '어린이 자치에 의한 집단'을 지역에 만들어 나가려고 하는 일본의 '극장 운동'의 방향성은 우리에게도 그 시사하는 바가 크다고 할 수 있겠다.

후쿠오카에서 시작된 '어린이 극장'은 아마도 처음에는 문화 소외지에서도 '문화'를 향유해 보겠다고 출발한 일본적 계모임이었을지도 모르겠다. 한국 사회의 특징을 단순한 혈연 원리에 충실한 사회로 규정짓지 않고, 계와 같이 혈연 집단 혹은 마을 집단을 얽어서 횡적 종적 연결이 가능케 하는 시스템에 주목하는 한국 연구자들도 많이 있다.[25] 즉 우리의 경우는 계에서 출발하는 것도 하나의 전통적 시스템을 활용하는 방법으로서 검토해 봄직하다는 말이다. 아무튼 이 시스템의 핵심을 파악하고 필요하다면 이를 한국 사회에 접목시키는 일에 있어서는 우리 모두가 지혜를 짜볼 필요가 있을 것이다. 이를 위해서는 어른 문화 운동으로 이미 굳건한 틀을 마련한 '시민 극장' 시스템을 동시에 살펴볼 필요가 있으나 이는 다음 기회로 미루도록 하겠다.

(2) 과제에 대신해서 — 또 다른 걱정들

지역 사회 내에서 어린이 문화 창조와 문화 환경 만들기 운동으로서 확대 전개되어온 이 '극장 운동'은 이제 서른 살이라는 장년기에 들어서려고 하고 있다. 그 전국 조직체인 '어린이 극장 전국 연락회'는 1994년으로 성년식 — 20주년 — 을 맞게 되며, '나까무라 어린이 극장'만 하더라도 열두 살이 넘어 중학생이 되려고 하고 있다. 그러나 앞서 지적한 대로 어린이들을 둘러싼 일본의 환경은 아직도 썩 좋아 보이지만은 않는다.

'나까무라 어린이 극장'이 맞닥뜨리고 있는 문제도 그 해결이 쉽지만은 않은 것들이다. 가령 국민학교 고학년이 되면서, 혹은 중학교로 진학하게 하면서 학원이나 과외 등으로 시간이 치중됨에 따라 어린이 회원이 감소하는 문제,[26] '블럭회'의 경우와 같이 직장 전근 등으로 인하여 중심 멤버가 빠지게 되고 어른 회원이 감소되는 문제 등이 그것이다.[27] 활기 있고 젊은 어머니들의 충원 문제와 더불어, 청년이나 아버지 등과 같은 남자들의 적극적인 참여 문제도 앞으로 극장이 풀어 나가야 할 중요한 과제의 하나로 보인다.

이와 함께 1990년대에 들어서면서 보이기 시작하는 사회 환경의 변화도 무시할 수 없을 것 같다. 1993년 9월부터 시작되는 '학교 5일 수업제' — 토요 휴업제 — 로 인한 거시적 환경의 변화는 그에 따른 여유 시간을 어떻게 유효하게 이용할 것인가 등의 문제를 야기시키고 있는 실정이다. 예전에 어린이와 부모를 위해 '어린이 극장'이 해왔던 활동을 지금은 다른 단체에서 하게 됨에 따라 생기는 역할 분담 등의 문제도 있다. 또 '중앙(中央) 블럭' 같이 시의 중심에 있는 블럭의 경우는 점점 옆집과의 교류도 없어지게 되어 서로 모르는 사람이 늘어나고 있기도 하다.

이러한 일본 사회의 변화 속에서 많은 문제와 과제를 안고 있는 '나까무라 어린이 극장'의 어른들은 지금 그야말로 근본적인 '걱정'들을 다시 되새김질하고 있는 듯하다. 그런 어른들의 '안창에의 속상한 드레박질'(신동엽, 1975 : 65)과 같은 '물음'들을 전하면서 마무리에 대신할까 한다.

'아이들을 위해서'라고는 하지만, 그게 정말 아이들 쪽에서 좋은 것인지? 혹시나 어른들의 잣대로 재고, 어른들의 머리로 생각한 것을 강요하고 있는 것은 아닌지? 혹시나 부모의 특권으로 아이들을 움직이게 하고 있는 것은 아닌지? 지금 아이들은 '너희들을 위해'라고 쉴새없이 말하는 사회 속에서 자신들이 하고 싶은 것을 하고 있는지? 자신들이 말하고 싶은 것을 말하고, 자신이 생각한 것을 행동에 옮길 수 있는지? 본래 아이들이 가지고 있는 자유 분방함, 무계획성 등과 같이 미완성 그 자체로서 좋은 점을 잃어 가게 하고 있는 것은 아닌지? 아니, 애초부터 자랄 틈도 주지 않고 있지는 않은지? 아이들에 대한 부모 생각이 너무 강해서 아이다움의 귀중함을 끌어내 주지도 못한 채 성장시켜 버리고 있는 것은 아닌지? 그래서 '나까무라 어린이 극장' 예회도, 자주 활동 계획도 언제나 바로 거기서 제자리 걸음을 하고 있는 것은 아닌지?
아이들 소리를 우리는 들을 수 있는가?
아이들은 무엇을 보고 싶은 것일까?
무엇을 하고 싶은 것일까?
— 〈제12년도 정기 총회 토의 자료〉 중에서 ■

* 주

1) 코오치(高知)현 나까무라(中村) 시라는 곳에서 1987년 5월부터 1988년 11월까지 현지 조사를 하였다.

2) 이 글은 1993년 2월 나까무라시를 방문하였을 때 행한 조사와 수집한 기초 자료에 의한 것이다. 이 자리를 빌어 나까무라시에 '어린이 극장'의 씨를 뿌리고, 현재까지 사무국 일을 맡아 하고 있는 히라츠카 세이코(平塚誠子) 씨에게 감사의 말을 전하고 싶다. 동시에 사무실 한쪽 구석에서 두살박이 아들을 보면서 나와 부인의 대화에 방해되지 않도록 마음을 써준 세이코 씨의 남편 ― 나와는 87년 이래의 오랜 친구이기도 한 ― 히라츠카진(平塚仁) 씨에게도 고마운 마음을 전하고 싶다.

3) 예를 들면 한 지역에 있는 보육원 별로 서클을 조직한다든지, 시청과 같은 지방 자치체나 건설성 산하 기관과 같은 중앙 정부 출장 공공 기관 안에서 회원을 확보하여 서클을 만드는 것 등이 그것이다.

4) 회원은 현재 월 900엔(4세 이상으로 어른 / 어린이 남녀 공통)씩을 회비로 내고 있는데 이는 예회 비용, 즉 공연 유치료로 쓰임과 동시에 모임의 활동 유지에 쓰이게 되는 것이다. 예회 비용은 초청하는 공연의 금액과 경비에 따라서 달라지게 되므로 일정치는 않으나 대개는 1년에 4회 내지 5회 공연 감상 기회를 가지게 된다.

5) 중심가에서 조금 벗어난 지역인 시모다 지구(下田地區)에 거주하는 회원 45명, 두 개의 보육원 등을 포함한 5개의 서클을 묶은 것이다.

6) '나까무라 어린이 극장' 경우는 재정상 이유로 사무국장 혼자서 일을 맡고 있다.

7) 사무국 상근자에 대한 급료 규정('나까무라 어린이 극장 상근자 사무국 활동비에 관한 결의 사항')을 간단히 정리하면 다음과 같다. 초임금은 8만 엔으로 되어 있으며, 활동비(월급)는 기본급의 3%가 매년 정기적으로 승급된다. 특별 활동비(보너스)는 년 2회이며 여름철에 기본급의 1개월분, 겨울철에 2개월분, 합쳐서 3개월분이 지급된다. 이외에도 통근 수당, 가족 수당, 주택 수당, 출장 수당 등이 붙게 되며, 근무 연수에 따른 퇴직금과 공제 제도가 있다. 이상은 총회에서 결정 승인을 받게 되어 있다.

8) '나까무라 어린이 극장'의 회계 년도는 10월 1일부터 다음 해 9월 30일까지로 되어 있기 때문에 총회는 대개 10월에 열리게 된다. 운영 위원장의 소집으로 열리게 되며, 운영 위원회가 필요하다고 인정하는 경우에는 임시 총회를 열기도 한다.

9) 대의원이란 '서클' 대표자로 대개는 '서클장'이 그 역할을 맡게 되며, 회원수가 많은 '서클'에 대해서는 10명당 1명을 선출한다.

10) 이 위원회는 구성원 과반수 출석으로 성립되며, 의결에는 출석자 3분의 2 이상의 찬

294

성을 필요로 한다. 위원회는 원칙적으로 월 1회 이상 운영 위원장이 소집한다.

11) 운영 위원과 사무국원으로 구성되며 운영 위원장이 필요에 따라 소집한다. 이 모임 에서의 결정은 구성원 3분의 2 이상의 찬성을 필요로 한다.

12) 이들 임원 모두는 총회에서 선출되며 임기는 1년이다.

13) 회원수는 사실상 매년 매달 변동해 왔다. 년도 중 매달 회원수에 변동이 있는 것은 '예회'가 있는 달과 없는 달에 따라서 회원수가 달라지기 때문이다. 때문에 년간 회원수를 잡을 경우, 월평균 회원수로 계산을 하기도 한다. 제11년도(1991.10 – 1992. 9)의 월평균 회원수는 705명으로 잡혀 있다. 년간 변동을 보면, 가령 1991년 2월 현재 654명이었던 회원이 1992년 2월에는 786명으로 132명이 늘었다. 그 중에 신입이 324명이고 탈퇴가 192명이다. 이 때문에 극장 측에서는 매년 9월의 회원수로 그해 회원수 동향을 파악하고 있는데, 1982년 발족 이후 1992년까지 10년간의 회원수 추이를 보면 다음과 같다. 제1차 년도에 759명이었던 것이 그 다음해인 제2차 년도에는 820명으로 비약적인 발전을 하였으나 제3차 년도부터는 감소하기 시작해 제5차 년도인 1986년에는 658명까지 떨어진다. 그 이후로는 굴곡이 있긴 하지만 700명 전후를 유지하고 있다. 제8차 년도인 1989년에는 834명까지 올라간 적도 있다.

14) 세대수로 치면 296세대이다. 그 중에서 맞벌이 세대수는 약 180세대이다(1992년 2월 현재).

15) 1971년 오오사카(大阪) 대학에서 발생하였다. 자세한 것은 西井(1989) 참조할 것.

16) 그 후 1978년에는 '關東甲信越'이 '關東'과 '北信越'로 따로 분리되고, 1980년에는 '西日本'이 '九州沖繩'과 '中四國'으로 독립하게 되었다. 현재는 모두 10개의 '지방 연락회'가 있다.

17) 당시의 극장세법 비과세 규정에 의하면 '학교 교육법'에서 규정한 '학교 교육'에 해당하는 극 관람의 경우에는 비과세로 하기로 되어 있었다. 그러나 '교육 기본법'에서는 '학교 교육'과 '사회 교육'이 교육의 근간을 이루는 것으로 규정하고 있다. 이에 '어린이 극장'의 '예회' 활동은 어린이를 위한 산 교육이며 불가결한 '사회 교육' 활동이기 때문에 비과세가 당연하다는 것이 극장 측의 주장이었다.

18) 당시 회원으로 약 5만 명이 가입하고 있었는데 서명수는 11만 3,533명에 달했다고 한다.

19) 가령 지역 문제, 경제 문제 등이 심각한 걸림돌이 되고 있던 오키나와 경우는, '예회'를 한번 개최하기 위해서는 교통비 등과 같은 적지않은 경비 부담이 필요하였다. 이에 연락회에서는 그것을 보조하는 형태로 협조와 지원을 아끼지 않았다.

20) 1984년 4월에 문화 예산 증액 서명 행동이 시작된다.

21) '쥬쿠'는 전국에 우후 죽순격으로 파급된다. 동시에 일본 인구의 과반수가 전후에 출생한 사람들로 차지하게 된다. 1978년에는 어린이 자살 사건이 다발하고 '소년 비행'이 전후 제3의 피크를 맞는다. 그 다음해에 제정된 '국제 아동의 해'가 무색할 정도로 어린이 흉악 사건, 자살이 속발하며 동시에 저연령화의 추세를 보이기 시작한다. 사태는 80년대에 들어오면서도 호전될 기미는 보이지 않고 '베이비 호텔'과 같은 탁아 사업이 급성장하게 되는데 이후 2년여 동안 이 업계는 난전 양상을 띤다(Chung, 1992). 학생이 선생을 구타하는 교내 폭력이 중학교에서 성행하고 '소년 비행'도 증가 일로를 보인다. 심지어는 학생의 폭력에 인내의 한계점에 달한 선생이 과도로 학생을 찔러 살해하는 사건마저 발생하게 된다. 이와 같은 '가정 내 폭력,' '교내 폭력' 등을 '소화(昭和)'라는 시간틀 안에서 '군중의 욕망 = 범죄의 민속학'이라는 관점으로 접근을 시도하고 있는 色川(1990:286-297)는 시사하는 바가 크다.

22) 하코네(箱根)의 아시노코(芦の湖)에 모인 청년 회원 550명은 '극장 운동'에서 청년의 역할에 대해 의견 교환을 함과 동시에 전국 각지에 자기와 같은 목적을 가진 또래들이 있다는 것에 용기를 얻게 된다. 이 '청년 교류회'는 제1회로 명명된 후로 정기적으로 개최되는데 각지의 청년 활동을 활성화시키는 데에 대단히 큰 역할을 하게 되었다.

23) 1983년 4월에 하코네(箱根)에서 전국 고교생 교류회, 1983년 7월 후쿠시마(福島)에서 '어린이 자치 집단을 기르기 위한 전국 연구회'가 열렸다.

24) 1980년대 말부터 그 증상이 보이기 시작한 '제2차 과소 시대의 도래'로 인하여 인구 재생산조차 불가능해진 지역 사회가 생겨나고 있다. 코오치현의 경우 1961년부터 1985년까지 25년 사이에 2,630개에서 2,602개로 28개 집락이 소멸해 왔으며, 1985년 이후에도 집락 규모가 9호 이하로 언제라도 소멸 가능성이 있는 집락이 152개나 존재하고 있다(福田 1989).

25) 伊藤(1977) 등이 그 대표적인 예의 하나이다.

26) 비성인 회원 중 4세부터 국민학교 저학년(9세)까지가 374명으로 약 71%를 차지하고 있다. 그러나 국민학교 고학년(12세)까지를 포함하게 되면 전체 회원의 약 95%를 차지하게 된다. 이와 같이 저연령 아동 — 즉 4세에서 국민학생까지 — 이 비성인 회원의 대부분을 차지하게 되는 것은 물론 '어린이 극장'이 갖는 특징 즉 어린이를 위해 어린이를 대상으로 활동하기 때문에 극히 당연한 듯이 보이기도 한다. 그러나 간과할 수 없는 것은 나까무라시와 같은 지방 소도시가 갖는 특성 즉 상급 학교로 진학

할수록 대도시로 빠져나가 버리는 경향 때문이라는 것이다. 이와 함께 아버지와 청년을 합한 성년 남자 수가 극히 적은 것도 젊은 남자층의 외부 유출이 심한 지방 도시의 특징으로서 주목할 만한 점이다.

27) '나까무라 어린이 극장'이 회원 확보의 중요한 지표로 잡고 있는 것에 '재정 기초 회원수(財政基礎會員數)라는 것이 있다. 이것은 '예회'를 성립시키기에 필요한 재정을 확립할 수 있는 기본적인 회원수의 가이드 라인이다. 현재 극장 측이 확보 기준으로 잡고 있는 회원수는 730명으로 되어 있다.

＊ 도움받은 글

신동엽, 1975,《신동엽 전집》, 창작과 비평사.

福田善乙, 1989,〈地域經濟構造の實態と地域再生への基本的視點 ― 高知縣を事例として〉,《社會科學論集》, 57:1-50, 高知:高知短期大學

色川大吉, 1990,《昭和史世相篇》, 東京:小學館

伊藤亞人, 1977,〈契システムにみられるChinhan saiの分析 ― 韓國全羅南道珍島における村落構造の一考察〉,《民族學硏究》 41(4):281-299, 東京: 日本民族學會

西井一夫編, 1989,《昭和史全記錄》, 東京:每日新聞

Chung,Byung-Ho, 1992, *Childcare Politics:Life and Power in Japanese Day Care Center*, Ph.D.Dissertation, University of Illinois at Urbana-Champagne.

＊ 글쓴이 김양주는 1956년 여름 전남 여수에서 태어나 마산, 전주 등지를 떠돌며 자랐다. 국민학교 4학년 때부터 서울에 정착하여 살았다. 대학에서는 일본어를 공부하고 일본 동경 대학에서 문화 인류학을 전공하였다. 한양대와 중앙대 등에서 인류학, 현지 조사 방법론, 일본 문화론 등을 강의하며, 일본 사회와 문화의 인류학적·민족지학적 탐색 작업을 계속하고 있다. 그러나 일본 사회·문화에 관한 이해와 대화를 위해서는 그것을 바라보는 눈, 즉 한국 사회가 가진 인식 틀에 대한 파악과 검증이 전제되지 않으면 안된다는 생각에서 소위 '일본 인식론' 작업에 현재 많은 관심을 쏟고 있다.

공동육아의 이념,
철학, 방법론

공동육아란 무엇인가

조형

'공동육아'라는 용어가 점차 확산되고 있는 최근의 사정은 그 의미를 명확히 해야 할 필요를 낳게 되었다. 이 글에서는 공동육아의 개념이 전제하고 있는 아동관, 육아관, 사회관 등의 가치관과 사회적 조건들을 중심으로 그 의미를 정리한다.

1. 아동과 육아에 관한 사고(思考)의 전환

현재 우리는 일차적으로 부모가 양육 책임을 지고, 부모가 없거나 또는 부모와 기타 가족원이 책임을 질 능력이 없을 경우에만 정부가 맡는 고전적인 '협동 육아'의 방식을 택하고 있다. 즉, 가족('자녀 양육')과 국가('아동 복지')가 분업적으로 협동하는 체계인 것이다. 앞으로의 육아는 이러한 현행 육아 제도와는 다른 공동체적 협동 체계의 틀 안에서 이루어지는 것이 바람직하다. 여기에서 '공동'이란 추상적이 아닌 '구체적'인 공동이고, '협동'도 기계적인 분업이 아닌 '참여적' 협동을 뜻한다. 즉, 가족과 사회가 공동으로 육아의 책임을 지며, 양자의 적극적인 관심과 참여를 통해 미래 사회의 주인공들을 양육하는 것이다.

(1) 부모는 누구나 육아 전문가?

아이는 각 가정에서 부모가, 혹은 부모의 사정이 여의치 않을 경우에는 그 역할을 대신할 가족원 중 누군가가 기르는 것을 당연한 일로 대부분의 사람들이 받아들이고 있다. 또 그렇게 행하고 있다. 부모들에게는 어떻게 기르면 아이가 성장해서 성공을 할 수 있을까, 그리고 어떻게 하면 결혼을 잘해서 화목한 가정을 이루고 행복하게 살게 할 수 있을까를 고민하는 것은 어떤 다른 일보다도 벅찬 일이다. 자녀 양육의 문제는 오늘날 거의 모든 가정의 가장 심각한 과제가 되었고, 많은 부모들은 아이들을 위해 '희생하며' 살고 있다고 스스로의 삶의 의미를 아이들에게 걸고 있기도 하다.

그런데, 아이란 과연 누구인가? 아이는 왜 각자의 부모가 길러야 하나? 부모가 아이들을 기르고 있는 방식이 아이의 요구나 권리에 부합되는가? 아이를 기르는 부모의 권리와 의무는 무엇이고, 아이의 권리와 의무는 무엇인가?

이런 질문들은 자칫 엉뚱한 것들로 들릴 수 있다. 우리의 상식과 법률에 의하면, 아동은 부모의 자녀이므로 부모가 일차적으로 양육을 책임지며, 여기에 실패한 경우에만 사회(정부)가 보호, 지도를 하는 것으로 되어 있다. 이러한 인식과 관행에는 첫째로, 부모는 당연히 아이가 무엇을 필요로 하는지를 가장 잘 알고 있는 데 반해, 아동은 미숙하고 미성년자라는 전제가 깔려 있다. 둘째로 부모는 아이를 위해서 최선을 다해 양육을 할 것이며 다른 어떤 주체보다 양육의 책임을 잘 수행할 수 있는 능력을 지니고 있다는 전제가 있다. 이러한 전제들은 전적으로 부모 중심적, 혹은 가족 중심적인 아동관, 양육관의 기초가 된다. 이러한 논리에 의하면, 아동의 권리나 요구 따위의 개념은 말도 안되고, 아동 양육은 부모의 권리이자 의무인 것은 물론이며, 부모 이외에 누구도 더 나은 양육 결과를 가져올 수는 없을 것이라는 주장이 당연하게 받아들여질 것이다.

그런데 이러한 부모 중심적 아동관, 양육관이 과연 현실적으로나 과학적으로 옳은 것인가? 먼저, 부모 중심적 아동관 내지 육아관이 과연 과학적으로 옳은 것인가를 보자. 이것은 위에 지적한 두 가지의 전제를 검토해 보면 알 수 있다. 아동은 미숙하고 부모는 아이의 필요를 가장 잘 이해한다는 첫번째의 전제를 보자. 아동의 개념은 그 자체가 신체적, 정신적 미숙성으로 정의되며, 특히 영유아는 성인의 보호와 지도가 없이는 생존할 수 없다는 것은 틀림없는 사실이다. 그러나, 그렇기 때문에 육아에 필요한 아동의 요구를 부모가 잘 알고 있다는 논리가 자동적으로 성립할까? 성인은 아동에 비해 정보가 많고 새로운 정보를 습득하는 속도가 빠르므로 육아 상식에도 접근이 쉽다. 그러나 이때 그 성인이 반드시 부모, 특시 생물학적 부와 모이어야 할 근거는 말하기 어렵다. 이것은 부모가 아이를 위해서, 최선을 다해서, 그리고 다른 성인들보다 더 잘 양육할 수 있다는 두번째 전제의 문제점들과 연결된다. '아이를 위한다'는 것은 무엇이고, 과연 얼마나 많은 부모들이 이 문제를 진실로 고민하며 육아를 하는가? 또, 부모가 최선을 다해 육아를 한다고 할 때, 그 '최선'이 바람직한 미래 성인을 기르는 데에 충분하다고 자신있게 말할 수 있을까? 이러한 의문들을 제기하다 보면, 우리가 지닌 부모 중심적 아동관, 육아관의 전제들은 앞으로 검증되어야 할 많은 문제들을 지니고 있다는 것을 깨닫게 된다. 나아가, 오늘날 부모들은 과학적 이론에 뒷받침되기보다는 상식화된 믿음이나 신화, 혹은 그렇게 믿고 싶은 '희망 사항'에 기대어 자녀들을 기르고 있다는 것을 알게 된다.

아이는 당연히 부모가 길러야 한다는 믿음은 현실적으로도 관철되지 못하고 있다. 오늘날 아동 양육의 과정에는 부모와 가족 이외의 잡다한 요인들이 개입하고 있는 것이 현실이다. 우선, 병·의원, 대중 매체, 놀이방, 유치원, 학교 등이 육아에 직접 개입한다. 더욱이 자본주의적 산업화가 진행되면서 상품 시장이 팽창하게 되었으며, 예전에는 집에서 만들어 썼어야 했던 육아에 필요한 물품들을 거의 전부 시장에서 구입하여 쓰게 되었다. 이제 부모는 예전에 했던 것처럼 아이를 위해 무엇을 어떻게 만들어줄 것인가를 결정할 수는 없다. 부모가 할 수 있는 일은 시장에 어떤 물품이 나오고 아니고를 결정하는 것이 아니라, 이미 공장에서 만들어져 시장에 나온 상품 중에서 골라 선택하는 정도의 일이다. 즉 소비자로서의 역할을 할 뿐이다. 물론 때로는 소비자로서 생산자에게 요구도 하고 고발도 한다. 그러나 의료, 교육, 대중 매체와 기업들은 일차적으로 그 자체의 제도와 조직 원리에 의해 운용되므로, 소비자인 부모의 요구나 취향이 영향을 미칠 수 있는 데에도 한계가 있기 마련이다. 단적인 예를 들어, 어린아이들에게 텔레비전 프로그램이나 전자 오락이 어떻게 영향을 미칠 것인가에 대해 요즈음 부모들은 걱정을 하면서도, 확실한 이론적 근거와 지침을 갖지 못한 상태에서 어쩔 수 없이 아이들을 방송 산업과 전자 산업에 의탁하고 만다. 이렇듯 가정 밖의 요인들은 부모의 의사에 상관없이 점점 더 양육 과정에 개입하게 되는 상황에서 이제는 전적으로 부모가 책임지고 아이를 키울 수 있는 환경 조건은 찾기 어렵게 되었다.

이러한 현대 사회의 현실적 조건이 오늘날 부모들을 불안하게 만들고

있는 중요한 원인이 되고 있다. 그렇다면 그 대안은 무엇인가? 공동육아라
는 이 책의 주제는 아동과 육아를 아동 중심적 시각에서 그리고 미래 지향
적으로 정의하고 실천하는 방식이다.

(2) 부모 중심에서 아동 중심으로

아동 중심적 아동관이나 육아관이 전혀 새로운 것은 아니다. 우리는 소파
방정환 선생을 비롯한 아동 운동가, 문학가, 학자 등을 쉽게 떠올릴 수 있
다. 뿐만 아니라, 이미 서구에서 전개되고 있고 우리에게도 부분적으로 도
입되고 있는 아동 복지 제도는 아동의 개체적 중요성과 권리를 어느 정도
인정하지 않고는 도입이 불가능한 것이다.

아동을 권리자로 인식하는 것은 서구에서도 20세기에 들어와서의 일이
다(주정일 외, 1981). 아동의 권리 개념은 거의 모든 경우에 그들의 생존과
성장을 성인에 의존해야 하는 위치, 그리고 신체적·정신적·사회적 발달
에 필요한 요구에서 그 근원을 찾을 수 있다. 아동의 권리에 대한 개념은
크게 보수적 혹은 온정적 방식과 진보적 혹은 해방적 방식이 구분될 수 있
다. 보수적 개념은 아동의 미숙성(未熟性)을 강조하고 아동을 보호 대상으
로 규정하여 아동에게는 보호와 교육의 대상으로서의 권리만을 제한적으
로 인정할 뿐이다. 즉 성인, 특히 부모의 아동 보호 책임과 권리를 우선시
하면서 아동의 권리를 인정하는 것이다. 이렇게 정의하면 아동의 책임은
중요시될 수 없다. 스스로 책임을 질 능력이 없는 것이 바로 아동이기 때
문이다.

이에 반해서, 진보적 시각에서는 '아동 보호'가 아니라 '아동 권리 보호'
를 중시함으로써, 아동의 자결권(自決權)을 포함하여 모든 위험과 속박으로
부터 해방될 권리 등 성인과 똑같은 인간으로서의 기본 권리를 인정한다
(Bainham, 1988). 즉 성인과 마찬가지로 아동의 인간적 존엄과 자율성을 인
정하고 아동도 권리의 주체임을 강조하는 것이다. 진보적 개념에 의하면
위험으로부터의 보호와 교육을 받을 권리는 아동만이 아니라 성인의 권리
이기도 하다. 다만 종류와 형태가 다를 뿐이다. 또한 아동의 권리뿐만이 아
니라, 책임도 강조된다. 스스로 신뢰와 자발성을 구축할 책임, 건설적인 사
회 변화를 담당할 수 있도록 능력을 계발할 책임, 양육을 책임지는 성인에
게 협력할 책임 등이다(Costin & Rapp, 1984).

사회 복지 제도가 발달한 사회에서 아동 복지는 다음 두 가지의 특징적 변화를 보인다. 첫째로, 부모의 요구나 권리보다는 원칙적으로 아동의 이익 (best interest)을 우선시하는 방향으로 발전한다. 아동은 부모의 소유물이 아니며 부모들의 이익을 위해 사용되거나 희생되어서는 안된다는 인식이 강화되는 것이다. 예를 들어, 부모간의 갈등이나 부모의 자녀 학대 등의 경우 성인보다 아동이 우선시되고 아동의 권리와 이해가 법의 판결에 가장 중요한 결정 요인으로 작용한다. 둘째로, 아동의 요구·권리·책임의 개념이 발전하면서 아동 복지가 소수의 피해 아동에게만 해당하는 것이 아니라 전체 아동에게 확대 적용되는 경향이 전개된다. 이제 아동 복지는 특수 계층의 아동이나 고아와 장애아와 같은 특수 아동에 대한 보호의 차원을 넘어, 모든 아동의 생존과 건전한 성장을 보장하는 일이 되는 것이다.

이러한 선진 사회의 경험에서 우리는 아동과 양육에 대한 사고(思考)의 틀이 부모 중심에서 아동 중심으로 전환해 왔음을 본다. 그런데, 이 글에서 의미하는 공동육아의 기본 원리는 아동의 미숙성보다는 독자적인 주체성을 강조하는 진보적 권리 개념에서 한걸음 더 진보적인 특성을 띤다고 할 수 있다. 권리 개념은 어디까지나 개인 중심적 사고에 기반하는 데 반해, 공동육아 개념은 아동이 사회 속의 개체임을 중시하고 그들이 양육되는 사회 환경과 앞으로 만들어 갈 사회의 성격에 주목한다. 다시 말해서, 아동의 개체성, 주체성과 더불어 육아의 역사성과 사회성을 강조하는 철학적 기반 위에 공동육아의 의미를 찾는 것이다.

2. 공동육아의 이념적 요인

(1) 새 육아 체계로의 변화

현대 사회의 크고 작은 여러 변화들이 아동, 육아, 아동 복지에 대한 새로운 인식과 관행을 요구하게 되었음을 위에서 보았다. 이런 변화는 기술이나 경제에 비해 서서히 진행되어 왔고, 사회마다 편차가 있는 것도 사실이다. 그러나 전반적인 변화 추세를 다시 정리해 보자면,

첫째, 아동은 부모의 자녀임과 동시에 성장 과정에 있는 주체적 인간이라는 인식이 강화되고 있다. 아동은 아직 미숙하기는 하지만 전적으로 무력한 존재가 아니며 성장의 잠재력을 지닌, 적극적 가능성인 것이다. 이에

신촌 지역 공동육아 협동 조합원 모임. 오늘날의 육아는 과거와 같이 가정에서
부모와 가족원에 의해 수행되는 것이 아니라 사회가 다양하게 개입함으로써 부모와 사회가
'공동'으로 육아를 하는 방향으로 변화하고 있다.

따라 육아는 기본적으로 아동의 성장을 돕는 일이 된다. 아동은 혼자의 힘
으로만 자랄 수는 없는 신체적, 정신적 조건으로 인하여 다만 성장을 위한
보조가 필요한 것이다.

둘째, 현대 사회에서 육아 담당 주체는 부모를 포함한 성인들과 그들이
만든 사회 문화적 구성물이다. 이제는 폐쇄된 환경에서 부모나 다른 특정
한 성인들만에 의해 전적으로 아이를 키우는 일이 일어나지는 않는다. 사
회의 여러 분야에서 육아 과정에 직접 간접으로 개입하는 힘이 증대되고
있다.

셋째, 육아 과정에서 점차 부모의 편의나 권리보다는 아동의 권리와 이
익이 중요시되고, 이를 위해 사회가 공공 이익을 증대시키는 방편으로 제
도적으로 개별 아동들의 복지에 개입하는 범위가 확대되고 있다.

이러한 경향들은 오늘날의 육아가 과거와 같이 가정에서 부모와 가족원
에 의해 수행되는 것이 아니라 사회가 다양하게 개입함으로써 부모와 사회
가 '공동'으로 육아를 하는 방향으로 변화하고 있음을 시사한다. 그러나

306

이때의 '공동' 육아의 현상은 어떤 계획에 따른 것이 아니라 다양한 사회
적 변화들이 가져온 의도되지 않은 결과이다. 즉, 자본주의적 시장이 확대
되고 가족의 구성과 결혼 양태가 변화하고 출산 행태에 변화가 이루어지고
경제와 가족 등 사적 영역의 문제에 국가가 개입하는 기능이 증대하는 등
의 외부 조건의 변화에 따른 것이지, 어떤 체계적인 육아 이념의 변화에
입각해서 결과된 것은 아니다. 이제 우리는 과거에 집착하면서 사회적 변
화에 수동적으로 적응만 해가는 태도에서 벗어날 필요가 있음을 절감한다.
즉, 이러한 현실에 직면하여 미래를 조망하면서 새로운 육아관을 형성하고
거기에 기초한 새로운 육아 방식을 만드는 것이 이 세대의 역사적 임무라
고 생각하는 것이다.

새로운 육아 이념은 이제까지 이미 일어난 사실들에 대해 추후에 이를
정당화하는 짜맞추기식 이념이 아니라, 미래 사회의 청사진을 그릴 수 있
고 공동육아를 체계적으로 계획할 수 있는 기반이 되는 사회 이념의 일부
분이어야 한다. 그렇게 될 때만이 비교적 안정적이고 덜 모순적인 공동육
아 체계를 갖게 될 것이기 때문이다.

공동육아라든가 이념 등을 거론할 때 북한이나 다른 사회주의 사회의
탁아 제도를 연상한다면 그것은 큰 오해이다. 그들 국가에서 탁아 제도가
발달한 것은 사실이다. 아이들이 어려서부터 국가에서 운영하는 탁아소나
유아원에서 온종일 생활하는 사회주의 탁아 제도는 두 가지의 기본적인 체
제적 요구 내지 의도에 기초한 것이다. 하나는 여성들의 노동력을 동원하
는 것이고, 다른 하나는 사회주의 체제에 순응하는 인간을 만드는 계획이
다. 이 책에서 말하는 공동육아는 이러한 사회주의 탁아 제도와는 전혀 다
른 이념적 바탕을 가지며, 따라서 국가에 의한 양육이 아니라 부모와 여타
의 사회적 조직이 주체가 되는 형태를 띤다.

(2) 공동육아의 의미와 이념적 요소

이 책에서 말하는 공동육아는 아동의 성장을 돕는 일을 부모만이 아니라
사회가 공동으로 책임지고 수행하는 것을 말한다. 아동의 부모는 물론 육
아에 관련된 각종 사회 조직과 집단이 육아의 책임 담당자가 되어 우리 사
회의 미래 성원을 신체적으로나 정신적으로 건강하게 양육하는 과정에 적
극적으로 참여하는 것이 바로 공동육아 개념의 핵심이다.

공동육아가 우리에게 전혀 새로운 것은 아니다. 예전에는 핵가족보다 큰 친족 집단이나 지역 공동체 안에서 공동육아가 자연스럽게 이루어졌었다. 그러나 현재는 그러한 옛 육아 환경을 발견하기가 매우 어렵고, 친척이 도와주는 경우에도 가까운 친척에 국한되어 공동육아에 참여하는 사람의 범위가 매우 제한되며, 공동육아라고 하더라도 육아 책임을 우선적으로 지는 부모를 도와주는 것이지 책임까지 공동으로 지는 경우는 별로 없다. 이러한 상황에서 공동육아를 개념화하기가 어렵게 느껴질 수도 있다. 하지만 대단히 어려운 일도 아니다. 개개인들과 그들이 만든 집단은 사회와 분리되어 존재할 수 없는 사회의 구성 요소이자 자발적 참여자로서 사회를 만드는 주체라는 민주주의 규범 ― 우리가 흔히 말로는 하지만 그 심오한 의미를 파악하지도 못하고 실제 행동으로 연결시키지도 못하며 살고 있는 이상식적 지식 ― 을 육아에 적용하는 것에 불과하다.

앞으로 전개시켜야 할 공동육아 형태는 앞에서도 지적하였듯이 우리 사회에서 일반적으로 발견되는 형태의 공동육아와는 다르다. 현재 우리는 일차적으로 부모가 양육 책임을 지고, 부모가 없거나 또는 부모와 기타 가족원이 책임을 질 능력이 없을 경우에만 정부가 맡는 고전적인 '협동 육아'의 방식을 택하고 있다. 즉, 가족('자녀 양육')과 국가('아동 복지')가 분업적으로 협동하는 체계인 것이다. 앞으로의 육아는 이러한 현행 육아 제도와는 다른 공동체적 협동 체계의 틀 안에서 이루어지는 것이 바람직하다. 여기에서 '공동'이란 추상적이 아닌 '구체적'인 공동이고, '협동'도 기계적인 분업이 아닌 '참여적' 협동을 뜻한다. 즉, 가족과 사회가 공동으로 육아의 책임을 지며, 양자의 적극적인 관심과 참여를 통해 미래 사회의 주인공들을 양육하는 것이다.

이러한 공동육아의 개념은 내용적으로 몇 가지의 이념적 요소를 내포한다. 첫째로, 민주주의 시민 개념이다. 부모와 아동은 모두 사회의 일원으로서 기본적인 권리를 공유하고 사회를 만들어 가는 주체이다. 여기에서 다시 강조해야 할 것은 아동 권리의 개념이다. 진보적인 아동 중심적 아동관은 아동의 권리를 존중하고 성인과 동격의 존엄성을 인정하는 점에서 보수적인 부모 중심적 아동관에 비해 민주주의 이념에 보다 가깝다. 여기에 더하여, 아동은 미래의 주역으로서 현재의 주역인 성인들에게 건강한 사회제도와 환경을 형성해줄 것을 요구할 권리가 있다고 본다. 이것은 두번째의 이념적 요소, 즉 미래 지향성과도 관련된다.

육아는 미래의 성인이 형성되는 과정의 일이다. 따라서 육아 행위는 모두가 미래에 어떤 결과를 낳는다. 그러나 항상 미래를 염두에 두고 육아를 하는 부모는 그리 많지 않은 것 같다. 개별 부모의 육아 행위는 물론이고, 공동육아의 경우 필수적 요건 중 하나가 미래 지향성이다. 우리는 어떤 미래 사회를 만들 것인가, 그리고 이를 위해 어떤 능력과 성향을 지닌 사람을 키울 것인가에 대한 체계적인 연구에 기초하여 육아를 할 책임이 있다.

현재의 아동이 미래의 성인임은 명백한 사실이지만, 그들이 자라서 어떤 성인이 되고 어떤 환경에서 어떤 사회를 만들며 살 것인가는 불확실하다. 공동체적 육아가 개별적 자녀 양육에 비해 유익한 점은 이러한 불확실성을 감소시키는 데에서 찾을 수 있다. 육아는 과거, 현재, 미래를 연결하는 역사적 과업이다. 따라서 육아 과정이 단순히 그 시대의 조류에 적응하는 형태로만 진행되어서는 곤란하다. 미래의 계획과 구상이 반드시 그대로 실현되는 것은 아니라는 점을 인정한다 하더라도, 공동육아는 계획된 미래 사회의 전체적 구도를 전제하고 실천하는 행위이어야 한다. 육아의 사회성과 역사성에 민감하게 부응하는 것은 육아 담당 주체의 가장 중요한 책임이라고 할 수 있다.

마지막으로, 공동육아의 실현에 바탕이 되어야 하는 이념적 요건의 하나가 공동체 사회 이념이다. 공동체적 사회는 시간과 공간을 초월하여 인류 사회의 가장 이상적인 집단 생활의 형태일 것이다. 따라서, 공동육아는 공동체적 상황에서 이루어지고, 공동체적 삶을 익히며 공동체적 사회를 만들어 가는 능력을 배양하는 것이 중요하다. 다시 말해서 공동육아에서 중요한 것은 구체적으로 양육을 누가 맡아 어떻게 하느냐의 문제보다는, 미래의 공동체적 사회를 지향하여 그 성원이 될 사람들을 위해 공동체적 방식으로 실천하는 것이다.

여기에서 '공동체적'이라는 것의 의미를 요약하자면, 첫째로, 구성원의 개별적 독자성과 자율성을 뜻한다. 성숙하고 독립적인 개인들만이 공동체적 삶을 유지할 수 있기 때문이다.

둘째로, 구성원들은 공동체 전체의 존속과 번영을 위한 최소한의 의무 이외에는 부당한 억압과 구속으로부터 자유로우며 남녀 노소가 기본적으로 평등하다.

셋째로, 성숙한 개인들간의 자발적 협동과 민주적 참여에 의해 사회가 구성되고 운영된다. 부(富)나 폭력이 타율적 협조를 강제하거나, 지배층의 이념이 동의적 순종을 유도하고, 관료적 기제에 의해 기계적, 획일적으로 운영되는 사회가 아니다. 요컨대, 다양한 사회적 권력에 의해 유지되는 사회가 아니라 애정과 상호 이해에 기초한 사회이다.

넷째로, 모든 구성원의 개인적 복지는 가족의 책임이 아니라 공동체의 책임이다. 사람과 자연의 건강한 환경을 유지하는 것도 공동체의 책임이다.

다섯째, 이런 공동체적 사회는 사유 재산과 그것의 불평등과 공존할 수 있다. 단, 부의 불평등이 심하거나 상속되지 않으며, 물질적 소유가 타인에 대한 권력으로 전환되지 않는다.

끝으로, 공동체 사회를 이루는 개인들의 성향으로는 창의력, 독립성, 협동성, 자발성, 평등주의, 비폭력주의 등의 능력과 가치가 중시된다. 공동체적 육아에서 아동은 이러한 성향을 획득할 수 있는 환경이 마련될 것이며, 이 과정에 참여하는 어른과 아이 모두는 지속적으로 성장의 과정을 거치면서 함께 자라게 될 것이다.

미래 지향적 사고를 하면서 민주주의 이념을 바탕으로 공동체적 공동육아를 시도하는 것은 결코 쉬운 일이 아니다. 사실상 현대 사회에서 이러한 공동육아가 실험적으로나마 가능한 것은 서양의 공동체 사회들과 같은 부분 사회에서나 있을 법한 일이다. 국가 단위의 사회 전체에서 공동육아를 한다는 것은 오히려 강제적 요소 때문에 기본적인 의도를 왜곡하게 될 우려도 있다. 그러나 부분 사회에서 공동육아가 실현될 수 있기 위해서는 전체 사회가 적어도 공동육아를 가능하게 하는 조건을 구비해야만 한다. 따라서, 과연 한국 사회는 그러한 조건을 얼마나 구비하고 있는가를 검토하는 일이 중요하다.

3. 공동육아와 한국 사회

앞 절의 공동육아의 논리는 다분히 이상 사회(理想社會)의 모습을 그리고 있어서, 현존하는 사회에서 그 원리와 조건을 엄격하게 적용하는 공동육아를 실행할 수 있는 곳은 매우 드물다. 이제 오늘의 한국 사회로 다시 돌아와서 공동육아의 문제를 생각해 보자.

우선 우리 사회에는 공동육아의 실천을 제약하는 많은 장애 요인들이
있다. 역사적으로 오랫동안 지속되어온 부모 중심적 아동관과 육아관에 기
초한 자녀 양육 관행이 그 중 하나이다. 이것은 부계(父系), 부권(父權) 가족
제도의 산물이고 동시에 이를 재생산하는 하나의 기반이 되고 있다. 아동
과 육아에 관련된 여타의 제도와 정책들도 이러한 가족 양육을 전제로 형
성·유지되고 있어서, 공동육아의 커다란 장애 요인을 이룬다. 앞서 지적한
아동 복지 제도가 그렇고, 탁아 제도와 교육 제도를 비롯하여 아동의 권리
보다 부모의 권리와 의무를 강조하는 제도들은 다 열거하기도 어렵다.

이보다 더욱 근원적인 장애 요인은 사회적 희소 가치의 불평등한 분배
구조에 있다. 그리고 이러한 희소 자원은 사회적 권력, 특권적 지위, 명성
과 권세로 전환되는 것이어서 누구든지 이를 획득하려는 전쟁을 방불케 하
는 상황이 벌어지고 있다. 지난 30여 년간 우리 사회의 변화는 국가 권력
과 자본의 힘이 지배하는 파행적 계급 구조를 생성했다. 이런 상황에서 자
녀 양육의 궁극적 목표는 재산, 특수 직업, 고학력 등의 획득과 유지이고,
수단과 방법을 불문한 경쟁에서의 성공 능력은 창의력, 협동성, 독립성을
희생하고라도 키워야 할 양육 원리로 자리잡게 되었다. 어머니가 자녀 양
육을 일차적으로 책임지는 현실에서, 우리의 어머니들은 가족 이기주의를
조장하는 왜곡된 모성의 소유자로 전락하게 되었다.

이러한 우리의 상황을 약간 과장하여 요약하자면, '팔꿈치 사회' ― 서
로 밀고 밀치며 힘을 겨루는 경쟁 사회 ― 를 살아온 오늘날의 한국 부모
들은 미래에 대한 비전을 지닐 여유가 없고, 이들 눈먼 부모들이 우리의
미래를 양육하는 책임을 맡고 있다. 자본제적 기업들은 물론 국가도 이러
한 현실을 개선할 의지를 보여 주지 않는다. 이러한 상황에서 공동육아의
실현을 가능하게 하는 조건이 자연히 배양되기를 기대하는 것은 대단히 어
렵다. 공동체적 사회 이념과 육아 이념의 가치가 공유되어야 하고, 그 위에
국가, 산업, 직업 구조, 분배 구조, 교육 제도, 가족과 가정 생활 등 전체 사
회 체계의 변화가 선행되어야 하기 때문이다.

그렇다고 해서, 전혀 비관적인 것은 아니다. 앞에서도 지적하였듯이 우
리의 조상들은 자연스러운 환경에서 공동육아의 한 형태를 발전시켰었다.
물론 오늘날 우리가 말하는 민주 시민의 개념과 제도나 아동 중심적 육아
관을 지닌 것은 아니었다. 또한 이 책의 다른 논의들에서 나타나는 바와

같이 공동육아를 실현해 보려는 개별적인 노력들이 오늘날에도 있다. 다만, 이러한 실험적 시도들이 성공하고 나아가 일반화되기까지에는 장기간의 시민적 노력과 제도화가 요구되며, 따라서 공동육아를 통해 더 큰 공동체 사회를 이루어 보겠다는 소망은 아직 이를 뿐이다.

오늘날 공동육아를 지향하는 우리의 노력은 두 가지로 압축될 수 있다. 하나는 앞으로 전국적으로 실시될 '영유아 보육'의 성격을 정책적 차원에서 공동육아에 유사한 형태로 전환되도록 하는 일이다. 이 경우에도 지역 사회에 적합한 형태로 발전되도록 하는 데에는 시민의 참여와 요구가 중대한 역할을 할 것이다. 다른 하나는 순수 민간 부문의 노력이다. 지역 사회 안에서 소규모의 공동체적 사회, 공동체적 육아를 실험적으로 시도하여 확산하는 방법, 그리고 개별 탁아 기관이 그 지역 사회의 요구에 부합하는 방식으로 주민의 참여를 유도하고 공동육아의 방식을 특성화하는 방법이 있다. ■

* 도움받은 글

양옥승 편, 1991, 《탁아 연구》, 양서원.

탁아 제도와 미래의 어린이 양육을 걱정하는 모임, 1991, 〈우리 아이들의 육아 현실과 미래〉, 한울.

이은화 외, 1986, 〈유아를 위한 복지의 이론과 실제〉, 창지사.

주정일 · 이소희, 1981, 〈아동 복지학〉, 교문사

Bainham, Andrew, 1988, *Children, Parents, and the State*, Sweet & Maxwell.

Costin, Lela B. & Charles A. Rapp, 1984, *Child Welfare Policies and Practice*, McGraw-Hill.

* 글쓴이 조형은 이화여대에서 사회학을 가르치고 있다. '탁아 제도와 미래의 어린이 양육을 걱정하는 모임' 설립에 참여하여 공동 육아의 이념의 연구와 제도화에 힘쓰고 있다.

공동육아 공동체의 가치와 의미

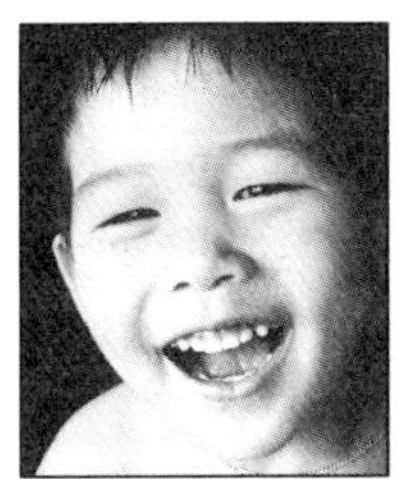

이기범

공동육아가 지향하는 인식의 전환

역사를 살펴보면, 어떤 사회가 아이들을 어떻게 인식하는가에 따라 그 사회의 육아 방향과 방식이 결정되었던 것을 알 수 있다. 물론 어떤 사회가 한 형태의 인식만을 가지고 있었다고 이야기하는 것은 무리이다. 한 사회 안에서도 계급과 계층, 지역, 종교, 가계 따위에 따라 인식의 형태와 정도가 달라지기 때문이다. 하지만 인식의 역사를 더듬어 보면, 아이들을 악마나 마녀 따위의 위험한 존재로도 인식하였던 서양의 고대, 중세 사회로부터 '근대화'되었다는 사회의 육아 방향과 방식을 지배하고 있는 인식의 틀의 전형을 발견할 수 있다.

새로운 인식의 틀에서 아이들은 단지 어른들이 의미 있다고 주입하는 것들을 수동적으로 받아들여서 어른들의 뜻대로 주조되어야 할 대상이 아니다. 바로 아이들 자신이 육아와 교육의 주체이다. 새로운 인식의 틀에서 육아의 목표는 아이들이 그들의 변화하는 요구와 욕구에 맞추어 기존의 의미와 가치를 이해하도록 도와 주고, 동시에 그들이 그 이해에 터하여 새로운 가치와 의미를 계발하고 실험할 수 있도록 도와 주는 것이다.

근대의 어린이 인식의 틀은 아이들을 백지의 상태로 보는 것이다 children as tabula rasa (deMause 1975). 이러한 인식의 틀에서 아이들의 마음은 바람직한 내용으로 빼곡하게 채워야 할 백지이고, 육체는 바람직한 훈련으로 주조해야 할 진흙이나 기계와 같다. 즉 아이들의 백지와 같은 마음과 기계와 같은 육체는 '정상적'으로 단련되어야 할 대상이다. 그 대상을 감당해야 하는 것이 어른들의 책임과 의무인 육아이다. 육아는 대상인 아이들의 육체를 반복적으로 훈련시키고 체벌함으로써 '정상적' 행위를 하게 만드는 과정이며, 또 그들의 마음을 정복하고, 꿰뚫고, 검사함으로써 '정상적' 생각을 하게 만드는 과정이다(Foucault, 1979).

이 인식의 틀 안에서 육아의 목적은 아이들이 이미 질서 정연하게 조직되어 있는 세계에서 어른들의 요구대로 '정상적'으로 살아갈 수 있도록 제조하는 것이다. 아이들은 백지 상태이기 때문에, 육아 과정에서 고려해야 할 아이들의 입장과 욕구는 없다. 아이들은 단지 양육되어야 할 대상이며 객체이다. 세계는 이미 기존의 규범에 의하여 질서 정연하게 조직되어 있기 때문에, 육아 과정에서 아이들에게 '정상'이라고 주입하는 가치와 의미를 의심해서는 안된다. 아이들을 끊임없이 감시하여서, 그 규범을 받아 들이지 않는 아이들은 체벌하고, 받아들이지 못하는 아이는 '비정상'으로 규정하고 육아의 대상에서 배제하면 그만이다.

효율적인 육아 방식과 기술이 요구되었고, 그것들을 표준화하기 위한 프로그램과 교범이 본격적으로 만들어졌고 널리 보급되기 시작하였다. 정리하자면 첫째, 근대 어린이 인식의 틀은 아이들을 철저하게 대상으로 규정하였다. 둘째, 그 틀 안에서 육아의 목표는 기존 질서에 적합하도록 아이들의 생각과 행동을 주조하는 것이었다. 셋째, 근대 육아의 방법은 이 목표를 달성하기 위한 기술의 효율성에 의해 결정되었다.

근대의 어린이 인식은 영유아 살해나 방기를 뒷받침하였던 그 이전 시대의 인식보다는 인도주의적이다. 그런 측면에서 보면 양육의 방법도 육체보다는 마음을, 체벌보다는 학습과 훈련을, 그리고 강제와 복종보다는 자발성을 수련하는 기술을 점차로 개발하여 그 효율성을 높여감에 따라 더 인도주의적으로 되었다. 육아 기술과 방법이 더욱더 효율적이 되는 만큼 육아도 더욱더 인도주의적으로 될 것이다. 하지만 아이들을 철저하게 대상으로 규정하는 인식의 틀과 아이들을 기존 질서에 철저하게 꿰어 맞추려는 육아의 목표가 바뀌지 않는다면 그 기술의 효율성이 보장하는 인도주의의 끝은 어디일까? 그 끝은 아마도 헉슬리가 《멋진 신세계》에서 제시한 첨단의 육아 방식이라면 과장일까? 그 육아 방식은 기존의 방식이 마치 물방울이 단단한 대리석에 구멍을 뚫는 과정이라면, 물방울이라기보다는, 오히려, 병마개를 봉하는 촛농 같은 방울이다. 떨어진 물건 위에 정착하여 외피를 덮고, 최후에는 전체가 하나가 되어버리는 방울이다.

> 드디어 아이들의 정신이 이러한 암시가 되어버리며, 암시의 총계가 아이들의 정신과 마찬가지가 되어버릴 때까지. 더군다나 단순히 아이들의 정신 뿐만이 아니다. 성인도 마찬가지다. ─ 일생을 통하여 판단하고, 요구하며, 결정하는 정신은 ─ 죄다 이러한 암시에 의하여 이루어져 있다. 그러나 이러한 암시는 우리들 자신의 암시다. …… 국가에 바치는 암시다.(헉슬리, 1972, p.33)

우리 사회에서 주를 이루고 있는 인식의 틀 그리고 육아의 목표와 방식은 무엇일까? 구태여 내가 길게 설명하지 않아도, 위에서 이야기한 근대의 인식과 육아에서 우리의 현실이 크게 벗어나지 않는다고 많은 사람들이 동의하리라고 생각한다. 아이들은 사회의 요구대로 우리 사회의 기존 질서에 순응하도록 자라야 하고, 부모의 요구대로 입시 전쟁에서 승리하도록 자라야 하는 대상이다. 아이들이 구체적 일상에서 형성하는 관심과 요구를 무시할수록 그 목표에 가까와진다. 물론 방식에서 차이는 있다. 그러나 그 방식의 차별성과 선택의 근거는 그 목표를 이루기 위한 교육 기술의 효율성일 뿐이다.

하지만 많은 사람이 나의 관찰을 부정할 수도 있다. 근대 유아 교육에는 위의 인식과 교육의 한계를 극복하려고 하였던 프뢰벨, 몬테소리, 그리고 니일들이 있었고, 우리 사회에도 프뢰벨식 교과 과정, 몬테소리식 유아원, 니일식의 열린 교육, 미국과 영국식의 아동 중심 교육을 실행하는 유아원이 있다고 주장할 것이다. 그러한 이론과 실천들이 얼마나 근대의 어린이 인식과 육아의 틀을 극복하였는지는 논쟁 거리이다. 그러나 여기서 확실하게 이야기할 수 있는 것은 우리 사회의 유아 교육에는 프뢰벨식, 몬테소리식, 미국식, 영국식이 있을지는 몰라도 프뢰벨의 교육, 몬테소리의 교육, 아동 중심의 교육은 드물다는 것이다. 그러한 방식을 채택하는 사람들에게 평가의 잣대는 그러한 방식들이 아이들을 특정 목표대로 생산해 내는 데 얼마만큼 더 효율성이 있는가인 경우가 대부분이기 때문이다. 바로 효율성을 높이기 위한 기술의 모방은 있을지라도 그 대안적 방식들의 토대, 즉 그것들이 극복하고 지향하는 인식의 틀과 교육의 목표를 중요하게 생각하지 않기 때문이다.

일반화가 무리인지는 몰라도 우리 사회의 육아는 아이를 대상화하는 근대적 인식의 틀을 바탕으로 일방적으로 아이를 어른들의 요구대로 효율적으로 만들기 위한 기술 도입과 개발에 힘쓰고 있다. 이렇게 본다면 서양 근대 육아의 모순을 우리 사회가 주체적으로 확대 재생산하고 있는 것이다. 이러한 경향은 부모가 아이를 돌보는 경우이거나 조기 교육 기관이나 보육 시설에서 아이들을 돌보는 경우이거나 큰 차이가 없는 것 같다. 많은 보육 전문가들이 이러한 문제의 심각성을 깨닫고 다양한 대안적 방법을 제시하고 있다. 일정 성과를 거두고 있기도 하다. 그러나 다시 확인해야 한다. 어린이를 인식하는 틀이 바뀌고 그에 터하여 육아의 목표가 바뀔 때에 방식의 변화가 육아의 변화로 연결된다. 인식의 전환이 필요한 것이다.

우리의 인식은 아이들을 백지 상태로 보는 것에서 세계를 백지 상태로 보는 것으로 전환하여야 한다. 나는 공동육아가 바로 이러한 인식의 전환에 터해야 한다고 생각한다. 공동육아가 추구해야 할, 세계를 백지 상태 world as tabula rasa로 보는 인식의 틀은 이것이다. 그것은 각 세대의 아이들이 애초에는 그들에게는 의미 없는 대상으로 가득 찬 세계에 태어난다고 본다. 그 세계 안에서 아이들이 어떠한 형태의 양육을 받을 때에 비로소 그 세계에 의미를 부여할 수 있게 되고, 그러므로써 세계가 의미있는 세계로 된다고 생각한다(deMause, 1975).

새로운 인식의 틀에서 아이들은 단지 어른들이 의미 있다고 주입하는 것들을 수동적으로 받아들여서 어른들의 뜻대로 주조되어야 할 대상이 아니다. 바로 아이들 자신이 육아와 교육의 주체이다. 어른들보다 아이들이 각자의 삶의 단계에서 자기들에게 필요한 것이 무엇인지를 잘 알기 때문에, 그 필요에 의하여 기존의 의미와 가치를 이해하고, 재해석하고, 새롭게 한다는 것이다. 그러므로 아이들이 이 세계에 의미를 부여한다는 것이 기존 세계의 의미와 가치와 단절을 뜻하는 것이 아니다. 새로운 인식의 틀에서 육아의 목표는 아이들이 그들의 변화하는 요구와 욕구에 맞추어 기존의 의미와 가치를 이해하도록 도와 주고, 동시에 그들이 그 이해에 터하여 새로운 가치와 의미를 계발하고 실험할 수 있도록 도와 주는 것이다.

이러한 인식의 전환에 터한 공동육아의 방식은 아이들에게 기존 의미를 주입하는 것이 아니고, 아이들이 그 의미를 이해하고 새롭게 할 수 있게 도와 주는 것이다. 그러면 여기서 도와 준다는 것은 무엇인가? 그것은 무엇보다도 아이들이 기존 의미를 이해하고 새롭게 하는 활동을 하기에 적합한 삶의 터전을 마련하고, 거기에서 함께 생활하는 것이다. 그 삶의 터전은 주입과 숙련 형태의 육아 효율, 능률, 기술에 의해 지배되는 체제이어서는 안된다. 그 터전은 일상 생활과 분리된 것이 아니라 일상 생활 자체이되, 그 안에서 의미를 이해하고 새롭게 하는 활동이 가능하도록 재구성된 일상 세계이어야 한다(Habermas, 1970).

그 터전에서 활동의 축은 아이와 어른, 아이와 아이, 그리고 아이와 환경의 관계를 여는 의미 있는 상호 작용일 것이다(정유성, 1994). 의미 있는 상호 작용이 축이 되어야 하는 것은 그것을 통하여 아이들이 다양한 인간과 다양한 환경을 경험할 수 있기 때문이다. 또 그러한 다양한 경험을 통하여 기존의 의미를 이해하고, 이해의 틀을 형성하고, 나아가서 그것을 수정하고 확대할 수 있기 때문이다. 정리하자면, 공동육아의 터전은 열린 관계를 지향하는 상호 작용을 통하여 아이들이 기존 세계를 이해할 수 있는 해석의 틀을 형성함으로써 기존 세계에 '능동적 적응'을 하고, 나아가서 그것을 수정, 확대함으로써 새로운 의미와 세계를 만들어 가는 것을 도울 수 있는 총체적 삶의 장이어야 한다.

이러한 육아의 목표는 공동체적이어야 하기 때문에 우리는 공동육아라는 개념을 강조한다. 왜냐하면 기존의 의미와 가치를 이해하고, 새로운 가치와 의미를 계발하고 실험하는 것은 개인의 노력으로 시작할 수는 있어도, 그것을 매일매일의 삶 속에서 지속하고 발전시키기 위하여는 공동의 작업이 되어야 하기 때문이다.

이러한 공동 작업에 아이들만이 참여해서는 안된다. 바로 그 부모들과 보육 종사자들도 그것을 구성할 뿐 아니라 참여해야 한다. 아이들이 그들의 요구에 부합하고 또 더 바람직한 의미를 체득할 수 있도록 삶의 터전을 구성하기 위하여 부모와 보육 종사자들은 함께 토의하고 활동해야 한다. 또 아이들의 삶에 함께 하는 가운데 그들의 독특하고 확대되는 요구에 교감하고 그것을 만족시킬 수 있도록 스스로 그들의 입장을 수정하고 터전을 발전시켜야 한다. 공동육아는 아이들이 그렇게 자라기를 원하는 부모들이 뜻을 같이하는 교사와 전문가들과 함께 하고, 그들이 마련한 장에서 아이

공동육아의 방식은 아이들에게 기존 의미를 주입하는 것이 아니고,
아이들이 그 의미를 이해하고 새롭게 할 수 있게 도와 주는 것이다.

들이 생활을 함께 해야 하는 것이다.

그러므로 공동육아는 육아와 교육 기술의 도입과 계발에 면허장을 가지
고 있었던 유아 교육 전문가와 종사자뿐 아니라, 총체적 삶의 터전을 계발
하는 데 깊은 관심이 있는 부모와 다양한 영역의 전문가와 활동가들이 참
여해야 한다. 인식의 전환에 의하여 마련되어야 할 공동육아는 열린 공동
체에서 함께 아이들의 성장을 돕는 것을 목표로 한다.

공동육아는 이러한 공동체이되, 진보적 공동체이다. 왜냐하면 같은 세대
에 그들 고유의 의미를 부여할 수 있는 교육을 받는 아이들이 많을수록 기
존의 가치와 의미가 부적절하게 되고 새로운 세대의 목적에 맞게 변화되

318

어, 사회도 새로운 방향으로 변화하기 시작할 수 있기 때문이다. 그러나 공동육아의 육아 형태 변화가 구체적으로 어떻게 사회 변화와 직결되는가는 앞으로 더 연구해야 할 과제이다.

공동육아가 지향하는 열린 공동체와 열린 연대

공동육아는 열린 공동체에 의해 가능하고 그것을 지향한다. 아이와 어른이 함께 다양한 의미를 이해하고 수정, 확대하는 과정은 특정한 문화적, 역사적 맥락과 연결되어 있고, 지역 혹은 문화 공동체 속에서 발전하기 때문이다(MacIntyre, 1988). 그러나 어떤 형태의 공동체이든지 우리에게 주어진 것은 아니다. 더 정확하게 이야기하자면 우리 사회에는 근대화, 산업화, 도시화 과정을 거치면서 지역, 문화 공동체가 존재하기 어렵게 되었다. 공동체는 부부 중심의 핵가족으로 분화되었다. 우리는 공동의 의미와 가치 체계를 형성하는 과정을 제공하고 개개 가족이 해결하지 못하는 여러 사회적 기능을 맡아서 하는 공동체를 대부분 잃게 된 것이다. 아이를 키우기가 점점 더 어려워진 중요한 이유 중 하나는 바로 육아의 가치와 의미, 그리고 육아 기능을 상당 부분 제공해 주었던 공동체가 쇠퇴하였기 때문이다. 분화된 가족들은 고립된 상태에서 급변하는 사회 맥락을 읽어 내고, 그에 적합한 가치와 의미를 만들어 가며 아이를 키워야 하는 힘겹고도 외로운 상황에 처하게 되었다. 그 대안은 공동육아이다. 공동육아는 아이를 키우는 일을 함께 함으로써 핵가족들이 고립을 극복하고 공동체의 한 부분으로 그와 밀접한 연결을 가질 수 있는 계기이다(정병호, 1993 ; 조혜정, 1991).

그러나 공동육아는 혈연이나 지역 혹은 과거의 문화적 전통이 지배하는 공동체는 아니다. 공동육아는 삶과 육아의 가치와 의미의 문화 공동체이다. 위에서 이야기한 인식의 전환에 터하여 아이들이 자라기에 바람직한 삶의 터전을 만들기 위하여 가치와 의미를 교류하고 조정하는 공동체인 것이다. 물론 육아의 가치와 의미를 공유하는 사람들이 함께 특정 지역에 모여 살면서 공동육아를 추구할 수 있을 것이며, 그럴 경우 더 강력한 응집력이 있는 생활 공동체로 발전할 가능성이 있을 것이다.

공동육아의 공동체는 아이들이 자랄 삶의 터전을 만드는 과정에서뿐만 아니라 아이들이 자라나는 터전에서 '열린 공동체'가 되어야 한다. 즉 공동체를 지향하되, 공동체가 내부와 외부에서 가질 수 있는 부정적 속성을 경계해야 한다는 것이다. 내부적으로 모든 구성원들에게 열리지 않은 공동체는 억압적일 것이다. 외부적으로는 공동체가 가지고 있는 우리 의식 we-feeling의 강한 일체감은 항상 폐쇄주의와 집단 이기주의로 변질될 수 있는 소지를 안고 있다.

내부적으로 열린 공동체가 되기 위하여 다음과 같은 준거를 유지해야 한다. 첫째 준거는 포용성이다. 공동체의 모든 구성원들(아이들과 어른들 모두)이 그들이 영향 받을 모든 교육 방향과 환경의 토의, 실현, 평가에 참여하여 논의해야 한다. 둘째는 해방성이다. 공동체의 모든 구성원들이 활동과 논의에서 성, 계층과 계급, 지역, 장애 정도의 차별이 구조화한 지배와 억압의 체제를 극복하도록 노력해야 한다. 셋째는 표현성이다. 공동체의 모든 구성원들이 활동과 논의에서 공동체의 민주적 의사 소통 구조를 해치지 않는 한 각기에게 적합한 자기 표현을 할 수 있는 기회를 증진해야 한다. 넷째는 개방성이다. 모든 구성원들은 자신의 의견을 다른 구성원들에게 개방함은 물론 다른 구성원들의 입장을 이해하려고 해야 한다. 다섯째는 자기 성찰성이다. 상호 이해를 증진하기 위하여 남의 다른 의견과 행동이 자신을 돌아볼 수 있는 계기가 되도록 허용해야 한다. 여섯째는 상호 주관성이다. 공동체의 모든 구성원들이 활동과 논의에서 기본적으로는 의견 일치보다는 상호 이해를 지향해야 한다. 마지막으로는 절차성과 정당성이다. 모든 구성원들이 납득할 수 있는 절차, 예를 들자면 상호 이해, 수정, 조정, 협상, 동의, 유보 따위에 합의해야 하고, 그러한 과정과 절차를 거쳐 얻어낸 공동의 결론 — 비록 잠정적일지라도 — 의 정당성을 인정해야 한다.

외부적으로는 다른 입장과 다른 공동체에 대하여 개방성을 유지하는 것이 무엇보다도 중요하다. 공동육아 공동체가 생산하고 유지하는 가치와 의미가 항상 적절하거나 일관성이 있을 수는 없다. 공동체 자체 내의 자기 성찰을 통하여 그러한 위기를 극복할 수도 있지만, 비슷한 혹은 상이한 가치, 지역들에 터한 다른 육아 공동체나 생활 공동체에 대하여 개방성을 유지함으로써 도전을 극복하고 스스로를 재평가하고, 재구성할 기회를 갖게 될 것이다(이기범, 1994). 그렇지 않으면 그 공동체는 더 이상 그 공동체에 속한 어른과 아이들에게 적절한 길잡이가 될 수 없기 때문에 그 존립 자체가 위협을 받을 것이다. 그러므로 공동육아 공동체는 개방성과 자기 성찰을 통하여 다른 공동체들과 '차이 속의 연대'와 '연대 속의 차이'를 추구해야 한다. 많은 육아 공동체들이 '차이 속의 연대'와 '연대 속의 차이'를 추구함으로써 각기의 공동체 발전은 물론 공동육아의 가치와 의미가 우리 사회에서 확산될 수 있다.

그러므로 공동육아 공동체는 그 프로그램과 운영에서 열려 있어야 한다. 그것이 추구하는 가치와 의미에 그 구성원들이 속박되어서 그들이 가지고 있는 잠재력, 실험 정신, 그리고 대안적 삶과 세계에 대한 상상력이 닫혀서는 안된다. 그러한 가능성을 열어 주어야 한다. 공동체를 통하여 아이와 어른이 함께 그들 스스로를 형성하여 가되, 그 형성 과정은 "찰흙을 이겨서 그릇을 만들되 바로 거기가 비어 있어서 그릇으로 쓸 수 있다. 문을 내고 창을 뚫어 방을 만들되 바로 거기가 비어 있어서 방을 쓸 수가 있다"는 노자의 도덕경의 이치와 같이 어른과 아이 모두의 잠재력을 여는 것이어야 할 것이다.

열린 공동체로서의 공동육아의 가치와 의미는 어른들이 그 터전을 마련하는 과정에서 그리고 아이들이 자라나는 터전의 삶 속에 녹아 들어 있어야 할 것이다. 또 프로그램으로도 구현되어야 할 것이다. 하지만 가장 중요한 것은 어떠한 형식으로 나타나느냐보다는 그러한 가치와 의미가 공동육아 공동체의 정념(ethos)이요 삶의 방식으로 되어야 하는 것이다. ■

＊ 도움받은 글

이기범, 1994(출판 예정), 〈참여 민주주의와 공교육〉, 한국 교육 철학 연구회 편, 《현대 사회와 교육의 이해》, 교육과학사.

정유성, 1994, 《사람, 삶, 되살림》, 한울.

정병호, 1993, 〈사회, 문화적 환경 변화와 바람직한 공동육아 ― 인류학적 시각〉, 《21세기의 영유아 보육》, 우리 아이들의 보육을 걱정하는 모임 편, 한울.

조혜정, 1991, 〈우리의 가정 환경, 과연 자녀 양육에 바람직한가〉, 탁아 제도와 미래의 어린이 양육을 걱정하는 모임 편, 《우리 아이들의 육아 현실과 미래》, pp.33-43, 한울.

헉슬리, 알더스, 1972, 《멋진 신세계》, 권세호 역, 서문문고.

deMause, L., 1975, "The evolution of childhood", In *The history of childhood*, Edited by

L. deMause, New York: Harper Torch Books, pp.1-74.

Foucault, M., 1993(1979), *Discipline and punishment*, New York: Vintage Books, 박홍규 역, 《감시와 처벌》, 강원대학교 출판부.

Habermas, J., 1993(1970), *Toward a rational society*, Boston: Beacon Press, 장일조 역, 1993, 《이성적인 사회를 향하여》, 종로서적.

MacIntyre, A., 1988, *Whose justice? which rationality?* Notre Dame: Notre Dame University Press.

* 글쓴이 이기범은 1978년부터 지금까지 해송 육아 운동에 참여하고 있다. 1984년부터 1년간 창신동 해송 아기 둥지 둥지장을 지냈으며, 교육 철학, 사회 문화 이론, 유아 교육에 관심이 많다. 현재는 숙명여대에서 교육학을 가르치고 있다.

공동육아 운동론

정병호

1. 머릿말

세상은 변한다. 예나 지금이나 그렇
다. 십 년이면 강산도 변하고, 뽕밭
이 푸른 바다가 되기도 한다. 이 땅
의 기성 세대는 지난 30년 동안 한
강의 백사장으로 고층 빌딩을 지었
고 뽕밭을 아파트 숲으로 만들어 놓
기도 했다. 한강을 더 이상 얼지 않
는 개천으로 만들어 놓은 것도 이

공동육아란 말 그대로 '아이들을 함께 키우
자'는 뜻이다. 여기서 '아이들'은 '내 아이'
를 맡기거나(탁아), '남의 아이'를 보호 교육
시켜줄 때(보육)의 '아이'가 아니라 처음부
터 '우리 아이들'을 함께 키우자는 뜻의 '아
이들'이다. 여기서 '함께'란 나뿐만 아니라
이웃, 지역 사회, 국가 모두가 우리 모두의
아이들을 함께 책임지고 키워 보자는 뜻이
다. 즉, 육아를 하나의 장애나 불편으로 여
기거나, 육아를 미시적 교육의 효율을 높이
기 위한 기회로 여기는 것이 아니라, 육아를
통해 '우리'가 '함께' 될 수 있는 바람직한
미래를 위한 가능성으로 보는 것이다.

땅의 어른들이 이룬 '한강의 기적' 중 하나이다. 이렇게 세상을 변하게 한
것은 사람들이다. 앞으로 세상을 더 빨리 변하게 하는 것도 바로 사람들이
고, 그들의 삶의 방식일 것이다.

우리의 삶의 방식이 세상을 변화시키듯이, 세상의 변화도 우리의 삶의
방식을 본질적으로 변화시켰다. 물자가 풍부해진 대신 우리는 더 바빠졌고
과거와 같이 이웃과 친척과 가족과의 끈끈한 관계를 더 이상 유지할 수 없

게 되었다. 어떤 의미에서는 더욱 활기차고 자유로와진 측면이 있지만, 개개인의 꽉 찬 생활 속에 아이들과 노인들이 들어올 자리는 더더욱 없어진 것이다. 즉, 아이들과 노인들의 삶은 기능적이고 효율적인 사회적 생산 활동을 위해 짜인 도시적 삶의 시간과 공간의 가장자리로 밀리고, 틈바구니에 끼이게 되었다는 것이다. 집 문 밖에는 한치의 안전한 공간도 없게 된 아이들과 종종걸음으로 허둥대며 횡단 보도를 건너는 노인들을 보면 우리가 만들어 놓은 새로운 삶의 꽉 짜인 단면을 새삼 느끼게 된다.

이러한 사회에서 우리는 공동육아를 하려고 한다. 아니, 바로 이러한 상황 때문에 공동육아는 절실히 필요하게 된 것이다. 돌이켜보면 과거에는 (먼 과거가 아니라, 바로 우리 기성 세대가 어렸을 적만 해도) 아이들을 사회적으로 고립된 어머니 혼자 돌보지 않았고 아이들은 집안에서만 놀지도 않았다. 아이들은 집 밖에서 다른 아이들과 함께 놀며 마을 공동체의 이웃과 친척들이 눈여겨보는 가운데, 자연 속에서(당시의 도시 환경에서도 빈터와 쪽밭, 복개되지 않은 개천은 언제나 어린이들의 놀이터였다) 자라날 수 있었다.

이제 우리가 아이들만을 위한 공간, 즉 어린이집이나 놀이방을 많이 만들고자 하는 것은 육아 방식이 발전해서가 아니라, 바로 최근까지 어른과 아이가 자연스레 함께 나눌 수 있었던 공간과 시간을 모두 잃어버렸기 때문이다. 산업화를 통해 우리는 우리들 기성 세대가 그토록 갖고 싶었던 텔레비전과 플라스틱 장난감과 과자와 사탕과 유행에 맞는 멋진 옷을 얻었지만 우리가 당연히 가지고 있었던 이웃과 친척과 쪽밭과 야산과 구름과 비와 맑은 바람을 잃었다. 그리고 수많은 놀이방과 어린이집, 또한 콘크리트 아파트 방구석에서 많은 우리 아이들이 매일의 햇빛마저 잃은 생활을 하고 있다. 바람직한 공동육아는 우리가 산업화 과정에서 잃어버린 것을 되찾아 우리 아이들에게 돌려주는 작업임과 동시에 우리 세대의 반생태적인 삶의 방식을 고쳐 나가는 출발점이 되어야 한다(정병호, 1993a).

세상이 변하면 사람들도 변한다. 아니 변해야만 한다. 그래야만 살아갈 수 있다. 그러나 자연 환경, 사회 문화 환경이 변한다고 해서 우리의 현실 인식과 가치관이 일사 불란하게 따라서 변화하지는 않는다. 변화하는 사회 속에서는 그 사회의 구성원들간에 뚜렷이 대립되는 가치관, 미래에 대한 상반된 기대와 이상이 나타나게 된다. 지금까지 당연하게 여겨 왔던 관행들이 의문시되고, 기존의 상식이 몰상식이 되며, 과거, 현재, 미래의 흐름의 어느 편엔가에 발붙인 대립되는 가치관들이 일상 생활의 모든 부분에서 치열한 경쟁을 벌이게 된다. 특히 아이들을 키울 때는 이러한 가치관의 대립, 미래상의 차이가 더욱 극단적으로 나타나게 된다. 개인적 차원에서도 그렇지만, 사회적 공동육아의 현장은 이러한 가치관과 미래상의 차이가 공공의 영역에서 집단적으로 현실화되는 영역이다.

여기서 중요한 점은 아이들은 그들이 최초로 접한 사회, 즉 가정이나 어린이집에서 가장 근본적인 행동 방식과 가치관을 몸으로 익힌다는 것이다. 각각의 가정이 서로 다른 문화적 상황을 만드는 것처럼 아이들이 깨어 있는 대부분의 시간을 보내는 놀이방, 어린이집도 그보다 더 인위적, 조직적으로 각기 다른 환경을 만들어 낸다. 그리고 그 환경의 영향은 보다 집단적으로 나타나고 독립된 작은 사회인 공동육아 영역 안에서 계속 강화된다. 즉, 한 울타리 안의 같은 물리적 공간에서 늘 같은 사람들끼리 같은 음식을 먹고, 같은 활동과 행사를 하며, 일정한 철학과 가치관에 따른 형식화된(의도적으로 가다듬어진) 칭찬과 꾸중을 들으며 오랜 기간 지내게 되는 것을 의미한다(정병호, 1991).

물론 서로 다른 각 가정이 보완적 기능을 하고 있지만 같은 놀이방, 어린이집의 아이들이 공유하게 되는 문화적 틀(사회적 관계와 행동 양식을 익힌다는 점에서)은 대단히 넓고 깊다고 볼 수 있다. 아이들이 한 사회의 언어를 배울 때 무의식적으로 문법을 익히듯이 이러한 문화적 틀 속에서 아이들은 가장 근본적인 문화적, 사회적 규칙성 즉, 문화적 문법을 익히게 되는 것이다. 여기서 공동육아의 터전을 누가, 어떻게 만드는가 하는 문제는 바로 우리가 살고자 하는 세상, 또한 우리 아이들이 살아갈 세상을 누가 어떻게 만들게 되는가 하는 문제로 직결된다.

공동육아란 말 그대로 '아이들을 함께 키우자'는 뜻이다. 여기서 '아이들'은 '내 아이'를 맡기거나(탁아), '남의 아이'를 보호 교육시켜줄 때(보육)의 '아이'가 아니라 처음부터 '우리 아이들'을 함께 키우자는 뜻의 '아이들'이다. 여기서 '함께'란 나뿐만 아니라 이웃, 지역 사회, 국가 모두가 우리 모두의 아이들을 함께 책임지고 키워 보자는 뜻이다. 즉, 육아를 하나의 장애나 불편으로 여기거나, 육아를 미시적 교육의 효율을 높이기 위한 기회로 여기는 것이 아니라, 육아를 통해 '우리'가 '함께' 될 수 있는 바람직한 미래를 위한 가능성으로 보는 것이다(정병호, 1993b). 우리의 현실이 그와는 다른 방향으로 흐르고 있기에 그 방향을 바로 잡기 위한 '운동'이 더욱 절실히 필요한 것이다.

이 글은 꿈과 미래에 관한 글이다. 앞으로 얼마나 많은 어른들이 아이들과의 진정한 만남을 통해 이 땅의 미래를 생각하게 되어야 하는지, 또 그들이 어떻게 힘을 합쳐서 우리 아이들과 함께 어떻게 일해야 하는지 알아보고자 하는 글이다. 그리고 그 일을 해나가는 과정이 바로 오늘부터 이 세상을 바꾸어 나가는 길이 되리라는 꿈 이야기이다.

2. 운동의 목표 : 세상 바꾸기

공동육아 운동은 공동체적 삶의 영역을 이 사회 안에서 넓혀 나가는 일이다. 오늘날 극도로 개별화된 인간들이 생산, 분배, 소비 등 삶의 거의 모든 부분에서 무한 경쟁 상태로 살아감으로써 삶이 피폐해지고, 그 결과 이제는 인간 존재의 파멸마저 가까운 미래의 일로 다가오고 있다. 이제 우리 사회의 모든 분야에서 남녀 노소 모두가 하나의 공동 운명체라는 상황 인식 위에서 일상 생활을 통해 새로운 공동체적 삶을 모색하고 실험하여야 한다. 즉, 우리의 현실과 미래의 운명을 바꾸기 위해서는 매일의 삶 속에 다양한 혁명이 있어야 한다는 말이다. 공동육아 운동은 사회의 새로운 구성원으로서 삶을 시작하는 아이들과 가족이란 사회적 단위로서 새로운 삶을 시작하는 젊은 부모들이 그 출발점에서부터 공동체적인 삶의 방식을 경험하고 내면화하여 장기적이고 점진적이긴 하지만 그들의 사회적 성장과 함께 본질적인 사회 문화 변화를 이끌어 내기를 바라는 운동이다.

이 사회에서 부모가 된다는 것은 사람이 가장 철저하게 보수화되는 계기가 되기도 한다. 아무리 저항적인 청춘을 보낸 사람일지라도 스스로의 가정을 이루었을 때, 자신의 아이를 가졌을 때에는 세간에 떠도는 지배적 가치관과 그 생활 방식에 눈을 돌리게 된다. 대개는 맹목적 가족 이기주의 논리 이외에 의지할 만한 대안적 가치관과 접할 기회도 여유도 없어진다. 우리 사회에 그나마 희박한 공공의 영역이 더욱더 위축되는 시기이다. 이전에 공식적 교육 과정을 통해 추상적으로 접했던 공공성에 대한 강조는 생활 속에서 한갓 공론에 그치는 것으로 단정하게 되고 눈앞의 자기 자식을 위해서는 더욱 축소된 핵가족 단위의 이기적 경쟁에 몰입하게 된다. 목표는 주어진 불평등 사회 구조의 틀 안에서 보다 높은 자리에 다음 세대를 안착시키고자 하는 것이다. 이러한 경쟁에 공격적이건 방어적이건 적극적으로 가담하는 것을 책임 있는 부모의 지상 과제로 여기게 된다. 극대화된 경쟁의 논리로 강박 관념에 허둥대는 부모 밑에서 매일의 성취를 통해 애정을 사야 하는 어린이들은 인생의 출발점부터 타율과 인내와 반대 급부를 찾는 데 익숙해진다. 차별 의식과 권위에 대한 맹종과 대량 소비의 쾌감을 내면화시킨다. 한두 명의 아이밖에 없는 수많은 가정에서 이루어지는, 이러한 경쟁적 육아 방식은 우리 모두의 아이들을 파묻고 우리의 미래를 파묻을 드넓은 구덩이를 파는 일이라고도 하겠다.

그러나 아무리 가족 이기주의 경쟁이 육아 방식의 주조를 이루고 있는 것처럼 보여도 모든 부모, 모든 아이들이 그 열기 속에 함몰되어 있는 것은 아니다. 아니, 그렇게 하고 싶어도 할 수 없는 여건에 있는 사람들도 있고, 그렇게 하기에는 아직 아이가 너무 어리다고 생각하거나, 아무래도 아이가 그 나이 때에는 다른 경험을 해야 할 것 같다는 막연한 생각에 망설이는 사람들도 있다. 공동육아 운동은 우선 이런 자신 없는 사람들이 다양한 필요성에 의해 결합되어 함께 아이들을 키워 나가는 과정이다. 그들이 육아를 통해 대안적 가치관과 삶의 방식에 익숙해질 수 있는 새로운 확신의 계기를 만들어 나가는 일이다. 즉, 어린아이들의 바람직한 대안적 사회화와 어른들의 재사회화를 동시에 추구하는 운동이란 뜻이다. 전체 생애 주기를 통해 볼 때 육아의 시기야말로 어른들에게나 아이들에게나 일상 생활을 통해 삶의 방식의 문제를 본질적으로 재구성해 볼 수 있는 거의 유일한 결정적 시기이기 때문이다.

공동육아 운동은 공동체적 삶의 방식을 어릴 때부터 몸으로 익힐 수 있도록 하는 일이다. 먼저 우리는 사람들 속에서 다른 사람들과 함께 살아간다는 것을 익혀야 한다. 특히 사회적으로 고립된 핵가족의 한두 명 자녀 시대의 아이들에게는 절대로 필요한 경험이라고 하겠다. 함께 산다는 것은 남녀가 평등하게, 가난한 자와 부자가 함께, 장애를 가진 어린이와도 함께 생활한다는 것이다. 다양한 사람들과 함께 산다는 것은 매일의 놀라움으로, 새로운 발견으로 그리고 즐거움으로 경험될 수 있다. 개별화 시대를 살아가는 우리 어른들은 함께 산다는 것을 수없이 많은 규칙과 규율, 거듭되는 훈련과 자기 억제라는, 그래서 결국은 부정적인 것으로 생각해 버리기 쉽다. 그러나, 자유롭고 평등한 그리고 함께이기 때문에 더욱 즐거운 어린이들의 삶은 늘 새롭게 구성될 수 있다. 어린이들의 자발적이고 창의적인 놀이를 존중하며 그들이 자연 속에서 자연을 즐기며 살 수 있도록 그 환경 마련에 최선을 다하면 된다. 관습과 편견에 젖은 우리 어른들이 일일이 규정해 주는 인간 관계나 경험보다 더 다양하고 새로운 삶의 방식을 어린이들 스스로가 만들고 익혀 갈 수 있을 게다. 여기에 바로 지금까지와는 다른 새로운 미래의 가능성이 있다. 공동육아 운동은 자발적이고 창의적이며 사람과 자연과 함께 사는 데에 익숙한 어린이들을 키우고자 하는 운동임과 동시에 그들이 체험하고 만들어 내는 새로운 인간 관계, 삶의 방식으로부터 우리 기성 세대들이 배워서 우리가 고쳐야 할 점을 찾아 바로잡아 나가고자 하는 운동이기도 하다.

공동육아 운동은 아이들과 어른들이 최초의 사회화 과정을 통해 경험한 공동체적 가치관과 삶의 방식을 이후의 학교 현장까지 가지고 갈 수 있도록 보완해 주고 지지해 주는 역할을 해야 한다. 공동육아의 필요성이 아이가 학교에 가게 되었다고 해서 갑자기 사라지는 것은 아니다. 우리의 개별화되고 고립된 가정 환경이 변화되지 않는 한, 학교에서 일찍 돌아와 맞아줄 사람 없는 집문을 열쇠로 열고 들어가야 하는 어린이들의 문제는 여전히 남게 된다. 이들을 맞아줄 놀이터, 공부방, 어린이 도서실 그리고 어린이 사랑방(이주영, 〈'어린이 책사랑방' 운동〉 참조)을 폭넓게 만드는 운동은 공동육아 운동의 또 하나의 필수적인 과제이다. 이것은, 특히 우리의 학교 제도가 아직도 공동육아 운동을 통해 자라난 새로운 세대를 받아들일 준비가 되어 있지 않았을 때 꼭 필요한 보완적 사회화 과정이 될 것이다. 그러나 무엇보다도 중요한 것은 취학 전 공동육아의 현장에서 내면화된 자발성과 창의성, 그리고 공동체적 생활 습관으로 어린이들 스스로가 제도 교육의 어떠한 틀 속에서도 꿋꿋이 자라날 수 있도록, 사회적 육아 과정에 참여와 개입을 경험한 부모들이 연대하여 아이들을 지원해 주고(이이지마, 1990), 학교 제도 자체의 굳은 관행에 도전하고 그 변화를 모색하는 노력을 기울여야 할 것이다.

공동육아 운동은 육아 문제에서 출발한 구체적 필요에 입각해 이 사회 전체가 공동체적 원칙에 의해 대응해 줄 것을 요구하고 그 변화를 유도해 나가야 한다. 즉, 현재의 무한 경쟁 체제와 그에 따른 불평등 구조, 즉 소득, 학력, 성, 지역, 장애 정도에 따른 모든 차별 요소를 육아의 영역에서부터 극복해 나가기 위한 제도적 장치를 마련하도록 촉구하여야 한다. 소득 불평등에 따른 계층 재생산을 막기 위해서 차등적 육아 비용 지원 방안이 마련되어야 한다. 부모의 학력차에 따라 불공평한 출발선상에 선 아이들을 위해 취학 전 교육에 대한 공공 투자가 폭넓게 이루어져야 한다. 성 차별을 전제로 하여 육아와 사회적 가사 노동을 여성에게만 전담시키는 제도적 장치와 관행을 고쳐야 한다. 장애를 가진 아이들이 공동육아 제도를 통해 어렸을 때부터 사회적으로 열린 공간에서 함께 자라날 수 있도록 하여야 한다. 국가 단위의 획일적이고 표준적인 보육 방식의 보급보다, 보다 작은 단위의 지역적 특성을 살린, 지역에 기반을 둔 육아 방식이 발전할 수 있도록 지원하여야 한다.

공동육아 운동은 우리 아이들과 미래를 위한 사회적 장치가 마련되도록 하기 위해 오늘의 현실 속에서 사회 문화적 환경 변화를 모색하여야 한다. 여기에는 더 이상의 자연 파괴를 막고, 우리들의 건강한 삶의 환경을 지키는 일, 즉, 물과 공기와 음식물의 안전성을 지키는 일과 나이, 계층, 학력, 성, 장애의 정도, 민족과 지역에 따른 차별을 없애는 사회 구성원 모두의 인권이 보장되는 사회적 환경을 만드는 일이 모두 포함된다. 흔히들 어른들의 거대 정치 구조 속에서만 논의되어야 한다고 생각하는 이러한 주제들은 바로 우리 어린이들이 살아가는, 앞으로 살아가야 할 삶의 조건을 만드는 것이므로 공동육아 운동의 핵심적 과제가 되어야 한다. 공동육아 운동은 육아를 통해 어린이와 어른들이 함께 변화하고, 함께 힘을 합쳐 세상을 바꿔 나가는 운동이다.

3. 접근 방법: 터전 만들기

공동육아 운동은 고정된 장소나 시설, 표준적 프로그램의 확립보다는 다양한 형태의 유기적 인간 관계의 틀을 짜는 일에 우선 주력하여야 한다. 공동육아의 '우리 아이들'을 '함께'라는 말 뜻에서부터 이 운동이 지향하는 바가 뚜렷이 드러나 있다고 하겠다. 여러 어른들이 육아를 통한 공동체적 결합 관계를 만들어 나가고자 애쓰는 과정 자체가 아이들에게는 바로 본질적으로 교육적인 사회 문화 환경이 된다고 믿기 때문이다.

(1) 사람들의 연결끈, 연결망

공동육아 운동은 어른들이 나날의 삶의 복판에서, 이웃과 동료 등 바로 주변에서 사람들간의 연결끈을 마련하여 우리 아이들을 함께 키워 보자는 자발적 움직임을 그 일의 출발점으로 삼아야 한다. 새로운 삶의 방식을 택한 사람들이 동네나 직장에서 한데 모여 서로의 형편과 바람에 맞는 나름대로의 공동육아의 터전을 만들고 실천하는 소모임 중심의 활동이 바람직하다 (정유성, 1994)고 본다. 먼저 우리 이웃들과 담을 헐고 동료들과 손 잡아서 '내 아이'만이 아니라 '우리 아이들'을 함께 키우는 길을 찾아 보자.

모자라는 힘은 지역 사회와 국가가 보태도록 요구해야 한다. 그렇다고 지금처럼 국가만 쳐다보고 있어도 안된다. 지금까지 그저 경제 성장에만 눈이 어두워 마땅히 했어야 할 일을 게을리했던 국가가 갑자기 나서서 정책적으로 모두 해결해줄 리도 없지만 또 그렇게 하도록 해서도 안된다. 차라리 지금 필요한 일은 자발적 역량으로 공식적 공동육아의 터전을 만들어 국가의 지원을 주체적으로 유도하고, 소화하여 우리 아이들을 위한 새로운 삶의 내용으로 담아낼 수 있는 영역을 확보하는 것이다.

공동육아를 위한 어른들의 연결망을 짜기 위해 우선 주변에 토막난 채로 널려 있는 사람들간의 연결끈을 한가닥, 한가닥 점검하고 이어 나가는 작업부터 해야 할 것이다. 일단 지금 살고 있는 지역을 중심으로 보면, 그동안 스쳐 가는 만남만을 되풀이했던 이웃을 눈여겨볼 필요가 있다. 반상회 등의 이웃과의 공식적 모임의 자리에서 서로간의 육아의 실정을 알리고 알아 보아야 한다. 아파트 단지의 주민 자치 조직이나, 재활용품 수집 등의 자원 봉사 활동을 통해 알게 된 사람들 중에서도 의외로 단단한 연결끈이 발견될지도 모른다. 물론, 같은 교회를 다니는 사람, 함께 절에 가는 사람, 친척이나 동창 등 주기적 만남을 통해 다져진 지속적 인간 관계의 끈이 든든한 출발점을 마련해줄 수도 있다.

직장의 성격에 따라서는 매일 얼굴을 맞대는 동료들과 함께 노동 조합 등의 뒷받침을 얻어서 공동육아의 터전을 만들어낼 수도 있겠다. 그러나, 이 경우는 출발이 상대적으로 용이한 만큼, 출퇴근의 문제와 육아 환경의 문제를 해결할 수 있는 몇몇 직종을 제외하고는 지속되기 어렵다는 한계가 있다. (자세한 것은 조은, 〈직장 육아란 무엇인가〉 참조)

(2) 재정

공동육아의 필요성을 절감하고, 새로운 삶의 방식을 실천에 옮겨 보려는 어른들의 연결망이 만들어지면 바로 닥치는 문제는 재정의 문제이다. 공동육아를 위한 공간을 확보하는 일부터 실제 육아를 담당할 사람의 인건비까지 개인이 선뜻 해결할 수 없는 상당한 정도의 재원이 필요하다. 지금까지 가난한 지역 어린이들의 절박한 육아 상황에 대응하여 만들어진 백여 개소의 비영리 민간 탁아소의 경우는 계, 두레, 품앗이 등 우리의 모든 전통적 자본 형성 방식 및 노동 부조 방식을 동원하여 출발하였고, 이에 더하여 모금, 자체 사업, 후원 회원 조직 등을 통해 운영 자금을 마련하고 있다. 극도로 결핍된 환경에서 공동육아의 터전을 마련한 이들의 실험적 노력과 창의적 방법론에서 이 사회 모든 계층의 일로 확산될 새로운 공동육아 운동이 배워야 할 점은 매우 많다고 하겠다.

그러나 여기서는 우리 사회에서 아직 실험되지는 않았지만 대단히 성공 가능성이 높은 '육아 협동 조합' 방식을 예를 들어 소개하고자 한다. 육아 협동 조합은 이미 우리 사회에서 여러 가지 형태로 시도되고 있는 한살림 운동 등 생활 협동 조합 운동이나 신용 협동 조합 운동 그리고 출발부터 관 주도로 만들어져 이미 거대 기구화된 농협, 수협 등의 생산 협동 조합과도 그 기본적 틀에서는 비슷한 것이다(화이트, W.F. · K.K. 킹, 1992). 다만, 육아란 활동의 특성상 조합원이 일정 기간 한시적으로 가입하기로 처음부터 정하고 시작한다는 점에서 차이가 있을 뿐이다.

예를 들어, 맞벌이를 하는 젊은 부부가 아이를 갖게 되었다고 하자. 둘은 아이의 양육을 뜻을 같이하는 사람들과 함께 하기로 하고 아이 한 명당 100만 원의 출자금을 내고 아이가 10살이 될 때가지 10년간 '공동육아 협동 조합'의 조합원이 된다. 아이가 3살이 될 때까지는 매월 15만 원씩, 학교에 갈 때까지는 10만 원씩 공동 양육비를 내기로 한다. 그 10년 동안 부부는 조합원이 되어 공동육아 협동 조합의 어린이집 운영에 참여하고 매년 결산에 따른 배당을 받아 출자금을 늘리거나, 적자 부분을 출자금에서 감당하기도 한다. 아이가 커서 공동육아의 필요성이 없어졌을 때는 출자금을 돌려받고 조합을 탈퇴한다. 예를 들어 30명의 조합원이 100만 원의 출자금을 낸다면 3,000만 원의 자본금과 매월 약 300만 원 정도의 운영비로 어린이집을 세우게 된다. 자본금은 주로 공간 확보를 위한 비용(전세금)과 기초

설비 마련에 들어가고, 운영비는 30명의 어린이를 위한 3명의 전담 어른들
의 인건비와 주 부식비 및 교재를 마련하는 경비가 된다(정병호, 1994). 전
담 어른들과 아이의 비율, 공간의 허용 범위에 따라 비조합원의 아이들도
일정 비율 매월 육아 비용을 더 받거나, 덜 받고 받아들일 수도 있다.(이상
에서 열거한 수치들은 원리를 설명하기 위한 것이다. 얼마든지 응용이 가능하다.
3,000만 원의 자본금이 전세 비용도 안되는 지역에 살고 있는 사람들은 한 아이를
위해 10년간 200만 원, 또는 300만 원의 출자금을 낼 수도 있다고 생각하면 된
다.)

(3) 공간(터 잡기)

공동육아의 생활 공간을 확보하는 데 있어 제일 먼저 고려되어야 하는 점
은 어떻게 '자연'을 우리 아이들에게 늘 접하게 할 수 있겠는가 하는 점이
다. 아이들의 공동 생활 속에서 자연은 근원적인 의미에서 중요하다. 자연
을 공동육아 공간 안에 끌어들일 수 있고 자연을 쉽게 찾아 나갈 수 있는
곳을 찾아야 한다. 처음부터 위치 선정이 중요하다. 대로변의 빌딩 2, 3층
의 사무실 같은 공간이 아니라 주택가의 가장자리, 야산이나 공원 옆, 조용
한 골목길을 낀 곳이 바람직하다. 공동육아를 위한 공간은 작은 자연을 찾
아나서는 풍부한 바깥 나들이의 가능성을 고려한 곳이어야 한다. 아이들을
방안에서만 돌보는 것이 안전한 육아라고 생각해서는 안되겠다.

중요한 점은 우리 아이들에게 흙, 물, 바람, 햇볕이 늘 필요하다는 것을
깊이 인식한 생활 공간을 만들어야 한다. 집을 정할 때부터, 아무리 좁더라
도 햇볕이 잘 드는 마당(뜰)이 있어야 한다고 생각하자. 한뼘이라도 작은
밭을 일굴 수 있고 귀찮더라도 작은 동물을 아이들과 함께 기를 수 있는
공간이어야 한다. 지저분해지더라도 어린 아이들에게는 무엇보다도 귀중한
놀이이자 교육인 모래놀이, 물놀이와 흙장난이 가능한 환경을 만들어야 한
다.

우리의 각박한 도시의 생활 공간 문제는 어린이집이 결코 충분한 바깥
놀이 공간을 울 안에 갖추지 못하게 하고 있다. 아이들을 좁은 울 안에 가
두어 두는 것보다는 그래도 울 밖에서 자연을 찾는 것이 낫다. 도시가 온
통 콘크리트와 아스팔트로 뒤덮인 듯해도 찾아보면 그 구석구석에는 작은
자연의 틈바구니가 있다. 빈터가 있을 수 있고 누군가의 쪽밭이 있을 수

있다. 공원이나 놀이터가 있을 수 있고 혹시는 가까운 곳에 야산이나, 개천이, 작은 수풀이 있을 수 있다. 이러한 작은 자연의 점들을 선으로 연결해서 바깥 나들이 코스로 개발할 가능성이 있는 곳을 찾아야 한다.

아이들과 함께 하는 바깥 나들이는 지역 사회에 아이들의 존재를 알리고 아이들에게는 어떤 환경이 필요한지 구체적으로 보여 주는 또 다른 효과가 있다. 골목길에 자동차가 못 다니도록 요구할 수도 있고 아파트 단지의 정원을 아이들이 마음대로 뛰어놀 수 있는 살아 있는 공간으로 변화시킬 수 있다. 즉, 우리의 반생태적인 지역 사회의 생활 공간을 생태적 공간으로 아이들과 함께 요구하고 바꿔 나가는 것도 공동육아의 터 잡기의 중요한 과제의 하나이다.

(4) 공동육아의 담당자

육아가 영리 추구의 대상이 될 때 사업주로서 제일 먼저 신경쓰게 되는 것은 인건비 부분이다. 수많은 어린이들의 육아와 관련된 시설에서 값싼 미혼 여성 노동력이 선호되고 그나마 더 싼 값에 무자격자를 단기 순환적으로 고용하고 있는 것은 그 때문이다. 사회적 육아가 가사 노동의 연장으로 파악되어 그 전문성이 인정되지 않는 사회에서는 피할 수 없는 현상이다.

아이를 '보는 일'은 여자라면 누구나 하고 싶어하고, 경험이나 지식이 없어도 마음만 있으면 잘할 수 있다는 성 차별적이고 아동 차별적인 고정 관념이 지배적인 곳에서는 다른 어떤 종류의 사회적 노동과도 견줄 수 없이 낮은 노동 가격이 형성된다. 실례로 저소득층 지역의 비영리 탁아소의 경우 취업한 어머니들의 수입이 대부분 최소 50만 원을 상회하는 경우에도 그곳에서 일하는 선생님들의 월급은 12시간 이상 더욱 긴 노동 시간에 25만 원 이하로 책정된 경우가 허다하다. 아무리 사명감과 개인적 희생을 전제로 하더라도 6개월이나 1년 이상 버티기 어려운, 더욱이 오랜 기간 경험을 쌓아 가며 전문성을 발휘해볼 수 있는 직장은 되기 어려운 현실이다(지역 사회 탁아소 연합, 1992). 이것은 도시 저소득층 지역에서만 있는 비정상적 노동 구조가 아니다. 정부가 공식적으로 책정한 보육 시설 종사자의 임금 기준(91년 기준)도 10시간 노동을 전제로 하고 초봉이 월 25만 원에 5년 경력자가 월 29만 원을 받도록 되어 있다(보건 사회부, 1992). 단순한 보호나 교육이나 하는 전문성의 내용에 대한 논의 이전에 육아에 관련된 사회적 노동을 하나의 취미 활동으로 보거나, 미혼 여성이 결혼 전에 잠시 경험해 보는 실습 과정 정도로 여기는 이 사회의 공식적 입장이 그대로 나타난 결과이다. 이러한 상황에서는 현장에서의 다양한 실험과 오랜 경험이 축적될 수 있는 가능성은 아예 없다고 할 수 있다. 더욱이, 영유아에 관한 어떠한 새로운 프로그램이나 연구 결과도 진정한 의미에서 실행될 수 없는 조건이다.

공동육아 운동은 사회적 육아를 담당하는 사람들의 일이 이 사회 안에서 명실 상부한 전문 직종으로 자라날 수 있도록 노력하여야 한다. 자격증에만 의존하는 간판만의 전문가가 아니라 일생을 통해 공부하고, 실천하고, 연구하는 전문가 집단을 만들어 내야 한다. 그러기 위해서는 무엇보다 먼저 종사자의 보수와 근로 조건부터 비슷한 전문 직종(예를 들면, 학교 교사) 수준으로 끌어올려야 한다. 이 문제의 해결의 절박성에 대해 먼저 부모들과 사회 일반의 인식을 새롭게 하여야 하고, 우선 그 부담을 함께 나누어야 한다. 이러한 자발적 재정 분담의 노력을 통해 각성된 여론의 압력으로 정부의 재성 지원을 요구하고, 그 비율을 높여 나가는 시민 운동 차원의 노력이 있어야겠다.

영유아 보육법이 정한 바 우리 사회에서 전문적으로 육아를 담당할 수 있는 사람의 자격은 전문 대학을 포함한 대학에서 유아 교육 또는 아동 복지에 관련된 학과를 전공하여 졸업했거나, 고등학교 졸업 이상의 학력을 가진 사람이 보육 종사자 훈련 시설에서 1년간 800시간의 교육을 받은 경우이다. 그 이외의 자격 기준은 없다. 전공 학과를 졸업했다거나, 공인된 시설에서 교육을 받았다고 해서 육아에 대한 전문가적 소양을 갖추었다고는 볼 수 없다. 최소한의 자격 기준일 뿐이다. 그러나 그나마도 잘 지켜지지 않는 것이 현실이다. 뚜렷한 의식 없이 대학에서 관련 학과를 졸업한 사람들은 육체적으로 힘든 사회적 육아 시설에서 일하기를 피하거나, 결혼 전에 잠시 거쳐 가는 직장 정도로 생각하는 경향이 짙다.

다양한 지적 배경을 가진 사람들이 전문가로서 뜻을 품고 이 분야에 참여할 수 있도록 유아 교육, 아동 복지 관련 학과의 복수 전공의 길을 넓히고 적극 유도하여야겠다. 또한 그 전공 과정에 있어 미시적 교육 기술의 연마에 앞서, 사회 문화 변혁에 대한 의지와 직업인으로서의 근성, 전문가 의식을 기를 수 있는 계기가 되어야 한다. 그러기 위해서는, 무엇보다도 그

334

바탕이 되는 새로운 여성 의식, 남성 의식, 사회 의식에 눈뜰 수 있는 프로그램이 필수적으로 있어야겠다.

일종의 임시적 조치로 만들어진 보육 종사자 훈련원은 공동육아 운동이 출발하는 데 있어 매우 긴요한 기초 교육 기관으로 활용하여야 한다. 고등학교 졸업 이상의 학력을 가진 사람들이 누구나 나이에 상관없이 주간 혹은 야간의 일정 시간 1년간 공부해서 사회적 육아를 담당할 자격을 갖게 된다는 것은 고등 교육의 길이 제한되고 전공 선택이 고등학생 시기의 점수를 기준으로 임의로 정해지는 현재의 우리 사회의 교육 제도의 문제를 감안해볼 때 아주 획기적인 성인 사회 교육의 장이라고 하겠다. 제한된 수업 시간 때문에 깊이 있는 전공 교육이 불가능하고 실습의 기회가 없다는 비판은 매우 타당한 우려이기는 하나 다양한 지적 배경과 사회적 경험을 가진 성인들이 생애사의 일정 시기에 자신의 자발적 내적 동기에 의해 참여하여, 사회적 공동육아의 중요성에 눈뜨고, 앞으로 현장에서 실천을 통해 검증해볼 수 있는 이론적 논의와 접할 수 있다는 것은 사회적 공동육아의 앞날에 큰 보탬이 될 인력 자원의 영역을 넓히는 일이라고 하겠다.

사회적 육아에 뜻을 가진 사람들이 나이나 성별에 구애 없이 일정 기간 기초적 지식을 공부하면 그 길을 갈 수 있다는 합법적 기틀은 마련된 셈이다. 문제는 이러한 최소한의 자격만을 갖추고 현장에 뛰어든 사람들을 어떻게 책임 있는 전문가로 키워낼 수 있겠는가 하는 것이다. 여기서 현장 사람들을 위한 보다 강도 높은 집중적인 재교육 프로그램이 필요하게 된다. 공동육아 운동은 이러한 재교육 프로그램을 한 명의 종사자가 전문가의 길을 걷기 시작하는 일종의 통과 의례로 개발해야 한다. 이를 계기로 현장 실무자간의 지속적 연대망 형성을 꾀하여야 한다.

아이들 속의 어른들은 어린이집 안에 폐쇄되어 자기들만의 작은 왕국을 만들거나, 극도의 고립감과 되풀이되는 일상에 소모감을 느끼기 쉽다. 이 문제를 극복할 수 있는 길은 서로간의 밀접한 연계망을 구성하여, 서로 방문하거나, 주기적인 연수회를 통해 서로간의 연구 결과와 실천 사례를 나누고 북돋아 주는 일이다. 보육 시설 종사자가 공동육아의 전문가로 되기 위해서는 자신의 일을 되돌아보고, 남의 실험을 눈여겨보고, 새로운 연구 성과와 접할 수 있는 자기 반성, 자기 충전의 시간을 가져야 한다. 공동육아 운동은 아무리 핍박한 여건에서 출발한다고 해도 바로 아이들과 함께

하는 어른들이 전문가로 자라날 수 있도록 재교육, 통과 의례, 연계망 형성
등이 가능한 근로 조건과 외부적 계기 마련에 처음부터 힘을 기울여야 할
것이다.

(5) 프로그램(생활의 내용 만들기)

공동육아의 생활 환경을 만드는 데 가장 중요한 일은 일상 생활의 시간을
어떻게 짜는가 하는 것이다. 활동 시간이 기계적으로 구분된, 산업 사회의
시간의 템포로 꽉 짜여진 하루 생활이 아니라, 자연의 시간 감각으로 하루
하루를 사는 것이 중요하다. 이 사회의 교육 제도 속에서 훈련 받은 어른
들이 가장 하기 어려운 일이다. 일사 불란한 훈련과 규율의 집단 생활이
아니라, 아이 하나 하나의 호기심과 자발적인 움직임의 자연스런 시간 흐
름을 어른의 감각에서, 혹은 형식적 교육이 단체 생활의 효율을 높이기 위
해 조각조각 끊지 않도록 참을성 있는 노력을 기울여야 한다. 참고 기다리
고, 아이들로부터 배울 줄 아는 것은 어떤 육아에 대한 이론이나 지식보다
익히기 어려운 일이다. 끝없는 자기 반성과 자기 수련을 통해서만 얻을 수
있는 육아 전문가의 몸짓이다. 공동육아 운동은 모두가 그대로 받아다 쓸
수 있는 획일적이고 표준적인 교육 프로그램 제시보다 몇 가지 기본적 원
칙 위에서 아이들과 함께 하는 어른들 각자가 스스로 보고 느껴서 직접 몸
으로 실천할 수 있도록 하는 계기 마련에 주력해야 할 것이다.

　현장 밖에서 이루어지는 연수회나 연계망 구성만으로 해결될 수 없는
일이다. 함께 둘러보고, 이야기하고, 장기간 실습도 해볼 수 있는 현장이
필요하다. 즉, 공동육아 운동은 어른들만의 사회에 대한 운동(Movement)이
기만 해서는 안된다는 말이다. 어른들이 아이들과 함께 만들어낸 생활의
현장에서 그 삶의 방식의 총체적 모습을 느껴볼 수 있는 살아 있는 모델
개발 또한 중요한 과제가 된다. 그러한 모델이 여러 지역에서 다양한 형태
로 자라날수록 공동육아 운동은 보다 풍요롭고 안정된 토양 위에서 발전할
수 있을 것이다.

4. 운동의 전개: 틀 짜기

공동육아 운동은 육아를 개별적 부모, 특히 어머니 개인만의 문제로 보는

신촌 지역 공동육아 협동 조합 회의.
어른과 아이들이 함께 하는 나날의 생활 속의 혁명을 통해
이 사회를 바꿔 나가는 긴 싸움의 시작이다.

고정 관념을 극복하고 육아에 대한 사회적 책임 의식을 확산시켜 지역 사회와 국가가 구체적으로 그 책임을 나누어지도록 하는 사회 운동이다. 매일의 삶의 현장에서 공동육아의 터전을 만들어 내고자 하는 모든 자구적, 자생적 노력들은 공동육아 운동의 가장 중요한 출발점이다. 그러나, 이러한 노력들은 육아에 대한 사회적 책임을 일깨우고 지역 사회와 국가의 참여를 유도하여 하나의 사회 제도로서 공동육아를 정착시키는 일과 모든 차원에서 결합되어야 한다. 현대 산업 사회에서 바람직한 육아란 개인, 혹은 소집단들의 개별적 실험만으로는 충분하지도 가능하지도 않기 때문이다.

(1) 제도화의 당위성
육아는 근본적으로 사회 전체의 일이다. 다음 세대를 키운다는 일은 생물학적으로 성인 남녀가 유전자체를 복제하여 대를 잇는다는 것이겠지만, 무리를 이루어 사는 인간 집단에서는 그 무리의 내일을 준비한다는 의미도 있다. 사람들이 의미 있다고 여기는 무리의 범위는 시대와 사회에 따라 다

르고 상황에 따라 변화되어 왔다. 자급 자족적인 혈연 집단이 강조되는 경우도 있고, 지역에 기반을 둔 공동체가 강조되던 때도 있었다. 지금은 생산, 분배, 소비의 모든 영역에서 국가란 사회 단위가 보다 큰 의미를 가진 때이다. 즉, 우리들 자신이나 우리의 다음 세대는 우선 그만큼 큰 무리의 인간 집단 안에서 더욱 의미 있는 인간 관계를 맺으며 살아가게 될 것이고, 이미 시작된 국제화의 추세에 따라 그 이상으로 관계해야 할 사회의 범위가 넓어져 가고 있다고도 할 수 있다. 우리가 걱정해야 할 다음 세대를 키우는 일은 지금의 국가 단위를 넘어서 곧 지구적 규모로 확산될지도 모르는 시대에 살고 있는 것이다.

우리 사회에서 육아에 대한 사회적 책임이 문제가 된 것은 국가적 규모의 노동 시장의 인력 수급 문제에서 비롯되었다. 보다 구체적으로는 산업 팽창에 따른 저임금 단순 노동 인력이 대량 필요한 상황에서 외국에서 노동력을 수입하느냐 사회적으로 잠재화된 기혼 여성 노동력을 활용하느냐 하는 문제에서 출발하였다고도 하겠다(정병호, 1992). 즉, 경제 성장을 멈추느냐, 아니면 우리 사회 안의 모든 성인 노동력을 가능한 모두 동원하느냐 하는 산업 사회의 문제에 봉착하여 그 중 사회적으로 가장 잠재화되어 있던 기혼 여성 노동력의 사회적 이용을 택한 것이다. 그 동안 사회적 성별 분업과 가족 구조 안에서 해결되었다고 여겼던 육아가 기혼 여성이 사회적 노동에 참여함에 따라 당연하게도 사회의 몫으로 돌아온 것이다. 이 사회가 성인 남녀의 사회적 노동만 필요로 하고 육아를 책임지지 않는다면 그것은 이 사회 전체가 스스로의 미래를 버리는 일이 된다. 국가가 하나의 경제 단위로 기능하고 있는 현실에서 국가는 당연히 그 책임을 져야 한다. 따라서, 육아에 대한 정부의 책임을 요구하는 것은 국가라는 사회 단위를 의미 있게 받아들이고 그 경제 단위 안에서 활동하고 있는 모든 사회 구성원들의 당연한 권리이다.

그런 의미에서, 육아에 대한 정부의 지원은 자선 사업이나 복지 사업이 아니다. 아이를 키우는 성인 남녀의 사회적 노동으로 인해 발생된 육아의 문제는 바로 이 사회의 산업 구조가 만들어낸 경제 문제이고, 현재의 사회 구성원들의 사회적 기여도와 보상을 조정하여야 할 정치 문제이고, 이 사회의 다음 세대를 키우는 교육 문제이다. 육아에 대한 공공의 재정 지원이 몇몇 개별 가정을 수혜자로 만드는 것이 아니라 바로 이 사회 전체가 그러한 사회적 투자의 필요성을 발생시킨 최초이자 최대의 수혜자가 된다는 말이다.

지금까지 개별 가족 단위가 담당해온 육아에 전체 사회가 참여하기 위해서는 불가피하게 몇 가지 제도화된 장치가 필요하게 된다. 즉, 육아를 직접 담당하는 공적 기관이 필요하고, 그 기관은 공공의 재원을 공급받고 집행할 수 있는 체제를 갖추어야 한다. 또 그 기관에서 육아를 담당하는 사람들은 공공의 교육을 맡고 있다는 사회적 인식과 더불어 그들 스스로의 확고한 직업 의식이 있어야 한다. 이러한 항목들에 대한 법 제도 및 규칙, 예산의 편성과 집행 등 수많은 세부 규정은 정치적 의사 결정 과정을 통해 만들어진다. 그러나, 육아에 대한 사회적 책임 의식이 희박하고 사회적 육아에 대한 정치적 대변 집단이 미약한 현실 속에서 마련된 제도가 우리의 사회의 현실과 미래에 대한 전망을 제대로 반영해 주리라고 기대하기는 어렵다. 그런 점에서 지금 우리 앞에 현실로 제시되어 있는 '영유아 보육법'을 포함한 여러 가지 기존의 제도적 장치들을 하나의 완제품으로 받아들여서는 안된다. 사회적 공동육아는 어느 날 하루 아침에 만들어져 우리에게 나타나는 것이 아니라 많은 현장에서의 실험과 수많은 당사자간의 오랜 협의와 절충 속에서 계속 정치적으로 조정되어 짜여지는 제도적 틀인 것이다.

(2) 제도화의 과정

공동육아의 터전을 만들어 내는 자구적, 자생적 노력들은 위와 같은 제도화 과정을 이끌어 나갈 사회적 행동 주체들을 세우는 일이다. 바람직한 제도적 틀을 짜기 위한 모든 일의 출발점이다. 터전은 작게 만들어도 그 출발점에서부터 제도화를 지향하여 지속적, 안정적 발전을 꾀하여야 할 것이다. 좁은 의미의 '우리'끼리 '우리들의 아이'만 돌보는 움직임이 될 때에는 계층적으로 분할된 소집단 운동이 되고 말 위험이 있다. 이는 곧 스스로 좁은 구역을 만들어 몇몇 당사자만의 영세하고도 한시적인 생존 전략이 되어버릴 것이다. 무엇보다 먼저 필요한 것은 거시적 사회 운동으로서의 자기 인식과 공공성의 확보이다. 처음부터 지금 아이들뿐만 아니라 다음 아이들을 위한 경험을 축적하는 노력과 함께 주변의 아이들에게 문호를 개방하고, 다른 지역, 다른 계층의 자구적인 노력과 연대하여 서로 지원하는 일이 필요하다. 내부적으로는 공공 기관으로서의 구조를 갖추어 공공 재원의 보조를 받아 재정적으로 안정된 기틀을 마련하고 외부적으로는 단합된 힘으로 법, 정책, 예산 등의 결정 과정을 견제하고 개입할 수 있는 연대망을 구축해야 한다.

공동육아 운동은 전체 사회에 영향을 미치는 국가 정책, 법 제정, 예산 편성의 내용과 방향을 끊임없이 감시하고 분석해서 그것들이 우리 아이들의 사회적 양육에 미치는 영향을 알리고, 여론화하여야 한다. 즉, 정치적 정책 결정 과정에 가능한 깊숙이 참여하여야 한다. 일단 사회적 육아 방식에 대한 정책 방향이 정해지고 제도로서 굳어지면 그것을 바꾸기 위해서는 처음보다 몇 배의 노력을 기울여도 그 성과는 미미할 수 있다. 공동육아 운동의 기틀을 한시 바삐 만들어서 제도로서 굳어지기 전에 그 틀을 바람직한 방향으로 고쳐 짤 수 있어야 한다. 무리가 되더라도 제도화 과정의 초기부터 개입하고자 애쓰는 것은 급격한 사회 변화의 소용돌이 속에 살고 있는 우리 기성 세대의 시대적 사명이라고도 하겠다.

그러나, 제도화 과정의 초기 개입이 아무리 큰 성과가 있다고 하여도 이후의 모든 것을 보장해 주지는 않는다. 계속되는 긴 씨름의 시작일 뿐이다. 초기의 논의는 주로 중앙 정부를 중심으로 중앙에서 이루어진다. 곧 문제는 광역 지방 자치 단체를 거쳐 결국은 작은 지역 단위의 행정 조직과의 문제로 될 것이다. 중앙 정부의 각 부처와 국회, 거대 언론 기관을 통한 얼굴을 맞대지 않고 하는 독백들이 지방 정부, 지역 단위에서는 행정 담당자와 육아 현장 실무자 간의 구체적인 대화와 절충의 과정이 된다. 공약과 성명, 구호와 시위의 운동에 상호 교섭과 대화의 운동이 추가되어야 할 필요는 곧 나타나게 된다. 중앙에서의 운동은 뜻을 같이하는 큰 사회 단체나 정당과의 연대 활동을 통해 힘을 받을 수 있지만, 지방 단위의 운동은 지역에 토대를 둔 다양한 성격의 주민 조직과 연대하여야만 구체적 성과를 거둘 수 있다. 지역에 기반을 두고 지방의 정치가 주민의 요구에 보다 접근하도록 유도하고 지방 단위의 자원의 배분에 있어서 어린이들이 소외되지 않도록 정치력을 발휘하여야 할 것이다(정병호, 1993c).

사회적 육아가 제도로서 정착되고 전국적으로 전개되는 과정을 통해 공동육아 운동은 우리 사회가 나아가야 할 방향과 그 내용을 유도해 나갈만한 정치적 역량을 길러 나가야 한다. 육아의 문제는 결코 다른 사회 문제와 단절된 고립된 주제가 아니다. 어린이들과 개별 가정의 절실한 필요에서 출발하여 우리의 삶의 방식의 근원적 문제들을 밝혀 나가고 그 사회적 해결을 정치적으로 요구해 나가는 긴 줄다리기를 시작해야 하는 것이다.

5. 맺는 말

우리 사회에서 새롭게 전개되기 시작한 제도적 양육 방식은 우리의 미래의 삶을 결정하는 양날이 선 칼과 같다. 획일적 삶의 방식을 유아기 때부터 내면화시키고, 경쟁과 불평등의 사회 구조를 강화하는 도구로서 파멸의 미래를 여는 전주곡일 수도 있고, 사람과 자연을 좋아하고, 모든 이질적인 것들을 순수한 호기심과 애정으로 받아들이는, 자발적 동기에서 우리의 반생태적인 사회를 생태적 공간으로 바꾸어 나가는 어린이들이 자라나는 새로운 가능성의 출발점일 수도 있다.

공동육아 시설은 공식적 기구로서 가정이나 지역 사회보다 더 직접적으로 지배 권력의 통제를 받을 가능성이 높아지게 된다. 즉, 지금까지 개별 가정과 지역이 담당했던 초기 사회화의 상당 부분을 공적이고 집단적인 제도적 상황으로 이전시킨다. 실제로 이러한 제도를 통해 획일적 초기 사회화와 사회적 통제 방식이 더 낮은 연령층으로 확산될 위험은 항상 존재한다. 특히, 자본주의 산업 사회에서의 공동육아 제도는 기혼 여성 노동에 대한 사회적 수요 변화에 민감하게 대응하여 발달하는 것으로 국가의 정책, 법, 예산 편성 등 주로 권력 집단의 입장과 가치관에 가장 큰 영향을 받는 정치적 결정 과정을 거쳐서 수립되기 때문이다(Chung, 1992).

한 사회 안에 잠재되어 있는 사회 집단간의 대립적 이해 관계와 다양한 가치관은 그것이 조직화되고, 정치화되어 나타날 때 사회적 영향력을 갖는다. 새롭게 만들어지는 공동육아의 영역에서 지배 이데올로기의 독점적 전횡을 견제할 수 있는 대안적 가치관의 조직화, 정치화는 시급한 과제이다. 전업 주부로서, 육아의 담당자로서의 여성상이 지배적인 이 사회에서 노동 시장으로 나오는 어머니들은 저소득 노동 계층이 주류를 이룬다. 사회 계급의 문제이다. 여기에 더하여 중산층, 전문직 여성들도 다양한 필요에서 어떠한 차별적 조건도 무릅쓰고 노동 시장에 참여한다. 성의 문제이다. 공동 육아의 현장은 이렇듯 계급과 성차별의 중층적 피해자들이 일차적으로 접하게 되는 새로운 사회이다. 이곳은 그들만의 해방 공간이 될 수도 있고, 이곳에서도 주눅 들고, 소외받고, 차별받는 새로운 억압의 공간이 될 수도 있다. 현재 우리 사회는 끊임없이 경쟁과 소비를 자극하는 상업주의와, 소외와 체념을 내면화시키는 관료적 권력 장치로 가득차 있다. 그 안에서 공동육아의 터전을 만들어 최소한의 공동체적 연대와 연계망을 구성하는 일은 어려운 개인적 결단과 집단적 정치 역량을 필요로 하지만 그래서 더욱 중요한 사회 변화의 가능성을 여는 길이 된다.

바람직한 공동육아의 제도적 수립을 위해 보다 폭넓은 시민 참여와 사회 운동의 에너지가 필요한 것은 바로 그 제도화 과정이 그 출발점부터 치열한 정치적 갈등과 대립의 가능성을 내포하고 있기 때문이다. 공동육아 현장마다의 개별적 실험과 창의적 모델 개발은 우선 시급한 과제이다. 그러나, 대안적 가치관과 미래상을 함께 다지고, 나누어, 서로 도울 수 있는 조직적인 사회 운동으로서의 연결망 형성도 동시에 마련해야 할 필수 과제이다. 공동육아 운동은 유아기 때부터 공동체적 삶의 방식을 익힐 수 있는 아이들의 사회화의 터전을 이 사회 곳곳에 만들어 나가며, 아이들을 통해 결합되고 육아를 통해 정치화된 어른들이 매일의 삶의 현장에서 사회 문화 변화를 가져올 수 있도록 제도적 틀을 함께 짜나가는 작업이어야 한다.

이 새로운 제도를 어떤 것으로 만드는가, 또 어떤 목표를 가지고 활용하는가는 우리 기성 세대들의 지금 내려야 할 선택과 결단에 달려 있다. 그리고 그 일은 어른과 아이들이 함께 하는 나날의 생활 속의 혁명을 통해 이 사회를 바꿔 나가는 긴 싸움의 시작일 것이다. ■

*** 도움받은 글**

보건 사회부, 1992, 《보육 사업 지침》

정병호, 1991, 〈탁아소 : 삶의 방식을 익히는 곳〉, 《우리 아이들의 육아 현실과 미래》, 탁아 제도와 미래의 어린이 양육을 걱정하는 모임 편, 한울.

______, 1992, 〈여성 노동 시장 수요와 공동육아(탁아) 제도〉, 《한국 문화 인류학》 23집, 한국 문화 인류학회 편, 교문사.

______, 1993a, 〈자연과 공동육아〉, 《녹색 평론》 11호, 녹색평론사.

______, 1993b, 〈사회 문화적 환경 변화와 바람직한 공동육아 ― 인류학적 시각〉, 《21세

기의 영육아 보육》, 우리 아이들의 보육을 걱정하는 모임 편, 한울.

_____ , 1993c, 〈일본 공동육아(탁아) 제도의 정치화〉, 《비교 문화 연구》 1집, 서울대 비교 문화 연구소 편, 일신사.

_____ , 1994, 〈함께 자라는 열린 아이〉, 《내가 살고 싶은 세상》, 또 하나의 문화 동인들, 도서출판 또 하나의 문화.

정유성, 1994, 《사람·삶·되살림》, 한울.

지역 사회 탁아소 연합, 1992, 〈우리들이 낸 세금을 우리 아이들에게〉, 올바른 탁아 정책 실현을 위한 요구 대회 자료집.

화이트, W.F.·K.K.킹, 1992, 《몬드라곤에서 배우자》, 김성오 옮김, 나라사랑.

Chung Byung-Ho, 1992, Childcare Politics : Life and Power in Japanese Day Care Centers, Ph.D Dissertation, University of Illinois at Urbana-Champaign.

飯島婦佐子, 1990, 《生活をつくる 子どもたち》, フレーベル館.

* 글쓴이 정병호는 1955년 출생하여 인류학을 공부하였고, 일본 등지에서 보육 제도, 지방 자치와 교육, 소수 민족에 대한 현지 조사를 하였다. 한양대에서 문화 인류학을 가르치고 있으며, 신촌 지역 공동육아 협동 조합에서 원장 역할도 하고 있다.

함께 크는 우리 아이

초판 발행일 · 1994년 8월 23일
10쇄 발행일 · 2013년 8월 19일
지은이 · 공동육아연구회
펴낸이 · 유승희
사진 · 양진, 안재인
펴낸곳 · 도서출판 또 하나의 문화
　　　　서울 마포구 와우산로 174-5 대재빌라 302호
　　　　전화 · (02)324-7486　팩스 · (02)323-2934
　　　　이메일 · tomoon@tomoon.com 홈페이지 · www.tomoon.com
등록번호 · 1987년 12월 29일 제9-129호
책값 · 8,500원

ⓒ 공동육아연구회, 1994
ISBN 89-85635-06-9 03330

* 잘못된 책은 바꾸어 드립니다.
* 인지는 지은이와의 협의하에 생략합니다.